Nelles Verlag

Foto: Martin Thomas

Mexiko

Autoren:
Jürgen Bergmann, Birgit Müller,
Volker W. Radke, Marilen Andrist,
Arthur S. Harris Jr., Eleanor S. Morris,
Ortrun Egelkraut, Jutta Schütz-Gormsen,
Bob Brooke, Wayne Greenhaw, Manfred Wöbcke

LOS ANGELES
Palm Springs
CALIFORNIA
Salton Sea
Colorado
Blythe
San Diego
El Centro
Glamis
Gila Bend
Aguila
Wickenburg
Heber
Payson
Show Low
PHOENIX
ARIZONA
Globe
Springerville
Alpine
Bernardo
San Antonio
Socorro
NEW MEXICO
U. S. A.
Carrizozo
Vaughn
Grady
Clovis
Roswell
Levelland
Hondo
Lovington
Hobbs
Artesia
Carlsbad
Pine Springs
Pecos
Van Horn
Fort Stockt
Marfa
Sanderson
TIJUANA
MEXICALI
San Luis Rio Colorado
Casa Grande
Oracle
Tucson
Why
Safford
Silver City
Lordsburg
Deming
Alamogordo
Las Cruces
El Paso
Conchos
Ciudad Juarez
Rio Grande
Cabo Banda
Ensenada
Puerto Penasco
3078
San Felipe
San Quintín
BAJA CALIFORNIA
Tubac
Nogales
Heroica Nogales
Agua Prieta
Cerro Azul 2450
Cucurpe
El Desemboque
Punta Baja
Puerto de la Libertad
Nuevo Casas Grandes
El Sueco
Bahiá Sebastián Vizcaíno
Hermosillo
SIERRA MADRE OCCIDENTAL
Madera
Co. Tres Picos 3040
Ojinaga
Po. del Centine
Bahía de los Angeles
Bahía Kino
Sahuaripa
Cuauhtémoc
Chihuahua
ISLA CEDROS
Guerrero Negro
El Arco
Guaymas
Delicias
La Cue
Bahía de Tortugas
Santa Rosalita
Ciudad Obregón
125
MÉXICO
Co. del Aguila 2012
GOLFO DE CALIFORNIA
Alamos
Guachochi
Jiménez
Ocampo
Punta Abreojos
Choix
El Fuerte
Hidalgo del Parral
Tlahualilo de Zaragoza
Loreto
3315
Co. Agua Caliente
Guadalupe y Calvo
Los Mochis
Guanaceví
Gomez Palacio
Torreon
ISLA MAGDALENA
Ciudad Constitución
Guasave
Guamuchil
ALTIPLANIC
San Carlos
Culiacán
ISLA DE SANTA MARGARITA
ISLA CERRALVO
Rayo 2696
Juan Aldama
La Paz
Durango
2164
3078
Fresnillo
Cabo San Lucas
San José del Cabo
Mazatlan
118
92
Zacateca
Tuxpan
Aguascalientes
136
Tepic
ISLAS MARÍAS
Puerto Vallarta
GUADALAJARA
108
OCÉANO PACÍFICO
Lag. de Chapala
Ciudad Guzman
Vn. Paricu 3170
Colima
Uruapan
Manzanillo
Tecomán
Lázaro Cárdenas
0
150
300 km

Altus
Paducan
Vernon
Matador
Seymour
Haskell
Abilene
San Angelo
Eden
TEXAS
Kerrville
Del Rio
Uvalde
Piedras Negras
Laredo
Nuevo Laredo
PADRE ISLAND
McAllen
Reynosa
Brownsville
Matamoros
MONTERREY
Montemorelos
Linares
San Fernando
Co. Peña Nevada 4054
Ciudad Victoria
Ciudad Mante
SA. MADRE ORIENTAL
GOLFO DE MÉXICO
172
Tampico
Cabo Rojo
Ciudad Valles
Tuxpan
San Miguel
Queretaro
98
Poza Rica
175
El Tajín
Pachuca
72
70
CIUDAD DE MÉXICO
Teotihuacán
Golfo de Campeche
180
Toluca
52
Xalapa
Popocatépetl 5465
Veracruz
183
Cuernavaca
84
78
Taxco
PUEBLA
Orizaba
Tehuacán
Coatzacoalcos
Paraíso
Villahermosa
Co. Teotepec 3676
Chilpancingo
Tuxtepec
Minatitlan
158
Palenque
164
SIERRA MADRE DEL SUR
Monte Albán
3444
146
144
Oaxaca
Matias Romero
134
ACAPULCO
Cacahuatepec
Tuxtla Gutiérrez
San Cristóbal de las Casas
Santiago Pinctepa Nacional
Puerto Angel
149
Puerto Escondido
Salina Cruz
Arriaga
Presa la Angostura
Golfo de Tehuantepec
Tapachula
Puerto Madero
Vn. Tajumulco 4220
CIUDAD DE GUATEMALA
GUATEMALA
Usumacinta
194
Puerto Progreso
Dzilam de Bravo
Río Lagartos
Cancún
199
Mérida
Celestún
220
214
203
ISLA COZUMEL
Uxmal
Ticul
Chichén Itzá
Tulum
229
224
206
Campeche
Hopelchén
YUCATÁN PENINSULA
Ciudad del Carmen
Chetumal
Escáncega
Nicolás Bravo
Nueva Coahulia
Belize City
TURNEFFE ISLANDS
Tikal
Belmopán
Dangriga
Golfo de Honduras
BELIZE
Puerto Barrios
Puerto Cortés
Sebol
El Progreso
San Pedro Sula
HONDURAS

Liebe Leserin, lieber Leser,

AKTUALITÄT wird in der Nelles-Reihe groß geschrieben. Unsere Korrespondenten dokumentieren laufend die Veränderungen der weltweiten Reiseszene, und unsere Kartografen berichtigen ständig die auf den Text abgestimmten Karten.
Wir freuen uns über jeden Korrekturhinweis! Unsere Adresse: Nelles Verlag, Machtlfinger Str. 26 Rgb., D-81379 München, Tel. +49 (0)89 3571940, Fax +49 (0)89 35719430, E-Mail: Info@Nelles.com, Internet: www.Nelles.com
Haftungsbeschränkung: Trotz sorgfältiger Bearbeitung können fehlerhafte Angaben nicht ausgeschlossen werden, der Verlag lehnt jegliche Produkthaftung ab. Alle Angaben ohne Gewähr. Firmen, Produkte und Objekte sind subjektiv ausgewählt und bewertet.

LEGENDE

★★ / ★★	Top-Attraktion *(in Karte)* *(in Text)*
★ / ★	sehr sehenswert *(in Karte)* *(in Text)*
8	Orientierungsnummer in Text und Karte
(8) (8)	Orientierungsnummer in Text und Stadtplan
8	Orientierungsnummer in Text und Detailplan
	Öffentliches bzw. bedeutendes Gebäude
	Hotel / Restaurant
	Einkaufszentrum / Markt
	Kirche / Denkmal
	Touristeninfo. / Botschaft
	Hospital / Postamt
OAXACA *(Ort)* Chichén Itzá *(Sehenswürdigkeit)*	in Karte gelb Unterlegtes wird im Text erwähnt
	internationaler Flughafen / nationaler Flughafen
	UNESCO Welterbe
C. Tesdero 2753	Berggipfel (Höhe in Meter)
	Strand
	Nationalpark
	Antike Stätte / Höhle
	Leuchtturm / Aussichtspunkt
18	Entfernung in Kilometer
	Metro
P	Parkplatz / Bushaltestelle
	Fußgängerzone
	Fähre
	Staatsgrenze
	Verwaltungsgrenze
USA:	Autobahn
	Schnellstraße / Gebührenpfl. Schnellstr.
MEXICO:	Schnellstraße, Gebührenpfl. Schnellstr.
	Fernverkehrsstraße
	Hauptstraße / in schlechtem Zustand
	Nebenstraße (teilweise befestigt)
	Nebenstraße, Fahrweg
	Bahnlinie
USA: 5 180 85 / MEXICO: 150 190 10	Straßennummerierung

IMPRESSUM

MEXIKO

Druck: Bayerlein, Germany
Einband durch DBGM geschützt

 - R2016 -

12 REISE-INFORMATIONEN

Andreas M. Gross

Die Kukulcán-Pyramide in Chichén Itzá (Yucatán)

HÖHEPUNKTE

★★**Mexiko-Stadt**: In der Megalopolis gibt es zahlreiche Sehenswürdigkeiten, z. B. ★★**Catedral**, einer der größten Sakralbauten Amerikas mit dem hochbarocken Altar der Könige (S. 45); ★★**Templo Mayor**, der Haupttempel der aztekischen Stadt Tenochtitlán mit exzellentem Museum (S. 46); ★★**Murales im Palacio Nacional**, Wandbilder von Diego Rivera im Amtssitz des Präsidenten (S. 47); ★★**Museo Nacional de Antropología**, dokumentiert mit erstklassigen Kunstschätzen die präkolumbische Kulturgeschichte (S. 56).

★★**Teotihuacán**: Riesiges Zeremonialzentrum mit der Sonnen- und Mondpyramide sowie gut erhaltenen polychromen Wandmalereien (S. 67).

★★**Taxco**: Reizvoll in den Bergen gelegene Silberstadt mit verwinkelten Gassen und einer der schönsten Barockkirchen Mexikos (S. 76).

★★**Puebla**: Die Stadt beeindruckt durch die bunten Fliesen an Kirchen- und Häuserfassaden (S. 83).

★★**Morelia**: Repräsentative spanische Kirchen und Paläste aus rosafarbenem Trachyt (S. 91).

★★**Querétaro**: Geschichtsträchtige Kolonialstadt mit noblen Palästen und angenehmen Plazas (S. 97).

★★**San Miguel de Allende**: Unter Denkmalschutz stehende Altstadt mit vielen Ateliers und Galerien (S. 100).

★★**Guanajuato**: Einst eine der wohlhabendsten Silberstädte Mexikos in einem engen Gebirgstal (S. 103).

★★**Zacatecas**: Die nördlichste der reichen Silberstädte bietet die Gelegenheit, eine alte Mine zu besuchen (S. 112).

★★**Baja California**: Halbinsel mit prähistorischen Felsbildern, bis zu 18 m hohen Cirios-Sukkulenten und Whale-Watching-Möglichkeit (S. 117).

★★**Zugfahrt durch die Barranca del Cobre**: Wildromantische Fahrt durch die Kupferschlucht in der Sierra Madre Occidental (S. 123).

★★**Oaxaca**: Freundliche Kolonialstadt mit dem berühmten Mixteken-Schatz in Santo Domingo (S. 143).

★★**Monte Albán**: Das eindrucksvolle Zeremonialzentrum der Zapoteken auf einem planierten Berg über dem weiten Tal von Oaxaca (S. 146).

★★**Mosaikfriese in Mitla**: Die kunstvoll verzierten und restaurierten Gebäude der Mixteken (S. 152).

★★**Cañon de Sumidero**: Bootsfahrt auf dem Río Grijalva in einer bis zu 1100 m tiefen Schlucht (S. 158).

★★**Palenque**: Maya-Stadt mit erlesener stuckverzierter Architektur am Rand des Regenwalds (S. 164).

★★**Yaxchilán**: Bootsfahrt zu den Maya-Ruinen am Río Usumacinta (S. 168).

★★**El Tajín**: Die Nischenpyramide, Reliefs zum Thema Ballspiel und weitere Monumente in der einstigen Totonaken-Hauptstadt (S. 174).

★★**Anthropologisches Museum in Jalapa**: Hier faszinieren die Architektur und die Kunstwerke der Küstenkulturen gleichermaßen (S. 177).

★★**Parque Museo La Venta in Villahermosa**: Olmekische Kolossalköpfe inmitten tropischer Vegetation mit angeschlossenem Zoo (S. 188).

★★**Riviera Maya**: Traumhafte Strände und Tauchmöglichkeiten in Cancún, Playa del Carmen, Isla Mujeres, Isla Cozumel und vielen weiteren Orten am Karibischen Meer (S. 201).

★★**Tulum**: Romantisch an einer Felskante gelegene Maya-Ruinen über palmengesäumtem Sandstrand am türkisfarbenen Karibischen Meer (S. 205).

★★**Chichén Itzá**: Eine der bedeutendsten Maya-Städte mit Kukulcán-Pyramide, Observatorium und monumentalem Ballspielplatz (S. 211).

★★**Uxmal**: Eine der schönsten Maya-Städte der Puuc-Region mit reich dekorierten Bauten (S. 222).

★★**Campeche**: Frisch renovierte Kolonialstadt mit Bastionen gegen die Überfälle englischer Piraten (S. 228).

Rechts: Puebla.

Foto: Jürgen Bergmann

EINSTIMMUNG

Mexiko zieht Jahr für Jahr mehr Touristen an – und ist doch vom Massentourismus weit entfernt. Das Erfolgsgeheimnis steckt in der unendlichen Vielfalt des riesigen Landes, in dem Tradition und Moderne auf das engste miteinander verknüpft sind, und in seinen Besonderheiten. In Mexiko lässt sich das süße Nichtstun an traumhaften Stränden verbinden mit Ausflügen zu überwältigenden Naturschönheiten und in die rätselhafte Vergangenheit.

Ob Badeurlaub, Familienferien oder Rundreise: Hier findet jeder seine bevorzugte Reiseart. Die unterschiedlichen Ziele, von der Riviera Maya bis zur Barranca del Cobre, von Chiapas bis Baja California, haben jeweils eigene Reize. Wer Zeit hat, mixt aus der Fülle der Zutaten seinen ganz individuellen Mexiko-Cocktail. Zur Wahl stehen: Sonne, Sand und Strände im Überfluss, das sanfte Meer der Karibik, die wilden Wellen und stillen Buchten des Pazifik, pulsierende Metropolen wie Mexiko-Stadt oder Guadalajara, verträumte Kolonialstädte wie Oaxaca, Guanajuato oder Morelia, lebendige Indígena-Dörfer, supermoderne Badeorte wie Cancún, Acapulco oder Puerto Vallarta. Zu entdecken sind tropische Regenwälder, liebliche Täler, schroffe Gebirge, endlose Wüsten, schneebedeckte Vulkane und fantastische Unterwasserwelten. Zu erleben sind bunte Märkte, ausgelassene Fiestas, Abenteuer und sportliche Herausforderungen; nicht zu vergessen Mariachis und Charros, Tacos und Tequila.

Was Mexiko über all dies hinaus so einzigartig macht, ist das reiche Kulturerbe seiner mehr als 3000 Jahre alten Geschichte. Maya und Azteken, aber auch viele weitere Hochkulturen schufen faszinierende Pyramiden, Tempel und Paläste und hinterließen sagenhafte Kunstschätze; Chichén Itzá, Palenque, Monte Albán und Teotihuacán sind nur die bekanntesten Stätten.

Die gastfreundlichen Mexikaner heißen Besucher herzlich willkommen: *Bienvenidos en México*!

Präkolumbische Zeit

9000 Hombre de Tepextan: ältester menschlicher Skelettfund Mexikos.

2000-900 Frühe Präklassik: Erste ständige Siedlungen im Tiefland Yucatáns.

900-300 Mittlere Präklassik: Starke Präsenz der La Venta-Kultur.

300 v. Chr.-250 n. Chr. Späte Präklassik: Erste Monumentalbauten im Süden Yucatáns. Entwicklung der Schrift und früheste datierte Monumente.

250-600 Frühklassik: Blüte der zapotekischen Kultur auf dem Monte Albán. Starke Ausstrahlung der Teotihuacán-Kultur im Hochland.

600-900 Spätklassik: Blütezeit der Maya-Kultur auf Yucatán (u. a. Palenque, Yaxchilán, Calakmul, Uxmal) sowie der Totonaken an der Golfküste. 9. Jh.: Letzte datierte Monumente.

900-1200 Frühe Postklassik: Toltekischer Einfluss auf Yucatán, Blüte von Chichén Itzá.

1200-1519 Späte Postklassik: Hegemonialstaat von Mayapán auf Yucatán.

Spanische Eroberung

1512 Die Schiffbrüchigen Gonzalo Guerrero und Jerónimo de Aguilar erreichen Yucatán. Guerrero begründet mit seiner Maya-Frau die indianisch-europäische Mischkultur (*mestizaje*) Mexikos.

1517/18 Francisco Hernández de Córdoba und Juan de Grijalva entdecken Yucatán und Tabasco.

1519-1521 Hernán Cortés (1485-1547) erobert das Azteken-Reich. Gründung von Ciudad de México (Mexiko-Stadt) auf den Ruinen des zerstörten Tenochtitlán.

1524-1527 Luis Marín und Diego de Mazariegos unterwerfen die Chipaneken und Hochland-Maya in Chiapas.

1527 und **1533** Saavedra Cerón und Hernando de Grijalva erkunden im Auftrag von Cortés mit einer Flotte Baja California und den Pazifik.

1527-1548 Francisco de Montejo der Ältere und der Jüngere erobern mit Unterbrechungen die Halbinsel Yucatán.

Spanische Kolonialherrschaft

1527 Errichtung der *audiencia* (Appellationsgericht mit Regierungsbefugnissen) von Mexiko (Neu-Spanien).

1531-1550 Entdeckung der schier unerschöpflichen Silberminen in Michoacán, Zacatecas, San Luis Potosí und Guanajuato.

1535 Errichtung des Vizekönigreichs Neu-Spanien mit Sitz in Mexiko-Stadt.

1537 Papst Paul III. erklärt mit der Bulle *Sublimis Deus* die amerikanische Urbevölkerung (Indígenas) für menschliche Wesen.

1549-1579 Bischof Diego de Landa auf Yucatán. Er verfasst die *Relación de las cosas de Yucatán*, eines der wichtigsten Werke zur Kulturgeschichte der Maya.

1550 Auf Yucatán beginnt die Umsiedlung (*reducción*) der Indígenas in spanische Siedlungen (*congregaciones*).

Foto: Archiv für Kunst und Geschichte, Berlin

Vorspanische Bilderhandschrift.

1571 Einführung der spanischen Inquisition.

1759-1788 Der Bourbonen-König Karl III. veranlasst umfangreiche Wirtschafts- und Verwaltungsreformen. Die Jesuiten-Vertreibung 1767 führt zu einem Niedergang des intellektuellen Lebens.

1803-1804 Alexander von Humboldt besucht während seiner fünfjährigen Amerika-Reise auch Mexiko.

Unabhängigkeitsbewegung

1810 Der Priester Miguel Hidalgo ruft am 15. September in Dolores zum Unabhängigkeitskampf auf (*Grito de Dolores*).

1821 Mit der triumphalen Ankunft von Oberst Agustín de Iturbide im September in Mexiko-Stadt wird die Unabhängigkeit ausgerufen. Iturbide regiert bis 1823 als Kaiser Mexikos.

Das Jahrhundert der Unruhen

1824 Yucatán und Chiapas lösen sich von Guatemala und schließen sich Mexiko an.

1846-1848 Amerikanisch-mexikanischer Krieg unter Präsident Santa Ana. Im abschließenden Vertrag von Hidalgo-Guadalupe tritt Mexiko die Hälfte des Staatsgebiets an die USA ab.

Foto: Hans-Horst Skupy

Benito Juárez war der erste mexikanische Präsident von indigener Abstammung.

1847-1902 Erfolgloser Aufstand der Maya auf Yucatán gegen die Großgrundbesitzer.

1861-1872 Präsidentschaft von Benito Juárez, der viele liberale Reformen durchführt.

1864-1867 Erzherzog Maximilian von Habsburg wird aufgrund französischer Intervention zum mexikanischen Kaiser gekrönt und nach seiner Niederlage gegen Juárez erschossen.

1876-1911 Diktatur des Generals Porfirio Díaz (sog. Porfiriat): Verstärkte Industrialisierung und Begünstigung von Großgrundbesitz bei zunehmender Verarmung der ländlichen Bevölkerung. Mexiko gerät in wirtschaftliche Abhängigkeit von den USA.

Die Revolution und die Folgen

1910-1920 Revolution und Sturz des Porfiriats: Bauernaufstand unter Führung Emiliano Zapatas und Francisco „Pancho" Villas.

1917 Verabschiedung der (mit wenigen Änderungen) noch heute gültigen Verfassung.

1929 Gründung der ersten offiziellen politischen Partei, aus der später der *Partido Revolucionario Institucional* (PRI) hervorgeht.

1934-1940 Präsidentschaft von Lázaro Cárdenas, der eine Rückgabe enteigneten Landes an Kleinbauern veranlasst. Verstaatlichung wichtiger Wirtschaftszweige, u. a. der Eisenbahn und des Erdöls; Gründung der *Petróleos Mexicanos* (PEMEX).

1968 Kurz vor den Olympischen Spiele begehen Polizei und Armee ein Massaker an demonstrierenden Studenten in Mexiko-Stadt.

1985 Bei einem Erdbeben kommen vor allem in Mexiko-Stadt Tausende von Menschen um.

Jüngste Ereignisse

1994 Das Nordamerikanische Freihandelsabkommen (NAFTA) zw. den USA, Kanada und Mexiko tritt in Kraft. Die indianische Guerilla-Bewegung *Ejército Zapatista de Liberación Nacional* (ELZN) erhebt sich in Chiapas und fordert mehr politische und soziale Rechte.

2000 Die Wahl von Vicente Fox Quesada von der konservativen Partei PAN (Partido Acción Nacional) zum Präsidenten Mexikos beendet die Herrschaft des Partido Revolucionario Institucional (PRI).

2006 Felipe Calderón Hinojosa (PAN) wird Präsident. Er setzt massiv das Militär gegen die Drogenkartelle ein. In seiner Amtszeit (bis 2012) fordert der „Drogenkrieg" über 70 000 Opfer.

2010 Mexiko feiert 200 Jahre Unabhängigkeit (Bicentenario) und 100 Jahre Revolution.

2012 Enrique Peña Nieto von der PRI wird zum Staatspräsidenten gewählt. Seine Gattin ist die bekannte Telenovela-Schauspielerin Angélica Rivera.

2013 Der Vulkan Popocatépetl zeigt verstärkte Aktivität.

2016 Papst Franziskus besucht Mexiko und bittet die Indigenen um Vergebung für Jahrhunderte der Diskriminierung.

MEXIKOS KÜCHE

Chilis, Mais und Bohnen gehörten schon bei den Maya, Zapoteken und Azteken zu den Grundnahrungsmitteln. Die Spanier bereicherten die mexikanische Küche, denn auf Milch, Zucker und Fett wollten sie ebenso wenig verzichten wie auf Rind, Huhn und Schweinefleisch. Sie brachten u. a. Limonen und Korianderkraut (*cilantro*) aus Spanien mit, beides gilt heute als hundertprozentig mexikanisch. Auch Mangos aus Indien und Bananen aus Südostasien wurden im mexikanischen Klima schnell heimisch. Mexiko schenkte der Welt dafür im Austausch Ananas, Papaya und Avocados, Kürbisfrüchte und Tomaten, Kakao, Erdnüsse und Vanille.

Die spanische Fernhandelsroute von und nach Asien führte zwischen den Häfen Acapulco und Veracruz auf dem Landweg mitten durch Mexiko – und brachte so manches exotische Gewürz wie Pfeffer, Zimt und Ingwer hierher. Später kamen französische, afrikanische und karibische Einflüsse hinzu. Experimentierfreudige indianische Köchinnen und spanische Nonnen waren es, die daraus die erste „Fusion"-Küche der Welt schufen. Mit *mole poblano* gelang ihnen in Puebla ein Meisterwerk. Für den charakteristischen Geschmack dieser sämigen Soße, die zu Huhn oder Truthahn gereicht wird, sorgt eine Fülle an Zutaten, darunter Schokolade und verschiedene Chilisorten. Der Name *mole* ist von dem Wort *mulli* abgeleitet, das in der Náhuatl-Sprache „Soße aus gemahlenen Chilis" bedeutet. Es gibt über 300 verschiedene *mole*-Soßen in Mexiko. Beliebt ist die *pipian*-Soße, die mit gerösteten und gemahlenen Kürbiskernen zubereitet wird.

Die Küche Mexikos ist bekannt für die kreative Verwendung Dutzender Chilisorten. Häufig finden *chile serrano, pasilla, jalapeño, chipotle, piquín, ancho* oder *de arbol* Verwendung. Sie werden frisch oder getrocknet verarbeitet und entfalten in jeder Erscheinungsform eine andere Geschmacksnote, von mild über pikant bis höllisch scharf. Das Gute daran: Fast immer stehen mit Chilis zubereitete *salsas* zur Selbstbedienung auf dem Tisch. Über den Schärfegrad der Gerichte kann der Gast also selbst entscheiden.

Rechts: Ideenreich komponierte Ceviches im Gourmetlokal „Izote" in Mexiko-Stadt.

Milde grüne Schoten sind die Basis der *chiles en nogada*, die mit einer pikanten Mischung aus Hackfleisch und Früchten gefüllt, von einer weißen cremigen Nusssoße begleitet und mit roten Granatapfelkernen dekoriert werden. Diese kulinarische Kombination der Landesfarben erhoben die *chiles en nogada* zum Nationalgericht. Erstmals wurden sie kurz nach der Unabhängigkeit Mexikos 1821 zu Ehren des kurzzeitigen Kaisers Iturbide in Puebla zubereitet.

Grün-weiß-rot ist auch die *salsa mexicana*, die bei keinem Essen fehlen darf. Sie besteht aus grünen Chilis, weißen Zwiebeln und roten Tomaten, vermischt mit Limonensaft, Koriander und Salz. Ebenso im ganzen Land verbreitet ist das leckere Avocado-Püree *guacamole*, das je nach Rezept unterschiedliche Mengen an Tomaten, Zwiebeln, Chilis und Knoblauch enthalten kann und immer mit Limonensaft und Koriander verfeinert wird.

Eine sättigende und schmackhafte Beilage sind *frijoles*. Die roten, braunen oder schwarzen Bohnen werden gekocht und gut gewürzt als *frijoles de olla* (aus dem Suppentopf) oder *frijoles refritos*, püriert und in Schmalz gebraten, auch schon zum Frühstück serviert.

Wichtigste Grundlage der mexikanischen Küche ist bis heute der Mais, vor allem in Form der unverzichtbaren Tortilla und ihren unzähligen Variationen. Es gibt sie rund oder oval, flach oder dick, sogar in verschiedenen Farben, aufgerollt oder zugeklappt, belegt oder gefüllt, in Salsa „gebadet" oder mit Käse überbacken. Jede Form, jede Variante

Foto: Ortrun Egelkraut

und jede Region – Tortillas aus Weizenmehl werden fast nur im Norden des Landes gegessen – verleihen dem Klassiker einen anderen Namen:

Tortillas: Ein Teig aus Maismehl, Kalk, etwas Salz und Wasser wird zu flachen Fladen geformt und auf einem Backblech (*comal*) von beiden Seiten erwärmt oder geröstet.

Enchiladas: Aufgerollte Tortillas mit einer Füllung, mit Soße bedeckt und überbacken.

Quesadillas: Mit Käse (Pilzen, Zucchiniblüten usw.) gefüllte und zusammengeklappte Tortillas, gebacken oder in Öl frittiert.

Tacos: Der Klassiker unter den Tortillavariationen. Kleine Tortillafladen werden v. a. mit Fleischstücken belegt, mit *salsa* nach Belieben gewürzt und zusammengerollt.

Tamales: Maismehlklöße, pikant oder süß gefüllt, in Maisblätter gewickelt und gedünstet.

Tostadas: Kleine, knusprig ausgebackene Tortillas, dann mit Bohnen, Salat, Fleischstückchen und Käse belegt.

Chilaquiles: Tortillachips mit Hühnerfleisch in einer roten (*rojo*) oder grünen (*verde*) Chilisoße.

Papadzules (nur Yucatán): Tortillas gefüllt mit hart gekochten Eiern und bedeckt mit einer Soße aus grünen Pinienkernen.

Weitere Versionen heißen *chalupas, gorditas, molotes, salbutes, sopes, panuchos* ... Im Norden liebt man *burritos*, aufgerollte Weizenmehl-Tortillas mit diversen Füllungen.

Zusammengefasst werden all diese kleinen Leckereien unter dem Appetit anregenden Namen *antojitos*. Sie stillen dem Hunger zwischendurch, kommen als Häppchen beim Stehempfang oder als Vorspeise auf den Tisch. Doch Vorsicht: Es folgt noch das Hauptgericht! Meist steht es schlicht als *carne* (Fleisch) oder *pescado* (Fisch) auf der Karte. *Guisado* werden Eintopfgerichte aus Gemüse, Salsa und Fleisch genannt.

Jede Region hat ihre eigenen Spezialitäten, ihre besonderen Zutaten und Zubereitungsarten. So wurde in Veracruz *huachinango a la veracruzana* er-

Foto: Bernhard Walter Kaempf

funden, ein köstlicher Fisch (Schnapper) mit Gemüse, Oliven und Kapern gegart. Die bekannteste Spezialität dieser Region ist jedoch *vuelve a la vida*, ein Cocktail aus Meeresfrüchten, Limonensaft, Ketchup und scharfer Tabascosoße, der z. B. bei einem Kater „zurück ins Leben" führen soll.

An allen Küsten populär ist *ceviche*. Dafür werden rohe Fischstücke oder Meeresfrüchte (Garnelen, Muscheln, Tintenfisch) in Limettensaft eingelegt und mit *salsa mexicana* angerichtet. An der Pazifikküste wird frisch gefangener Fisch bevorzugt als *pescado a la talla* über Kohlefeuer gegrillt. *Pejelagarto* ist ein Fisch, der nur noch in den Gewässern von Tabasco vorkommt und dort vielfältig, z. B. als Füllung von Tamales, zubereitet wird.

In Guerrero liebt man den deftigen Eintopf *pozole verde* (aus Kürbiskernen, *cacahuazintle*-Mais, Meeresfrüchten oder Schweinefleisch), den es traditionell nur donnerstags gibt.

Oben: Chili würzt viele mexikanische Gerichte. Rechts: Oaxaca ist bekannt für seine abwechslungsreichen Moles.

Oaxaca hat mit sieben verschiedenen Moles für jeden Tag der Woche einen besonderen Leckerbissen im Angebot, darunter *mole negro* (schwarze Mole mit Schokolade), *mole coloradito* (rötliche Färbung) oder *mole amarillo* (gelb). Weitere Spezialitäten und exotische Genüsse der Region sind *queso de Oaxaca*, Käse, der in langen Streifen zu ungleichmäßigen Kugeln gewickelt wird und im Geschmack Mozzarella ähnelt, oder *chapulines* (Heuschrecken), die mit gemahlenem Chili geröstet werden. Bevor man in diesen knackigen Snack beißt, wird er noch mit Limonensaft beträufelt.

Auf der Halbinsel Yucatán hat sich eine Garmethode der Maya erhalten: Im Erdloch (*pib*) schmoren langsam *cochinita pibil* oder *pollo pibil*, in Bananenblätter gewickeltes Schweine- oder Hühnerfleisch, das durch eine Gewürzmischung mit *annato*- (*achiote*)-Samen eine rote Farbe erhält. Eine weitere örtliche Spezialität ist *sopa de lima*, eine mit einer bittersauren Zitrusfrucht

Foto: Ortrun Egelkraut

gekochte Hühnersuppe. Als Festessen gilt *queso relleno*, ein runder holländischer Käse, der mit einer Hackfleischmischung gefüllt ist und mit einer weißen Soße (*kol*) serviert wird.

Chaya-Blätter wachsen nur auf Yucatán und lassen sich ähnlich wie Spinat als Gemüse zubereiten, ergeben aber auch ein köstliches Erfrischungsgetränk (*jugo de chaya*), das man am besten mit Limonensaft oder dem Saft anderer Zitrusfrüchte mischt. Orangensaft steht an erster Stelle der frisch gepressten Fruchtsäfte. Die meisten Früchte – Melonen, Mangos, Ananas, Papaya, Guaven und *guanabanas* – werden mit Wasser als *aguas frescas* oder mit Milch gemischt als *licuados* serviert.

Immer mehr junge kreative Köche und Köchinnen spüren den kulinarischen Traditionen des Landes nach und beleben sie auf unterschiedliche Art neu. Die Vertreter der „neuen mexikanischen Küche" geben überlieferten Rezepten eine gesunde Leichtigkeit, machen Arme-Leute-Gerichte wie die Kaktusblätter *nopales* gourmetfähig, oder experimentieren mit raffinierten Kombinationen. So findet man Garnelen in einer Kokospanade mit Mango-Chili-Soße oder Entenbrust in einer Soße aus kräftig-aromatischer Chipotle-Chili, die mit einem Schuss Tequila verfeinert wird.

Bester flüssiger Begleiter zu den pikanten Gerichten ist ein gut gekühltes mexikanisches Bier; bekannte Marken sind Sol, Corona, Dos Equis oder Tecate. Mexikanische Weine stammen überwiegend aus Baja California, wo kleine Weingüter für ausgezeichnete Tropfen sorgen, die jedoch nur in besseren Restaurants zu bekommen sind.

Bekanntestes alkoholisches Getränk ist Tequila, der aus der in Jalisco angebauten blauen Agave gebrannt wird. Der junge, weiße Tequila *blanco* eignet sich gut für einen spritzigen Margarita-Cocktail, der „ausgeruhte" *reposado* gleitet zu vielen Anlässen weich die Kehle herab. Den dunkelgoldenen, bis zu drei Jahre im Holzfass „gealterten" *añejo*, genießt man, im angewärmten Cognacschwenker, als krönenden Abschluss eines köstlichen Mahls.

Foto: Hans-Horst Skupy

MEXIKOS MUSIK

In Mexiko gibt es jeden Tag ein Fest (*fiesta*), das ohne Musik, Gesang und Tanz einfach undenkbar wäre.

Im Staat Chiapas im südlichen Hochland halten die Tzotzil und Tzeltal – die letzten Nachfahren der präkolumbischen Maya – immer noch an einem alten Brauch fest: Sie ahmen auf einer schrillen, handgeschnitzten Pfeife einen Vogelruf nach, während nur mit einem Poncho bekleidete junge Indígenas mit den Füßen auf den Boden klopfen. „Das ist der alte Vogelgesang und der Tanz des heiligen Jaguar", erläutert ein Indígena-Häuptling das Spektakel anlässlich der Fiesta von San Sebastián, die am 19. Januar stattfindet.

Die mexikanische Musik hat ihren Ursprung sowohl in der Kultur der Indígenas als auch jener der Spanier. Man glaubt, dass die Rolle der Sänger von **Netzahualcóyotl**, dem König von Texcoco – einer Stadt im zentralen Hochland – begründet wurde. Er sang nicht nur Balladen, in denen er sich selbst pries, sondern er war auch der Patron der Hofmusikanten, die seine Gedichte in Liederform vortrugen. Er begründete das *cuicacalli* – das sog. Liederhaus – in dem alle Indígena-Kinder Musikunterricht erhielten.

Oben: Trompeten hielten mit den Spaniern Einzug in die mexikanische Musik.

Viele Weisen unterlagen zunächst den Einflüssen der maurischen, der afrikanischen und der europäischen Musik, die die Seeleute, die in Mexiko an Land gingen, mitbrachten. Sie vermischten sich jedoch schon bald mit der einheimischen Kultur. Daraus entstand dann eine eigenständige Musik.

Die ersten musikalischen Aufzeichnungen Mexikos stammen vom spanischen Mönch **Bernardino de Sahagún** (16. Jh.), der die Musik der Indigenas erforschte und überlieferte. Ihre Gesänge wurden von der *huehuetl* (Trommel) begleitet. Diese Musikart findet man heute noch in Dolores Hidalgo, Tabasco und Veracruz. In vielen kleinen Dörfern der

Staaten Sonora, Coahuila, Chihuahua und Nuevo León spielen die einheimischen Musikanten bei Fiestas die Weisen ihrer Vorfahren auf den aztekischen Windinstrumenten aus Schilfrohr, auf Tonflöten und Pfeifeninstrumenten. An den Küsten von Sinaloa, Nayarit und Jalisco hört man bei vielen Beerdigungen traurige, auf einer Muschel geblasene Melodien. Im Staat Chihuahua wird die Violine noch wie zur Zeit der spanischen Conquistadoren gespielt.

Daraus entstand die **Mariachi**-Musik, zu der außerdem noch Bassfiedel, Trompete und Gitarre gehören. Die Mariachi-Gruppen, die durch fast alle Staaten ziehen, formierten sich ursprünglich im 19. Jh. in Jalisco und Mittel-Mexiko. Zuerst musizierten sie nur auf den Saiteninstrumenten, doch schon hundert Jahre später kam die Trompete hinzu. Die Mariachi-Weisen – vom bekannten Geburtstagsständchen *Las Mañanitas* bis hin zur Ballade des Todeskandidaten vor seiner Hinrichtung – sind ebenso mit der Geschichte Mexikos verwurzelt wie die Vogelrufe der Indígenas. Die besten *mariachis* spielen abends in Guadalajara sowie in Mexiko-Stadt auf der berühmten Plaza Garibaldi, wo die Musikanten in ihren eng anliegenden Hosen, ihrem Glitzerschmuck und ihren breitkrempigen Hüten (*sombreros*) ihre Serenaden in die Nacht schmettern.

Der europäische Einfluss auf die mexikanische Musik ist auf die damalige Stellung Europas als kulturelles Weltzentrum zurückzuführen; viele Musiker, die in der Alten Welt keinen Platz fanden, ließen sich hier nieder und waren nicht selten erfolgreich.

Die bekanntesten Werke von **Aniceto Ortega** (1823-75) sind seine *Marcha Zaragoza*, die *Invocación a Beethoven* und seine Oper *Guatimotzín*.

Der erste mexikanische Komponist, der Orchesterwerke und Kammermusik schrieb, war **Manuel M. Ponce** (1866-1948). Von den Kompositionen dieses Schülers berühmter europäischer Meister wurden *Chapultepec*, *Ferial* und *Estrellita* am bekanntesten. Ponce bezog die Gitarre in das Musikrepertoire mit ein.

Die bekanntesten Kompositionen von **Carlos Chávez** (1889-1978) sind *Concierto para Violín, Tocata para Percusiones* und *El Amor Propiciado*.

Silvestre Revueltas (1899-1940) gilt als bedeutendster mexikanischer Komponist. Das spontane Genie stand sowohl dem prähispanischen als auch dem zeitgenössischen Mexiko aufgeschlossen gegenüber. Revueltas schuf so bekannte sinfonische Werke wie *Cuauhnáhuac*, *Sensemaya* und *Magueyes*.

Nach Ende des Unabhängigkeitskampfes hielt Mitte des 19. Jh. der **Walzer** in Mexiko Einzug, dem die Musikanten von Jalisco, Oaxaca und Michoacán mit ihrem fröhlichen Schwung und ihren schönen Melodien einen unverwechselbaren Charakter verliehen.

Die **traditionelle Musik** erfreut sich in ganz Mexiko aufgrund der Popularität und der vielen Vorstellungen des *Ballet Folklórico* im Palacio de Bellas Artes in Mexiko-Stadt immer größerer Beliebtheit. Mehrere **Ballettgruppen** reisen durch die ganze Welt und werben für mexikanische Musik und Tanz. Die Aufführungen der Künstler stellen eine Wanderung durch die musikalische Geschichte Mexikos dar – beginnend bei der Indigenas-Musik, über den mexikanischen Bolero durch das 20. Jh. zu den heroischen Balladen über Francisco „Pancho" Villa und Emiliano Zapata bis hin zu den Märschen, die zu berühmten Tanzweisen wurden – wie z. B. *La Cucaracha*.

In ihrer vielleicht ausgereiftesten Form wird die traditionelle Musik Mexikos von einer der dramatischsten Fiestas des Landes – der **Fiesta Brava** (Stierkampf) – beeinflusst. Das Ereignis selbst bildet den Hintergrund für die Musik. Wenn der *toro* nach allen Regeln der Kunst getötet wird, schmettern die Trompeten, wirbeln die Trommeln; die ganze Show wird zu einer Huldigung an das Leben.

VOLKSKUNST

Erster Kontakt mit dem fantastischen Reich der mexikanischen Volkskunst: vielleicht in Mexiko-Stadt in einem der staatlichen FONART-Läden oder samstags auf dem Bazar Sábado im romantischen Stadtteil San Ángel. Selbst der nüchternste Geschäftsreisende kann hier in einen Kaufrausch verfallen angesichts der Vielfalt an Farben und Formen, mit denen in Mexiko fast jedes nur denkbare Material zu einem Stück *arte popular* verwandelt wird. Einiges aus dem zunächst unübersehbaren Angebot ist echte Volkskunst, also kein reiner Dekorationsartikel, sondern er erfüllt in der Produktionsgesellschaft auch einen bestimmten Zweck. Wenn man eine bestickte Bluse bis zu den Händen der einheimischen Stickerin zurückverfolgen könnte, würde man feststellen, dass eine solche Bluse Teil ihrer Tracht ist. Oder dass in einem bauchigen Tonkrug, wie er auf dem Markt angeboten wird, in einer rußgeschwärzten Dorfküche die *frijoles*, die mexikanischen braunen Bohnen, vor sich hin köcheln. Auch Holzmasken werden bei alten Tänzen noch getragen. Die Fantasie der Volkskünstler kennt keine Grenzen und schert sich mitunter nicht um vordergründige Nützlichkeit. Sie verästelt sich in bis zu mannshohen, aus Ton geformten „Lebensbäumen"; sie mokiert sich über Tod und Teufel in Totenköpfen aus Zucker oder in skurrilen, gar obszönen Tonteufeln, nach ihrem Herkunftsort *ocumichus* genannt.

Einheimisch oder spanisch?

Ein Teil des mexikanischen Kunsthandwerks wurzelt in einheimischen Traditionen; das Steinschneiden z. B. von Onyx, Jade oder dem schwarzen Obsidian beherrschten schon die Azteken meisterhaft. Webgürtel der Indígenas entstehen noch heute auf dem vorspanischen *telar de cintura*, einem Webgerät, das um die Hüfte gebunden wird. Anderes beruht auf Importen der Eroberer. So brachten spanische Töpfer die Töpferscheibe und eine Fayence-Technik aus Talavera de la Reina mit, mit der in Puebla Kacheln (*azulejos*) und Geschirr hergestellt werden. Die missionierenden Mönchsorden gründeten Schulen, in denen sie den Eingeborenen nicht nur aus der Bibel predigten, sondern sie auch europäische Handwerkstechniken lehrten.

Als Mexiko in der Kolonialzeit dem spanischen Schiffshandel mit den Philippinen als Zwischenstation diente, hat das mexikanische Kunsthandwerk auch fernöstliche Einflüsse vereinnahmt. Deutlichstes Beispiel: die Lackarbeiten mit Goldinkrustationen aus dem Staat Michoacán. Eine dritte Art des Kunsthandwerks kombiniert auf raffinierte Weise Althergebrachtes mit neuen Ideen. So das auf vielen Märkten angebotene und inzwischen in alle Welt exportierte *papel amate*. Dieses Baumrindenpapier wird noch immer wie zur Zeit der Azteken, die darauf ihre Bildergeschichten festhielten, in einem abgelegenen Gebirgsdorf Blatt für Blatt handgefertigt. Mit magischen Figuren beklebt, wird es dort bei Heilungszeremonien eingesetzt. Ein Händler aus der Hauptstadt hatte in den 1960er Jahren den Einfall, Töpfer aus einem Hunderte von Kilometern entfernten Ort, die ihre Irdenware sehr originell bemalten, auf diesem Papier malen zu lassen. Das war die Geburt einer neuen dekorativen Volkskunst und eines Verkaufsschlagers. Kaum ein anderes Produkt gilt als so „typisch mexikanisch" – und natürlich lässt sich solch ein zusammengerolltes Rindenbild viel leichter als Souvenir im Koffer unterbringen als ein zerbrechlicher Tontopf. Auf den Kunsthandwerksmärkten der Hauptstadt wie dem Bazar Sábado, dem Mercado Ciudadela oder dem Mercado de San Juan ist wohl al-

Rechts: Rindenpapiermalereien sind leicht transportierbare Souvenirs. Rechts außen: Eine Indígena mit Hüftwebgerät.

Foto: Hans-Horst Skupy

Foto: Hans-Horst Skupy

les zu finden, was die Kunsthandwerker (*artesanos*) im ganzen Land produzieren. Natürlich auch Silberschmuck, Kupferteller, Ledertaschen und -gürtel, Nachbildungen archäologischer Fundstücke oder Figuren aus Pappmaché. Das kommt jenen Besuchern entgegen, die nicht die Möglichkeit haben, ihre Mitbringsel dort einzukaufen, wo sie auch hergestellt werden.

Regionale Spezialitäten

Wer zusehen wollte, wie in Olinalá Tabletts oder Holzschachteln und -truhen mit Ritz- und Maltechnik kunstvoll lackiert werden, der müsste allerdings einige Mühsal in Kauf nehmen. Das Dorf liegt im Guerrero-Gebirge. Die Wege dorthin sind oft unpassierbar. Früher wurden in Olinalá vor allem Truhen aus einem duftenden Riechholz geschreinert und mit Lackmustern dekoriert. Sie dienten der Aufbewahrung der Aussteuer. Vielleicht wäre das Kunsthandwerk ausgestorben, wenn nicht der Tourismus eine neue Nachfrage nach diesen Lackarbeiten geschaffen hätte. Sie wurden zu einem wichtigen Erwerbszweig für viele Familien in Olinalá.

Ebenfalls in Guerrero liegt die „Silberstadt“ Taxco. Ein Abstecher auf dem Weg nach Acapulco lohnt sich. In den engen Gassen findet man unzählige Silberschmieden mit ihren fantasievollen Auslagen. Den Anstoß zu einer Renaissance des Silberhandwerks in Taxco, das früher von der Silberförderung in seinen Bergwerken lebte, verdankt die Stadt einem Außenseiter. Der Amerikaner William Spratling, von den Einheimischen „Don Guillermo“ genannt, kam 1929 nach Taxco und eröffnete eine Silberwerkstatt, in der er Schmuck nach altmexikanischen Motiven schmieden ließ. Sein Erfolg verhalf diesem Handwerk zu einem neuen, großartigen Aufschwung.

Jede Region Mexikos hat ihre Spezialitäten. In Oaxaca gehen einem die Augen über angesichts der Auswahl an Webteppichen, die vor allem auf den Webstühlen von Teotitlán del Valle entstehen. Ihre traditionellen Muster

Foto: Volker W. Radke

sind so alt wie die mixtekischen Steinmosaiken am Palast von Mitla, doch die Pastellfarben haben sich der Nachfrage angepasst. Pfiffige Weber verwenden als Vorlage auch schon mal ein Gemälde von Juan Miró... Auch schwarze Keramik ist typisch für Oaxaca. Die Krüge, Pfeifen oder Glocken sind nicht etwa künstlich gefärbt. Die metallisch schimmernde schwarze Farbe entsteht beim Brand in einem Erdofen durch ein Qualmfeuer.

Ein Gebiet mit überaus reicher Handwerkstradition ist die Gegend um den Pátzcuaro-See im Bundesstaat Michoacán. Fast jedes der Fischer- und Bauerndörfer der Tarasken oder Purépecha-Indígenas rund um den See hat sich auf ein bestimmtes Handwerk spezialisiert. Gefördert wurde das schon in vorspanischer Zeit legendäre handwerkliche Geschick der Purépecha vom Dominikaner Vasco de Quiroga, der ab 1539 als Bischof von Michoacán zum Wohltäter dieses Volkes wurde. Noch heute wird die Erinnerung an *tata Vasco* (Väterchen Vasco) von den Purépecha hochgehalten. Im Museo de Arte Popular in Pátzcuaro kann man einen Querschnitt durch die Vielfalt dieser Kunsthandwerksproduktion der Region sehen, wovon in der Casa de los Once Patios („Haus der elf Patios“) vieles zu kaufen ist. Aus Holz werden in diesem waldreichen Gebiet Möbel und Musikinstrumente hergestellt. Daneben findet man Töpfer- und Korbwaren, Kupfer- und Lackarbeiten sowie gewebte und bestickte Textilien.

Lohnend ist ein Ausflug nach Santa Clara del Cobre, das Kupfer schon im Namen trägt. Unter den Arkaden an der Plaza schimmert es: Da verkaufen Händler Schmuck und kupferne Gefäße. In vielen Häusern wird geschmiedet und gehämmert. In einem Museum kann man die Geschichte der Kupferbearbeitung in diesem Ort zurückverfolgen. Auch hier kam einem Amerikaner, Jim Metcalf, eine bedeutende Rolle bei der Wiederbelebung dieses Kunsthandwerks zu. In seiner Werkstatt bildet er

Oben: Eine wahre Augenweide ist dieser Sombrero.
Rechts: Jede Menge Kitsch im Souvenirgeschäft.

junge Leute zu Kunstschmieden aus.

Im benachbarten Bundesstaat Jalisco gilt die vielseitige *artesanía* (Kunsthandwerk) ebenfalls als touristische Attraktion. Hunderte von Läden und Werkstätten findet man vor allem in den Orten Tlaquepaque und Tonalá – in der Nähe der Hauptstadt Guadalajara. Auf dem Donnerstag und Sonntag abgehaltenen Töpfermarkt in Tonalá findet man noch traditionelle Keramik, die in kleinen Familienwerkstätten mit Modeln geformt, mit Erdfarben bemalt und vor dem Brennen fein poliert wird (*loza bruñida*). Doch die Malkünste der tonaltekischen Töpfer machen sich inzwischen auch Manufakturen zunutze, die Steinzeug mit modernem Design herstellen. In Tlaquepaque werden zwar nach alter Tradition Terrakotta-Skulpturen, z. B. Krippenfiguren, geformt, aber die Konkurrenz von Werkstätten, in denen Keramik, Pappmaché-Artikel, Lederwaren, Glas- und Messingartikel entstehen, ist groß.

Kitsch und Kurioses

In diesem kommerzialisierten Kunsthandwerkszentrum ist eine authentische Volkskunst vielleicht nur noch im Museo Regional de la Cerámica zu finden. Stark vertreten ist dagegen die Gattung der *Mexican Curios*, eigens für Touristen fabrizierte Souvenirs, die in der Tat meist kurios sind. Sie benutzen Motive, die Mexiko formelhaft repräsentieren sollen, darunter vor allem der so genannte „Azteken-Kalender". Das Original, der tonnenschwere Stein im Anthropologischen Nationalmuseum wird tausendfach kopiert: z. B. auf silbernen Aschenbechern, Ledertaschen, Broschen aus Onyx. Ganz „typisch" auch der Mexikaner mit Sombrero, der an einem Kaktus lehnend, seine Siesta hält und dabei noch als Buchstütze zu gebrauchen ist.

Doch wer will den Mexikanern verübeln, dass sie sich auf die internationale Nachfrage einstellen, wenn sie

Foto: Volker W. Radke

damit – vor allem im ländlichen Raum – Arbeitsplätze und Einkommen schaffen? Mancherorts, manchmal weit abgelegen von den touristischen Zentren, kann dadurch die Abwanderung in die großen Städte, vor allem in die Hauptstadt, gebremst werden.

Das ist ein wichtiger Grund für die staatliche Förderung durch FONART, den *Fondo Nacional de Fomento de las Artesanías*, der eine Reihe gut sortierter, über das Land verteilter Läden unterhält. Der größte Teil des mexikanischen Kunsthandwerks wird jedoch über private Händler vermarktet, die dabei nicht schlecht verdienen, während die Schöpfer selbst nur selten vermögend werden.

Unendlich reich sind die mexikanischen *artesanos* an Einfällen. Vor ihrer Kreativität sollte man den Hut, nein, den Sombrero ziehen. Sie verstehen es, selbst aus dem erbärmlichsten Schrott noch ein Kunstwerk zu zaubern; sie lassen – wenn es dem Käufer so gefällt – einen Landsmann am Kaktus sogar mal zum Fakir werden...

Foto: Volker W. Radke

MURALISMO

Die Kunst der Wandmalerei (*muralismo*) hat in Mexiko eine jahrhundertelange Tradition. Die frühesten Wandmalereien in den Höhlen Süd-Mexikos stammen aus der Zeit der ersten Maya; die Indígena-Künstler stellten die Sterne, den Mond- und Sonnengott sowie die Welt, in der diese Götter lebten, dar. Die Lacandones in Chiapas glauben immer noch an die Wandgemälde des Templo de las Pinturas in Bonampak, der in der Sprache der Maya „Ort der bemalten Wände" heißt.

Die Entstehung des Muralismo im Jahr 1922 resultiert aus der Zeit der Mexikanischen Revolution (1910-1920). In der Zeit der großen sozialen Umwälzungen, die die mexikanischen Künstler zu verschlingen drohten, engagierte sich David Alfaro Siqueiros, der jüngste der „Großen Drei" für eine Wandmalerei-Bewegung, in der die Künstler jener Zeit den Regierungsprogrammen mit ihrem Können am besten dienen konnten. Die Wandmalerei war eine beim Volk überaus beliebte Kunst, die eine wirksame Methode darstellte, die Masse der Menschen anzusprechen.

Als das wohl schönste Wandgemälde, das sich bis zum Erdbeben von 1985 in der Lobby des hauptstädtischen Hotels *Del Prado* befand, gilt *Traum an einem Sonntagnachmittag im Alameda-Park* von Diego Rivera (1886-1957). Nach dem Zweiten Weltkrieg war es aufgrund seiner sozialistischen Botschaft auf heftige Kritik gestoßen und mit einer Sperrholzplatte und Vorhängen verdeckt worden. Nachdem die Kritiker verstummt waren und man das Gemälde schließlich als bedeutungsvolles Werk von bleibendem Wert pries, wurde die Abdeckung wieder entfernt. Heute befindet es sich in einem eigenen Ausstellungsgebäude in der Avenida Juárez neben dem Alameda-Park.

Oben: Muralisten wie J. C. Orozco brachten ihr soziales Engagement zum Ausdruck. Rechts: D. Rivera proklamierte die Rückbesinnung auf die indianische Kultur.

Diego Rivera (1886-1957) schuf sein erstes Wandgemälde 1922. Ab diesem Zeitpunkt legte er den Pinsel nicht mehr aus der Hand und kreierte die nach ihm benannte Freskotechnik. Er ging zu plastischen Darstellungen über, arbeitete an den Charakteren und griff Propagandamotive auf. *El Mercado* ist der arbeitenden Masse gewidmet, einfachen Menschen, die ihre mühsam erwirtschaftete Ernte zum Markt bringen. Später experimentierte er mehr, und seine Arbeiten wurden komplexer. Rivera blieb zwar seinem Stil treu, fügte diesem jedoch ein seltsam wirkendes Element des Schreckens und Realismus hinzu.

José Clemente Orozco (1883-1949) schuf – ebenfalls in den 1920er Jahren – die Wandgemälde in der Escuela Nacional Preparatoria in Mexiko-Stadt. Mit der Darstellung von Jugendlichen beim Spiel auf öden Feldern erregte er die Aufmerksamkeit der Kunstkritiker. Diese ersten von ihm gestalteten Wände wirken im Vergleich zur Üppigkeit und Komplexität seiner späteren Arbeiten in Guadalajara – in der Universität, am Hospicio Cabañas und in der Abgeordnetenkammer – sehr einfach.

Seine Heimatstadt Guadalajara verdankt ihm eine Reihe düsterer Wandtafeln voller Anspielungen, deren Agonie der Hilflosigkeit stark beeindruckt. Sein Revolutionsgemälde gerät zwischen die Fronten von Sieg und Tod und verkörpert den Horror eines einsamen Aufschreis vor dem Hintergrund der riesigen Hand, die ein gezücktes Schwert hält.

Der dritte Meister der Wandmalerei ist **David Alfaro Siqueiros** (1896-1974), der von den herkömmlichen Indígena-Gesichtern zu einer mehr symbolischen Darstellung von Figuren mit Gasmasken (gesichtslosen Männern und Frauen) überging – Studien der Gesellschaft zwischen industrieller Revolution und Weltraum-Zeitalter. Für ihn bedeutete Größe auch Stärke. Er arbeitete gerade an den verlängerten Projektionen raketenartiger Jets in rot, gelb und hellgrün auf massiven Stahlplatten, die an

Foto: Volker W. Radke

öffentlichen Orten angebracht werden sollten, als er 1974 in Cuernavaca plötzlich starb. Viele seiner fantasievollen Arbeiten sind an den Wänden der Universität von Mexiko-Stadt zu sehen, auf denen stromlinienförmig gezoomte, bombenartige Objekte durch ein Feuerinferno aufsteigen.

Viele moderne Künstler, die sich der Wandmalerei verschrieben, haben Siqueiros bei der Ausschmückung dieses Landes mit ihrer aussagekräftigen, ins Auge fallenden Symbolik z. T. noch übertroffen. Zu ihnen zählen Rufino Tamayo, González Camarena, Carlos Orozco Romero, Fermin Revueltas, Carlos Mérida (seine *Mexikanische Legende* bedeckt eine Fläche von 2000 m^2!) und Juan O'Gorman (seine *Allegorie Mexikos* – ein Mosaik aus Naturstein und farbigem Glas – ist sogar 4800 m^2 groß!),

In Anerkennung dieses großartigen künstlerischen Erbes hatte die Regierung im Rahmen des Gesetzes zum Schutz der Nationaldenkmäler ein Ministerium zur Erhaltung und Restaurierung von Wandgemälden ins Leben gerufen.

Foto: Volker W. Radke

LITERATUR

In aller Kürze soll hier die historische Entwicklung der mexikanischen Literatur skizziert werden. Die Literatur der prähispanischen Hochkulturen, die in Bilderschriften *(códices)* von den Taten ihrer Herrscher und vom Alltag Bericht gaben, wurde von den Spaniern als „heidnisch" vernichtet. Ganze Arbeit leistete **Bischof Diego de Landa** in Yucatán. Nur drei Códices entgingen der „Bücherverbrennung" von 1562; sie befinden sich heute in europäischen Museen. Ironie der Geschichte: Der Bischof wurde mit seinem *Bericht über die Angelegenheiten von Yucatán* (*Relación de las cosas de Yucatán*) wenige Jahre später zum exakten Chronisten der Maya-Gebräuche, er versuchte eine Entzifferung der Glyphenschrift und der Kalenderzeichen. Die Maya-Bücher *Popol Vuh* und *Chilam Balam* sind Aufzeichnungen mündlich überlieferter Texte.

Oben: „Literatur" ganz anderer Art – ein Zeitungsverkäufer in Mexiko-Stadt.

Über die Welt der Azteken schuf **Pater Bernardino de Sahagún** (1500-1590) eine einzigartige Chronik, die er von aztekischen Künstlern illustrieren ließ: *Historia general de las cosas de Nueva España* (*Allgemeine Geschichte der Begebenheiten in Neu-Spanien*). Sahagún sammelte auch epische Gesänge der Azteken und übersetzte Gedichte des Dichterkönigs Netzahualcóyotl (1402-1472) und dessen Sohn Netzahualpilli (1484-1515).

Dann bestimmte das spanische Mutterland 300 Jahre lang, was in der Kolonie veröffentlicht werden durfte. Nach der Unabhängigkeit entstand eine Vielzahl realistischer Romane, Ende des 19. Jh. orientierten sich die Schriftsteller an französischen Moden.

Danach erregte der *Modernismo* mit kosmopolitischen Themen und der Suche nach neuen sprachlichen Formen Aufsehen. Einschneidendes Ereignis war die Revolution: **Mariano Azuela** mit dem sozialkritischen Roman *Los de* *abajo* (*Die von unten*) und **Martín Luis Guzmán** mit *La Sombra del Caudillo* (*Der Schatten des Führers*) stehen am Anfang der modernen Nationalliteratur.

„Man kann Mexiko nicht verstehen, ohne *Das Labyrinth der Einsamkeit* (1950) gelesen zu haben", hieß es in einem Kommentar zur Verleihung des Literaturnobelpreises 1990 an den Lyriker und Essayisten **Octavio Paz**. Das Buch ist eine vielschichtige Analyse der Gesellschaft, die in einem ständigen Zwiespalt zwischen ihren zwei Vergangenheiten und einer widersprüchlichen Gegenwart lebt. Auf der Suche nach der *mexicanidad,* der Identität eines Volkes, das die Freude an Festen ebenso ernst wie den Tod leicht nimmt, spannt Paz den Bogen vom Untergang der aztekischen Kultur bis zur Übermacht des US-Nachbarn.

Die Einsamkeit einer Frau in einer sprachlosen Zeit steht im Mittelpunkt von *Las trampas de la fe* (*Die Fallstricke des Glaubens*, 1982). In dem Essay beschreibt Octavio Paz (1914-1998) Sor Juana, eine Nonne und Dichterin des 17. Jh., die erste Intellektuelle, die an der orthodox-religiösen Welt des Barock scheitert.

Sor Juana Inéz de la Cruz (1648-1694) wählte das Kloster als die einzige Stätte für Frauen, Wissen zu erwerben. In der Abgeschiedenheit schrieb sie betont erotische Lyrik, Komödien und Weihespiele, die außerhalb der Klostermauern aufgeführt wurden. Dass sie darüber hinaus Fragen stellte und öffentlich den Anspruch von Frauen auf Ausbildung formulierte, ging dem Bischof dann doch zu weit – sie starb als Büßerin. Die „zehnte Muse Mexikos" gilt als Begründerin der Nationalliteratur. Wenn vom Beitrag der lateinamerikanischen Völker zur Weltliteratur die Rede ist, dann meine das, so Octavio Paz, die Literatur der 2. Hälfte des 20. Jh., „die unsere Wirklichkeit und unsere Sprache erforscht".

Groß ist der Anteil erfolgreich schreibender Frauen: **Rosario Castellanos** (1925-1974) beschrieb 1957 in *Balún Canán* (*Die neun Wächter*) aus der Sicht eines Kindes das Leben auf einer Hacienda in Chiapas in den 1930er Jahren. *Mexikanischer Tango* ist der deutsche Titel für **Angeles Mastrettas** (1949) erfolgreichen Debütroman *Arráncame la vida* (*Reiß mir das Leben aus*), die Liebes- und Emanzipationsgeschichte einer jungen Frau an der Seite eines politisch mächtigen Mannes. Schauplatz ist Puebla ebenfalls in den 30er Jahren.

Elena Poniatowska (geb. 1932), engagierte Journalistin und Schriftstellerin, schildert 1969 in *Hasta no verte Jesus mío* (*Allem zum Trotz*) das Leben der Jesusa, die so alt ist wie das 20. Jahrhundert. In ihrem Essay-Band *Fuerte es el silencio* (*Stark ist das Schweigen*) thematisiert sie u.a. das Massaker an demonstrierenden Studenten 1968.

Die eigene Geschichte und Gegenwart, die Suche nach nationaler Identität ist ein Kernproblem, das auch der Romancier **Carlos Fuentes** (1928-2012) behandelte. Mit poetischer Sprachkraft und Fabulierlust gab er in Romanen und Erzählungen einen Einblick in mexikanische Eigenarten: in den Romanen *La región mas transparente* (*Landschaft in klarem Licht*), *Terra nostra,* dem literarischen Thriller *La cabeza de la hidra* (*Das Haupt der Hydra*), dem Revolutionsroman *Gringo viejo* (*Der alte Gringo*) und den Erzählbänden *Chac Mool* und *Agua quemada* (*Verbranntes Wasser*).

Juan Rulfo (1918-1986) setzte mit nur zwei Werken einen Markstein in der neuen mexikanischen Literatur. Die Erzählungen unter dem Titel *El llano en llamas* (*Der Llano in Flammen*, 1953) und der Kurzroman *Pedro Páramo* skizzieren in karger Poesie das ländliche Mexiko.

Auch in Krimis steckt ein Stück mexikanischen Alltags: Der Moloch Mexiko-Stadt spielt bei **Paco Ignacio Taibo II** (geb. 1949) eine Hauptrolle als Sumpf von Korruption und politischer Repression; die mexikanische Provinz ist Schauplatz der Romane von **Jorge Ibargüengoitia** (1928-1984).

Foto: Hans-Horst Skupy

FIESTAS

Vor der Eroberung durch die Spanier lebten die Indígenas in einer polytheistischen Gesellschaft; sie verehrten eine Vielzahl von Göttern, denen sie Menschenopfer darbrachten. Der Katholizismus wurde ihnen durch die Missionare aufgezwungen, wobei sie die Heiligen als die Götter der Weißen verstanden. Auch die Kreuzigung Christi, ebenfalls ein „Menschenopfer", bedurfte keines besonderen Verständnisses.

Der von der katholischen Kirche betriebene Pomp deckte sich ebenfalls mit der farbenfreudigen Welt der Verehrung von Hohenpriestern und Gottheiten. Eine Akzeptanz des neuen Glaubens und eine Übertragung auf ihre heidnischen Gebräuche vollzog sich somit ohne größere Schwierigkeiten. Es entstand eine Symbiose, ein einzigartiger Dualismus. Mexikanische Fiestas gehen auf Gebräuche der Indígenas und Feiertage der Spanier zurück.

Galten die Feste der prähispanischen Zeit häufig grausamen Götterkulten, so wurden sie später humaner und freudiger. Heute sind sie fast alle vom Katholizismus geprägt; zuweilen erinnern nur die Kostüme an heidnische Zeiten. Die Spanier brachten unterhaltsame Elemente ein: die *corrida de toros*, den Stierkampf, und die *charreadas*, Reiterspiele, die dem Rodeo verwandt sind. Octavio Paz schreibt in seinem *Labyrinth der Einsamkeit*: „Für uns bedeutet die *Fiesta* Explosion, Ausbruch. Tod und Leben, Jubel und Jammer... Der einsame Mexikaner liebt sie...".

Das Tourismusministerium gibt die Zahl der Feste mit rd. 6000 an; in der Dokumentation *Fiestas in Mexico* sind 556 regional und chronologisch erfasst. Jeder Ort verehrt seinen Heiligen: Landesweit werden 27 große Feste gefeiert, dazu kommen sechs Nationalfeiertage. Damit nicht genug: *carnaval, ferias* (Rummel mit messeähnlichem Charakter), diverse Stadtteilfeste runden den

Oben: Farbenprächtige Szene aus einer quetzales-Zeremonie.

umfangreichsten Festkalender der Welt ab. Nur wenige, in abgelegenen Regionen lebende Indígenas-Stämme wie die Cora, Huichol, Yaqui, Tzotzil und Tarahumaras in der menschenfeindlichen Sierra Madre Occidental konnten eine relative Authentizität ihrer Tänze und Feste, ihrer religiösen Gebräuche und Festlichkeiten in ihrer Ursprünglichkeit aus der prähispanischen Zeit bewahren. Der „Tanz des Truthahns" der Tarahumaras, der *deturburi*, wird sowohl bei ihren alt-indianischen als auch bei christlichen Festen vorgeführt. In Michoacán hat der *viejito* überlebt, der „alte Mann", der mit Holzmasken dargestellt wird.

Die uralte Herkunft von Festen und Tänzen wurde durch wenige noch existierende *códices* belegt, so auch die *quetzales*-Zeremonie in der Sierra de Puebla (Mittelpunkt dieses äußerst farbenfrohen Festes ist ein buntgeschmücktes Rad von 1,5 m Durchmesser – der Kosmos) oder der „Tanz der Schilfwerfer", *acatlaxqui*, der Otomí-Indígenas.

Im Staat Guerrero feiern die Nahua noch immer das Fruchtbarkeitsfest *tlacoloreros*. Andere präkolumbische Feste sind mit christlichen Elementen verschmolzen. So der *Día de los Muertos* der Azteken, die ihre Toten im Monat *quecholli* (20. Okt. bis 8. November) verehrten. Der Geister wird in ganz Mexiko gedacht, besonders am Pátzcuaro-See.

Im Staat Veracruz hat sich der „Tanz der Voladores" in ursprünglicher Form erhalten. Die Bezeichnung *voladores* ist zwar spanisch, aber die Totonaken nennen sie noch wie vor Ankunft der Christen *tocotines*. Ihr größtes Festival in Papantla fällt auf den katholischen *Corpus Christi* (Fronleichnam).

Judea-Festival: österliche Passionsspiele der Cora-Indígenas in Nayarit. Nachfolgend ein chronologischer Kalender mit den wichtigsten Festen:

1. Januar: *Año Nuevo* (Neujahr), Feuerwerk, Musik, Umzüge, Tänze;

6. Januar: *Día de Santos Reyes* (Heilige Drei Könige), Überreichen der Weihnachtsgeschenke;

18. Januar: *Fiesta de Santa Prisca* in Taxco, Segnung der Tiere, Pilgerzüge;

Februar / März: *Carnaval* (Karneval) in La Paz, Veracruz, Mazatlán;

5. Februar: *Aniversario de la Constitución* (Tag der Verfassung);

März / April: *Semana Santa* (Osterwoche), landesweit Prozessionen, Palmsonntagsprozession in Uruapán, Kerzenprozession in Taxco, Passionsspiele in Ixtapalapa;

ab 17. April: (ca. 2 Wochen) *Feria de San Marcos* in Aguascalientes;

5. Mai: *Día de la Batalla de Puebla* (Tag der Schlacht von Puebla), Paraden;

Mai / Juni: *Corpus Christi* (Fronleichnam).

16. Juli: *Virgen del Carmen* (Heilige Jungfrau), landesweit, Blumenfest im Stadtteil San Ángel (D.F.).

An den **letzten beiden Montagen im Juli**: *Guelaguetza*-Tanzfest aus prähispanischer Zeit in Oaxaca; Opferzeremonien zu Ehren der Fruchtbarkeitsgötter;

15. / 16. September: *Día de la Independencia* (Unabhängigkeitstag) mit Militärparaden;

Ende September (Samstag nach dem *Día de San Miguel*): *Festival de San Miguel Arcangél* in San Miguel de Allende. Größtes Fest der Region: Feuerwerk, Jahrmarkt, Stierkampf;

12. Oktober: *Día de la Raza* (Tag des Volkes oder Kolumbustag), Feier der Rassenverschmelzung von Indígenas mit Europäern;

1. / 2. November: *Todos los Santos* (Allerheiligen), *Día de los Muertos* (Allerseelen);

20. November: *Aniversario de la Revolución;*

12. Dezember: *Día de Nuestra Señora de Guadalupe* (Jungfrau von Guadalupe), hoher kirchlicher Feiertag;

ab 16. Dezember: Familienfeiern mit *posadas* (Prozessionen) und *piñatas* (Zerschlagen von Figuren mit Süßigkeiten);

Weihnachten: *Noche Buena* (24.12.), *Navidad* (25.12.).

Foto: Volker W. Radke

VOLADORES

Wenn im Chapultepec-Park, neben dem Anthropologischen Museum in Mexiko-Stadt, Touristen zu der atemberaubenden „Show“ *danza del volador* zusammenströmen, ist wohl nur wenigen bewusst, dass es sich um eines der ältesten Rituale in Lateinamerika handelt.

Der waghalsige Akt der *voladores* wurde seit Anfang der 1950er Jahre mehr und mehr zu einem Spektakel degradiert. Dabei erklimmen fünf Männer in traditionellen Kostümen einen 20 bis 25 m hohen Pfahl, an dessen Spitze sich eine runde Plattform von maximal 70 cm Durchmesser befindet; diese kann um eine Achse zur Rotation gebracht werden. Knapp darunter hängt ein quadratischer Holzrahmen, auf dem vier Männer Platz nehmen und je ein Seil um ihre Fußgelenke befestigen.

Oben und rechts: Einst kultische Handlung, ist der „Tanz der Voladores“ heute nur noch ein touristisches Spektakel.

Dann wagt sich der fünfte auf die Plattform und spielt stehend – gleichzeitig eine Trommel schlagend – auf einer Flöte. Dabei verbeugt er sich in alle vier Himmelsrichtungen. Die vier Männer lassen sich, kopfüber an den Seilen hängend, langsam in den Abgrund gleiten. Der *coporal* auf der Plattform bringt per Hüftschwung den Rahmen zum Rotieren, die Seile wickeln sich dabei gleichmäßig von der Achse und die Wagemutigen schweben spiralförmig dem Erdboden entgegen. Nach 13 Umdrehungen setzen sie gemeinsam auf und bremsen durch Mitlaufen die Rotation. Der *coporal* beendet sitzend sein Spiel auf der dreilöchrigen *puscol* und klettert den Pfahl hinab.

Vermutlich entstand dieses Ritual um 500 n. Chr. aus einem Fruchtbarkeitskult zu Ehren des Gottes Xipe Totec in den zentralen Regionen des heutigen Bundesstaates Veracruz. Das Städtchen Papantla nahe der Ruinenstadt El Tajín gilt noch heute als Heimat der *voladores* vom Stamm der Totonaken. Im Lauf der Zeit fand der symbolische Akt eine wei-

Foto: Volkmar E. Janicke

tere Verbreitung in ganz Mittelamerika. Diese Zeremonie ist in ihrer ursprünglichen Bedeutung und Ausführung so komplex und regional differenziert, dass bisher keine einheitliche Interpretation möglich ist. Sie erfuhr im Lauf ihrer 1500-jährigen Geschichte ständig Innovationen und unterlag im weiten Land mit dessen Vielfalt von Gottheiten zusätzlichen Einflüssen. Ihr Symbolismus war seit der Ankunft der Conquistadoren Gegenstand von Meinungsverschiedenheiten und Spekulationen.

Eine weithin akzeptierte Interpretation lautet: Der Mann auf der Spitze stellt die Sonne dar, der Pfahl den Baum des Lebens. Die vier „fliegenden Männer" repräsentieren die Wiedergeburt der Krieger und Geopferten, die als Vögel zur Erde schweben, den Göttern huldigen und den Segen der Sonne erbitten. Das synchrone Schweben verkörpert die Einheit zwischen Mensch und Weltall. Bei vier *voladores* und 13 Umdrehungen ergibt dies die magische Zahl 52 – ein abgeschlossener Zyklus im Kalender der Azteken.

Die Zeremonie stellt einen lebenden Mythos dar, ist die symbolische Antwort auf die ewige Frage nach der Bedeutung und Stellung des Menschen innerhalb der Schöpfungsgeschichte. Die Conquistadoren und der katholische Klerus haben den symbolischen Charakter dieses Grundkonzeptes Indígenas-Religion nie verstanden. So konnte dieser „heidnische" Brauch überleben. Wie die meisten Touristen, sahen sie darin vor allem akrobatische Kunststücke, allerdings mit unterschwelliger Skepsis.

Aber die Christen machten Konzessionen, weil sie die Totonaken im Bündnis gegen die Azteken brauchten. Und die „fliegenden Männer" revanchierten sich, indem einer von ihnen mit langen Haaren zur Erde schwebte – ein Tribut an Cortés und seine Geliebte Malinche.

Heute haben sich die *voladores* längst organisiert. Die *Unión de Danzantes de la Región de Papantla* besteht aus 18 Gruppen; sie gehen auf Tourneen und können privat gemietet werden, 2009 wurde das Ritual von der UNESCO sogar in das immaterielle Welterbe aufgenommen.

VIVA LA MUERTE!

In Mexiko ist der Tod kein Tabu; er ist Teil des Lebens. In seinem Essay *Labyrinth der Einsamkeit* schreibt Octavio Paz: „Für einen Pariser, New Yorker oder Londoner ist der Tod ein Wort, das man vermeidet, weil es die Lippen verbrennt. Der Mexikaner dagegen sucht, streichelt, foppt, feiert ihn, schläft mit ihm; er ist sein Lieblingspielzeug und seine treueste Geliebte..."

Der Tod begegnet uns überall: in der Malerei, in der Literatur, in den Volksliedern und im täglichen Leben. Unübersehbar wird er gegen Ende Oktober, wenn sich ganz Mexiko für eines seiner traditionsreichsten Feste rüstet: den *día de los muertos* (Allerseelen) am 2. November.

In vielen Regionen des Landes wird der zunächst irritierte Nicht-Mexikaner bereits Wochen vorher auf Schritt und Tritt mit dem Thema „Tod" konfrontiert. Totenköpfe aus Ton, Plastik oder Pappmaché grinsen bunt geschmückt aus Schaufenstern, Skelette schaukeln fröhlich neben der Ladentür, und in Warenhäusern und Schreibwarengeschäften wird alles angeboten, was sich irgendwie in Form eines Totenschädels, Gerippes oder Sarges herstellen lässt: Aschenbecher, Kerzenhalter, Schlüsselanhänger oder gar Modeschmuck.

Ganz zu schweigen von den *calaveras* in den Bäckereien. Diese kleinen, süßen, bunt verzierten Totenköpfe sind beliebte Leckereien, die man Freunden oder Kindern bringt – nach Möglichkeit mit dem Namen des Beschenkten dekoriert. Makaber! Dieses besondere Verhältnis des Mexikaners zum Tod hat seinen Ursprung weit vor der Christianisierung. Wie für viele Naturvölker war der Tod die selbstverständliche Fortsetzung des Lebens. Leben und Tod waren untrennbar miteinander verbunden, ein ewiger Kreislauf, in dem Zerstörung die Bedingung für jedes Werden ist.

Dieser Dualismus war für das präkolumbische Denken grundlegend. Das Bedrohliche in der Welt der Azteken und Maya war nicht der physische Tod, sondern die Unbeständigkeit und Unsicherheit des Lebens. „Nicht der Tod ist das Schrecknis dieser Welt, sondern Tezcatlipoca (der Gott des Verhängnisses), das Bewusstsein, niemals Herr sein zu können über sein Schicksal" (Paul Westheim in *Der Tod in Mexiko*).

Längst hat sich dieser heidnische Glaube mit dem christlichen vermischt; sie sind eine typisch mexikanische Synthese eingegangen. Der Tod wird zwar nicht mehr als lebenserzeugender Faktor verstanden, verbreitet aber nicht mehr den Schrecken mit Fegefeuer und Hölle wie zur Zeit der Christianisierung.

Wie viel von dem Gedankengut der Indígenas noch immer lebendig ist, zeigt das Fest zu Ehren der Toten am 1. und 2. November. Das sind die Tage und Nächte, in denen im Volksglauben die Verstorbenen auf die Erde zurückkehren, um ihre Verwandten zu besuchen. Es ist Brauch, wenn nicht sogar eine Pflicht für die Lebenden, sie mit ihren Lieblingsspeisen zu bewirten und ihnen den kurzen Aufenthalt im Diesseits so angenehm wie möglich zu gestalten. Am 30. und 31. Oktober herrscht auf den Friedhöfen Hochbetrieb. Die bisweilen bombastischen Gruften der vermögenden Familien werden ebenso frisch gestrichen wie die einfachen Holzkreuze der Indígenas. Der Bäcker bereitet das traditionelle Totenbrot (*pan de los muertos*) aus süßem Teig und meist in Knochenform; Kerzen in allen Farben und Varianten werden handgezogen, die Märkte sind ein einziges Blumenmeer. Die *cempoalxúchitl* (Todesblumen) werden bereits im Juni für diesen Anlass gepflanzt. Für die Besucher aus dem Jenseits errichten die Angehörigen daheim kleine Opfertische, auf denen in der Nacht vor dem 1. November die *ofren-*

Rechts: Der Mexikaner kennt keine Scheu vor dem Tod.

Foto: Andreas M. Gross

das dargeboten werden. Da türmen sich dann Berge knuspriger *tortillas* neben Pyramiden aus Früchten; daneben stehen Schüsseln mit *tamales*, *mole* oder *atole* (ein Maisgetränk). Es fehlen auch nicht Zigaretten, ein Glas Wasser und – wer hätte es anders erwartet? – *tequila*, *pulque*, *mezcal* oder *pox*. Oder Coca-Cola, ein Getränk, das besonders bei den Nachfahren der Maya einen fast kultischen Stellenwert besitzt. Kerzen und *copal* (Weihrauch) sorgen für Stimmung. Die Opfergaben repräsentieren die vier Elemente Erde, Wasser, Feuer und Luft. Vor den Häusern und Hütten werden aus Maisstauden und Blumen kunstvolle Torbögen geflochten. Vom Grab des Verstorbenen führt eine Spur aus gelben Todesblumen direkt zum Opfertisch. „Damit sie ihren Weg finden", sagt der Volksmund, „denn Gelb ist die einzige Farbe, die Tote erkennen können." Gleichzeitig symbolisieren diese Blumen auch die Sonne. Sie ist bei den Indígenas der südlichen Regionen – neben Christus – noch immer das alles bestimmende Lebensprinzip.

Die Bräuche variieren von Region zu Region. Mal werden die „Gäste" zu Hause empfangen und später zum Friedhof zurückbegleitet, mal ziehen die Familien samt Opfergaben auf den Friedhof und verbringen die Nacht vom 1. auf den 2. November an den Gräbern. Wenn sich die Besucher aus dem Jenseits „sattgegessen und -getrunken" haben und wieder für ein Jahr in das Reich der Toten zurückgekehrt sind, finden sich die Familienmitglieder oder gar die gesamte Dorfbevölkerung zusammen, um die Köstlichkeiten zu verspeisen. Landesweit am bekanntesten ist der *día de los muertos* in Mixquic im Süden von Mexiko-Stadt und auf der von Tarasken bewohnten Insel Janítzio im Pátzcuaro-See (Michoacán). Doch in beiden Orten wimmelt es an diesen Tagen von Touristen – selbst das Fest der Toten wird dem Tourismus geopfert. In kleineren Dörfern, vor allem in Gegenden mit überwiegend Indígena-Bevölkerung, sind Fremde dabei nicht gern gesehen – außer sie sind *amigos* und nicht mit Kameras bewaffnet.

CHRONOLOGIE PRÄKOLUMBISCHER KULTUREN UND ORTE

Periode	Zeit	West- und Nord-Mexiko (Tarasken)	Zentrales Hochland (Azteken, Tlaskalteken)	Golfküste (Olmeken, Huasteken, Totonaken)	Oaxaca (Zapoteken, Mixteken)	Chiapas (Maya)	Yucatán (Maya)
	Conquista ab 1519						
Postklassik – Späte Postklassik	1400	Tzintzuntzan	Tenochtitlán Malinalco	Zempoala	Zaachila		Izamal Tulum Mayapán
	1300		Cholula		Monte Albán V.		
Postklassik – Frühe Postklassik	1200	Casas Grandes					
	1100				Lambityeco		Chichén Itzá Nuevo
	1000		Tula (Tollán)	El Tajín Chico	Mitla Yagul		
	900						
Klassik – Späte Klassik	800	La Quemada	Cacaxtla Xochicalco Teotihuacán IV.	El Tamuín Comalcalco El Tajín	Monte Albán IV.	Yaxchilán Bonampak Toniná Palenque Chinkultic	Chichén Itzá Dzibilchaltún Uxmal, Edzná Puuc-Region Balamkú Río Bec-Region
	700						
Klassik – Frühe Klassik	600			Remojadas	Monte Albán IIIB		
	500		Teotihuacán III.				
	400						
	300						
Präklassik – Späte Präklassik (Protoklassik)	200		Teotihuacán II.		Monte Albán IIIA		
	100	Chupícuaro					
	0			La Mojarra		Chiapa de Corzo	
	-100	Colima	Teotihuacán I.		Monte Albán II.		
	-200						
Präklassik – Mittlere Präklassik	-300						
	-400		Cuicuilco				
	-500						
	-600			Tres Zapotes	Monte Albán I.		
	-700		Cuicuilco		Dainzú		
	-800						
Präklassik – Frühe Präklassik	-900			La Venta			
	-1000						
	-1100				San José Mogote		Grutas de Loltún
	-1200		Tlatilco	San Lorenzo			

URSPRÜNGE MEXIKANISCHER KULTUR

GEOGRAFIE UND KLIMA

Mexiko besteht aus 31 Bundesstaaten (*Estados Unidos Mexicanos*) und dem Bundesdistrikt (*Distrito Federal* = D. F.) mit Mexiko-Stadt als Hauptstadt. Das mit 1,97 Mio. km² drittgrößte Land Lateinamerikas hat etwa 112 Mio. Einwohner, von denen ungefähr ein Viertel in Mexiko-Stadt lebt.

Das Land, etwa 5,5-mal so groß wie Deutschland, erstreckt sich zwischen 32° und 14° nördlicher Breite und zwischen 86° und 11° westlicher Länge. Im Norden grenzt es über eine Länge von 2597 km an die Vereinigten Staaten, im Südosten an Guatemala und Belize. Die Entfernung zwischen diesen Grenzen beträgt rund 3500 km. An seiner schmalsten Stelle am Isthmus von Tehuantepec ist Mexiko nur 210 km breit. Die natürlichen Grenzen sind der Golf von Mexiko und die Karibik (2611 km) sowie der Pazifik (7427 km).

Wegen der geografischen Lage zwischen zwei Weltmeeren und beträchtlicher Höhenunterschiede (zwei Drittel bestehen aus Hochland zwischen 1000 m und 2500 m Höhe) gibt es sehr unterschiedliche Klimazonen. Grob unterteilt man sie in:

1. *Tierra caliente* (die heiße Zone bis 800 m), Jahresdurchschnitt über 25 °C, hohe Luftfeuchtigkeit (Tabasco, Yucatán, Tiefland von Chiapas, Quintana Roo);

2. *Tierra templada* (die gemäßigte Zone zwischen 800 m und 1800 m), Jahresdurchschnitt 18 °C bis 22 °C (die Mehrzahl aller Bundesstaaten, obwohl auch sie Extreme aufweisen);

3. *Tierra fría* (kalte Zone über 1800 m), Jahresdurchschnitt 15 °C, im Winter kalt, im Sommer angenehm warm, große Tag- und Nachtunterschiede (z. B.: Mexiko-Stadt und Hochland von Chiapas).

GESCHICHTE

Präkolumbische Zeit

Die äußerst vielfältigen indianischen Kulturen der Neuen Welt erlebten in präkolumbischer (= vorspanischer) Zeit in Mesoamerika (neben Peru und dem zentralen Andenraum) eine einzigartige Blüte in Architektur, Religion und Kunst. Von den Olmeken der Präklassik (2./1. Jtsd. v. Chr.) über die Huasteken, Totonaken, Maya, Teotihuacán, Zapoteken, Mixteken und weitere Völker bis hin zu den Azteken der späten Postklassik (13. Jh.-1521) spannt sich der Bogen der Kulturentwicklung.

Charakteristisch für alle oder zumindest einen Großteil der Völker Mexikos und Mesoamerikas sind die folgenden Kulturelemente: 1. Mais, Bohnen, Kürbis und Chili als die wichtigsten Grundnahrungsmittel. 2. Riesige Zeremonialzentren mit breiten Straßen und weitläufigen Plätzen, um die sich von Tempeln bekrönte Pyramiden gruppieren. 3. Die periodische (meist alle 52 Jahre wiederkehrende) Überbauung der Sakralbauten (z. B. am Templo Mayor in Mexiko-Stadt). 4. Ein 260-tägiger Ritualkalender (*tzolkin*), der mit einem am Sonnenjahr orientierten Kalender zu 365 Tagen (*haab*) ergänzt wurde. 5. Ein ausgeprägter Polytheismus, bei dem Naturgöttern (für Regen, Wind, Sonne u. a.) eine überragende Bedeutung zukommt. 6. Eine Kosmologie, bei der Menschenopfer für den Fortbestand der Welt unabdingbar sind. 7. Das früher mit Menschenopfern verbundene rituelle Ballspiel (*juego de pelota*), das den Lauf der Sonne symbolisiert und sich bis heute in Nordwest-Mexiko erhalten hat. 8. Eine polychrome (vielfarbige) Malerei und Stuckverzierung an Wänden von Tempeln, Palästen und anderen repräsentativen Gebäuden. 9. Eine Schrift mit Glyphen (Bildzeichen), die von den Maya am weitesten entwickelt wurde und neben astronomischen Ereignissen und kultischen Handlungen auch detailliert über historische Ereignisse (Kriegszüge, Heiraten etc.) informiert. 10. Ausgeklügelte Anbaumethoden in der Landwirtschaft, für die in Sümpfen oder in Seen (z. B. dem ehemaligen Texcoco-See im zentralen Hochland) so genannte Schwimmende Gärten bzw. Hochbeete (*chinampas*) errichtet wurden.

Die spanische Eroberung

Erste Erkundungsfahrten entlang der Küste Yucatáns und des Golfs von Mexiko unternahmen Francisco Hernández de Cordoba und Juan de Grijalva 1517 und 1518. Angelockt von den Berichten sagenhafter Reichtümer begann dann der Großgrundbesitzer Hernán Cortés, von Kuba aus das Azteken-Reich zu erobern.

Mit zehn Schiffen, rund 500 Soldaten, 14 Geschützen und 12 Pferden landete er 1519 an der Küste Tabascos, wo ihm nach Kämpfen mit den Maya ein Häuptling eine Nahua-Prinzessin namens Malinche überließ, die neben Náhuatl, der Sprache der Azteken, auch Spanisch verstand. Sie wurde die Geliebte Cortés' und diente ihm fortan als unverzichtbare Dolmetscherin. In seinem Gefolge war auch der Geschichtsschreiber Bernal Díaz del Castillo (1492-1584), der in dem Werk *Die wahre Geschichte der Eroberung Neu-Spaniens* die Ereignisse der spanischen Eroberung (*conquista*) überlieferte.

Im April 1519 gingen die Spanier bei La Antigua in der Nähe von Veracruz ein weiteres Mal an Land. Nach einem freundlichen Zusammentreffen mit den dort lebenden Totonaken in Zempoala zogen sie im Sommer mit indianischen Hilfstruppen hinauf nach Tenochtitlán im Hochland Mexikos, das sie im Spätherbst erreichten. Dort empfing der Aztekenherrscher Moctezuma II. die Spanier mit allen Ehren und versuchte, sie mit Gastgeschenken zum Abzug zu veranlassen. Diese nahmen den Azteken-Herrscher jedoch gefangen und richteten sich in der Stadt ein.

Während einer vorübergehenden Abwesenheit Cortés' richtete Pedro de Alvarado, der spätere Eroberer von El Salvador und Guatemala, während einer religiösen Zeremonie ein Blutbad unter der Bevölkerung an. Nach einem Aufstand der Azteken, bei dem auch Moctezuma II. ums Leben kam, mussten sich die in Tenochtitlán verbliebenen spanischen Truppen unter großen Verlusten in der so genannten *noche triste* („traurige Nacht") zurückziehen.

Mit neu rekrutierten indianischen Hilfstruppen aus Tlaxcala und zufällig mit vier Schiffen an der Küste gelandeter Spanier zog Cortés mit insgesamt 600 Mann und 100 Reitern erneut nach Tenochtitlán. Nach dreimonatiger Belagerung, während der die Azteken durch eine Pockenepidemie geschwächt wurden, zogen die Spanier im Sommer 1521 siegreich in Tenochtitlán ein. Cuauhtémoc, der Nachfolger Moctezumas II. und letzte Azteken-Herrscher, wurde als Geisel genommen und später (1525) in Honduras hingerichtet, die blühende Stadt mitsamt ihren prächtigen Palästen und imposanten Pyramiden vollständig zerstört.

Die Kolonialzeit

Auch nach der Eroberung setzten die Spanier ihr Zerstörungswerk fort. Insbesondere an wirtschaftlich günstig gelegenen Orten gründeten sie neue Städte, die bis auf wenige Ausnahmen (Taxco, Guanajuato) alle im Schachbrettmuster mit gleich großen Häuserblocks (*cuadras*) angelegt wurden. Im Zentrum befindet sich immer ein großer Platz (Plaza Mayor, in Mexiko meist Zócalo genannt), um den sich die Kathedrale (*catedral*), das Rathaus (*ayuntamiento*) und der Regierungspalast (*palacio de gobierno*) gruppieren. Daran schließen sich die prunkvollen Stadtpaläste (*pa-*

Rechts: In blinder Wut zerstörten die Spanier die Azteken-Hauptstadt Tenochtitlán.

lacios) des Adels mit einem Innenhof (*patio*), Krankenhäuser (*hospital*) und vor allem die Klöster (*conventos*) und Kirchen (*iglesias*) der mächtigen und einflussreichen Orden an: allen voran die Dominikaner und Franziskaner, gefolgt von Jesuiten und Augustinern.

Mit der Conquista ging ein in der Weltgeschichte einmaliger Genozid an der indianischen Urbevölkerung einher: die Anzahl der Indígenas (die Bezeichnung *indio* gilt in Lateinamerika als Schimpfwort) verringerte sich innerhalb weniger Jahrzehnte von schätzungsweise 20 Mio. auf etwa 3 Mio., bedingt durch Kampfhandlungen, wahllose Tötungen, aus Europa eingeschleppte Krankheiten, gegen die die einheimische Bevölkerung keinerlei Abwehrkräfte hatte, und nicht zuletzt durch die barbarische Zwangsarbeit (*encomienda*) auf den großen Ländereien (*haciendas*) und in den Silberminen des zentralen Hochlands.

Bei der Ausbeutung der neuen Kolonie Neu-Spanien arbeiteten der spanische „Adel", d. h. unbemittelte spanische Einwanderer, die durch skrupellose Geschäfte zu Reichtum kamen, und der katholische Klerus Hand in Hand. Letzterer besaß im 18. Jh. etwa ein Drittel der landwirtschaftlich nutzbaren Fläche. Nur wenige Bischöfe, unter ihnen Bartolomé de las Casas in Chiapas und Vasco de Quiroga in Michoacán, prangerten dieses Unrecht an. Die schon früh (ab 1542) von der spanischen Krone erlassenen Indígena-Schutzgesetze erwiesen sich in der Praxis als bedeutungslos.

1535 ernannte der spanische König Karl V. den ersten Vize-König von Neu-Spanien: Antonio de Mendoza. Diesem Stellvertreter der Krone unterstanden das Heer, die Verwaltung und die Gerichtsbarkeit. Bis zur Unabhängigkeit Mexikos (1821) regierten 62 *vicereyes* das Land.

Das Vizekönigreich Neu-Spanien dehnte sich im Lauf der Zeit immer weiter aus und umfasste im Norden im 18. Jh. auch die Gebiete der heutigen US-Staaten Texas, Arizona, Kalifornien, New Mexico, Nevada und Utah.

Der Kampf um die Unabhängigkeit

Unter dem Einfluss der amerikanischen Unabhängigkeit und der Ideen der Französischen Revolution kam es zu Beginn des 19. Jh. in Mexiko ebenfalls zu Bestrebungen, sich vom spanischen Mutterland zu lösen. Verstärkt wurde diese Tendenz durch innenpolitische Unruhen nach Enteignung großer Teile des kirchlichen Besitzes durch die spanische Krone (1804) und durch die Ereignisse in Spanien selbst: 1808 okkupierte Napoleon I. Spanien, stürzte Ferdinand VII. und setzte statt dessen seinen Bruder Joseph als neuen König ein. Für den Klerus und die Kreolen (*criollos*), d. h. die in Mexiko geborenen Nachkommen der spanischen Einwanderer, gab es damit keine legitime spanische Regierung mehr, die die Macht in Mexiko ausüben konnte.

In Querétaro entstand eine Verschwörung, deren Kern der Bürgermeister der Stadt (*El Corregidor* = der Richter), seine Frau Josefa Ortíz de Domínguez (*La Corregidora*), Ignacio Allende, ein Offizier, und Pater Miguel Hidalgo y Costilla aus Dolores bildeten. Sie traten für die Abschaffung der Sklaverei, das Ende der Schuldknechtschaft, für eine Bodenreform und die Aufhebung der Monopole ein. Die Rechte der Indígenas und Mestizen (*mestizos* = Mischlinge zwischen Indígenas und Spaniern) sollten gegenüber der kreolischen Oberschicht und den aus Spanien eingewanderten Weißen (*gachupines*, auch *peninsulares* genannt) gestärkt werden. Die Gruppe beschloss, Anfang Dezember 1810 den Aufstand zu wagen und traf dazu die Vorbereitungen – die Bewaffnung von Gleichgesinnten.

Da die kolonialen Machthaber von den Plänen erfuhren und die Bewegung in Gefahr war, handelte Hidalgo unverzüglich. Am 15. September 1810 rief er von seiner Kirche in Dolores (Bundesstaat Guanajuato) unter Glockengeläut zum Umsturz auf (*Grito de Dolores*).

Ein elfjähriger wechselvoller Kampf begann, bei dem weitere Unabhängigkeitsführer (u. a. José María Morelos y Pavón) in Erscheinung traten und später hingerichtet wurden.

Nachdem sich Konservative und Freiheitskämpfer unter der Führung von Agustín Iturbide bzw. Vicente Guerrero im sog. Plan von Iguala auf ein von Spanien losgelöstes Mexiko mit einer konstitutionellen Monarchie geeinigt hatten, unterzeichnete am 24. August 1821 der wiedereingesetzte König Ferdinand VII. die Unabhängigkeitsurkunde, die Spanien erst 15 Jahre später offiziell anerkannte. 1822 ließ sich Iturbide zum Kaiser Agustín I. über die „Vereinigten Mexikanischen Staaten" ausrufen.

Chaos und Reformen

Die Politik Iturbides war weit entfernt von der sozialen Bewegung, die der Unabhängigkeitskampf ins Leben gerufen hatte. Kreolische Oberschicht, reiche Landbesitzer, Klerus und Bourgeoisie hatten nun die Macht in der Hand. Der Mehrheit der Bevölkerung ging es so schlecht wie nie zuvor.

Iturbide musste wegen zunehmender Rebellion bereits 1823 abdanken. Das Chaos im Land nahm beständig zu; in den ersten drei Jahrzehnten der Unabhängigkeit wechselten sich rund 50 Regierungen einander ab. Eine der hervorstechendsten Figuren war General Santa Ana, der eine Privatarmee unterhielt und Aufstände leitete. Schließlich ließ er sich zum Präsidenten wählen – insgesamt elfmal!

Da sich seit 1821 zunehmend amerikanische Siedler in Texas niedergelassen hatten und sich weigerten, an die mexikanische Regierung Steuern zu zahlen, unternahm Santa Ana eine militärische Strafexpedition, bei der er jedoch in Gefangenschaft geriet. Für seine Freilassung versprach er Texas die Unabhän-

Rechts: Die Erschießung Kaiser Maximilians von Mexiko 1867, nach einem Gemälde von Edouard Manet.

Foto: Archiv für Kunst und Geschichte, Berlin

gigkeit. Nachdem die Amerikaner das Land zu einem US-Bundesstaat erklärten, rüstete sich Santa Ana zum Krieg. US-Truppen besetzten Kalifornien und marschierten sogar nach Mexiko-Stadt, das sie im September 1847 einnahmen. Im Vertrag von Guadalupe-Hidalgo musste die mexikanische Regierung am 2. Februar 1848 Kalifornien und alle Gebiete nördlich des Río Grande an die USA abtreten – nahezu das halbe Staatsgebiet.

Um gegen die vorrückenden amerikanischen Soldaten vorzugehen, hatten Großgrundbesitzer auf Yucatán auch Maya mit Gewehren ausgerüstet. Die Indígenas richteten die Waffen jedoch unverzüglich gegen ihre wahren Feinde, die reichen mexikanischen Herren. Ein langjähriger „Krieg der Kasten" begann, der bis 1902 dauerte und knapp der Hälfte der yucatekischen Maya das Leben kostete.

1858 wurde der Zapoteke Benito Juárez (1806-1872) als erster Indígena der mexikanischen Geschichte Präsident. Die Liste seiner geplanten Reformen war eindrucksvoll: In ihnen wurde die Legalisierung der zivilen Ehe, die Trennung von Staat und Kirche, die Verstaatlichung von Kirchenbesitz und die Gewährung von Religionsfreiheit sichergestellt.

Als es unter seiner Regierung zu einer Rückzahlungsverzögerung der Auslandsschulden kam, intervenierten Großbritannien, Frankreich und Spanien. Französische Truppen rückten in die Hauptstadt ein und setzten 1864 den Österreicher Maximilian von Habsburg auf den Kaiserthron. Nach anfänglicher Beliebtheit bei den Konservativen standen diese jedoch bald geschlossen gegen ihn, da er den liberalen Kurs Juárez' weitgehend fortsetzte.

Am 5. Mai 1862 wurden die Franzosen bei Puebla geschlagen, ebenso unterlag Maximilian in der militärischen Auseinandersetzung mit Juárez. Nach einer Volksabstimmung richtete man Maximilian im Jahr 1867 in Querétaro hin. Benito Juárez wurde 1871 wieder gewählt, doch er bekam die Probleme des Landes nicht in den Griff.

Die Diktatur des Porfirio Díaz

1877 kam Porfirio Díaz durch einen Staatsstreich an die Macht. Von einer kurzen Unterbrechung abgesehen dauerte seine Regierungszeit drei Jahrzehnte. Das Porfiriat, wie seine Diktatur genannt wird, verschaffte dem Land zunächst den ersehnten Frieden. Zugleich erfuhr die Wirtschaft einen enormen Aufschwun: Neue Industrien etablierten sich, die Silber- und Goldproduktion wurde erheblich gesteigert. Das Eisenbahnnetz und das Telefonnetz wurden ausgebaut. Da Ausländer reichlich Profit erwirtschaften konnten, strömte Fremdkapital ins Land. Die USA avancierten zum wichtigsten Handelspartner. Zugleich führte Díaz die Pressezensur ein und verbot Gewerkschaften. Der kollektive Landbesitz (*ejido*) wurde weitgehend aufgelöst und in die Hände reicher Hacienda-Besitzer übergeben, die auch die Gerichtsbarkeit auf ihren Ländern hatten. Berittene Landpolizisten gingen mit brutaler Härte gegen diejenigen vor, die aus der Schuldknechtschaft ausbrechen wollten. Ungefähr 95 % des Bodens war in den Händen von nur 1 % der Bevölkerung.

1910 wurde Díaz durch Wahlbetrug erneut Präsident. Der rechtmäßige Gewinner der Wahlen, Francisco Madero, flüchtete nach Texas, entwarf dort ein Reformpaket und rief zur Rebellion gegen den Diktator auf. Im November 1910 schlugen die Aufständischen los.

Die Revolution und ihre Folgen

Im Norden verbündete sich Madero mit dem ehemaligen Banditenführer Francisco „Pancho" Villa, dessen *División del Norte* neben verarmten Landarbeitern und Kleinbauern auch Bergarbeiter und Angehörige des sozialkritischen Bürgertums umfasste. Sie forderten den Rücktritt von Diáz.

Im Süden des Landes (außer Chiapas und Yucatán) entstand, angeführt von dem Volkshelden Emiliano Zapata, eine Revolte von Bauern und Indígenas, die mit dem Kampfruf *¡tierra y libertad!* („Land und Freiheit!") den Widerstand befeuerte.

Nach Díaz' Abdankung im Mai 1911 trat Francisco Madero das Präsidenamt an; die Revolution schien gelungen. Tatsächlich fing sie jedoch erst richtig an. Denn Zapata wollte für seine Anhänger eine konsequente Landreform. So legte er im November 1911den „Plan von Ayala" vor, mit dem er Rückgabe des dörflichen Landbesitzes von den Großgrundbesitzern und entschädigungslose Enteignung des Landbesitzes der aktiven Gegner der Revolution forderte. Im November 1914 besetzten Zapata, Pancho Villa und der Bauernführer Alvaro Obregón Mexiko-Stadt, feierten mit einem gemeinsamen Frühstück in der Casa de los Azulejos die Revolution und zogen sich dann wieder aufs Land zurück.

1917 wurde der großbürgerlich-liberale Venustiano Carranza Präsident. Er erließ eine moderne Verfassung und veranlasste soziale und politische Reformen, die aber hinter dem ursprünglichen Ziel der Revolutionäre blieben. Der bewaffnete Konflikt brach erneut aus, in dessen Folge Zapata (1919) und Villa (1923) ermordet wurden.

Die Reformen führten vor allem zwei Präsidenten fort. Ab 1924 Plutarco Elías Calles, indem er die Macht der katholischen Kirche zunehmend einschränkte, die Gewerkschaftsbewegung ausdehnte, das Schulwesen förderte und enteignete Ländereien dörflichen Genossenschaften übergab.

Die Interessen der Arbeiterschaft und der Kleinbauern lagen auch dem 1934-1940 amtierenden Präsidenten Lázaro Cárdenas am Herzen, der 1938 die Bodenschätze und damit das von US-Gesellschaften ausgebeutete Erdöl

Rechts: Die legendäre Zusammenkunft der Revolutionsführer Vasconcelos, Pancho Villa, Gutiérrez, Zapata und Villarreal (v. li.) 1914.

Foto: Archiv für Kunst und Geschichte, Berlin

verstaatlichte. Zwischen den 1940er und 1970er Jahren erlebte Mexiko dank Bildungspolitik und importsubstituierender Industrialisierung stabiles Wirtschaftwachstum und wachsenden Wohlstand („Mexikanisches Wunder").

Während der Präsidentschaft von López Portillo (1976-1982) entdeckte man im Golf von Mexiko gewaltige Erdölvorkommen, und 1980 wurde das Land der viertgrößte Erdölexporteur der Welt. Dem überhitzten Wirtschaftswachstum setzte der Verfall des Rohölpreises ein Ende. 1994 trat NAFTA in Kraft, ein Freihandelsabkommen mit den USA und Kanada, das einen riesigen offenen Markt für 400 Mio. Konsumenten schuf. Das Versprechen, durch den Abbau von Zöllen und Handelsbeschränkungen den Wohlstand der Mexikaner auf breiter Basis zu heben, trat nur partiell ein. Zugleichen erhob sich in Chiapas die Guerilla-Gruppe EZLN (*Ejército Zapatista de Liberación Nacional*), um für Freiheit, gerechtere Landverteilung, Bildungsgleichheit und medizinische Versorgung für die indianische (Maya-) Bevölkerung zu kämpfen. 1994/95 kam es dann zu einer schweren Währungs- und Wirtschaftskrise („Tequila-Krise").

Mexiko heute

Im Jahr 2000 gewann Vicente Fox Quesada vom liberalkonservativen PAN (*Partido de Acción Nacional*) die Präsidentschaftswahlen und löste damit das seit 1929 bestehende „Regierungsmonopol" der PRI (*Partido Revolucionario Institucional*) ab.

2006 wurde Felipe Calderón Hinojosa von der PAN Präsident. Calderóns Kampf gegen die skrupellos mordenden Drogen- und Mafiakartelle – von beiden Seiten äußerst brutal geführt – hatte bis zum Ende seiner Amtszeit 2012 eine Welle von noch mehr Gewalt mit über 70 000 Toten zur Folge.

Der neue Staatspräsident Enrique Peña Nieto von der PRI setzte ab 2013 vor allem auf Wirtschaftswachstum und Modernisierung der Infrastruktur. Das Problem der extremen Drogenkriminalität blieb jedoch auch 2016 ungelöst.

Foto: Volker W. Radke

MEXIKO-STADT – DIE MEGALOPOLIS

HISTORISCHES ZENTRUM
PASEO DE LA REFORMA
BASÍLICA DE GUADALUPE
BOSQUE DE CHAPULTEPEC
AVENIDA INSURGENTES
XOXIMILCO

★★MEXIKO-STADT (CIUDAD DE MÉXICO)

„Wir sahen so wundervolle Dinge, dass wir nicht wussten, was wir sagen sollten, wir glaubten nicht, dass sie echt waren", schrieb einer von Hernán Cortés' Soldaten 1519 bei der Ankunft in Tenochtitlán. „Überall auf dem See waren Kanus unterwegs, Dämme verbanden die Ufer miteinander, und fern leuchtete die große Stadt México."

Im 14. Jh. war hier eine Insel im Texcoco-See. Hierher kam um 1345 das Nomadenvolk der Azteken (sie selbst nannten sich *mexica*) von einem Ort, den sie Aztlán nannten. Sie erblickten einen Adler, der – auf einem Kaktus sitzend – eine Schlange verschlang. Diese Szene ist auf der Landesflagge und im Landeswappen zu finden. Sie glaubten, sie hätten ihr Gelobtes Land gefunden und errichteten hier ihre Hauptstadt **Tenochtitlán**, die 150 Jahre später die Conquistadoren in Erstaunen versetzte.

★★Mexiko-Stadt ist nicht nur eine der ältesten Städte der Neuen Welt, sie besitzt mit mehr als 2600 km^2 auch die größte Stadtausdehnung der Welt. **La Ciudad de México**, international oft *Mexico City* genannt, liegt 2240 m über dem Meeresspiegel in einem entwässerten Seebecken. Hier haben sich die Kulturen der Azteken und Spanier vermischt und das moderne Mexiko entstehen lassen; im historischen Zentrum überragen heutzutage Wolkenkratzer die spanischen Kirchen, Klöster und Paläste sowie die Ruinen präkolumbischer Tempel.

Links: Kostümparade der Jüngsten – Fiesta in Ciudad de México.

Umgangssprachlich wird die Hauptstadt der Vereinigten Staaten von Mexiko bei den Einheimischen als **Distrito Federal** (**D. F.**) bezeichnet, der von einem gewählten Bürgermeister, dem Chef des gleichnamigen Bundesdistrikts, regiert wird. Die geschätzten 9 Mio. Einwohner des D. F. (*capitalinos*, wie sie sich selbst nennen, oder *chilangos*, wie sie etwas verächtlich von den übrigen Landesbewohnern genannt werden), nennen es einfach *México* (sprich: meh-chi-ko). Hier ist das politische, kulturelle und kommerzielle Zentrum der Nation.

Über 20 Mio. Menschen leben in der Metropolregion, die auch Gemeinden (*municipios*) im Nachbarstaat México einschließt. Die Kapitale wächst heute langsamer, das neue Schlagwort heißt Dezentralisierung; die Hauptstadt will kleiner werden. Mittelschichtfamilien verlassen den Großstadtmoloch wegen der enormen Kriminalität. Zwar kommen noch Zuzügler vom Land, doch zugleich ist die Geburtenrate auf 1,7 pro Frau gesunken.

» Stadtplan S. 46 u. S. 52-53, Info S. 64-65

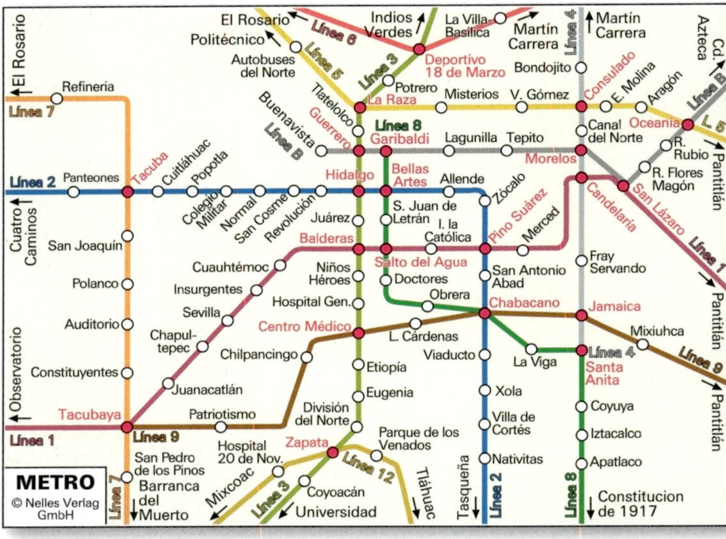

Die Höhenlage und mitunter auch die schlechte Luft führen häufig zu Kopfschmerzen und auch zu Atembeschwerden: Über 5 Millionen Autos sind für 80% der Luftverschmutzung verantwortlich. 2014 soll das Programm „Hoy no Circula" (Heute fahre ich nicht) verschärft werden. Dann dürfen Autos – je nach Autonummer – an einem Tag in der Woche gar nicht, an anderen nur eingeschränkt fahren.

Kalte Tage gibt es nur wenige im Winter, und die wärmsten Tage sind selten richtig heiß. Sommerregen kommen heftig, dauern aber meist nicht lange; doch das reicht, um die Straßen im Zentrum und die Elendsviertel der Vorstädte kurzzeitig zu überfluten.

Obwohl das Stadtgebiet nur knapp 0,1 % der Größe Mexikos ausmacht, leben hier über 25 % der Gesamtbevölkerung! Für die meisten ist dies ein Leben in Armut. Der Mindestlohn liegt knapp unter 5 Euro pro Tag. Etwa 30 % der Familien schlafen in einem einzigen Raum, und 40 % der Wohnstätten sind ohne geeignete Abwassersysteme. Frauen finden häufig Arbeit als Dienstleistungspersonal, Männer ohne Ausbildung dagegen haben die größten Schwierigkeiten.

Die Busse und Bahnen sind meist überfüllt, die Fahrpreise jedoch relativ günstig. Unübersehbar sind die zahllosen rot-gold lackierten Taxis. Dass Taxis nun vier Türen haben müssen, bedeutete das Aus für die nostalgischen VW-Käfer-Taxis. Die Fahrt vom Flughafen in die Stadt ist recht kurz, die meisten Hotels sind – je nach Verkehrsaufkommen – in 30-40 Minuten zu erreichen; der Weg führt über oft verstopfte Stadtautobahnen, anfangs vorbei an wenig attraktiven Gegenden.

Rechts: Die Kathedrale am Zócalo.

HISTORISCHES ZENTRUM

★Zócalo

Der **★Zócalo** ① ist seit 500 Jahren der Mittelpunkt des **Centro Histórico** („Historisches Zentrum"), das im Westen bis jenseits des Parque Alameda

» Stadtplan S. 46, Info S. 64-65

Foto: stockcam (iStockphoto)

reicht. Offiziell wird der mit 240 x 240 m größte Stadtplatz des amerikanischen Kontinents **Plaza de la Constitución** bezeichnet; zu Kolonialzeiten hieß er lange Zeit *Plaza de Armas*. Er wird vom Nationalpalast dominiert, der aus dem Gestein des alten Tenochtitlán gebaut wurde. Hier stehen auch die riesige Kathedrale und die Ruinen des Großen Tempels der Azteken (siehe unten).

Nach der Unabhängigkeit Mexikos 1821 wurde die Statue des spanischen Königs Carlos IV. entfernt, doch der Sockel (*zócalo*) blieb über Jahrzehnte auf dem Platz; so kam der Mittelpunkt der Stadt zu seinem populären Namen: *Zócalo* ist seitdem ein mexikanischer Ausdruck für den Hauptplatz eines Ortes.

Einen Tag mit einem Frühstück in einem der Hotels am Zócalo zu beginnen, ist eine beliebte Möglichkeit. Das **Gran Hotel Ciudad de México** ② mit seiner schönen ★**Art Nouveau-Glaskuppel**, das etwas betagte **Hotel Majestic** und das **Hotel Zócalo Central** bieten von ihren Dachterrassen eine schöne **Aussicht** auf den Platz.

★★Catedral

Die ★★**Catedral** ③ von Mexiko-Stadt dominiert den Zócalo. Sie ist ein imposantes Nebeneinander von architektonischen Stilen. 1573 begonnen, dauerte es rund 300 Jahre bis sie fertig war. In der Kathedrale finden zu jeder Zeit Gottesdienste statt, dann können bestimmte Bereiche nicht besichtigt werden.

Mehr als zehn Jahre waren die meisten Kunstwerke ohnehin hinter einem mächtigen Stahlgerüst kaum zu erkennen. Die Kathedrale drohte einzustürzen, nachdem sich der Boden wegen des veränderten Grundwasserspiegels im Lauf der Zeit um fast 2,50 m gesenkt hatte. Inzwischen sind die Arbeiten abgeschlossen, ist das Gerüst abgebaut, steht die Kathedrale wieder fast gerade. Durch Injektionen von Spezialbeton war der weiche Untergrund stabilisiert worden,

Am Ende des Hauptschiffs glänzt als eines der bedeutendsten Kunstwerke der Kolonialzeit der ★**Altar de los Reyes** („Alter der Könige") – eine Vollendung des Churriguerismus. Geschnitzt

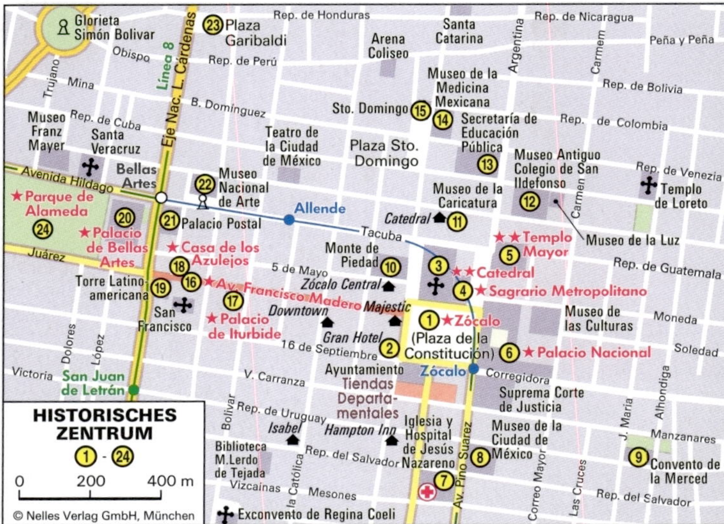

und vergoldet wurde der Altar 1718-1739 für die spanischen Monarchen, die allerdings nie kamen.

Besondere Beachtung verdient auch das fein geschnitzte, 1696 vollendete **Chorgestühl**, für das man kostbares Zedernholz aus Nicaragua importierte.

Der **Altar del Perdón** („Altar des Verzeihens") als südliche Begrenzung des Chores zeigt auf seinem Retablo die *Jungfrau Maria*, ein Gemälde von Simon Pereyns (1568).

Sagrario Metropolitano

Die Fassade der angrenzenden Kirche ★**Sagrario Metropolitano** ④ (Sakramenthaus) ist ein churriguereskes Meisterwerk (1749-1768) von Lorenzo Rodríguez: erstmals in Mexiko finden hier die spitz nach unten zulaufenden Pfeiler (*estípites*) Verwendung. Einem Retablo gleich ist die Portalzone über und über mit Heiligenstatuen und Ornamenten geschmückt; effektvoll kontrastieren die glatten Flächen aus dem rötlichen Vulkangestein (*tezontle*) mit dem weißen bearbeiteten Chiluca-Gestein.

Rechts: Eine archäologische Sensation war die Entdeckung des Templo Mayor.

Originell und für die gesamte Kolonialarchitektur ungewöhnlich ist auch der **Innenraum**: ein Zentralbau über einem griechischen Kreuz. Blickfang ist der von dem indianischen Künstler Pedro Patiño Ixtolinque 1829 fertiggestellte **Hochaltar**.

★★Templo Mayor

Die Ruinen des ★★**Templo Mayor** ⑤ („Großer Tempel") der Azteken, unmittelbar neben der Kathedrale, sind der letzte Überrest dieses größten der vorspanischen Reiche Mesoamerikas. Im Zuge der spanischen Eroberung wurden die Gebäude der Azteken 1521 dem Erdboden gleichgemacht und aus deren Trümmern eine iberisch-koloniale Stadt erbaut. Der große Tempel, ein Doppeltempel auf einer Pyramide, wurde zerstört und die Ummantelung der Pyramide abgeschlagen, so dass nur noch ein

» Stadtplan S. 46, Info S. 64-65

Foto: Jürgen Bergmann

massiver Erdwall übrigblieb, der im Lauf der Jahrhunderte, als der See um die Insel herum trockengelegt wurde, in den schlammigen Untergrund versank.

1978 stieß eine Gruppe von Arbeitern, die einen Kabelkanal ausgrub, an jener Stelle, wo einst die Tempel standen, auf einen riesigen steinernen Altar. Archäologen, die davon überzeugt waren, dass hier noch mehr Schätze verborgen seien, bewogen die Regierung, großangelegte Grabungen im Herzen der Stadt vornehmen zu dürfen: Die Anstrengungen wurden belohnt. Es stellte sich heraus, dass die Azteken wie die Maya und andere Völker Mesoamerikas neue Pyramiden und Tempel über den alten aufbauten – den Schalen einer Zwiebel vergleichbar. Der Große Tempel war mehrere Male überbaut worden; die Spanier hatten 1521 lediglich die jüngste Bauphase zerstört.

Im Lauf der Grabungen, die bis heute anhalten, kamen immer weitere Tempel und kleinere Bauten zum Vorschein (zum Teil mit Bemalung), die auf einem Rundgang erkundet werden können. Das 1988 eröffnete **★★Museo del Templo Mayor**, ein modernes Gebäude aus Granit und Marmor mit einem bühnenreifen Design, zeigt die Ausgrabungsfunde der letzten Jahrzehnte: Man kann lebensgroße Figuren von Adlerkriegern bestaunen und auch die Schädel von Menschenopfern.

Am Templo Mayor kam es immer wieder zu sensationellen Entdeckungen. Neben zahlreichen *Ofrendas*, Opfergaben, wurde zuletzt 2006 ein riesiger **Monolith** mit der Darstellung der Erdgöttin Tlaltecuhtli geborgen. Dieser Fund soll im Museo del Templo Mayor einen spektakulären Platz im großen Foyer erhalten.

★Palacio Nacional

Der **★Palacio Nacional** ⑥ („Nationalpalast“) entstand 1523 als einer der ersten Bauten am Zócalo, auf den Ruinen des Palastes Moctezumas' II. Er ist das Amtsgebäude des Präsidenten.

300 Jahre lang war dies der Amtssitz spanischer Vizekönige. Später wurde er

zum Palast für Kaiser Agustín Iturbide und dann für Maximilian von Habsburg. Beide Monarchen wurden exekutiert, doch die Erinnerungen an Maximilian sind noch zu sehen. Sein Monogramm erscheint auf vielen der eleganten Lampen, seine Büste ist im alten Schatzamt zu sehen. Auch Haupttreppe und Garten des Palastes sind unverändert beibehalten.

Ein Teil des Palastes ist für Besucher zugänglich. Im Treppenhaus sind die berühmten ★★**Murales** (Wandgemälde) Diego Riveras (1886-1957) zu bestaunen. Dieser mexikanische Maler stellte 1926-1945 entlang der Haupttreppe die Geschichte Mexikos auf einer Gesamtfläche von fast 500 m² bildnerisch dar; da er als Mestize (*mestizo*) auch von Indígenas abstammte, betonte er mit seinem Werk die kulturellen Leistungen der Ureinwohner. Cortés wird als ein x-beiniger, glotzäugiger und von der Syphilis gezeichneter Mann dargestellt. Anschaulich vermittelt das Bild *Das große Tenochtitlán* eine Vorstellung von der einstigen Pracht der Azteken-Hauptstadt. Rivera versuchte auch, die Zukunft Mexikos als kommunistischer Staat vorherzusagen: *Der Klassenkampf* legt davon Zeugnis ab.

Einer der zu besichtigenden historischen Räume ist dem legendären Präsidenten Benito Juárez gewidmet.

Iglesia y Hospital de Jesús Nazareno

Vier Häuserblocks (*cuadras*) südlich des Zócalo gründete Hernán Cortés 1524 die **Iglesia y Hospital de Jesús Nazareno** ⑦, das erste Kloster des amerikanischen Kontinents. Hier soll der Überlieferung zufolge der Conquistador am 8. November 1519 erstmals mit dem Azteken-Herrscher Moctezuma II. zusammengetroffen sein. Sehenswert ist die Kirche mit dem äußerst schlichten **Grabmal Hernán Cortés'** (seit 1794) sowie dem **Mural** *Apokalypse* von José Clemente Orozco im Gewölbe.

Rechts: Mural Diego Riveras zur mexikanischen Geschichte im Palacio Nacional.

Museo de la Ciudad de México

Im großen **Museo de la Ciudad de México** ⑧ in der Av. Pino Suárez, drei Blocks südlich des Nationalpalastes, erfährt man, wie die Stadt aussah, als der Zócalo zu seinem Namen kam. Einst Sitz der Grafen von Santiago, beherbergt dieses herrliche Herrenhaus aus dem Jahr 1528 (ein Teil einer aztekischen Skulptur dient als Eckstein) nun das Museum der Stadtgeschichte, die von der Frühzeit bis in die Gegenwart reicht und den 300 Jahren spanischer Herrschaft viel Platz einräumt.

Convento de la Merced

Unweit des **Mercado La Merced** liegt an der Ecke Calle Uruguay / Jesús María der **Convento de La Merced** ⑨, ein im 17. Jh. gegründetes und 1834 umgebautes und erweitertes Kloster. Sehenswert ist insbesondere der in verschiedenen Baustilen (z. B. Mudéjar) ausgeführte reizvolle ★**Kreuzgang** (*claustro*). Das Kloster soll nach Abschluss der aufwendigen Restaurierung das Centro Nacional de la Indumentaria, Diseño Textil y Música (Nationales Zentrum für Trachten, Design, Textilien und Musik) beherbergen.

Monte de Piedad

Gegenüber der Kathedrale befindet sich eine Stätte für jene, die keine Arbeit finden: **Monte de Piedad** ⑩ („Gipfel der Barmherzigkeit"), das nationale Pfandhaus. Ursprünglich ein privates Armenhaus, wird es jetzt von der Bundesregierung betrieben, die als einzige auf diese Weise Geld verleihen darf. Vor zwei Jahrhunderten erbaut, ist der *Monte* von seiner Architektur her nicht besonders beeindruckend, doch das Geschehen zu beobachten, lohnt einen Blick ins Innere.

» Stadtplan S. 46, Info S. 64-65

Foto: Hans-Horst Skupy

Museo de la Caricatura

Karikaturen des international bekannt gewordenen Künstlers José Guadalupe Posada (1851-1913) stellt das **Museo de la Caricatura** ⑪ aus. Typisch für ihn war die satirische Verwendung von Totenköpfen (*calaveras*) und Skeletten; die *Calavera Catrina* wurde geradezu zum Symbol des mexikanischen Bürgertums.

Museo Antiguo Colegio de San Ildefonso

Nördlich des Templo Mayor liegt das **Museo Antiguo Colegio de San Ildefonso** ⑫, ein bereits im Jahr 1588 gegründetes Jesuiten-Kolleg, das dann um 1740 mit einem großen Patio und drei übereinander gestellten Arkaden erweitert wurde. Frühe Werke der drei großen Muralisten sind hier zu sehen, unter anderem *Die Familie* von José Clemente Orozco, *Begräbnis des geopferten Arbeiters* von David Álfaro Siqueiros und Diego Riveras *Die Schöpfung*.

Secretaría de Educación Pública

Weitere exzellente ★**Murales** kann man unweit von San Ildefonso in der **Secretaría de Educación Pública** ⑬ (SEP), dem ehemaligen Kloster La Encarnación aus der Mitte des 17. Jh., bewundern. Für die Ausgestaltung der heute vom Erziehungsministerium genutzten Räume setzte sich in den 1920er Jahren der damalige Bildungsminister José Vasconcelos, der auch ein bekannter Schriftsteller und Philosoph war, persönlich ein.

Die **Wandbilder** verschiedener renommierter Künstler schmücken auf einer Gesamtfläche von mehr als 1500 m² die Arkadengänge zweier großer Patios. Bekannt wurden vor allem die Werke des marxistischen Künstlers Diego Riveras, die sozialkritische Themen und das Leben der Indígenas zum Thema haben: *Das Fest der Landverteilung*, *Die Nacht der Reichen*, *Der Tod eines Kapitalisten*, *Wall Street-Bankett*, *Die Verteilung der Waffen*, *Die neue Schule*, *Der Bändertanz* und viele mehr.

Plaza de Santo Domingo

Eine *cuadra* weiter westlich stößt man auf die **Plaza de Santo Domingo**, einer der historisch bedeutsamsten und reizvollsten Plätze der Stadt. Hier füllen Lohnschreiber (*escritorios publicos*), manchmal schon betagtere Männer, die zum Teil vor uralten Schreibmaschinen sitzen, Formulare für Analphabeten oder Bürger aus, die sich im Verwaltungskram nicht auskennen – ein Beruf, der noch aus der Kolonialzeit stammt und nun allmählich ausstirbt.

Palacio de la Inquisición

Die östliche Seite der Plaza begrenzen die **Antigua Aduana**, das alte Zollamt sowie der **Palacio de la Inquisición** ⑭, 1732-1736 nach Plänen Pedro de Arrietas errichtet. Das berüchtigte Inquisitionstribunal war in Mexiko 1571-1815 tätig und verfolgte Verstöße gegen den katholischen Glauben mit drakonischen Strafen. Heute ist hier das **Museo de la Medicina Mexicana** eingerichtet. Zu den Hauptattraktionen des medizingeschichtlichen Museums gehören eine Apotheke aus dem 19. Jh. und die Rekonstruktion eines *temazcal*, eines Schwitz- und Dampfbads der Maya.

Iglesia de Santo Domingo

Die Nordseite des Platzes beherrscht die eintürmige **Iglesia de Santo Domingo** ⑮ aus dem Jahr 1736, der Kirche des einst einflussreichen, doch inzwischen zerstörten Dominikaner-Klosters. Wie bei vielen Kolonialbauten von Mexiko-Stadt liegt der Reiz der nüchternen Fassade in dem Wechselspiel von hellem Chiluca-Gestein und roten Tezontle-Quadern, des weiteren in den Säulen, deren Schaft zu zwei Dritteln gewellte Kannelierungen und zu einem Drittel unverziert sind.

Rechts: Der Palacio de Bellas Artes. Dieser Art-Déco-Bau gilt als eines der schönsten Theater Lateinamerikas.

★Avenida Francisco Madero

Die **★Avenida Francisco Madero** ⑯ ist die Hauptstraße des Historischen Zentrums. Einst war sie die „Straße der Silberschmiede"; doch seit dem 19. Jh. wird sie von eleganten Läden gesäumt. Längst haben zwar moderne Geschäfte und Restaurants die historischen Räume bezogen, aber mit ihren alten Straßenlampen und dem sanierten Kopfsteinpflaster ist die Madero ein hauptstädtisches Kleinod, vor allem seit sie zur **Fußgängerzone** wurde. Die *Sanborns*, jetzt eine nationale Kette von gehobenen Kaufhäusern, haben zur Zeit der Vizekönige in dieser Straße angefangen: in der Casa de los Azulejos (s. u.) ist ihr Stammsitz.

★Palacio de Iturbide

Der **★Palacio de Iturbide** ⑰ an der Madero ist ein altes Aristokratenhaus, und vielleicht das imposanteste von allen. Heute gehört es der Bank *Banamex*, die hier einen **Palacio Cultural** unterhält und hochkarätige **Ausstellungen** zeigt. 1822-23 war dies der Wohnsitz des selbsternannten Kaisers Agustin I. (Agustín Iturbide), während seiner kurzen Regierungszeit als Herrscher des unabhängigen Mexiko.

★Casa de los Azulejos

Die **★Casa de los Azulejos** ⑱ („Haus der Kacheln") stammt aus dem 18. Jh. und war einmal das Heim der Grafen von Orizaba, die die blauen Fliesen, die die Fassade zieren, aus Puebla bezogen. Das gut sortierte Kaufhaus **Sanborns** ist ein ausgezeichneter Ort für hochwertige Souvenirs. Überaus populär ist das eher wegen des Ambientes besuchenswerte **★Restaurant** im überdachten Patio; 1916 trafen sich hier Pancho Villa und Emiliano Zapata, um mit einem gemeinsamen Frühstück die Revolution zu feiern.

» Stadtplan S. 46, Info S. 64-65

Foto: Jürgen Bergmann

Torre Latinoamericana

Die **Torre Latinoamericana** ⑲ („Lateinamerika-Turm") markiert mit 43 Stockwerken aus blauverspiegeltem Glas an der Ecke der Lázaro Cárdenas den Beginn der Madero und des Historischen Zentrums. Die ★**Aussicht** vom obersten Stockwerk ist großartig, vor allem an Tagen, an denen der Smog nicht so stark ist; man kann dann die Gipfel der Vulkane Popocatépetl (5465 m) und Iztaccíhuatl (5286 m) am Horizont sehen. Die **Calle Madero** zu seinen Füßen ist bis zum Zócalo **Fußgängerzone**.

★Palacio de Bellas Artes

Einer der schönsten Theaterbauten des amerikanischen Kontinents ist der ★**Palacio de Bellas Artes** ⑳ („Palast der Schönen Künste"), der seit seiner Fertigstellung 1934 etwa 4 m in die schlammige Erde gesunken ist. Er ist ein Art-Deco-Denkmal und besitzt u.a. eine Galerie und eine Opernbühne; selbstverständlich hängen hier Bilder von Rivera und seinen beiden ausgezeichneten Zeitgenossen, José Clemente Orozco und David Alfaro Siqueiros. Während der Saison spielen hier Symphonie-Orchester, doch die meisten Besucher zieht das bemerkenswerte ★**Ballet Folklórico** an, das stilisierte regionale Tänze auf hohem Niveau zeigt.

Palacio Postal

Gegenüber dem Palacio de Bellas Artes liegt der **Palacio Postal** ㉑, ein 1902-08 errichteter schöner Jugendstil-Bau mit einem **Postmuseum** (Centro Nacionale-México) im Obergeschoss.

Museo Nacional de Arte und El Caballito

Das **Museo Nacional de Arte** ㉒ („Nationalmuseum für Kunst") in der Calle Tacuba zeigt einige der besten Arbeiten mexikanischer Künstler, z. B. Landschaftsbilder des 19. Jh. und sakrale Objekte der Kolonialzeit.

» Stadtplan S. 46, Info S. 64-65

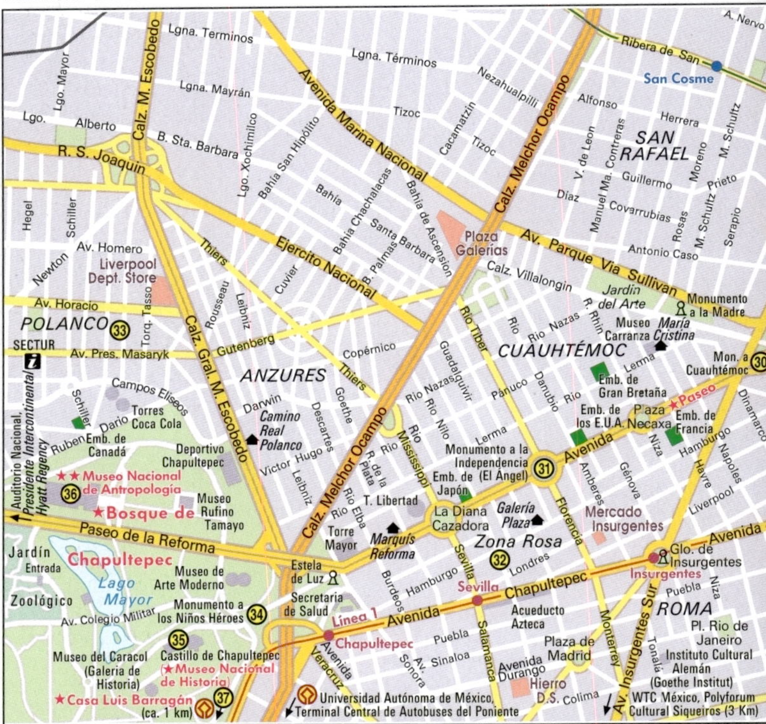

Vor dem Gebäude steht die bekannte, von Manuel Tolsa geschaffene Reiterstatue Carlos' IV., von den Einheimischen liebevoll **El Caballito** („Pferdchen") genannt.

Plaza Garibaldi

Ein kleiner Abstecher führt von hier zum Treffpunkt der **Mariachi-Musiker**: Vier Blocks nordwärts entlang der Av. Lázaro Cárdenas, an der **Plaza Garibaldi** ㉓, suchen sich verliebte Freier eine Band aus, um ihrer Liebsten ein Ständchen darzubringen, während die Abgewiesenen ihren Kummer bei Ranchero-Musik im Tequila ertränken. Dazu gibt es in vielen **Bars** rund um den Platz Gelegenheit. Und wer mehr über die Symbiose von Tequila und Mariachi erfahren will, besucht das modern gestaltete **Tequila-Museum**, das den Platz zur Hauptstraße hin abschließt. Ein Gläschen zum Probieren ist im Eintrittspreis eingeschlossen.

Am ★Parque Alameda

Am Palast der Schönen Künste (s. o.) wird die Avenida Madero zur Avenida Juárez, die am reizvollen **★Parque Alameda** ㉔ vorbeiführt. Der angenehme, gepflegte Park mit vielen alten Bäumen wurde bereits 1592 an Stelle eines indianischen Marktplatzes (*tianguis*) angelegt.

Das kleine **★Museo Mural Diego**

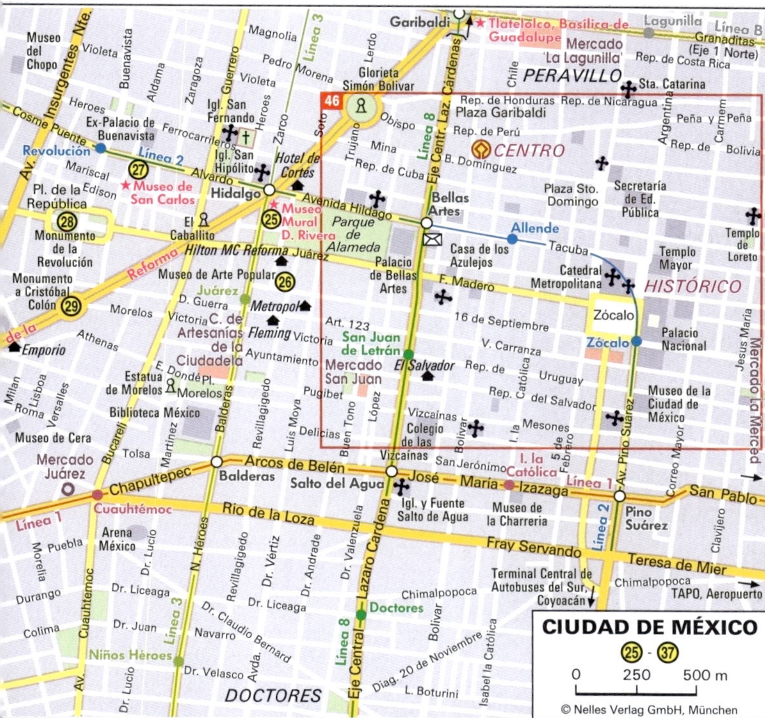

Rivera ㉕ am **Jardín de la Solidaridad** („Solidaritätspark") zeigt das berühmte Wandgemälde des Künstlers *Traum an einem Sonntagnachmittag im Alameda-Park*, das er 1948 malte und das nach dem Erdbeben 1985 aus den Ruinen des *Hotels Del Prado* gerettet wurde. Neben Rivera als Junge, Frida Kahlo und einem aufwändig gekleideten Skelett erkennt man Personen der mexikanischen Geschichte: Hernán Cortés, Benito Juárez, Kaiser Maximilian, Porfirio Díaz, Francisco Madero.

Drei Häuserblocks südöstlich (Independencia / Revillagigedo) befindet sich das sehr empfehlenswerte, hervorragend gestaltete **Museo de Arte Popular** ㉖ (Museum für Volkskunst).

★Museo de San Carlos

Weiter westlich wird die Av. Hidalgo zur Av. Puente de Alvarado. Hier steht das ★**Museo de San Carlos** ㉗ in einem repräsentativen neoklassizistischen Palast. Diesen schuf Manuel Tolsá Anfang des 19. Jh. für den Grafen von Buenavista. Heute bieten die Räumlichkeiten den idealen Rahmen für die qualitätvolle Kollektion der Academia de San Carlos mit mexikanischen und europäischen Gemälden, darunter Werke von Tintoretto, Goya, Tizian und El Greco. Diese ursprüngliche Künstlerakademie, an der Diego Rivera studierte, ist, anders als die meisten Museen des Landes, auch am Montag geöffnet (Di geschl.).

» Stadtplan S. 52-53, Info S. 64-65

Foto: Volker W. Radke

Monumento de la Revolución

Die Av. de la República, westliche Fortsetzung der Av. Juárez, umschließt die **Plaza de la República**. An diesem großen, teils begrünten Platz erhebt sich das 65 m hohe **Monumento de la Revolución** ㉘, ursprünglich geplant als Parlamentsgebäude. Hier fanden später u. a. die Revolutionsführer Pancho Villa und Francisco Madero ihre letzte Ruhestätte. Im Untergeschoss informiert das **Museo de la Revolución** über die Zeit des Umbruchs 1910-20. Ein gläserner **Fahrstuhl** bringt Besucher zur **Aussichtsplattform**.

ENTLANG DES ★PASEO DE LA REFORMA

Die Av. Juárez mündet in den 15 km langen Boulevard **★Paseo de la Reforma**, eine 60 m breite Prachtstraße, die auf Pläne Kaiser Maximilians zurückgeht; mit ihr wollte der Monarch eine Verbindung von seiner Residenz im Bosque de Chapultepec zum Nationalpalast am Zócalo schaffen. Die *Reforma* wurde zu Mexikos berühmtestem Boulevard, gesäumt von Restaurants, Hotels, Botschaften und Kinos. Sonntagvormittags ist er für Autos gesperrt, was Radler freut (Radverleih vor Ort).

An den **Rondellen** (*glorietas*) stehen Denkmäler berühmter Personen: die **Glorieta de Cristóbal Colón** ㉙ gedenkt dem Amerika-Entdecker mit einer großen Statue, geschaffen von dem Franzosen Cordier (1877). Zu Kolumbus' Füßen sitzen, im Mönchsgewand, die Plastiken von vier Geistlichen, die bei der Kolonisierung des Kontinents eine wichtige Rolle spielten, unter ihnen Bartolomé de las Casas.

An der Einmündung der **Av. Insurgentes** („Allee der Aufständischen") gab Präsident Porfirio Díaz das **Monumento a Cuauhtémoc** ㉚ in Auftrag (1883), eine Statue zu Ehren des letzten Azteken-Herrschers.

Ebenfalls auf Díaz geht das **Monumento a la Independencia** ㉛ zurück. Es erinnert an den 100. Jahrestag des Beginns des Unabhängigkeitskampfes (1810). Auf der hohen Säule steht die vergoldete Siegesgöttin, **El Ángel** genannt – ein Wahrzeichen Mexikos. Im Sockel des öffentlich zugänglichen Monuments ruhen die sterblichen Überreste der Freiheitskämpfer Hidalgo, Guerrero, Morelos und Bravo.

Zona Rosa

Der Siegesengel markiert den Beginn der **Zona Rosa** ㉜, die sich im Süden bis zur Av. Chapultepec erstreckt. Das „rosarote" Geschäftsviertel hat seinen vornehmen Touch verloren, aber immer noch säumen Mode-Boutiquen, Cafés, Stadthotels, Reiseagenturen, Kunstgalerien, Fast-Food-Restaurants, Nachtclubs und Diskotheken die Straßen. Das offiziell **Colonia Juárez** genannte

Oben: Die Siegesgöttin (El Ángel) auf dem Paseo de la Reforma. Rechts: Sonntagvormittags gehört die Prachtstraße Paseo de la Reforma den Radfahrern.

» Stadtplan S. 52-53, Info S. 64-65

Foto: Ortrun Egelkraut

Viertel ist Treffpunkt der Schwulenszene. Zum **Ausgehviertel** der In-Szene sind, südlich anschließend, die Colonias **Roma** und **Condesa** aufgestiegen.

★CHAPULTEPEC-PARK

Der Paseo de la Reforma, eine der wenigen Straßen, die ihren Namen durchgängig behält, durchschneidet den **★Bosque de Chapultepec**, den „Heuschreckenhügel" in der Sprache der Azteken. Dieser Park war einst Moctezumas Jagdgrund. Auf 840 ha Fläche gibt es heute Felder, Wälder, einen großen See für Ruderbootfahrten, Spielplätze, einen hübschen Zoo, mehrere Museen und zahlreiche Imbiss- und Souvenirstände. Vor allen am Sonntag, wenn für Mexikaner der Eintritt in das Museo Nacional de Antropología und das Historische Museum frei ist, nutzen die *capitalinos* die „grüne Lunge" der Metropole auch für Spaziergänge und Ruderbootfahrten.

Der Park grenzt an **Polanco** ㉝, ein etwas protziges Viertel, in dem sich Hotels wie *Presidente* und *Hyatt*, Restaurants, Cafés, Boutiquen und teure Geschäfte befinden.

Monumento a los Niños Héroes

Unweit der Chapultepec-Metrostation erhebt sich das sechssäulige **Monumento a los Niños Héroes** ㉞, ein „Denkmal für die jungen Helden" des Jahres 1847. Damals leisteten sechs mexikanische Kadetten auf dem Chapultepec-Schloss tapferen, doch vergeblichen Widerstand gegen die US-amerikanischen Invasionstruppen.

Castillo de Chapultepec und ★Museo Nacional de Historia

Die Vizekönige ließen hier das **Castillo de Chapultepec** ㉟ als Sommerresidenz bauen, doch die Unabhängigkeit kam so rasch, dass die Bauarbeiten nicht fertig wurden. Das Schloss wurde danach zur Militärakademie und einem geschichtsträchtigen Ort des letzten US-amerikanischen Erfolgs im mexikanisch-amerikanischen Krieg von 1847. Kaiser Maximilian diente es als Palast; Porfirio Díaz residierte hier offiziell während seiner 30-jährigen Diktatur, die erst durch den Ausbruch der Mexikanischen Revolution beendet wurde. Nach 1940 verlegten die Präsidenten die Exekutive nach **Los Pinos**, im Westen des Parks gelegen.

Seit 1944 beherbergt das Schloss das ★**Museo Nacional de Historia** („Nationalmuseum für Geschichte"). Die jüngst renovierte Ausstellung zeichnet mit Schmuck, Waffen, Gemälden, Möbeln und Trachten ein Bild von der Eroberung bis in die Gegenwart nach; Führungen konzentrieren sich auf die tragische Geschichte Maximilians und seiner Frau Charlotte. Zu den Prunkstücken der Kollektion gehören die **Staatskarossen**, die das Kaiserpaar sowie Präsident Benito Juárez benutzten.

★★Museo Nacional de Antropología

Schon bald nach der Revolution begann man 1825 mit dem Grundstock für eine Sammlung, die Kaiser Maximilian 1865 in einem Palast unterbringen ließ – das erste nationale Museum des neuen Staates. Das berühmte ★★**Museo Nacional de Antropología** ㊱ im Chapultepec-Park wurde mit einem Kostenaufwand von 20 Mio. US-$ nach nur 19-monatiger Bauzeit 1964 eröffnet. Der Architekt Pedro Ramírez Vásquez (1919-2013) schuf ein zeitlos-schlichtes modernes Bauwerk, das zu den bedeutendsten Museen seiner Art in der Welt zählt. Sein Besuch ist ein Muss und auch für Laien ein großartiges Erlebnis. Nach einer kompletten Restaurierung und Neuaufstellung der Objekte in den letzten Jahren präsentieren sich die präkolumbischen und zeitgenössischen indianischen Kulturen eindrucksvoller denn je.

Das Wahrzeichen des Museums ist der **Brunnen** im Innenhof, dessen monumentaler, annähernd 4000 m² (!) großer Betonschirm nur von einer einzigen, 11 m hohen Säule getragen wird.

Den Eingang bewacht eine 7 m hohe und 165 t schwere unvollendete **Skulptur** des Regengottes Tláloc.

Die **Orientierung** im zweistöckigen Museum ist leicht – jedem Kulturkreis ist ein eigener Saal gewidmet. Die Säle sind so angeordnet, dass man immer wieder in den zentralen Patio gelangen kann, ohne zu einem Rundgang gezwungen zu sein. Eilige Besucher können so auf kürzestem Weg ihren Interessen folgen und zwischendurch unter freiem Himmel verweilen.

Über die **Ureinwohner** Mexikos von den Nomaden bis hin zu sesshaften Viehzüchtern unterrichtet **Saal 1**.

Saal 2 gibt eine Einführung in die Verknüpfung der einzelnen Wissenschaftszweige mit der Anthropologie.

Saal 3 präsentiert **Mittelamerika** unter dem Aspekt gemeinsamer kultureller Grundlagen.

Die **präklassischen Kulturen** in **Saal 4** werden in vier Epochen unterteilt, ablesbar an den Formen ihrer Töpfereien. Beachtenswert ist eine Chipicuaro-Figur, die ungefähr 1000 Jahre v. Chr. entstanden ist.

Saal 5 wurde **Teotihuacán** gewidmet. Beeindruckend ist eine Nachbildung des Quetzalcóatl-Tempels mit seinen Schlangenköpfen in Originalgröße, bemalt in den ursprünglichen Farben. Farbenfroh sind auch die Wandgemälde aus Teotihuacan in einem Nebenraum.

In **Saal 6** gewinnt man einen Eindruck von von der Kultur der **Tolteken** und ihrem architektonischen Hauptmerkmal, den „Atlanten" aus der Hauptstadt Tula, über 4,50 m hohen kolossalen Tempelstatuen. Auch dort verehrte das Volk Quetzalcóatl; sein charakteristisches Symbol der gefiederten Schlange ist überall sichtbar.

Einen nachhaltigen Eindruck hinterlässt **Saal 7**, **Mexica** (Azteken) genannt. Die Mexica waren das bekannteste und politisch bedeutendste Volk des alten Mexiko vor der Ankunft der Konquistadoren. Dominierend und raf-

 » Stadtplan S. 52-53, Plan S. 57, Info S. 64-65

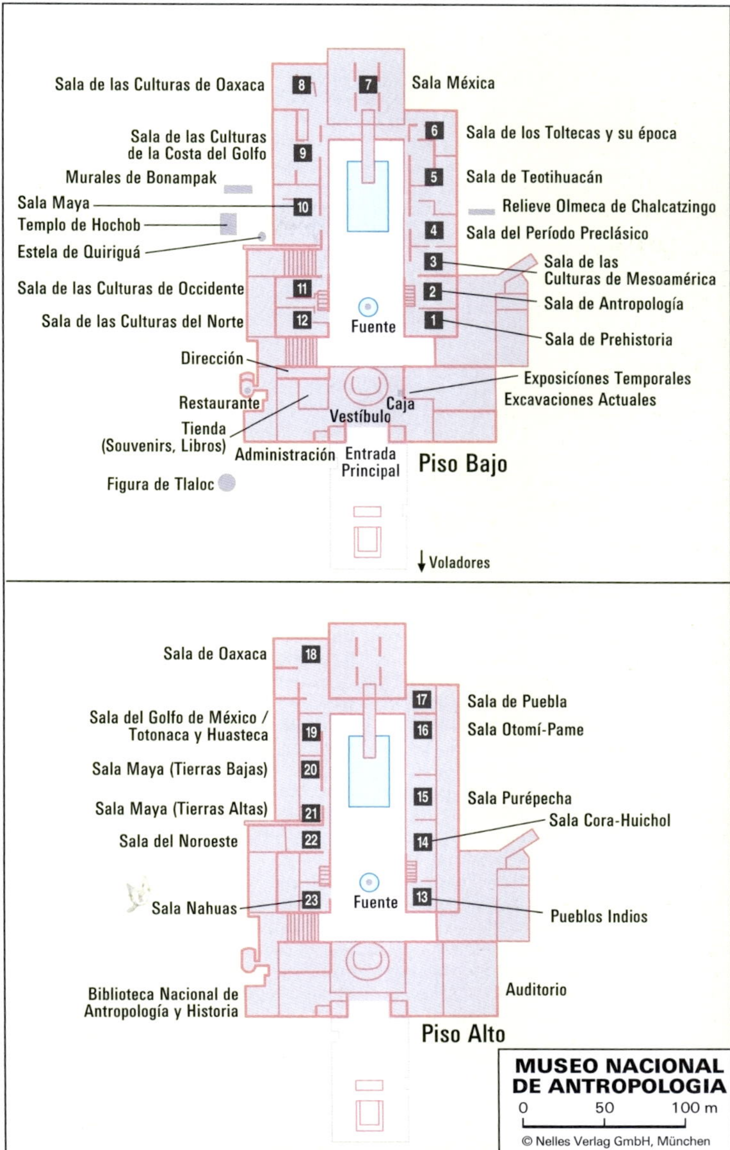
Sala de las Culturas de Oaxaca
8
7
Sala Méxica
Sala de las Culturas de la Costa del Golfo
6
Sala de los Toltecas y su época
9
Murales de Bonampak
5
Sala de Teotihuacán
Sala Maya
10
Relieve Olmeca de Chalcatzingo
Templo de Hochob
4
Sala del Período Preclásico
Estela de Quiriguá
3
Sala de las Culturas de Mesoamérica
Sala de las Culturas de Occidente
11
2
Sala de Antropología
Sala de las Culturas del Norte
12
Fuente
1
Sala de Prehistoria
Dirección
Exposicíones Temporales
Excavaciones Actuales
Restaurante
Caja
Vestíbulo
Tienda (Souvenirs, Libros)
Administración
Entrada Principal
Piso Bajo
Figura de Tlaloc
Voladores
Sala de Oaxaca
18
17
Sala de Puebla
Sala del Golfo de México / Totonaca y Huasteca
19
16
Sala Otomí-Pame
Sala Maya (Tierras Bajas)
20
15
Sala Purépecha
Sala Maya (Tierras Altas)
21
Sala Cora-Huichol
Sala del Noroeste
22
14
Sala Nahuas
23
Fuente
13
Pueblos Indios
Biblioteca Nacional de Antropología y Historia
Auditorio
Piso Alto
MUSEO NACIONAL DE ANTROPOLOGIA
0
50
100 m
© Nelles Verlag GmbH, München

Foto: Ortrun Egelkraut

finiert beleuchtet, prunkt der berühmte Sonnenstein der Azteken, 4 m im Durchmesser und 24 t schwer. Das Zentrum der mächtigen Basaltscheibe stellt das Gesicht der Sonne dar, den Gott Tonatiuh, der seine Zunge herausstreckt. Er ist umgeben von kreisförmig angeordneten Symbolen, einer Darstellung des Universums. Der dritte Kreis von innen gab dem Stein seinen Namen. Es ist der Indígena-Kalenderzyklus, eine komplizierte Kombination aus Sonnenkalender = Arbeitskalender (18 Perioden à 20 Tage plus fünf „namenlose" oder „unnütze" Tage) und dem Ritualkalender (20 Perioden à 30 Tage). Sie enden im 52-Jahre-Zyklus, an dessen Ende Gebrauchsgegenstände zerstört und Pyramiden überbaut wurden. Danach begann symbolisch ein neues Leben. Der Kopfschmuck Moctezumas ist eine Nachbildung (Original im Völkerkundemuseum in Wien).

Oben: Die Jademaske des Herrschers Pacal (7. Jh.) aus Palenque. Rechts: Wallfahrer vor der alten Basilica de Nuestra Señora de Guadalupe.

Der **Oaxaca** gewidmete **Saal** 8 umfasst die Kulturen der Zapoteken und Mixteken. Ihre Zentren Monte Albán und Mitla (Reproduktion des Mosaikfrieses) im Hochland von Oaxaca stehen hier im Mittelpunkt. Die reichhaltigen Exponate aus Gold, Silber, Jade und Muscheln (meist Grabbeigaben) zeugen von hoher Kunstfertigkeit.

Die Kulturen der **Golfküste** von den Olmeken, Totonaken und Huasteken in **Saal** 9 stammen aus der heutigen Region Veracruz.

Die künstlerisch reichste und kulturhistorisch attraktivste Abteilung ist im **Saal** 10 zu sehen – sie ist dem Reich der **Maya** gewidmet. Die Modelle der verschiedenen Maya-Zentren des Tieflands sowie diverse Nachbauten im Garten verschaffen einen Überblick über ihre architektonischen Leistungen.

Den Rundgang im Erdgeschoss beendet **Saal** 11 mit Nachbauten und meisterhaften figürlichen Keramiken aus den Schachtgräbern West-Mexikos.

Saal 12 widmet sich den halbnomadischen Kulturen in Nord-Mexiko. Sehenswert sind vor allem die fein bemalten Keramiken aus Casas Grandes.

Die **★Ethnologischen Sammlungen** im Obergeschoss (**Säle** 13-21) beherbergen lebensechte Modelldarstellungen der Kultur der Indígenas – hier finden Sie einen Querschnitt durch ganz Mexiko.

★Casa Luis Barragán

Unweit des Chapultepec-Parks liegt die **★Casa Luis Barragán** ㊲ von 1948, ein Meisterwerk zeitgenössischer Architektur, das die UNESCO zum Welterbe erklärte. Der Architekt und Gartendesigner Barragán (1902-1988) wurde durch den demonstrativen Einsatz von Farbe und einer auf das Notwendigste reduzierten Formensprache weltberühmt und 1980 mit dem renommierten Pritzker-Preis geehrt (telefonische Voranmeldung notwendig). Er entwarf auch die Türme der Ciudad Satelite.

» Plan S. 57, Info S. 64-65

Foto: Volkmar E. Janicke

SEHENSWÜRDIGKEITEN IM NORDEN

★Tlatelolco

Ungefähr 2 km nördlich des Alameda-Parks liegt das Viertel **★Tlatelolco**. Die einstige Rivalin und spätere (ab 1473) Schwesterstadt Tenochtitláns hatte mit einem riesigen Markt überregionale Bedeutung; spanischen Berichten zufolge sollen täglich bis zu 60 000 Händler in das Zentrum geströmt sein.Dieses ist in etwa mit der **Plaza de las Tres Culturas** („Platz der Drei Kulturen") identisch, einer großen Fläche, an der die Ausgrabungen aztekischer **Pyramiden**, die Kirche **Santiago de Tlatelolco** und das ehemalige Außenministerium (heute: **Mahnmal** für die Ereignisse von 1968) liegen. Mit nationalem Pathos wird Schulklassen hier die Geschichte der Indígenas, Spanier und Mestizen vermittelt. Zur Entstehung des mexikanischen Volkes erklärt eine Gedenktafel an der Kirche: „Am 13. August 1521 fiel das von Cuauhtémoc heldenhaft verteidigte Tlatelolco in die Hände von Hernán Cortés. Es war weder Triumph noch Niederlage, sondern die schmerzhafte Geburt des heutigen mestizischen Mexiko".

Die ab 1609 erbaute Kirche gehört zum einstmals bedeutenden **Colegio Imperial de Santa Cruz**, in dem Franziskaner-Mönche Söhne adeliger Azteken erzogen. Hier wirkte auch Fray Bernardino de Sahagún (1500-1590), dessen Werk *Allgemeine Geschichte der Begebenheiten in Neu-Spanien* eine der wichtigsten Quellen zur aztekischen Kultur ist.

Schauplatz tragischer Geschicke war der Platz noch zweimal: Am 2. Oktober 1968, zehn Tage vor Beginn der Olympischen Spiele, kamen bei Zusammenstößen zwischen Armee und Studenten etwa 300 Demonstranten um. 1985 standen hier Notzelte für die zahlreichen Erdbebenopfer.

★Basílica de Nuestra Señora de Guadalupe

Die **★Basílica de Nuestra Señora de Guadalupe** kennzeichnet jene Stelle, wo am 9. Dezember 1531 die Jungfrau Maria

» Info S. 64-65

dem – 2002 deshalb heiliggesprochenen – einfachen, frisch getauften Indigenen Juan Diego erschienen sein soll. Die Tunika Diegos aus Agavenfasern weist ein Bild von Maria als Beleg des Wunders auf; sie ist heute in der für 40 000 Marienwallfahrer ausgelegten **Neuen Basilika** zu sehen, die 1976 zur Entlastung der alten, einsturzgefährdeten Kolonialkirche erbaut wurde. Diese Marienerscheinung bei einem der Ihren beschleunigte die Akzeptanz des Katholizismus unter den Indios enorm. Das Bild der Guadalupe zierte Mexikos erste Flagge, heute ist es im ganzen Land an Hausaltären, in Wohnungen, an Arbeitsplätzen und in öffentlichen Verkehrsmitteln zu finden.

ENTLANG DER AV. INSURGENTES SUR

Die **Avenida Insurgentes** ist neben dem Paseo de la Reforma die zweite Prachtstraße von Mexiko-Stadt, die ihren Namen nicht ändert; sie zieht sich kilometerlang durch das Herz der Metropole. Sie führt nach Norden zur Basílica de Nuestra Señora de Guadalupe (siehe oben), in der Gegenrichtung, entlang der **Avenida Insurgentes Sur**, zu mehreren interessanten Gebäudekomplexen sowie zu den kolonialen Vororten San Ángel und Coyoacán.

World Trade Center und ★Polyforum Cultural Siqueiros

3 km südlich des Cuauhtémoc-Denkmals und dem Paseo de la Reforma befindet sich **Parque de la Lama** mit dem 51-stöckigen **World Trade Center** („Welthandelszentrum"). Vom Restaurant *Bellini* im 45. Stock hat man eine hervorragende ★**Aussicht** auf das Häusermeer der Weltstadt genießt (kostenlose Auffahrt bis zum 41. Stock).

Auf dem Gelände, an die Calle Filadelfia angrenzend, steht das ★**Polyforum Cultural Siqueiros**, ein sternförmiges zwölfeckiges Kulturzentrum mit Theater, Ausstellungs- und Konferenzsälen sowie Kunsthandwerksläden. Der Plan des 1965-1969 errichteten Gebäudes geht auf David Álfaro Siqueiros zurück, der auch das fast 2700 m² große **Mural** *Der Marsch der Menschheit* aus Metall und Acryl auf asbestüberzogenem Zement im Inneren malte; eine Tonbildschau interpretiert das etwas verworrene Kunstwerk.

Ciudad de los Deportes

Weiter südlich liegt die anlässlich der Olympischen Spiele 1968 konzipierte **Ciudad de los Deportes** („Sportstadt") mit einem Fußballstadion, das mehr als 60 000 Zuschauer fasst.

Ebenso monumental erscheint an der Plaza México die größte **Stierkampfarena** der Welt mit 50 000 Sitzplätzen.

Teatro Insurgentes

Eines der größten Wandbilder von Mexiko-Stadt ziert die Fassade des **Teatro Insurgentes**: Das 1953 von dem berühmten **Diego Rivera** geschaffene, 50 m lange und 11 m hohe **Mosaikbild** zeigt v.a. Szenen aus dem lokalen Theaterleben. Im Zentrum steht der Schauspieler Mario Moreno, genannt *Cantinflas*, überproportional groß sind die Köpfe Aufständischer (*insurgentes*) dargestellt: Zapata (rechts) sowie Juárez, Morelos und Hidalgo (links).

San Ángel

San Ángel, 8,5 km südlich des Bosque de Chapultepec, war bis 1940 ein eigener Ort. Längst der Stadt einverleibt, hat das Viertel das edle Flair seiner Kolonialtage bewahrt und ist zu einem Bezirk für Intellektuelle, Künstler, Schriftsteller und Filmemacher geworden. Auch wohnt hier, angezogen von der ruhigen Lage und den zahlreichen gepflegten Grünanlagen, ein Großteil der städtischen Oberschicht.

San Ángel lädt zu beschaulichen Spaziergängen ein. Besonders interessant

 » Info S. 64-65

ist ein Bummel am Samstag, wenn auf der Plaza San Jacinto der ★**Bazar Sábado** abgehalten wird. Auf diesem Kunsthandwerksmarkt, angeblich der beste Mexikos, bieten Indígenas Schmuck, Keramiken, Schnitzereien, Textilien und vieles mehr an.

★Coyoacán

Etwa 2 km östlich beginnt das Viertel ★**Coyoacán** („Ort der Kojoten"), in dem sich wie in San Ángel das hübsche koloniale Kolorit erhalten hat. Bereits Hernan Cortés zog nach der Zerstörung Tenochtitláns diesen Ort dem nördlich gelegenen Zentrum als Wohnsitz vor. Heute finden in Coyoacán viele Studenten Unterkunft. Die schattigen Plätze werden von Buchläden gesäumt, in denen Kaffee serviert wird. Neben der entspannten Atmosphäre im Umkreis der **Plaza Hidalgo** ①, der **Calle Francisco Sosa** mit schönem Bürgerhäusern des 17./18. Jh. sowie dem **Jardín del Centenario** tragen nicht zuletzt mehrere Museen zum Reiz Coyoacáns bei.

Den Traditionen der verschiedenen Volksgruppen Mexikos widmet sich das **Museo Nacional de Culturas Populares** ② in der Calle Hidalgo unweit des Hauptplatzes. Anliegen des Instituts ist es nicht nur Kunst- und Gebrauchsgegenstände auszustellen, sondern auch dem Besucher einen aktiven Zugang zu den verschiedenen Kulturen zu ermöglichen, z. B. durch Tänze.

Ein Touristenmagnet ist das blaue ★**Museo Frida Kahlo** ③ in der Calle Allende y Londres. In ihrem Geburtshaus lebte die Künstlerin (1907-1954) ab 1929 mit ihrem Mann, dem Maler Diego Rivera. Neben persönlichen Gegenständen des Ehepaars werden Werke Kahlos gezeigt, die in ergreifender Weise ihr leidgeprüftes Leben widerspiegeln. Im Nebenhaus werden wechselnde **Ausstellungen** gezeigt.

Von historischem Interesse ist das ★**Museo Léon Trotsky** ④ in der Calle Viena y Morelos. In dem festungsartigen Bau lebte der russische Revolutionär und spätere Todfeind Stalins, der 1937 dank dem persönlichen Einsatz des Künstlers

Foto: Ulf Müller-Moewes

Diego Rivera Asyl in Mexiko bekam. Seit dem 20. August 1940 ist die Inneneinrichtung fast unverändert geblieben – dem Tag, als der Spanier Ramón Mercader, ein Agent Stalins, Leo Trotzki mit einem Eispickel erschlug, nachdem bereits im Mai der stalintreue Maler D. A. Siqueiros versucht hatte, ihn zu erschießen

Gleichsam das Pendant zum Museo Frida Kahlo ist das ★★**Museo Anahuacalli**, ungefähr 3 km südlich der Plaza Hidalgo. Der pyramidenförmige Bau aus dunklem Lavagestein präsentiert die qualitätvolle **Privatkollektion Diego Riveras**, insgesamt mehr als 2000 präkolumbische Kunstwerke mit dem Schwerpunkt auf präklassischen Tonstatuetten, aztekischer Plastik und westmexikanischen Keramiken. Im Obergeschoss, seinem einstigen Atelier, verdient das Bild *Der Mensch am Kreuzweg* besondere Aufmerksamkeit.

Oben: Die Universität als Freilichtmuseum des Muralismo – Mosaik von D. A. Siqueiros. Rechts: Traditionelles Wochenendvergnügen – eine Bootsfahrt in Xochimilco.

Ciudad Universitaria und Estadio Olímpico

2 km südlich von San Ángel breitet sich östlich der Av. Insurgentes Sur auf einer Fläche von rund 3 km^2 die **Universidad Nacional Autónoma de México** (**UNAM**) aus, die größte Uni Lateinamerikas. Um 1550 gegründet, sind hier fast 300 000 Studenten eingeschrieben. Wegen der monumentalen Wandbilder und der Avantgarde-Architektur war die **Ciudad Universitaria** mit über 80 Gebäuden in den 1950er Jahren eine der Haupttouristenattraktionen der mexikanischen Hauptstadt und ist seit 2007 UNESCO-Welterbe. Meterhohe Murales von Siqueiros zieren die **Rectoría** (Rektoratsgebäude), und die zehnstöckige **Biblioteca Central** ist auf allen vier Seiten von einem 4800 m^2 großen Naturstein-Mosaik von Juan O'Gorman umgeben. Zum Komplex gehören, weiter südlich, das **Museo Universitario** mit zeitgenössischer Kunst und die **Sala de Nezahualcóyotl**, eine Konzerthalle (Programm: siehe www.cultura.unam.mx).

» Stadtplan S. 61, Info S. 64-65

Foto: Volker W. Radke

Westlich der Av. Insurgentes Sur liegt das **Estadio Olímpico**, das fast 80 000 Zuschauern Platz bietet und dessen Fassade Diego Rivera mit farbigen **Steinreliefs** dekorierte.

SEHENSWÜRDIGKEITEN IM SÜDEN

Cuicuilco

Ungefähr 4 km weiter südlich, jenseits des Anillo Pereferico, befindet sich die archäologische Stätte **Cuicuilco**, gleichsam die erste in der Reihe der bedeutenden Kult- und Wirtschaftszentren auf der mexikanischen Hochebene (*altiplano*), die sich nacheinander ablösten: Cuicuilco, Teotihuacán, Tenochtitlán und schließlich Ciudad de México.

Die ungewöhnliche **Rundpyramide** aus dem mittleren Präklassikum (600-300 v. Chr.) ist 18 m hoch, misst 110 m im Durchmesser und markiert den Beginn der sakralen Monumentalarchitektur im Hochland. Ein gut eingerichtetes **Museum** präsentiert Objekte aus der Zeit, bevor Cuicuilco um 50 v. Chr. durch einen Ausbruch des Vulkans Xitle zerstört wurde.

★Xochimilco

Die so genannten **Schwimmenden Gärten** von **★Xochimilco** befinden sich einige Kilometer östlich der Av. Insurgentes Sur und ermöglichen eine Ahnung davon, wie das Stadtbild zur Zeit der Azteken ausgesehen haben mag. Vor 500 Jahren haben Bauern, die mehr Anbauland brauchten, hier erdbedeckte Flöße, auf denen Gemüse gezogen wurde, in das Sumpfgebiet gesetzt. Über Jahre hinweg trieben die Wurzeln von den Flößen in die sumpfige Erde, und so entstanden jene kleinen Gärten (*chinampas*) und Kanäle, auf denen heute flachkielige, blumengeschmückte Barken die Passagiere befördern – an *taco*-Verkäufern und *mariachi*-Kapellen vorbei, die alle ebenfalls auf Booten unterwegs sind. Am Wochenende, wenn die Familien hierher kommen, herrscht hier immer eine besonders fröhliche Stimmung.

» Karte S. 72-73, Info S. 64-65

MEXIKO-STADT (☎ 55)

Mexiko-Stadt ist zwar im Allgemeinen eine relativ sichere Stadt, doch ist wie in allen Großstädten erhöhte **Vorsicht vor Taschendieben** geboten, besonders in der Metro. Taxis sollten sicherheitshalber nur an offiziellen Taxiständen bestiegen oder telefonisch vorbestellt werden. Dokumente und größere Bargeldsummen im Hotelsafe aufbewahren!.

Secretaría de Turismo del Gobierno del D.F., Av. Nuevo León 56, Col. Hipódromo, Tel. 5212 0260, gebührenfrei: 01 800 008 9090. Das Tourismusministerium der Stadt unterhält zahlreiche Auskunftsstellen (Módulo de Información Turística) an touristischen Orten wie Bellas Artes, Kathedrale, Templo Mayor oder am Anthropologischen Museum. www.mexicocity.gob.mx.
Secretaría de Turismo (zuständig für ganz Mexiko), Presidente Masaryk 172, Tel. 3002 6300.
Landesweite **Tourismus-Hotline-Nummern** für Information und Hilfe jeder Art: Tel. 5059 7500; gebührenfrei: Tel. 078 oder Tel. 01 800 006 8839, www.visitmexico.com, www.sectur.gob.mx.

METRO (U-Bahn): 11 Linien (1-9, A, B; 12) – schnell, sauber, billig, und in den Hauptverkehrszeiten fährt alle 30 Sekunden ein Zug. Betriebszeiten: wochentags von 5-24 Uhr, samstags ab 6 Uhr, sonntags ab 7 Uhr.

BUSSE: Alle 10-15 Minuten, halten nur auf den Hauptstraßen an Haltestellen. *Peseros* oder *colectivos* sind Kleinbusse auf festen Routen, sie operieren wie Busse, werden aber nach und nach aus dem Verkehr gezogen..
Metrobús: Auch bei Stau immer freie Fahrt, denn für die bisher vier Metrobus-Linien wurden eigene Busspuren ausgebaut. Die wichtigste Linie 1 verkehrt zwischen Indios Verdes und Centro Cultural Universitaria. Linie 4 fährt vom Flughafen ins Historische Zentrum. Am Automaten muss man ein elektronisches Ticket lösen.

TAXIS: ständig in Bewegung und an ihrer rotgoldenen Lackierung zu erkennen: Die frei zirkulierenden Taxis sind am billigsten, aber aus Sicherheitsgründen weniger zu empfehlen. *Sitio*-Taxis haben Halteplätze, Radio-Taxis sind über Funk zu rufen; *turismo*-Taxis stehen vor den Hotels (ca. dreifacher Preis!, Preistabelle üblicherweise in der Lobby). Taxis müssen einen funktionierenden Taxameter besitzen (Ausnahme: turismo); er „springt" alle 250 Meter oder nach 45 Sekunden. Am **Flughafen** und allen Bus-Terminals gibt es Taxi-Tickets zum Festpreis.

Palacio Postal, Ecke Calle Lázaro Cárdenas / Tacuba, gegenüber dem Palacio de Bellas Artes, Tel. 5510 2999, Mo-Sa 9-20 Uhr.

Das Angebot an Gaststätten reicht von der mexikanischen *cantina* bis zum Gourmetlokal und Restaurants mit Spezialitäten aus allen Erdteilen. In der Auflistung steht der Stadtteil in Klammern:

INTERNATIONAL: Restaurants der Spitzenklasse sind:
Casa de los Cantaros, Plateros 27 (Insurgentes Sur), Tel. 5598 8951, in Coyoacán gelegenes Kolonialhaus, im Stil Frida Kahlos dekoriert, mexikanische Musik und vorzügliches Essen.
Bellini, Restaurante Giratorio, Drehrestaurant im im World Trade Center (WTC) Ciudad de Mexico, Insurgentes Sur, Tel. 9000 8305, großartiger Blick über die Stadt.
Hacienda de los Morales, Vázquez de Mella 525 (Los Morales), Tel. 5283 3000, Hacienda aus dem 18. Jh. mit Patiogarten und Live-Musik.
San Ángel Inn, Calle Diego Riviera 50, San Ángel, Tel. 5616 1402, Hacienda des 18. Jh. mit Innenhöfen und Blumengärten, gehobene mexikanische Küche. **Anderson's**, Paseo de la Reforma 382, Juárez, Tel. 5208 2150.

MEXIKANISCH: **Izote**, Gourmetlokal der bekannten Spitzenköchin Patricia Quintana, Presidente Masarik 513 Local 3 (Polanco), Tel: 5280 1671. Unbedingt reservieren.
Fonda del Recuerdo, Calle Bahía de las Palmas 38a, Anzures, Tel. 9112 7476, elegantes Ambiente.
Fonda el Refugio, Calle Liverpool 166, Zona Rosa, Tel. 5525 8128, Mariachi-Musik, exklusive Küche, gehobenes Preisniveau.
Café de Tacuba, Calle Tacuba 28, Centro, Tel. 5518 4950, Jugendstil-Dekoration, bei Einheimischen sehr beliebt.
Fonda Don Chon, Calle Regina 160, Centro, Tel.

5542 0873, ausgefallene, indianisch geprägte Küche.
Las Cazuelas, Calle Diez de Bonilla 20, Tacubaya, Tel. 5515 1370.
Los Girasoles, Calle Tacuba 8-10, Plaza Manuel Tolsa, Tel. 5510 0630; regionale Hochlandküche, vorwiegend Fleischgerichte, authentisch-mexikanisches Ambiente; Reservieren ratsam.
Majestic Hotel Roof, direkt am Zócalo gegenüber dem Palacio Nacional, Ende Av. Madero, Dachrestaurant mit einzigartigem Blick über den Zócalo, Tel. 5521 8600.

MEERESFRÜCHTE: **Costa Dorada**, Avenida Ejército Nacional 648, Polanco, Tel. 5545 3086, elegant.
Danubio, República de Uruguay No.3, Col. Centro, Tel. 5521 0976.

HISTORISCHES ZENTRUM: Museo Mural Diego Rivera, Jardín de la Solidaridad, Di-So 10-18 Uhr.
Museo de Arte Popular, Revillagigedo 11 / Independencia, Di-So 10-18, Mi bis 21 Uhr.
Museo Franz Mayer, Av. Hidalgo 45, Di-So 10-17 Uhr, antike Möbel, koloniale Kunst.
Museo del Palacio de Bellas Artes, Ecke Av. Juárez / Lázaro Cárdenas, Di-So 10-18 Uhr.
Palacio Postal, Ecke Av. Lázaro Cárdenas / Calle Tacuba, Mo-Fr 9-17:30, Sa/So 9-14 Uhr.
Museo Nacional de Arte, Calle Tacuba 8, Di-So 10-17.30 Uhr.
Museo de la Ciudad de México, Calle Pino Suárez 30, Di-Sa 9-17, So 10-14 Uhr.
Museo del Templo Mayor, hinter der Kathedrale gegenüber Argentina, Di-So 9-18 Uhr.
Museo Nacional de las Culturas, Calle Moneda 134, Di-Fr 9-18, Sa/So 10-17 Uhr.
Museo de Nacional San Carlos, Puente de Alvarado 50, Di-So 10-18 Uhr.

CHAPULTEPEC PARK: **Museo Nacional de Antropología**, Paseo de la Reforma / Gandhi, Di-So 9-19 Uhr.
Museo Tamayo Arte Contemporáneo, Calle Paseo de la Reforma / Gandhi, Di-So 10-18 Uhr.
Museo Nacional de Historia, Castillo de Chapultepec, Di-So 9-17 Uhr.
Museo Tecnológico, Bosque de Chapultepec 2 A, Di-Sa 9-17 Uhr, So 9-13 Uhr.
Museo de Arte Moderno, Paseo de la Reforma / Gandhi, Di-So 10-18 Uhr.
Casa Luis Barragán, Calle Gral. Francisco Ramirez 14, Besichtigung (Mo-Fr) nach Voranmeldung, Tel. 5272 4945, www.casaluisbarragan.org.
Papalote – Museo del Niño, Constituyentes 268, Mo-Fr 9-18, Do bis 23, Sa / So 10-19 Uhr; interaktives Museum für Kinder.

BEZIRK REFORMA-INSURGENTES: **Museo Nacional de la Revolución**, Plaza de la República, Di-So 9-17 Uhr.
Sala de Arte Público Siqueiros, Calle Tres Picos 29, Col. Polanco, Di-So 10-18 Uhr.

BEZIRK SAN ÁNGEL: **Museo Casa Estudio Diego Rivera y Frida Kahlo**, Ecke Calle Diego Rivera / Altavista, Di-So 10-18 Uhr.
Museo de El Carmen, Av. Revolución 4 y 6, Di-So 10-18 Uhr.
Museo de Arte Carrillo Gil, Av. Revolución, Di-So 9-18 Uhr.

BEZIRK COYOACÁN: **Museo Nacional de Culturas Populares**, Calle Hidalgo 289, Di-Do 10-18, Fr-So 10-20 Uhr.
Museo Frida Kahlo, Calle Londres 247, Di-So 10-18 Uhr. **Museo Casa de León Trotsky**, Calle Viena 45, Di-So 10-17 Uhr.
Museo Diego Rivera Anahuacalli, Calle del Museo 150, Di-So 10-18 Uhr.
Museo Dolores Olmedo, Av. México 5843, Di-So 10-18 Uhr.

XOCHIMILCO

Die ungefähr 25 km südöstlich von Mexiko-Stadt gelegenen „Schwimmenden Gärten" **Jardines Flotantes de Xochimilco** sind ein beliebtes Wochenend-Ausflugsziel und deshalb sonntags oft überlaufen. Die *chinampas*, von einem Labyrinth von Kanälen umgeben, waren der Obst-und Gemüsegarten der aztekischen Hauptstadt vor der Ankunft der Spanier.
Mit dem **Auto** zu erreichen über die Periférico Sur, Ausfahrt Jardines del Sur.
Mit der **Metro**: Linie 2 bis Endstation Taxqueña, weiter mit Straßenbahn (*Tren ligero*), Bus oder *colectivo* bis Embarcadero.

Foto: Ulf Müller-Moewes

UMGEBUNG VON MEXIKO-STADT

TEOTIHUACÁN
TEPOTZOTLÁN
TULA / TOLUCA
MALINALCO / TAXCO
XOCHICALCO / CUERNAVACA
HACIENDAS / PUEBLA
CHOLULA / CACAXTLA

★★Teotihuacán

Bei der Ankunft der Azteken im Hochland (*altiplano*) von Mexiko war **★★Teotihuacán ❶**, 50 km nordöstlich von Mexiko-Stadt, ein namenloser, verlassener Ort. In Náhuatl, der Sprache der Azteken, bedeutet *teotihuacán* „der Ort, an dem man zum Gott wird". Hier versammelten sie sich, um nach dem Tod der Vierten Sonne die Ära der Fünften Sonne zu erschaffen. Denn nach dem Untergang von Teotihuacán (und dem Tod seiner Menschen) waren die Götter verzweifelt, weil niemand sie nun noch ehren konnte. So stürzten sich die Gottheiten Nanauatzin und Tecciztecatl aus dem finsteren Universum herab in einen brennenden Scheiterhaufen, um nach der Selbstopferung als Sonne und Mond wieder zu erscheinen. Diese Legende erklärt, weshalb der Azteken-Herrscher Moctezuma II. jedes Jahr nach Teotihuacán pilgerte, wo er einen Tempel neben der Sonnenpyramide errichten ließ. Er wollte damit den Göttern huldigen. Azteken-Fürsten berichteten dem Franziskaner-Mönch Bernardino de Sahagún (1499-1590), dass Teotihuacán zum Begräbnisort für Könige wurde, die nach ihrem Tod als *teotl* (Gott) auferstanden.

Links: Einer der vier Atlanten der toltekischen Hauptstadt Tula.

Als die Spanier das seit rund 750 Jahren von Pflanzen überwucherte Ruinenfeld entdeckten, konnten sie dessen Bedeutung als einst größtes kulturelles und geistig-religiöses Zentrum Mesoamerikas noch nicht ahnen. Erst der Archäologe Leopoldo Batres initiierte 1889 die ersten Ausgrabungen. Noch sind nicht alle Rätsel um das bislang freigelegte Areal von über 4 km Länge und 2,1 km Breite gelöst. So ist trotz sensationeller Funde in jüngster Zeit das Fehlen einer Schrift noch nicht geklärt, ebenso die ethnische Zuordnung und die Gesellschaftsstruktur.

Die Stadt (Teotihuacán I) wurde um 150 v. Chr. in einem strategisch günstigen, fruchtbaren Tal gegründet. Die Siedlungen im Tal von México, die Regionen um Puebla, Cholula und die Küste von Veracruz waren von hier relativ leicht erreichbar. Im 1. Jh. v. Chr. lebten hier auf 6 km² schon 10 000 Menschen. Während dieser Zeit muss es sich noch um eine reine Agrargesellschaft gehandelt haben, die jedoch schon bald von einem Monopol profitierte: In den Werkstätten wurde Obsidian bearbeitet. Teotihuacán entwickelte sich rasch zum mächtigsten Handels- und Kulturzentrum Mesoamerikas.

Im 1. Jh. n. Chr. hatte die Stadt (Teotihuacán II) mit ca. 25 000-30 000 Einwohnern bereits eine Ausdehnung von etwa 22 km² erreicht. Man begann

» Karte S. 72-73, Plan S. 70, Info S. 88-89

Foto: Andreas M. Gross

mit der Ausführung eines architektonischen Generalplans, der schließlich um 450 n. Chr. weitgehend abgeschlossen war: alle Profan- und Sakralbauten sind nach zwei, rechtwinklig zueinander stehende Achsen ausgerichtet, von denen die in Nord-Süd-Richtung verlaufende Calzada de los Muertos (s. u.) heute besonders deutlich hervortritt.

Während der Blütezeit (Teotihuacán III) in der späten Präklassik und frühen Klassik (200-650 n. Chr.) war aus der theokratisch regierten Gesellschaft eine religiöse, kulturelle, wirtschaftliche und schließlich auch militärische Supermacht geworden. Eine Oberflächenuntersuchung (Survey) ergab für das gesamte Stadtgebiet mehr als 2000 einzelne Profan- und Sakralbauten.

Den Zenit hatte Teotihuacán mit annähernd 200 000 Einwohnern um 700 n. Chr. überschritten. Man glaubt, Anzeichen von Dekadenz während der finalen Metepec-Epoche (Teotihuacán IV) zu erkennen. Hinweise hierfür sind Feuersbrünste und Spuren einer gewaltsamen Zerstörung des zeremoniellen Zentrums. Um 750 n. Chr. wurde die Stadt von ihren Einwohnern verlassen.

Ungeklärt ist das Ende Teotihuacáns. Eine Hypothese lautet, dass am Übergang von der frühen zur späten Klassik am Ende des 7. Jh. der Handel mit dem restlichen Mesoamerika rückläufig war und die Rohstoffe zur Herstellung eigener Ausfuhrprodukte fehlten. Man vermutet auch Seuchen oder einen Volksaufstand, der eine Militärdiktatur beendete und ein Chaos hinterließ. Eine weitere Theorie besagt, dass das Wachstum der Stadt eine übertriebene Bürokratie begünstigte, die ihre Macht schließlich skrupellos missbrauchte, bis die motivierende Kraft geistig-kultureller Energien zuletzt versiegt war.

Eine Besonderheit Teotihuacáns, das die UNESCO 1988 zum Welterbe erklärte, sind die im Vergleich zu anderen Stätten Mesoamerikas zahlreich gefundenen und häufig sehr gut erhaltenen polychromen Fresken. Bedeutsam ist

Oben: Atemberaubend ist der Blick über Teotihuacán von der Mondpyramide.

» Plan S. 70, Info S. 88-89

die Entwicklung des Talud-Tablero-Schemas, bei dem sich an den Fassaden schräge (*talud*) mit senkrechten (*tablero*) Mauerflächen abwechseln. Mit verschiedenen Variationen übernahmen eine Vielzahl mesoamerikanischer Völker, beispielsweise die Maya und die Totonaken, dieses architektonische Gestaltungsprinzip.

Rundgang durch Teotihuacán

Zur äußerst weitläufigen Ruinenstätte führen mehrere Eingänge, von denen die **Puerta 1** 1 mit Souvenirständen und Ausstellungsräumen (Unidad Cultural) am wichtigsten ist.

Die durchschnittlich 45 m breite Hauptstraße erschließt das Gelände in Nord-Süd-Richtung. Einst Miccaotli genannt, gaben ihr die Spanier den Namen **Calzada de los Muertos** („Straße der Toten"), weil sie dort die Gräber der *teotihuacaños* vermuteten. Diese „Avenue" zwischen Ciudadela und Pirámide de la Luna steigt terrassenförmig um 27 m gen Norden an, so dass folgender optischer Effekt entsteht: die Mondpyramide erscheint als das dominierende Bauwerk der Stadt.

Inmitten eines **Ciudadela** 2 („Zitadelle") bezeichneten heiligen Bezirks mit elf kleinen Pyramiden an den Seiten liegt der ★**Templo de Quetzalcóatl**. Dieser wahrscheinlich der „gefiederten Schlange" geweihte Haupttempel der Stadt ist mit 366 bunt bemalten Plastiken dekoriert, die abwechselnd von Blütenblättern umrahmte Schlangenköpfe und die Masken des Regengottes Tláloc darstellen.

In den 1980er Jahren fand man unter der Pyramide in mehreren, unterschiedlich großen Gräbern annähernd 150 menschliche **Skelette** in verschiedensten Körperhaltungen. Die Anordnung um ein zentrales, möglicherweise für einen verstorbenen Herrscher errichteten Grabes sowie die reichen Grabbeigaben legen die rituelle Tötung hochgestellter Persönlichkeiten nahe. Seit 2011wird ein **Tunnel** von der Ciudadela zum Tempel erforscht.

Zurück auf der Calzada de los Muertos stößt man nach Überschreitung des Río San Juan auf die **Edificios Superpuestos** 3. Hierbei handelt es sich um große residenzartige Komplexe, die im Lauf der Jahrhunderte mehrfach überbaut und renoviert wurden. Jede Gebäudegruppe ist in sich weitgehend geschlossen und durch Eingangshallen mit der Straße verbunden.

Zwischen der **Casa de los Sacerdotes** 4 („Haus der Priester") und dem **Palacio del Sol** 5 („Sonnenpalast") breitet sich die **Plaza de la Pirámide del Sol** mit einem zentralen Altar aus.

Östlich von ihr erhebt sich das Wahrzeichen Teotihuacáns, die gewaltige ★★**Pirámide del Sol** 6. Mit 65 m Höhe und einer Seitenlänge von 213 m gehört sie mit der Pyramide in Cholula (s. S. 86) und der Mondpyramide in Moche (Peru) zu den monumentalsten Bauwerken des gesamten präkolumbischen Amerika. Das Heiligtum zieht vor allem am 23. März zur Tag- und Nacht-Gleiche (Equinoccio) Tausende von Touristen an, die auf der Sonnenpyramide Energie tanken wollen – ein Ritual, das erst in jüngerer Zeit entstanden ist.

1971 entdeckte man an der Basis der Pyramide den Eingang zu einem – öffentlich nicht zugänglichen – Höhlensystem mit mehreren Kammern, von denen die größte mit den Maßen 50 x 18 m wahrscheinlich das Allerheiligste war. Da man in der Folgezeit jedoch im ganzen Stadtgebiet ähnliche unterirdische Kammern fand, werden sie auch als Steinbrüche oder als Vorratskammern interpretiert.

Vorbei am **Mural del Jaguar** 7 und der **Plaza de Columnas** 8 („Platz der Säulen") gelangt man zur **Plaza de la Pirámide de la Luna**, dem Endpunkt der Calzada de los Muertos. Der symmetrisch angelegte Platz mit einem Altar im Zentrum ist ein Musterbeispiel für die städtebauliche Konzeption Teotihuacáns. Die ihn umgebenden Pyra-

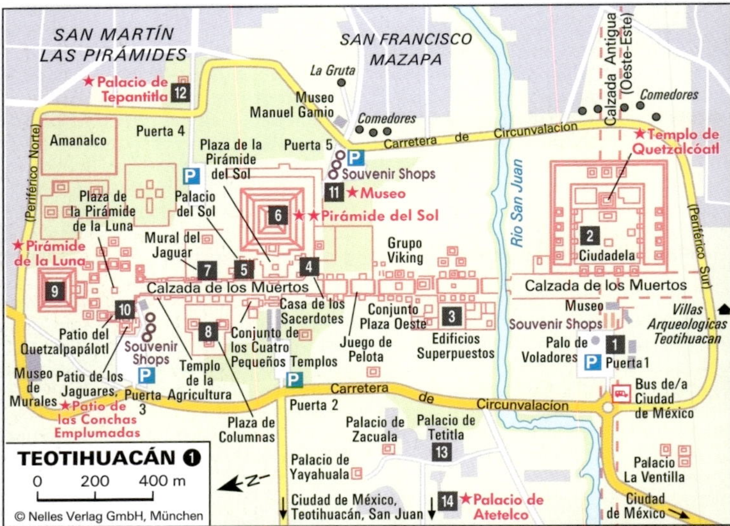

miden mit meist vier Stufen trugen ursprünglich Tempel aus vergänglichem Material.

Die 47 m hohe ★**Pirámide de la Luna** 9 ist über einen fünfstöckigen Talud-Tablero-Vorbau zugänglich und hat eine Grundfläche von 150 x 140 m. Von ihrer Spitze bietet sich nach Meinung des Archäologen George E. Stuart „das denkwürdigste archäologische Panorama der Welt".

In der südwestlichen Ecke des Platzes liegt der **Palacio del Quetzalpapálotl** 10. Der 1962-1964 mit originalen Materialien wiedererrichtete „Palast des Quetzal-Schmetterlings" war vermutlich die luxuriöse Wohnstätte der hohen Priesterschaft. Eindrucksvoll ist der ★**Patio** mit Pfeilern, deren Reliefs Quetzales mit Augen aus eingelegten Obsidianstücken zeigen. Am oberen Abschluss erkennt man Mauerzacken, die wohl als stilisierte Schmetterlinge oder Symbole der Venus, dem Kriegsgestirn, zu interpretieren sind.

An den Palast schließen sich im Westen zwei weitere tiefergelegene bzw. halbunterirdische Innenhöfe an, die nach den erhaltenen Darstellungen **Patio de los Jaguares** („Hof der Jaguare") und ★**Patio de las Conchas Emplumadas** („Hof der gefiederten Muscheln") genannt werden.

Südlich der Pirámide del Sol nahe der **Puerta 5** präsentiert das ★**Museo** 11 die neuesten Funde Teotihuacáns (u. a. vom Templo del Quetzalcóatl) sowie ein vorzügliches Modell des Ausgrabungsgeländes.

Außerhalb der **Ringstraße** (Carretera de Circunvalación) lohnen – bei genügend Zeit – noch einige Wohnkomplexe mit schönen Fresken einen Besuch. Etwa 500 m nordöstlich der Sonnenpyramide liegt der Komplex von ★**Tepantitla** 12 („Ort der dicken Mauern"), dessen Malereien neben aufwändig gekleideten Priestern auch das berühmte **Paradies des Regengottes Tlaloc** (*tlalocán*) mit Schmetterlingen, Pflanzen

Rechts: Das Kloster Tepotzotlán ist in Architektur und Ausstattung ein Schatzkästchen des mexikanischen Barocks.

» Plan S. 70, Info S. 88-89

Foto: Hans-Horst Skupy

Foto: Hans-Horst Skupy

und tanzenden Menschen abbilden.

An der Gebäudegruppe von **Tetitla** 13 („Ort der Steine") hielten die Künstler auf den polychromen Fresken vor allem Jaguare mit Federkopfschmuck, Quetzalvögel, reich geschmückte Priester sowie den wasserspendenden Tlaloc mit Vogelkrone fest.

Ungefähr 400 m weiter westlich findet man auf den Wandmalereien in ★**Atetelco** 14 ähnliche, jedoch besser erhaltene Motive aus der Vorstellungswelt der Teotihuaqueños.

Die schönsten Wandgemälde werden im **Museo de Murales Teotihuacanos** an der Ringstraße (westlich der Mondpyramide) gezeigt.

Tepotzotlán

Ungefähr 35 km nördlich von Mexiko-Stadt liegt das 30 000 Einwohner zählende **Tepotzotlán** ❷. Man parkt in der Innenstadt am besten an der **Plaza Hidalgo**, die von der riesigen Barockkirche ★★**Iglesia de San Francisco Javier** beherrscht wird. Sie wurde 1682 vollendet und gilt neben Santa Prisca in Taxco und La Valenciana in Guanajuato als eines der herausragenden Beispiele der churrigueresken Architektur.

Sie bietet sich dem Auge des Betrachters in erhabener Schönheit dar: Die verschnörkelte und kunstvoll verzierte Außenfassade hält dem Vergleich mit dem Kircheninneren durchaus stand, wo den Besucher, der von zahllosen Cherubinen milde belächelt wird, eine barocke, golden leuchtende Pracht erwartet. Die Innenwände sind mit 22 Gemälden von Cristóbal de Villalpando ausgeschmückt, in denen die verschiedenen Lebensphasen des katholischen Ordensstifters Ignatius von Loyola dargestellt sind.

Die Kirche ist Teil des **Museums des Vizekönigtums**, das bis 1585 als Noviziat der Gesellschaft Jesu diente. Hier studierten die Jesuiten Theologie, Sprache, Kunst und Mathematik. Heute sind in den etwa 20 Räumen Erinnerungsstücke an die Kolonialgeschichte des Katholizismus in Mexiko ausgestellt: darunter (angeblich) auch eine Reliquie des hl. Petrus sowie ein in Silber gefasstes Knöchelchen des hl. Paulus; weiterhin ein silberner Abendmahlskelch aus Italien mit Korallenintarsien, Dutzende von religiösen Gemälden und zahlreiche Heiligenstatuen.

In der **Kapelle der heiligen Jungfrau** aus dem frühen 18. Jh. findet man ein Kuppeldach mit einem Fries oberhalb des Altars. Wenn Sie den Kopf zurückbeugen, können Sie es in einem raffiniert platzierten Spiegel erkennen – Sonne, Mond und Sterne, umgeben von verklärt blickenden Cherubinen. Im Mittelpunkt der so genannten *Camarin* findet sich in einer Laterne ein Bildnis der Jungfrau Maria, umgeben von den zwölf Aposteln während des Pfingstereignisses.

1767 wurden die Jesuiten aus Mexiko vertrieben; die Kirche mit ihren angrenzenden Gebäuden wurde in eine Reformausbildungsstätte für Priester umgewandelt. Am Anfang des 20. Jh. kehrten die Jesuiten zurück. Im Jahr 1964 wurde der gesamte Komplex zum **Museo Nacional del Virreinato** mit religiösen Kunstgegenständen vom 16.-19. Jh. umfunktioniert.

★Tula

Es waren die Tolteken, die eine der blühendsten Indígena-Zivilisationen in Mexiko schufen. 35 km nordwestlich von Mexiko-Stadt und 40 km nördlich von Tepotzotlán bauten sie ihre Hauptstadt **★Tula ❸**. Es war die Zeit des Gottes Quetzalcóatl, der „Gefiederten Schlange", insgesamt eine Zeit des Friedens und Wohlstands. 1156 überrannten die Chichimeken jedoch die Stadt, ehe sie eine 40 Jahre dauernde Dürreperiode im Zentralen Hochland weiter in Richtung Süden trieb. 125 Jahre später gelangten die Azteken bis nach Tula und versuchten, die Stadt wieder aufzubauen. 1519 fiel sie schließlich den Spaniern in die Hände.

Am Eingang der archäologischen Stätte bietet ein **Museum** einen Ein-

» Karte S. 72-73, Info S. 88-89

UMGEBUNG VON MEXIKO STADT
0 10 20 km
© Nelles Verlag GmbH, München
HIDALGO
MÉXICO
TLAXCALA
DISTRITO FEDERAL
MORELOS
PUEBLA
CIUDAD DE MÉXICO
CD. NEZAHUALCÓYOTL
ECATEPEC DE MORELOS
CHIMALHUACÁN
Centro Histórico
Teotihuacán
Texcoco
Chicoloapan
Ixtapaluca
Chalco
Amecameca
Ozumba
Cuautla
Yautepec
Tepoztlán
Cd. Sahagún
Apan
Calpulalpan
Nanacamilpa
San Martín Texmelucan
Tlaxcala
Apizaco
Chiautempan
Cacaxtla
Huejotzingo
Cholula
PUEBLA
Atlixco
Izúcar de Matamoros
Parque Nacional Zoquiapan y Anexas
Volcán Iztaccíhuatl 5286
Parque Nac. Iztaccíhuatl
Volcán Popocatépetl 5465
Popocatépetl
Paso de Cortés
Chalcatzingo
Acueducto del Padre Tembleque
Pachuca, Poza Rica
Veracruz, Oaxaca
Acapulco
Tlaxco
Zumpango
Tizayúca
Xochimilco
Tláhuac
Tepozteco

blick in die Kultur der Tolteken und die Ausdehnung und Größe von Tula. Ein Weg führt dann, vorbei an Kakteen, Dornensträuchern und dem großen Ballspielplatz, zum **Templo de Tlahuizcalpantecuhtli** („Tempel des Morgensterns"). Auf der Tempelplattform stehen die berühmten **★Atlanten** von Tula, vier 4,6 m hohe steinerne Kriegerstatuen, die einmal das Dach des Tempels getragen haben mögen. Sie sind durch einen Brustschild (in Form eines Schmetterlings) geschützt und tragen Waffen. Jede Statue besteht aus vier aufeinander gesetzten Teilen (Abb. S. 66; ein Original steht im Museo de Antropología in Mexiko-Stadt).

Westlich des Tempels befindet sich der **Palacio Quemado** („verbrannter Palast"), der mit seinen erdfarben bemalten Wandflächen wie ein riesiges Fresko wirkt. Inmitten der rosa- und rotfarbenen Flächen ist die halb auf dem Rücken liegende Figur von Chac Mool zu erkennen, einer weiteren klassischen Indígena-Gottheit; Gesicht und Kopfputz sind im Profil abgebildet. Darunter, angrenzend an den **Juego de Pelota** („Ballspielfeld"), sind mehrere klar gearbeitete Reliefs der Gefiederten Schlange sowie von Adlern und Jaguaren zu besichtigen.

1,5 km nördlich der zentralen Plaza von Tula, die von mehreren weiteren Gebäuden umgeben ist, stößt man auf **El Corral** („Hof"), eine Ansammlung von rechteckigen Plattformen, die ein ungewöhnliches halbrundes Gebäude umschließen, dessen Funktion noch unbekannt ist.

Oben: Die „Lebensbäume" aus Toluca zählen zu den schönsten Objekten des Kunsthandwerks. Rechts: Agrarprodukte auf einem ländlichen Mercado.

Toluca

Ungefähr eine Autostunde von Mexiko-Stadt entfernt, wie „hingegossen" im Herzen eines grünen Tales, liegt **Toluca** ❹ mit 1 Mio. Einwohner – eine Stadt, die vor allem wegen ihres Indígenas-Marktes bekannt ist. Ihr Name geht auf das aztekische Wort *tollocan* zurück, zu deutsch: „die, die ihr Haupt beugen" – was sich gewiss nicht auf die Taschendiebe des heutigen Toluca bezog. Die Höhenlage von 2680 m sorgt für ein frisches, belebendes Klima.

Im Süden der Stadt ragt der 4558 m hohe, längst erloschene und zeitweise schneebedeckte Vulkan **Nevado de Toluca** ❺, der vierthöchste Berg Mexikos, über den gleichnamigen **Parque Nacional** empor. Im Kratergelände erstreckt sich der Lago del Sol, in dem sich Regenbogenforellen tummeln. Ebenfalls im Kraterinneren liegt der so genannte Mondsee, der sogar mit dem Auto zugänglich ist.

Kaum ein Besucher Tolucas versäumt einen Bummel über den **Mercado Juárez** – ein Marktplatz in der Nähe des Busbahnhofes am südlichen Rand der Stadt. Am reizvollsten ist er freitags, wenn Otomí- und Matlatzinca-Indígenas dort und auf der angrenzenden Plaza ihre Ein- und Verkäufe tätigen.

» Karte S. 72-73, Info S. 88-89

Foto: Volker W. Radke

Ebenfalls einen Besuch wert ist das **Centro Cultural Mexiquense** an der Nationalstraße 15 am westlichen Stadtrand Tolucas; im **Museo de Culturas Populares** finden sich sowohl moderne wie traditionelle Produkte mexikanischer Volkskunst, vor allem wunderschöne Textilwaren.

Das **Museo de Arte Moderno** stellt Mexikos Künstler des 20. Jh. in den Mittelpunkt. Das **Museo de Antropología** zeigt u.a. eine große, kunstvoll verzierte *tlalpanhuehuetl*, eine hölzerne aztekische Kriegstrommel.

Sehenswert sind zudem das interaktive **Museo Torres de Bicentenario** in einem spektakulären Gebäude (Morelos Ote./Alfredo del Mazo), der **Gouverneurspalast** und die klassizistische **Kathedrale** aus dem 19. Jh. Eine Besonderheit ist der ★**Cosmo Vitral Jardín Botánico** am östlichen Ende der Plaza Garibay, ein Botanischer Garten in einer ehemaligen Markthalle im Art-Nouveau-Stil.

Im Westen der Stadt steht die **Kirche der hl. Jungfrau von Tecajic**, ein Indígena-Heiligtum mit einem Bildnis Mariens auf einem Baumwolltuch.

Umgebung von Toluca

Rund 7 km nördlich von Toluca breitet sich die archäologische Stätte **Calixtlahuaca** ❻ aus, wo man auf eine ungewöhnliche runde Pyramiden stößt. Drei Bauepochen wurden bei den Ausgrabungen freigelegt, zu den Funden zählen außerdem mehrere Tempel und ein dreiflügeliger Schädelaltar.

Etwa 8 km südöstlich von Toluca liegt das Indígena-Dorf **Metepec** ❼ – bekannt für seine fantasievollen Töpfereiwaren, vor allem jene mit dem Motiv des *árbol de la vida* („Lebensbaum"), einer Indígena-Interpretation des biblischen Baumes im Garten Eden. Montags ist hier Markttag.

Weitere Indígena-Dörfer sind **Santiago Tianguistenco** ❽, berühmt für seine bunten Decken (*sarapes*), und **Tenancingo** ❾, wo Umschlagtücher (*rebozos*) hergestellt werden, die so fein sind, dass man sie durch einen Ring ziehen kann.

Foto: Andreas M. Gross

★Malinalco

Etwa 60 km westlich von Cuernavaca befinden sich inmitten schroffer Berge die Ruinen von ★**Malinalco** ⑩, unter denen der **Templo Principal** (Haupttempel) – eines der ganz wenigen Felsheiligtümer Mesoamerikas – am berühmtesten ist. Am Eingang stößt man auf den Torso eines Adler-Kriegers, der mit gekreuzten Armen stolz unterhalb des Hauptes von Quetzalcóatl, der „Gefiederten Schlange", sitzt. Eine steile, von Jaguar-Statuen flankierte Treppe führt in das Innere dieses „Haus des Adlers" (*cuauhcalli*), in dem in aztekischer Zeit die Initiationsriten für die Adler- und Jaguar-Krieger stattfanden (Nachbau im Museum im Ort).

Ixtapan de la Sal

70 km südlich von Toluca an der MEX 55 liegt der vielbesuchte Kur- und Ferienort **Ixtapan de la Sal** ⑪, der für seine Mineralquellen bekannt ist. Die geologische Herkunft der insgesamt 105 Mineralquellen ist unbekannt, aber schon die Azteken suchten die **Grüne Lagune** auf, die den Einheimischen zufolge vulkanischen Ursprungs ist. Am lebhaftesten geht es hier im Winter zu, wenn sich Touristen aus kälteren Klimazonen zu den Quellen drängen.

Die Stadt selbst besteht aus zwei Teilen – **Viejo Ixtapan**, dem älteren, mit unverfälscht mexikanisch-ländlichem Charakter, dessen farbenfrohe Häuser von tropischer Vegetation umgeben sind; **Nuevo Ixtapan** ist ein landschaftlich sehr schön gestalteter Ort mit modernen Hotels und einem Golfplatz.

Oben: Im Haupttempel von Malinalco. Rechts: Taxco – überwältigend schön in seiner Lage und Architektur.

★★Taxco

Im Sonnenlicht glitzert das 140 000 Einwohner zählende ★★**Taxco** ⑫ wie der Schmuck, für den es berühmt ist – als wäre eine Handvoll leuchtender Rubine hingestreut in einem Klumpen

» Karte S. 72-73, Info S. 88-89

Foto: Volker W. Radke

reinen Silbers. Sobald man die an eine Bergflanke geschmiegte Stadt erblickt, sollte man anhalten und den Anblick – leuchtendweiße Häuser mit orangefarbenen Dächern – genießen.

Der Aufstieg der 1670 m hoch gelegenen, weltberühmten Silberstadt im Bundesstaat Guerrero kam Mitte des 18. Jh., als Francisco de la Borda und sein Bruder Don José die reichen Erzadern der Minen La Lajuela und San Ignacio entdeckten und ausbeuteten. Don José, nach dem Tod Franciscos alleiniger Besitzer der Bergwerke, häufte bis 1757 ein riesiges Vermögen von 12 Mio. Pesos an, von denen er 1,6 Mio. Pesos für den Bau der Iglesia de San Sebastián y Santa Prisca stiftete – getreu dem Motto *Dios da a Borda, Borda da a Dios* („Gott gibt Borda, und Borda gibt Gott").

Ab Ende des 18. Jh. dämmerte Taxco vor sich hin, bis sich 1929 der US-amerikanische Architekt William Spratling in der Stadt niederließ und mit Silberschmieden aus Iguala (Bundesstaat Guerrero) die alte Tradition der Silberverarbeitung wieder aufnahm. Innerhalb kurzer Zeit hatte Taxco den Ruf erworben, die „Silberhauptstadt der Welt" zu sein. Schmuckliebhaber strömten in die Stadt, und Juweliere in Paris und London erhöhten ständig ihre Bestellungen bei der Werkstatt Spratlings. Als diese nach einiger Zeit eigene Geschäfte in Taxco eröffneten, verlagerte Spratling seine Wirkungsstätte weiter südlich nach **Taxco Viejo**, wo er weiterhin sein *Spratling Silver* nach seinem Design herstellte.

Jedes Jahr im November wird in Taxco selbst ein „Silber-Fest" abgehalten, um die *Feria Nacional de la Plata* zu feiern. Bei diesem Anlass wird die Spratling-Silbertrophäe an denjenigen Silberschmied verliehen, der sich im Jahr davor besonders hervorgetan hat.

Rundgang durch Taxco

Mittelpunkt und Prunkstück der Altstadt ist die ★★**Iglesia de San Sebastián y Santa Prisca** ① an der **Plaza Borda** (Zócalo). Die nach den Plänen von Diego Durán 1748-1758 von Juan Caballero ausgeführte Kirche ist ein

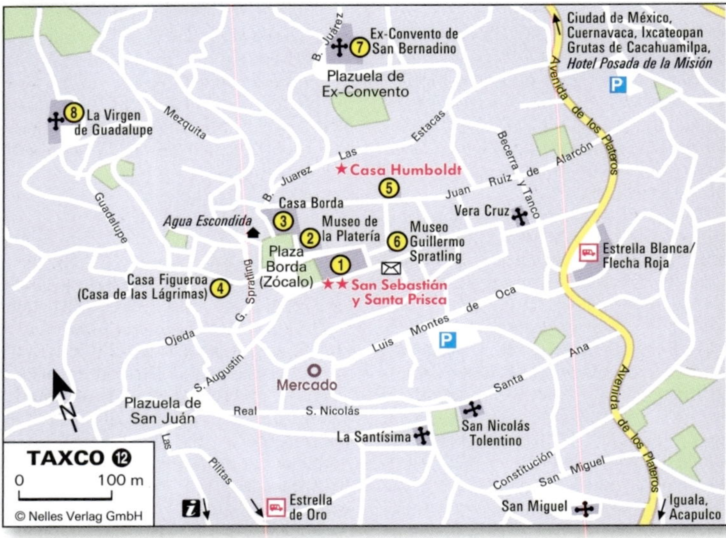

Meisterwerk des Churriguerismus. Effektvoll kontrastieren skulptierte mit schlichten Zonen am Portal und den Türmen, die mit bunten Kacheln verkleidete Kuppel mit dem rosafarbenen Gestein des Baukörpers. Im Inneren faszinieren geschnitzte und vergoldete Altaraufsätze (*retablos*) von Miguel Cabrera, die Heilige, Apostel und Engel inmitten paradiesischer Motive wie Vögel und Früchte darstellen.

Das **Museo de la Platería** ②, ebenfalls an der Plaza, illustriert die Geschichte der Silberschmiedekunst, u. a. durch mit Halbedelsteinen verzierten Stücken aus der Werkstatt Spratlings.

An der Nordseite des Zócalo liegt die **Casa Borda** ③, einstiger Wohnsitz von José de la Borda. Das Haus wurde im gleichen Jahr vollendet wie „seine" Kirche, es ist ein geräumiges, verschachteltes Gebäude mit fünf Stockwerken. Anfänglich lebte de la Borda nur in einer Hälfte des großen Hauses, in der anderen Hälfte wohnten Priester von Santa Prisca. Die Räume werden heute von der **Casa de la Cultura** als Bibliothek und Buchladen sowie für Ausstellungen genutzt.

Unweit des Zócalo steht die **Casa Figueroa** ④, die einst dem Conde de Cadena, einem Freund Bordas, als Wohnsitz diente. Erbauen ließ er dieses auch **Casa de las Lágrimas** („Haus der Tränen") genannte Gebäude von armen Bauern, die ihre Steuern nicht aufbringen konnten und sich teilweise zu Tode schindeten. Der heutige Name des Gebäudes geht auf den mexikanischen Künstler Fidel Figueroa zurück, der es 1943 restaurierte und als Atelier und Wohnung nutzte. Viele seiner bekanntesten Gemälde hängen dort.

Die ★**Casa Humboldt** ⑤ wurde ebenfalls von einem Borda-Freund, Juan de Villanueva, im maurischen Stil erbaut und zu Ehren des Naturforschers Alexander von Humboldt umbenannt, der hier 1803 während seiner großen Amerika-Reise kurzzeitig weilte. Das Gebäude beherbergt heute das **Museo de Arte Virreinal** mit kolonialzeitlicher, vor allem religiöser Kunst.

Weitere Kunstschätze, insbesondere präkolumbische Objekte und quali-

 » Stadtplan S. 78, Info S. 88-89

tätvolle Silberarbeiten, hält das **Museo Guillermo Spratling** ⑥ bereit.

Der hochgelegene **Ex-Convento San Bernardino** ⑦ wurde 1592 als Franziskaner-Kloster erbaut. 200 Jahre später fiel er den Flammen zum Opfer, bis er schließlich 1823 im klassizistischen Stil wiedererrichtet wurde.

Die wohl schönste Aussicht auf das Gassengewirr der Altstadt genießt man von der **Iglesia de la Virgen de Guadalupe** ⑧ (18. Jh.) aus, die man über die Calle Guadalupe erreicht.

Auf dem **Cerro Lomas** thront das *Monte Taxco Hotel*, zu dem man zwar mühelos auch über eine Serpentinenstraße gelangt; wesentlich spektakulärer jedoch ist die Fahrt dorthin mit der **Drahtseilbahn**, die hoch über der Stadt emporschwebt und herrliche Blicke auf die umliegende Berglandschaft und zahlreiche kleine Wasserfälle gewährt.

★★Grutas de Cacahuamilpa

Unbedingt einen Besuch wert sind die imposanten, bereits 1834 entdeckten **★★Grutas de Cacahuamilpa** ⓭ im gleichnamigen Nationalpark (30 km von Taxco). Von den bisher 16 erforschten Kilometern eines Labyrinths von **Tropfsteinhöhlen** sind 2 km mit einer Führung zugänglich. In den bis zu 80 m hohen Sälen gaben Kaiser Maximilian und Porfirio Díaz bisweilen Staatsempfänge.

★Xochicalco

Obgleich es nur wenig besucht wird, stellt das 35 km südwestlich von Cuernavaca gelegene **★Xochicalco** ⓮ die wichtigste und bedeutungsvollste archäologische Ruine im Bundesstaat Morelos dar. Diese Welterbestätte der UNESCO trägt den Namen „Haus der Blumen" und wurde etwa um 800 n. Chr. an einer Hügelflanke als Festung und religiöses Zentrum erbaut – letzteres existierte wohl schon um 200 n. Chr..

Der ganze Komplex mit einem Spielfeld, unterirdischen Korridoren sowie einem versenkten Observatorium zeugt von toltekischen und Maya-Einflüssen. Die Quetzalcóatl-Pyramide, „Pyramide der Gefiederten Schlange", zeigt den Gott zugleich als sich windende Schlange und als Vogel. Noch höher erhebt sich die Akropolis.

★Cuernavaca

★Cuernavaca ⓯ mit 700 000 Einwohnern wird gerne die „Stadt des ewigen Frühlings" genannt. Der Ort liegt etwa 85 km südlich der äußeren Stadtgrenze von Distrito Federal und ist seit über 100 Jahren ein Feriendomizil der oberen Zehntausend von Mexiko-Stadt. Schon zur Mitte des 19. Jh. ließ sich Kaiser Maximilian hier einen befestigten Herrschaftssitz erbauen, um fern der Hauptstadt in der Sonne Cuernavacas baden zu können.

Ähnlich muss aber auch schon Hernán Cortés gedacht haben, der sich ebenfalls, lange vor Maximilian, einen Palast auf einem steilen Taleinschnitt über der Hauptstadt des heutigen Bundesstaates Morelos errichten ließ. Aber nicht nur das – Cortés führte auch den Zuckerrohranbau in dieser Region ein, und zwar in Form einer großräumigen Plantagenwirtschaft. Gegen dieses System verschleierter Sklaverei rebellierten die armen Bauern unter Führung von Emiliano Zapata während der Mexikanischen Revolution mit dem bekannten Schlachtruf *¡tierra y libertad!* („Land und Freiheit!").

Am nördlichen Eingang des ehemaligen Cortés-Palastes steht ein Reiterstandbild des großen Revolutionshelden. Das Triptychon am Sockel zeigt eine Gruppe von Jungfrauen, die jeweils eine Kerze über den Leichnam Emiliano Zapatas halten.

Die Stadtmitte wird von zwei Plätzen bestimmt: der großen Plaza Principal oder Plaza Morelos, offiziell auch **Plaza de la Constitución** genannt. Hier befinden sich auch die Regierungsgebäude: der **Palacio de Gobierno** sowie der et-

» Stadtplan S. 78, Karte S. 72-73, Info S. 88-89

Foto: Klaus Thiele

was abseits gelegene **Palacio de Cortés** – eine von dem Conquistador auf den Grundmauern einer aztekischen Pyramide erbaute Festung. Darin ist heute das **Museo Cuauhnáhuac** untergebracht – ein archäologisches, anthropologisches und historisches Museum mit zahlreichen Ausstellungsobjekten aus der Zeit der Tolteken, Olmeken, Azteken und Maya. Im zweiten Stockwerk des Gebäudes ist ein herrliches Wandgemälde von Diego Rivera zu bewundern, dem berühmtesten mexikanischen Maler. Es stellt Szenen aus der Mexikanischen Revolution von 1910 und die daran anschließenden Ereignisse dar.

Die zweite Plaza, der Zócalo, ist der sogenannte **Jardín Juárez**, wo ein großer, silbrig glänzender Pavillon (entworfen von dem Pariser Ingenieur Alexandre Gustave Eiffel) den Einfluss der europäischen Kolonie in Cuernavaca dokumentiert.

Drei Straßenzüge vom Zócalo entfernt steht die **Catedral de la Asunción** mit ihren hohen Mauern und Brüstungen aus dem 16. Jh.

Ganz in der Nähe liegt der **Jardín Borda**, eine mit Springbrunnen und Teichen ausgestattete Parkanlage, mit der Manuel de la Borda im 18. Jh. seinen Vorfahren ein Denkmal errichten wollte. Einer seiner Nachkommen, José, baute hier später einen protzigen Wohnsitz – jenen, den Kaiser Maximilian im Jahr 1864 zu seiner Sommerresidenz in Cuernavaca machte.

Schnell kommt man in Richtung Süden in den Vorort **Acapantzingo**, wo sich Maximilians zweiter Wohnsitz in Cuernavaca befand – ein relativ kleines Anwesen, in dem seine Geliebte, Margarita Leguisamo Sedano, wohnte, wenn sie in der Stadt weilte. Heute ist darin das **Museo de la Herbolaría** untergebracht, das eine sehenswerte Sammlung einheimischer Pflanzen beherbergt, die in der traditionellen Heilkunde eine große Rolle spielen.

In der **Colonia Jardines** befindet sich in der Calle Venus 52 das ehemalige **Atelier** (*taller*) von **David Alfaro Si-**

Oben: Der Cortés-Palast in Cuernavaca.

» Karte S. 72-73, Info S. 88-89

queiros, einem der großen Muralisten Mexikos. Bis zu seinem Tod 1974 war Siqueiros, der im Zusammenhang mit dem Mord an Leo Trotzki einige Zeit im Gefängnis saß, ein unbeirrter Anhänger der Mexikanischen Revolution von 1910. Sein Atelier ist heute als „La Tallera" ein Zentrum für zeitgenössische Kunst.

Eine einzigartige Kunstsammlung, u.a. mit Werken von Rufino Tamayo, Miguel Covarrubias und Frida Kahlo ist im ★**Museo Robert Brady** zu bewundern: Der amerikanische Künstler lebte 1962-86 in Cuernavaca und brachte aus aller Welt Kunstwerke, Möbel und Accessoires mit. Die Räume in seinem Wohnturm an der Kathedrale sind farbenfroh eingerichtet: mexikanisch, orientalisch und afrikanisch.

Haciendas – Kleinstaaten im Staat

Schon bald nach der Ankunft der Spanier entwickelten sich die Haciendas zu landwirtschaftlichen Produktionsstätten von ungeheuren Ausmaßen. Hernán Cortés zum Beispiel besaß als *Marqués del Valle de Oaxaca* Ländereien, die heute über vier Staaten verteilt wären. Er nannte 23 000 Vasallen sein eigen.

Als Schutz gegen die Eingeborenen entstanden vielerorts festungsartige Gebäudekomplexe: Kleinstaaten im Staate. Man musste autark sein, unabhängig von Einfuhren und Lebensmitteln. So wurden auf den Haciendas Möbel und Ziegel hergestellt, sie besaßen Schmieden zur Fertigung von Werkzeugen, Eisengittern und Wagenrädern. Viele *hacendados* investierten riesige Summen in die Anlage von Bewässerungssystemen und in die Verarbeitung ihrer Rohprodukte. Im heißen Klima der Staaten Veracruz und Morelos entwickelten sich Zuckerrohr-Haciendas, Rinder-Haciendas entstanden auf dem trockenen Zentralplateau bis in die Niederungen von Chiapas und Veracruz, Henequén-Haciendas im ariden Yucatán, Baumwolle wurde im nördlichen Coahuila angebaut. Gewinnträchtige Haciendas entstanden auch überall dort, wo Eisenerz gefördert wurde.

Die Besitzer von silberproduzierenden Minen wurden teilweise so reich, dass sie es sich leisten konnten, ihre eigenen Silbermünzen mit dem Wappen ihrer Familien zu prägen. Sie waren nicht nur die Herren ihrer Besitztümer, sondern auch Herren über Leben und Tod ihrer Leibeigenen. Sowohl die Spanier als auch die *criollos* (Kreolen = in Mexiko geborene Spanier), maßten sich immer mehr Rechte an. Dieses nahezu absolutistische System fand eine Stütze im Klerus. Es gab somit kaum eine Hacienda ohne Kapelle. Das postrevolutionäre politische Chaos führte zu Landreformen; nach teilweiser Enteignung nahmen die einstigen Tagelöhner verlassene Herrenhäuser auf ihre Art in Besitz: Aus den Mauern gewannen sie Baumaterial für ihre Hütten. Innerhalb weniger Jahrzehnte waren die Symbole des Feudalismus so massenweise zu Ruinen zerfallen.

Die stimmungsvollsten Haciendas

Nachdem Mexiko vom Tourismus entdeckt wurde, entstanden einige Haciendas neu: als exklusive Herbergen mit historischem Ambiente, wie es sie nur in wenigen lateinamerikanischen Ländern gibt. Der weltbekannte mexikanische Schauspieler Anthony Quinn schrieb in das Gästebuch der **Hacienda Vista Hermosa** ⓰ südlich von Cuernavaca: „Wer Träume hat, die hier nicht in Erfüllung gehen, sollte das Träumen bleiben lassen." In der Tat: Dieses etwa 75 Autominuten von Mexiko-Stadt entfernt gelegene Hideaway abseits der N 95 in Richtung Acapulco bei **Tequesquitengo** ⓱ ist ein Refugium der besonderen Art. Die Hacienda wurde im Jahr 1529 von Hernán Cortés errichtet und war ursprünglich eine Zuckerrohrmühle. Der Ingenieur Fernando Martí-

Foto: Stephane Frances / Onlyfrance (SIME / Schapowalow)

nez fand sie 1944 als Ruine vor, kaufte das Areal und schuf ein luxuriöses, museal anmutendes Refugium, eine Oase der Ruhe mit einer 450-jährigen bau- und kunstgeschichtlichen Tradition. Aus den Hallen, Tonnengewölben, unterirdischen Verliesen, Ställen, Unterkünften für Arbeiter und ehemaligen Feudalgemächern wurden Empfangshalle, Restaurant und verschiedene Suiten. In einer Kapelle im kolonialinspirierten Hochbarock-Stil kann man sich trauen lassen; gleich nebenan befindet sich die „Hochzeits-Suite". Der Komplex war übrigens Szenerie zahlreicher Filme. Hier „starben" Robert Redford und Paul Newman im blutigen Finale des Films *Butch Cassidy and Sundance Kid*.

Das **Hotel Hacienda Cocoyoc** ⓲ bei **Cuautla** ist mit 300 Zimmern die größte aller Gäste-Haciendas. Schon Mitte des 16. Jh. nahm Isabel, Tochter des Azteken-Fürsten Moctezuma II., diesen „Platz des Coyoten" als Domizil. Die gepflegte Anlage hat noch überwiegend historische Bausubstanz aufzuweisen. Besonders an Wochenenden ist sie ein überlaufenes Ausflugsziel für vermögende Einheimische aus der Hauptstadt.

Oben: Stilvoll und hochpreisig – die Casa de Sierra in San Miguel de Allende. Rechts: Capilla del Rosario in der Kirche Santo Domingo (Puebla) – Inbegriff verschwenderischer barocker Dekorationslust.

Auf dem Weg nach Querétaro im Bundesstaat Querétaro sind an der N 57 zwei empfehlenswerte koloniale Residenzen zu erreichen (s. Karte S. 92-93). 8 km nördlich von **San Juan del Río** befindet sich **La Estancia** aus dem späten 16. Jh. mit 108 Gästezimmern.

Das **Hotel Hacienda Galindo** in der Nähe von **San Gil** – in seinem ursprünglichen Zustand ein Geschenk von Hernán Cortés an seine Geliebte Malinche – wurde im Jahr 1975 in ein Luxushotel mit 166 Räumen (davon 17 mit Privatterrasse und kleinem *jaccuzzi*) sowie 19 Luxussuiten umgebaut.

Auch die **Hacienda Jurica**, 9 km nordwestlich von Querétaro gelegen, hat den Charme der Kolonialzeit bewahren können. Die 190 Zimmer und

» Karte S. 72-73 u. S. 92-93, Info S. 88-89

Foto: James Rivera (iStockphoto)

Suiten verteilen sich über eine paradiesische, parkähnliche Anlage. Das alte Mobiliar, die kostbaren Gemälde und die edlen Teppiche unterstreichen das feudal-elegante Ambiente.

Nicht alle Haciendas befinden sich auf dem Land, es gibt auch Haciendas in der Stadt. Als bestes Anwesen dieser Kategorie gilt die **★Casa de Sierra Nevada** (mit 18 Suiten) in **San Miguel de Allende**. Als erstes Hotel in Lateinamerika wurde es 1982 in die Relais-et-Château-Hotelkette aufgenommen, heute gehört es zur Luxus-Hotelmarke *Orient Express* und bietet eine eigene Kochschule.

Sämtliche Haciendas verfügen über Swimmingpools, Tennisplätze und Restaurants. Golfen und reiten kann man gegebenenfalls als Gast bei nahegelegenen Clubs.

★★Puebla

★★Puebla ⑲, mit 2,5 Mio. Einwohnern viertgrößte Stadt Mexikos, liegt auf 2150 m Höhe in einem fruchtbaren Talbecken, umgeben von den drei Vulkanen **Popocatépetl ⑳** (5465 m) und **Iztaccíhuatl ㉑** (5286 m) im Westen sowie weiter entfernt **Malintzín** (La Malinche, 4461 m) im Nordosten.

Die Stadt wurde 1531 als *Ciudad de los Ángeles* („Stadt der Engel") gegründet und erhielt bereits 1537 eine Universität. Im 16. Jh. begann die Herstellung von **Azulejos** bzw. **Talaveras**, buntbemalten glasierten Kacheln, die zusammen mit weißen Stuckornamenten zahlreiche Gebäude der Altstadt zieren (so genannter **Poblano-Stil**) und Puebla international bekannt machten.

Während des amerikanisch-mexikanischen Kriegs (1846-1848) kam es in der Umgebung Pueblas zu heftigen Kämpfen und zeitweiligen Besetzung der Stadt durch US-Truppen. Die Franzosen schlug General Ignacio Zaragoza nach deren Intervention in einer bedeutenden Schlacht am 5. Mai 1862. An diesen **Cinco de Mayo** erinnert seither eine aufwändige Fiesta.

Das attraktive weitläufige **Centro Histórico** (Altstadt) mit seinen schönen

Häusern und rund 60 Kirchen- und Klostergebäuden erklärte die UNESCO zum Welterbe.

Puebla war einer der Herstellungsorte des erfolgreichsten Auto-Modells aller Zeiten – des deutschen VW-Käfers. Das Werk produziert ca. 500 000 PKW im Jahr. Heute werden hier für den Weltmarkt das Nachfolgemodell *New Beetle* (der „Käfer des 21. Jahrhunderts") gebaut, außerdem *Jetta* und *Golf*.

Rundgang durch Puebla

Das stimmungsvolle Zentrum der Stadt ist der schön begrünte und von Arkaden gerahmte ★**Zócalo**, auch **Plaza de la Constitución** genannt. Gegenüber dem **Palacio Municipal** (Rathaus) erhebt sich an seiner Südseite eine der prachtvollsten Kirchen der Stadt und des gesamten Bundesstaates Puebla: die ★**Catedral de la Concepción Inmaculada** ①. Sie hat zwei Kirchtürme, ihre Kuppel ist mit Azulejos verkleidet. Begonnen wurde der Bau im Renaissance-Stil 1585 unter Leitung des spanischen Architekten Juan de Herrera, geweiht wurde die Kirche erst 1649, als alle 14 Einzelkapellen fertiggestellt waren. In deren Inneren hängen religiöse Gemälde verschiedener Maler. Der kunstvoll gearbeitete Altar, von Tolsa gestaltet, besteht aus Onyx und Marmor aus den Steinbrüchen in der Umgebung der Stadt. Die Reliefs an den mächtigen Portalen und das feingeschnitzte Chorgestühl nahe der Kanzel stammen von Pedro Muñoz, der dafür berühmt wurde. Eine der zwei Orgeln ist nahezu 400 Jahre alt; gelegentlich ertönen alle 19 Glocken in den zwei Türmen gleichzeitig.

Unmittelbar neben der Kathedrale liegt im einstigen Erzbischöflichen Palast die **Casa de la Cultura** ②. Im Gebäude findet man auch die ★**Biblioteca Palafoxiana**, die Bischof Juan Palafox 1646 dem Colegio de San Pedro stiftete. Unter den annähernd 60 000 Bänden sind die *Nürnberger Chronik* von 1493 und eine 1584 in Antwerpen gedruckte Bibel in Hebräisch, Chaldäisch, Griechisch und Latein besonders

» Stadtplan S. 84, Info S. 88-89

erwähnenswert. Die **Touristeninformation** ist nebenan.

Eines der besten öffentlich zugänglichen Privatmuseen Mexikos mit präkolumbischer Kunst ist das ★**Museo Amparo** ③. Prunkstück der zahlreichen qualitätvollen Objekte ist ein **Maya-Altar** mit dem Relief eines sitzenden Herrscherpaares aus Yaxchilán (6.-9. Jh.).

Die **Casa del Deán** ④, das Haus eines Dekans in der Calle 16 de Septiembre 505 besticht durch ein harmonisches, im Stil der Renaissance ausgeführtes Portal aus dem Jahr 1580. Die Fresken im Inneren beziehen sich auf das Petrarca-Gedicht *I Trionfi*.

An der **Casa de las Cigüeñas** ⑤ in der Calle 5 Poniente 125 ziert ein Relief ein weiteres schönes Portal: Es zeigt eine Königskrone sowie Störche, die mit ihren Schnäbeln Girlanden halten.

Zwei Häuserblocks (cuadras) nördlich befindet sich das **Museo Bello y González** ⑥, ein majestätisches goldgelbes Gebäude im Poblano-Stil mit außergewöhnlichen Buntglasfenstern. Es beherbergt die Kunstsammlung des verstorbenen Textilfabrikanten José Luis Bello mit bemerkenswerten Elfenbeinschnitzereien, Gemälden, Talavera-Kacheln, Uhren, Porzellan, Keramiken und Möbeln aus Europa und Asien.

Eines der reizvollsten Bauwerke der Stadt ist die ★**Casa de los Muñecos** ⑦ unweit des Zócalo. Die in zwei Stockwerken angeordneten Azulejos-Bilder sollen die Ruchlosigkeit der städtischen Aristokratie darstellen. In diesem „Haus der Männchen" informiert das **Museo Universitario** über die Bildungsgeschichte Pueblas.

Die **Iglesia de La Compañia** ⑧ mit einer prächtigen churrigueresken Fassade wurde 1767 eingeweiht – just in dem Jahr, in dem König Karl III. die Jesuiten aus Mexiko auswies. In der **Sakristei** ist das Grab der indischen oder chinesischen Prinzessin Mirrha zu sehen, die von portugiesischen Sklavenhändlern geraubt und in Acapulco verkauft wurde. Nach ihrer Freilassung schuf sie in Puebla – so die Legende weiter – die *china poblana*, die typische Tracht der Mexikanerinnen: ein langer weiter Rock, zusammen mit einer kurzärmeligen bestickten Bluse und einem Schal. Im angrenzenden Ex-Colegio de Espirito Santo befindet sich heute die **Universität**.

Ein Musterbeispiel des Poblano-Stils und aristokratischer Profanarchitektur des späten 18. Jh. ist die ★**Casa del Alfeñique** ⑨ („Zuckerbäckerhaus"), bei der sich blau-weiße Kacheln und rote Ziegel mit überreichen Stuckornamenten an den Fenstern und Gesimsen eindrucksvoll abwechseln. In den Räumen richtete man das **Museo Regional** mit Möbeln, historischen Dokumenten, Gemälden, Waffen und Kostümen ein.

Das 1760 eingeweihte **Teatro Principal** ⑩ in einem Künstlerviertel zählt zu den ältesten Theaterhäusern Amerikas. Nach einem Brand 1902 wurde es in den 1930er Jahren vollständig wieder rekonstruiert.

Jenseits eines breiten Boulevards, im schön gestalteten Parque Centro Cívico de 5 de Mayo, mit dem modernen Centro de Convenciones, liegt die ★**Iglesia de San Francisco** ⑪. Die Kirche des 1535 gegründeten Franziskaner-Klosters erhielt 1743-1767 ihre churrigueréske Fassade, gerahmt von zwei, im unteren Teil schmucklosen Türmen, von denen nur einer vollendet wurde. Das Innere mit gotischen Rippengewölben und einem Chorgestühl (18. Jh.) gestaltete man im 19. Jh. im klassizistischen Stil um. In diesem Viertel gibt es ausgezeichnete Boutique-Hotels.

Das in der **Casa de los Hermanos Serdán** ⑫ eingerichtete **Museo de la Revolución** erinnert mit Fotos und Dokumenten an die Mexikanische Revolution 1910-1917.

Nur vier Jahre nach der Gründung von Puebla wurde die **Iglesia de Santo Domingo** ⑬, als Nonnenkloster geplant, 1535 fertiggestellt. Sie ist der am verschwenderischsten ausgeschmückte Sakralbau in dieser an Kirchen so reichen Stadt, und vor allem wegen

» Stadtplan S. 84, Info S. 88-89

Foto: Andreas M. Gross

der ★**Capilla del Rosario** von 1690 berühmt. Denn diese durchweg mit 23-Karat-Blattgold verkleidete Kapelle ist zweifellos das Meisterwerk des mexikanischen Barock. Inmitten filigranen Golddekors erkennt man Statuen, die Glaube, Hoffnung und Nächstenliebe symbolisieren. Im Altar mit seinen imposanten Onyxsäulen, von denen jede einen der zwölf Apostel symbolisiert, steht die Virgen del Rosario („Muttergottes des Rosenkranzes").

Der **Ex-Convento de Santa Rosa** ⑭ beherbergt das **Museo de Arte Popular Poblano** mit volkstümlichen Kunsthandwerk und bunten Trachten aus dem Bundesstaat Puebla. Sehenswert ist die originalgetreue, gelb gekachelte und vollständig eingerichtete **Klosterküche**, in der eine Nonne um 1690 die berühmte Schokoladensoße mit verschiedenen Gewürzen (*mole poblano*) erfunden haben soll.

Oben: Cholula – die Pyramide dient heute als Sockel für eine Kirche. Rechts: Der Vulkan Popocatépetl von Westen.

Im Norden des Centro Histórico stößt man auf den ★**Ex-Convento de Santa Mónica** ⑮, der 1606 gegründet und Ende des 17. Jh. umgebaut wurde. Obwohl der Konvent aufgrund eines antiklerikalen Reformgesetzes 1857 geschlossen werden musste, führten die Augustinerinnen den Ordensbetrieb heimlich bis zur Aufdeckung 1934 weiter. In den Räumen stellt das **Museo de Arte Religioso** Heiligenstatuen, Reliquien, Messgeschirr und ähnliches aus.

★Cholula

Nach einem Besuch in Puebla empfiehlt sich ein Ausflug in das 8 km entfernte **Cholula** ㉒, wo die große ★**Tepanapa-Pyramide**, die zweitgrößte Pyramide der Welt, die flache Landschaft überragt. Etwas bizarr platziert auf der Spitze dieses Bauwerkes, das schon den Olmeken, Zapoteken, Teotihuacanern, Tolteken, Chichimeken und den mit den Azteken verwandten Cholulteken als Heiligtum galt, steht eine barocke **Kirche**. Von hier genießt man einen schö-

» Stadtplan S. 84, Karte S. 72-73, Info S. 88-89

Foto: Volkmar E. Janicke

nen Blick auf den 5465 m hohen aktiven Vulkan **Popocatépetl** (⑳ „Qualmender Berg") und den 5286 m hohen **Iztaccíhuatl** (㉑ „Weiße Frau").

Archäologen haben die Tepanapa-Pyramide, die zum größten Teil noch von Gras bedeckt ist, von innen angegraben und enge **Tunnel** geschaffen. Einige sind für Besucher zugänglich und führen zu den Grundmauern der ursprünglichen Anlage.

Die Sockel der umliegenden Bauwerke weisen Reste von farbigen Fresken auf, die Zeremonien und Szenen des alltäglichen Lebens darstellen.

Sehenswert ist das kleine **Museum** gegenüber dem Eingang.

★Tonantzintla und ★Acatepec

Die Umgebung Cholulas ist reich an Kirchen, die mit Kacheln (*azulejos*) verkleidet sind. 4 km südlich des Orts liegt **Tonantzintla**. Das Innere der barocken Dorfkirche **★Santa María de Tonantzintla** ist geradezu üppig übersät mit Darstellungen von Vögeln, Blumen und Früchten, Dekorationen anonymer Künstler aus dem 18. Jahrhundert, von denen die meisten Indígenas waren.

1,5 km weiter südlich glänzt in **Acatepec** die komplett mit *azulejos* bedeckte Fassade der Kirche **★San Francisco de Acatepec** aus dem 18. Jh. Sie ist eines der schönsten Beispiele für den in dieser Region kultivierten hochbarocken Baustil, dem sog. *estilo poblano*.

★Cacaxtla

Knapp 20 km südwestlich von **Tlaxcala** liegt die archäologische Stätte **★Cacaxtla** ㉓, deren Blüte in die spätklassische Zeit (8./9. Jh.) fällt. Die absolute Attraktion sind die exzellent erhaltenen **Wandmalereien** im **Edificio de las Pinturas**, die stilistisch (etwa bei den Gesichtszügen), ikonografisch (beispielsweise Maskenhelme) und thematisch (u. a. Schlachtenszenen) unverkennbar starke Einflüsse der Maya-Kultur erkennen lassen. Bemerkenswert sind die Bilder eines „Vogel"- und „Jaguar"-Mannes mit Göttern.

TEOTIHUACÁN (☎ 594)

Mit dem Auto über die Insurgentes Norte auf die D 85 bis Ecatepec, weiter auf der D 132 und dem Wegweiser „Pirámides" folgen. Mit dem Bus ab Terminal Central de Autobuses del Norte bis zur Bushaltestelle *Pirámides Teotihuacán*.

Einlass zu den Ruinen von 9-17 Uhr, ab 18 Uhr geschl., www.inah.gob.mx.

An der Ringstraße hinter der Sonnenpyramide liegt das Restaurant **La Gruta**, Tel. 956 0909.

Unbedingt sehenswert sind die beiden **Museen** in Teotihuacan: das eine, am Fuß der Sonnenpyramide, zeigt kostbare Ausgrabungsfunde und ein Modell der einstigen Stadtanlage. Das andere, an der Ringstraße westlich der Mondpyramide, vor allem Wandmalereien aus den Palastanlagen.

TEPOTZOTLÁN (☎ 55)

Mit dem Vorortzug (Tren suburbano) ab Station Buenavista bis Cuautitlán, von dort weiter mit dem Bus. Tel. 5587 1552.

Museo Nacional del Virreinato, im ehemaligen Jesuiten-Kolleg, Di-So 10-18 Uhr.

TULA

Vom Central de Autobuses del Norte mit Autotransportes Valle del Mezquital nach Tula (Terminal Central), weiter mit dem Taxi zur Zona Arqueológica (geöffnet 9-17 Uhr).

TOLUCA (☎ 722)

Palacio de Gobierno, Lerdo Pte. 101, Gebäude „Plaza Toluca", 2. Stock, Tel. 275 6880. www.edomexico.gob.mx/turismo.

Hostería „Las Ramblas", Portal 20 de Noviembre 107-D / an der Fußgängerzone Constitución, traditionelles Lokal im Zentrum.

Seit Jahrzehnten populär ist der **Mercado Juárez** am Busbahnhof; am besten besucht man den Markt freitagmorgens, wenn die Indígenas aus der Umgebung ihre Waren anbieten.

In Toluca werden zahlreiche mundgeblasene Glasprodukte zum Verkauf angeboten. Örtliche Spezialitäten sind *Moscos*, fruchtige Liköre, meist aus Aprikosen.

Centro Cultural Mexiquense, Boulevard Jesús Reyes Heroles # 302, Di-Sa 10-18, So 10-15 Uhr; das große Areal der Ex-Hacienda El Pinal beherbergt drei Museen: Museo Antropología e Historia, Museo de Arte Contemporáneo und das Museo de Culturas Populares.
Ebenfalls sehenswert: das **Museo Modelo de Ciencias e Industria**, Av. Miguel Hidalgo Ote. 201, www.mumci.org, Di-Fr 10-18, Sa/So 10-20 Uhr; führt anschaulich Themen aus Wissenschaft und Industrie vor.
Der Botanische Garten **Cosmo Vitral**, neben dem **Palacio de Gobierno** am Ende der Plaza Garibay, eine frühere Markthalle, berühmt wegen der farbigen Art-Nouveau-Glasfenster aus 125 000 Einzelteilen des Künstlers Leopoldo Flores.

MALINALCO

Zona arqueológica, Busse von Cuernavaca mit Umsteigen in Chalma, Aufstieg vom Ort Malinalco zum etwa 250 m höher gelegenen aztekischen Heiligtum, Di-So 10-16.30 Uhr, Nachbau der Pyramide im Museum im Ort.

TAXCO (☎ 762)

Oficina de Convenciones y Visitantes, Av. de los Plateros 1, Tel. 622 1768, www.visitetaxco.com.mx, tgl. 10-18 Uhr.

Cielito Lindo, Plaza de la Borda 14, Tel. 622 0603, regionale mexikanische Spezialitäten.
El Adobe, Plazuela San Juan 13, gute Fleisch- und Fischgerichte, Bar mit mehr als 100 Tequila-Sorten.
La Casona, Celso Muñoz 4, gleich neben der Kathedrale, Tel. 622 1071, koloniales Haus, Balkontische mit Ausblick, mexikanische Küche.

Museo de Arte Virreinal, in der Casa Humboldt, Calle Juan Ruiz de Alarcón 12, Di-Sa 10-17 Uhr, So 9-15 Uhr.
Museo de la Platería, Plaza de la Borda, Mo-Sa 10-17, So 9-15 Uhr.
Museo Guillermo Spratling, Calle Porfirio Delgado 1, Di-Sa 10-17, So 9-15 Uhr.

EIn Taxco gibt es weit über 100 Geschäfte für **Silberschmuck**, viele um den Zócalo. Man sollte aber unbedingt um den Preis feilschen!

Fiesta de San Antonio Abad, am 17. Januar, Segnung der Tiere.
Fiesta de Santa Prisca, am 18. Januar, Folklorefest mit Feuerwerk.
Fiesta de la Candelaria (Maria Lichtmess), am 2. Februar mit Lichterprozession.
Fiesta da la Vera Cruz, am Donnerstag vor Ostern, Prozession mit vermummten Männern und Geißelungen.
In der **Semana Santa** *(Karwoche)* finden zahlreiche Prozessionen statt. **Fiesta de San Miguel Arcangel**, am 29. September, mit Pilgerzügen aus den umliegenden Dörfern in die Stadt.

GRUTAS DE CACAHUAMILPA

Parque Nacional Grutas de Cacahuamilpa, 30 km nordwestlich von Taxco, Busse in Richtung Toluca / Ixtapan de la Sal, von der Haltestelle „Grutas" noch 1 km zu Fuß, tägl. 10-17 Uhr.

CUERNAVACA (☎ 777)

Secretaría de Turismo, Calle Hidalgo 5, Tel. 314 3920, www.morelostravel. com.

Las Mañanitas, Calle Ricardo Linares 107, Tel. 314 1466, internationale Küche.
La Casona im **Hotel Hacienda de Cortés**, Plaza Kennedy 90, Tel. 315 8844, mexikanische und internationale Speisen.
La India Bonita, Calle Morrow 15 B, Tel. 312 1266, typisch mexikanische Küche.

Ein **Blumenfestival** wird Anfang Mai gefeiert.

PUEBLA (☎ 222)

Secretaría de Turismo, Boulevard Héroes del 5 de Mayo 402, Tel. 223 6400, Mo-Sa 9-20.30, So 9-14 Uhr, www.puebla.travel.

Die regionale Spezialität ist „mole poblano", eine schwarze Soße auf Schokoladengrundlage, die mit etwa 20 Gewürzen abgerundet ist und besonders gern zu Gerichten mit Hühnerfleisch gegessen wird.

Fonda de Santa Clara, 3 Poniente 307, Filiale: 3 Poniente 920, Tel. 242 2659, eines der besten Restaurants, in dem man „mole poblano" und „chiles en nogada" probieren kann.
Villa Rosa, Calle 5 Oriente 207, Tel. 232 4293, Restaurant mit zugehöriger Cafetería, häufig Live-Musik.
El Puerto de Veracruz, 33 Poniente 118, Tel. 240 8075, vorzügliche Meeresfrüchte.

Los Sapos, Calle 6 Sur zw. 5 und 7 Oriente, jeden So, origineller Antiquitäten-Flohmarkt.
Mercado El Parián, Ecke Calle 2 Oriente/ 6 Norte, Kunsthandwerk, v. a. Keramik, bestickte Blusen, Onyx-Figuren, Talavera-Kacheln, tägl. 10-19.30 Uhr.

Biblioteca Palafoxiana, in der Casa de la Cultura, Calle 5 Oriente 3, Di-So 10-17 Uhr.
Museo Amparo, Calle 2 Sur 708, Mi-Mo 10-18 Uhr, www.museamparo.com.
Museo Bello y González, 3 Poniente 302, Di-So 10-17 Uhr.
Museo Regional, in der Casa del Alfeñique, Calle 4 Oriente 412, Di-So 9.30-17 Uhr.
Teatro Principal, Calle 8 Oriente 421, Mo-So 8-20 Uhr.
Museo de la Revolución, in der Casa de los Hermanos Serdán, Calle 6 Oriente 206, Di-So 10-16.30 Uhr.
Museo de Arte Popular Poblano, im Ex-Convento de Santa Rosa, Calle 14 Poniente 301, Di-So 10-17 Uhr.
Museo de Arte Religioso, im Ex-Convento de Santa Mónica, Calle 18 Poniente 103, Di-So 10-17 Uhr.

CHOLULA

8 km westlich von Puebla gelegen, **Zona arqueológica** tägl. 10-17 Uhr.

CACAXTLA

Zona arqueológica, ca. 20 km südwestlich von Tlaxcala und 50 km nordwestlich von Puebla, tägl. 9-18 Uhr.

Foto: Andreas M. Gross

IM ZENTRALEN HOCHLAND

MORELIA / QUERÉTARO
SAN MIGUEL DE ALLENDE
GUANAJUATO
GUADALAJARA
LEÓN / AGUASCALIENTES
SAN LUIS POTOSÍ
ZACATECAS

BAJÍO – DAS HERZLAND MEXIKOS

Mexiko ist reich an Bodenschätzen; sie wurden bereits in präkolumbischer Zeit von den Indígenas zu Werkzeugen, Waffen und Schmuck verarbeitet. Nach der Eroberung stand den spanischen Abenteurern und Geschäftsleuten ein unbegrenztes Potential von Sklaven zur Ausbeutung der Gold- und Silberminen zur Verfügung. Die Schätze aus den ertragreichen Minen von San Luis Potosí, Zacatecas, Guanajuato, Querétaro, Michoacán und Hidalgo (im Süden auch in der heute touristischen „Silberstadt" Taxco) wurden 300 Jahre lang hauptsächlich nach Spanien ausgeführt. Beispielsweise erwirtschaftete die Valenciana-Mine in Guanajuato im letzten Viertel des 18. Jh. jährlich über eine Mio. Pesos durch den Verkauf von reinem Silber. Die Exporterlöse aller mexikanischen Silberminen stiegen im Zeitraum von 1700-1804 um das Neunfache!

Schon zu Beginn dieses Booms um das Jahr 1700 entstand ein neuer geografischer Begriff: *bajío*. Er bezeichnet das Herzland Mexikos, insbesondere die Staaten Querétaro, Michoacán, Guanajuato und Hidalgo.

Links: Der Bundesstaat Jalisco ist die Heimat der Mariachi-Musik.

Durch diese Region und weiter Richtung Norden bis Chihuahua führte während der Kolonialzeit der fast 3000 Kilometer lange „Königliche Weg landeinwärts", die wichtigste Handels- und Silberroute; 2010 wurde der **Camino Real de Tierra Adentro** zum UNESCO-Welterbe erklärt. Im Bajío begann 1810 der Kampf um die Unabhängigkeit; heute zeichnet sich die Region durch ihren landwirtschaftlichen Reichtum und ihre wirtschaftliche Dynamik aus.

Von November bis März lohnt, 150 km östlich von Morelia, ein Abstecher in die **★Reserva de la Biosfera Mariposa Monarca El Rosario** ❶ (11 km östlich von Ocampo, Autobahnabfahrt Maravatio), wo in 3200 m Höhe Millionen von **Monarch-Schmetterlingen** überwintern, ehe sie im Frühling wieder Richtung Kanada aufbrechen.

★★Morelia

Morelia ist mit Mexiko-Stadt (300 km) durch Busse und eine gute Straße verbunden und in 3,5 Stunden zu erreichen. Man fährt dabei durch eine gebirgige Landschaft, in der Kiefern- und Pinienwälder vorherrschen, gelegentlich aufgelockert durch üppige Eichenhaine. Die Stadt **★★Morelia** ❷ trägt einen großen Namen, nämlich jenen des Priesters José María Morelos y Pavón. Das gesamte Zentrum ist sehr gut erhalten,

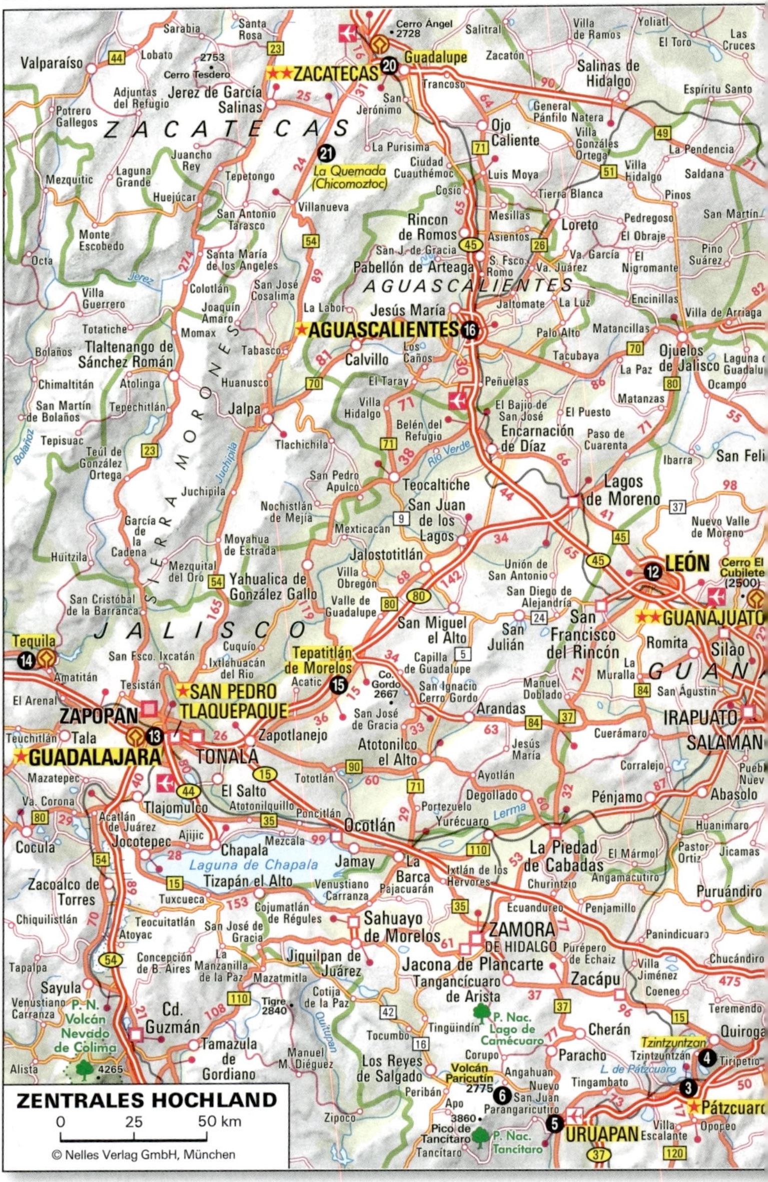
ZENTRALES HOCHLAND
0 25 50 km
© Nelles Verlag GmbH, München
ZACATECAS
AGUASCALIENTES
JALISCO
SIERRA MORONES
Valparaíso
Sarabia
Santa Rosa
Lobato
Cerro Tesdero
2753
Adjuntas del Refugio
Jerez de García Salinas
Potrero Gallegos
ZACATECAS
Guadalupe
Cerro Ángel 2728
Salitral
Villa de Ramos
Yoliatl
El Toro
Las Cruces
Zacatón
Salinas de Hidalgo
Espíritu Santo
Trancoso
San Jerónimo
General Pánfilo Natera
Ojo Caliente
Villa Gonzáles Ortega
La Pendencia
Villa Hidalgo
Saldana
Pinos
La Purisima
Ciudad Cuauthémoc
Luis Moya
Tierra Blanca
Juancho Rey
Laguna Grande
Mezquitic
Tepetongo
La Quemada (Chicomoztoc)
Huejúcar
San Antonio Tarasco
Villanueva
Cosío
Mesillas
Loreto
Pedregoso
San Martín
Rincon de Romos
Asientos
El Obraje
Monte Escobedo
San J. de Gracia
Va. García
Pino Suárez
Octa
Santa María de los Angeles
Pabellón de Arteaga
S. Fsco. Romo
Va. Juárez
El Nigromante
Jerez
Villa Guerrero
Colotlán
San José Cosalima
Joaquín Amaro
La Labor
Jesús María
Jaltomate
La Luz
Encinillas
Villa de Arriaga
Totatiche
Momax
AGUASCALIENTES
Palo Alto
Matancillas
Bolaños
Tlaltenango de Sánchez Román
Tabasco
Calvillo
Los Caños
Tacubaya
Ojuelos de Jalisco
Laguna de Guadalu
La Paz
Ocampo
Chimaltitán
Atolinga
Huanusco
El Taray
Peñuelas
San Martín de Bolaños
Tepechitlán
Jalpa
Villa Hidalgo
El Bajío de San José
El Puesto
Matanzas
Belén del Refugio
Encarnación de Díaz
Paso de Cuarenta
Tepisuac
Bolaños
Tlachichila
Teúl de González Ortega
Río Verde
Ibarra
San Feli
San Pedro Apulco
Teocaltiche
Lagos de Moreno
Juchipila
Juchipila
Nochistlán de Mejía
San Juan de los Lagos
Nuevo Valle de Moreno
Mexticacan
García de la Cadena
Huitzila
Moyahua de Estrada
Jalostotitlán
Unión de San Antonio
LEÓN
Cerro El Cubilete (2500)
Mezquital del Oro
Villa Obregón
Yahualica de González Gallo
San Diego de Alejandría
San Cristóbal de la Barranca
Valle de Guadalupe
GUANAJUATO
San Miguel el Alto
San Julián
San Francisco del Rincón
Romita
Silao
Tequila
Cuquío
San Fsco. Ixcatán
Ixtlahuacán del Río
Tepatitlán de Morelos
Capilla de Guadalupe
La Muralla
Amatitán
Tesistán
Acatic
Co. Gordo 2667
San Ignacio Cerro Gordo
Manuel Doblado
San Agustín
El Arenal
SAN PEDRO TLAQUEPAQUE
ZAPOPAN
San José de Gracia
Arandas
IRAPUATO
Teuchitlán
Tala
Zapotlanejo
Cuerámaro
SALAMAN
GUADALAJARA
TONALÁ
Atotonilco el Alto
Jesús María
Corralejo
Mazatepec
Tototlán
Ayotlán
Va. Corona
El Salto
Degollado
Pénjamo
Abasolo
Acatlán de Juárez
Tlajomulco
Atotonilquillo
Portezuelo
Poncitlán
Yurécuaro
Lerma
Huanimaro
Cocula
Jocotepec
Ajijic
Mezcala
Ocotlán
La Piedad de Cabadas
El Mármol
Pastor Ortiz
Jicamas
Chapala
Jamay
La Barca
Laguna de Chapala
Ixtlán de los Hervores
Zacoalco de Torres
Tizapán el Alto
Venustiano Carranza
Pajacuarán
Churintzio
Angamacutiro
Puruándiro
Tuxcueca
Cojumatlán de Régules
Ecuandureo
Penjamillo
Chiquilistlán
Teocuitatlán
San José de Gracia
Sahuayo de Morelos
ZAMORA DE HIDALGO
Panindicuaro
Atoyac
Purépero de Echaiz
Chucándiro
Tapalpa
Concepción de B. Aires
La Manzanilla de la Paz
Jiquilpan de Juárez
Jacona de Plancarte
Villa Jiménez
Mazatmitla
Tangancícuaro de Arista
Zacápu
Coeneo
Sayula
Venustiano Carranza
P.N. Volcán Nevado de Colima
Tigre 2840
Cotija de la Paz
Cd. Guzmán
P. Nac. Lago de Camécuaro
Tingüindín
Cherán
Teremendo
Quiroga
Tamazula de Gordiano
Tocumbo
Manuel M. Diéguez
Quitupan
Tzintzuntzan
Corupo
Paracho
Tzintzuntzan
Tiripetío
Los Reyes de Salgado
Volcán Paricutín 2775
Angahuan
L. de Pátzcuaro
Nuevo San Juan Parangaricutiro
Tingambato
Pátzcuaro
Alista
4265
Peribán
Apo
3860
Pico de Tancítaro
P. Nac. Tancítaro
URUAPAN
Villa Escalante
Opopeo
Zipoco
Tancítaro

dazu hervorragend restauriert und steht unter dem Schutz der UNESCO. Kaum irgendwo in Mexiko findet man eine solch prächtige Ansammlung großer barocker Paläste, Kirchen und zugehöriger Klöster im Renaissance- und Barock-Stil, stolzer Herren- und stilvoller kolonialer Bürgerhäuser. Die Hauptstadt des Staates Michoacán ist durch Industrieansiedlungen an ihren Rändern stark gewachsen und hat heute etwa 950 000 Einwohner.

Morelia liegt in 1920 m Höhe und wurde 1531 von Franziskanern gegründet. Die Siedlung erhielt vom damaligen Vizekönig Mendoza 1541 den Namen einer spanischen Stadt: Valladolid. Erst 1828 wurde sie in Morelia umbenannt, im Gedenken an den tapferen Freiheitskämpfer José María Morelos y Pavón, einen Sohn der Stadt, den die Spanier 1815 hingerichtet hatten.

Heute gehört **Michoacán** zu den Bundesstaaten, in denen der Indigenen-Anteil deutlich über dem Landesdurchschnitt liegt, und so sieht man die Nachfahren der früheren Besitzer des Landes auch in vielen Dörfern und Kleinstädten, besonders an den Ufern des Pátzcuaro-Sees (s. S. 95) und auf den Märkten, so auch in Morelia.

Rundgang durch Morelia

Der **Zócalo**, die **Plaza de Armas**, wird von einer Reihe kolonialer Gebäude mit schönen Arkaden und von Lorbeerbäumen geschmückt. Eine Reihe dieser Paläste wurde in stilvolle Hotels umgewandelt, so das *Virrey de Mendoza* aus dem Jahr 1744 am Portal Matamoros und *Los Juaninos*.

Überragt wird die Plaza von der gewaltigen ★**Kathedrale** ①, schon 1640 erbaut, die jedoch erst im 18. Jh. mit ihrer jetzigen barocken Pracht ausgestattet und mit einem fast 70 m hohen Turm versehen wurde. Ihr Inneres ist ein Musterbeispiel für den mexikanisch-churrigueresken Stil. Die Kirche liegt zwischen dem Zócalo und der Plaza Melchor Ocampo.

Auf der anderen Seite der verkehrsreichen Hauptstraße Madero findet man den **Palacio de Gobierno** ② aus dem Jahr 1732. Die zahlreichen Patios und Arkaden, Galerien und Treppenaufgänge des Regierungsgebäudes sind Beispiele feinsten mexikanischen Barocks. Beachtenswert sind auch die *murales* im ersten Stockwerk, die von dem Künstler Alfredo Zalce aus Pátzcuaro gestaltet wurden und die Geschichte der Unabhängigkeit und die mexikanische Revolution darstellen.

Zum prächtigen Gebäudekomplex des **Palacio Clavijero** ③ (Av. Nigromante 79), der ein **Kulturzentrum** beherbergt, gehört die 1660-1681 errichtete Jesuiten-Kirche **Iglesia de la Compañia** mit einer schönen öffentlichen ★**Bibliothek**.

Am südlichen Ende der begrünten Plaza de Armas erhebt sich der **Palacio de Justicia** ④ aus dem 18. Jh., der seine überreich dekorierte Fassade jedoch erst im 19. Jh. erhielt. Sehenswert ist nebenan das **Museo Regional Michoacano** ⑤ (Allende 305), ein barockes Gebäude von 1705, in dem einmal Kaiser Maximilian bei einem Besuch logierte. In 5 Abteilungen werden präkolumbische Kunstwerke aus der Region sowie kolonialzeitliche und zeitgenössische Objekte ausgestellt. Die Murales im Treppenhaus schuf Alfredo Zalce.

100 m westlich, im **Palacio Municipal** ⑥, gestaltet im üppigen Barock des 18. Jh., forderte Morelos die Abschaffung der Sklaverei. Das **Museo Casa Natal de Morelos** ⑦ (Corregidora 113) war sein Geburtshaus; im **Museo Casa de Morelos** ⑧ (Av. Morelos Sur 323), seinem Wohnhaus, sind u. a. seine Uniform und Waffen ausgestellt.

Die **Iglesia de San Francisco** ⑨ mit angeschlossenem Kloster an der Plaza Valladolid stammt aus dem 16. Jh. und ist im Renaissance-Stil ausgeführt. Heute dienen die Gebäude als staatliche ★**Casa de Artesanías** und beherbergen eine große Verkaufsausstellung feinsten Kunsthandwerks aus Michoacán.

Rechts: Die reizvolle Provinzstadt Pátzcuaro ist geprägt von spanischer Architektur des 16. Jh.

» Stadtplan S. 94, Info S. 114-115

Foto: Jürgen Bergmann

Die Räume des ehemaligen Convento del Carmen werden heute als **Casa de la Cultura** ⑩ für Konzerte (Folklore, Klassik) und Ausstellungen genutzt. In dem Komplex stellt das **Museo de las Máscaras** mexikanische Masken aus dem ganzen Land aus.

Ein 1789 erbauter **Aquädukt** ⑪, der frisches Quellwasser aus den Bergen in die Stadt führte, zieht sich über 1,6 km mit 230 Bögen von Osten in Richtung Zentrum. Er ist vollständig restauriert, und manchmal führen Straßen unter den bis zu 9 m hohen *arcos* hindurch. Er endet an einem Brunnen auf der Plaza Villalongín: drei Tarasken-Frauen tragen eine mit Obst und Gemüse gefüllte Schale.

★Pátzcuaro

Am südöstlichen Ufer des **Lago de Pátzcuaro** liegt in 2170 m Höhe die Stadt ★**Pátzcuaro** ❸, mit 50 000 Einwohnern das Zentrum der am Seeufer und in der Umgebung verstreuten Tarasken-Dörfer. Die Menschen leben von Fischfang und Entenjagd, von der Landwirtschaft sowie neuerdings von einer auf den zunehmenden Tourismus ausgerichteten Kunsthandwerksproduktion. Pátzcuaro, 60 km südwestlich von Morelia, ist ein Juwel spanischen Städtebaus im Schachbrettmuster, mit historischen Plazas, weiß-roten Häusern, Gebäuden aus Naturstein oder ungebrannten Lehmziegeln sowie kopfsteingepflasterten Gassen. Die gesamte Ortschaft ist stark indianisch geprägt.

An der **Plaza Gertrudis Bocanegra** steht die Bronzestatue jener Frau, die bei der Unabhängigkeitsbewegung von 1810 in Michoacán eine bedeutende Rolle spielte. In der an der Plaza liegenden ehemaligen Kirche **San Agustín** (1576) ist die Stadtbibliothek untergebracht. Die gesamte Rückwand bedeckt ein *mural* von Juan O'Gorman aus dem Jahr 1942.

Unbedingt ansehen sollte man sich das **Museo de Arte Popular** im ehemaligen *Colegio Don Vasco* von 1538 mit seiner höchst vielfältigen Ausstellung von taraskischen Kunsthandwerkspro-

» Stadtplan S. 94, Karte S. 92-93, Info S. 114-115

Foto: Andreas M. Gross

dukten, darunter sehr schöne Stücke aus der vorkolumbischen und der Kolonialzeit. Einen gründlichen Einblick in die gegenwärtige Herstellung erhält man in der **Casa de los Once Patios**, einem ehemaligen Dominikanerkloster aus dem 17. Jh., in dem zahlreiche Werkstätten untergebracht sind.

Vom Ufer gelangt man per Schiff in 40 Minuten zur **Insel Janitzio**, schon von weitem an der gewaltigen **Morelos-Statue** zu erkennen. Die hier ansässigen Tarasken leben vom Tourismus. Beim Spaziergang von der Anlegestelle zum Denkmal kommt man an unzähligen Restaurants, Geschäften, Werkstätten und Verkaufsständen vorbei.

Tzintzuntzan

Ein interessanter Ausflug führt von Pátzcuaro zu den Ruinen der alten Tarasken-Hauptstadt **Tzintzuntzan** ❹, von der man eine herrliche Aussicht über den 45 km² großen See genießt. Schon von der Straße erblickt man eine riesige vorspanische Plattform mit einer Ausdehnung von 400 x 250 m und fünf *yácatas*, 12 m hohe halbrunde Aufsätze, auf denen einmal (vermutlich hölzerne) Tempel standen.

Oben: Schmetterlingsflügeln gleichen die Netze der Fischer vom Pátzcuaro-See. Im Hintergrund die Insel Janitzio, beherrscht vom gigantischen Morelos-Denkmal.

Durch Uruapan zum Paricutín

Ungefähr 60 km südwestlich von Pátzcuaro liegt **Uruapan** ❺. Der koloniale Ort mit 300 000 Einwohnern verfügt über eine Reihe schöner Gebäude; eindrucksvolle Kirchen, ehemalige Klöster sowie Parks und Märkte laden zum Verweilen in der Stadt ein. Ihre Lage in 1600 m Höhe sorgt für ein mildes und angenehmes Klima. Herrlich wandern lässt es sich im **Parque Nacional Eduardo Ruiz** in der Schlucht des Flusses Cupatitzio mit zahlreichen Quellen, Bächen, Wasserfällen, Brücken und einer üppigen, nahezu tropischen Vegetation. Uruapan ist im wesentlichen

» Karte S. 92-93, Info S. 114-115

Durchgangsstation auf dem Weg zum 2775 m hohen **Volcán de Paricutín** ❻. Bei dessen erstem Ausbruch 1943 eilten eine Unmenge von Reportern und Touristen herbei, um das Naturereignis zu sehen. Der deutsche Journalist Egon Erwin Kisch, der in Mexiko politisches Asyl erhalten hatte, schickte seine Berichte über die Explosion um die Welt. Ein Jahr später wurde das Städtchen **San Juan Parangaricútiro**, nachdem es zuvor evakuiert werden konnte, von den Lavamassen überrollt und unter einer bis zu 40 m hohen Schlacke begraben. Nur der Kirchturm schaut noch aus der Lava heraus. Drei Jahre blieb der Vulkan aktiv und erlosch erst 1952 endgültig. Der Krater des Vulkans lässt sich nur in der Trockenzeit besichtigen.

Die Straße der Unabhängigkeit

Als **Straße der Unabhängigkeit** wird eine Abfolge von kolonialen Städten auf einer Route nordwestlich von Mexiko-Stadt bezeichnet. Dies sind einerseits Orte, die im Unabhängigkeitskampf 1810 - 1821 eine besondere Rolle spielten (wie Dolores Hidalgo und Querétaro), andererseits Städte, aus denen viele namhafte Kämpfer der Freiheitsbewegung stammen (wie z. B. San Miguel de Allende). Schließlich gilt für alle, dass der Stadtkern oder der gesamte Ort besonders gut erhalten und restauriert ist und teilweise auch unter Denkmalschutz steht. Eine Rundreise durch die bedeutsamsten Städte ist rund 700 km lang und berührt die kolonialzeitlichen Juwele des Landes; sie kann ohne weiteres auch mit öffentlichen Bussen bewerkstelligt werden.

★★Querétaro

225 km nordwestlich von Mexiko-Stadt liegt **★★Querétaro** ❼ (Santiago de Querétaro). Die Hauptstadt des gleichnamigen Bundesstaates hat über 800 000 Einwohner und erstreckt sich in 1840 m Höhe auf einem Plateau beidseits des Río Querétaro. In der Umgebung gedeiht die Landwirtschaft; am Stadtrand liegen viele Industriebetriebe, meist Ableger ausländischer Konzerne, die der Stadt Wohlstand bringen.

Otomí-Indígenas gründeten Querétaro 1446, ehe sie später von den Azteken unterworfen wurden. Im Jahr 1531 geriet das Gebiet dann unter spanische Herrschaft. Die Nachfahren der Otomí betätigen sich heute zum Teil als Souvenirverkäufer auf den verschiedenen Plazas im Stadtzentrum.

Die Unabhängigkeitsbewegung gegen die spanische Herrschaft begann 1810 in Querétaro, wo der Bürgermeister (*El Corregidor*) und seine Frau Josefa Ortíz de Domínguez (*La Corregidora*) Teilnehmer der Verschwörung von Pater Hidalgo waren. Da Doña Josefa die vorzeitige Entdeckung der geheimen Aktivitäten durch die Spanier erfuhr, konnte sie Pater Hidalgo im nahegelegenen Dolores informieren und löste damit dessen sofortigen Aufruf *Grito de Dolores* und damit den Beginn der Unabhängigkeitsbewegung aus. Mexiko hat viele Helden. Aber zum ersten Male in seiner blutigen Geschichte war es ein Geistlicher, der das Rad zum Wohle einer Nation nicht zurückdrehte und dafür sterben musste.

Der Reiz der schönen Stadt – die die UNESCO zum Welterbe erklärte – liegt in mehreren kleinen Plazas mit schattenspendenden Lorbeerbäumen sowie den Fußgängerzonen, die von historischen, teilweise in rosa Sandstein ausgeführten Prachtbauten gesäumt werden. Zahlreiche bedeutende Paläste, Klöster und Kirchen, die hervorragend restauriert sind, dienen heute als öffentliche Einrichtungen.

Rundgang durch Querétaro

Ein Spaziergang könnte im Stadtzentrum am **Monumento de la Corregidora** ① beginnen. Das mächtige Denkmal mit einer Statue der Doña Josefa, die die Fackel der Freiheit hält, und mit vier

großen Adlern und einem Sklaven, der seine Fesseln zerbricht, überragt einen kleinen Platz mit Souvenirständen und offenen Restaurants.

Die **Iglesia de San Francisco** ②, deren Grundmauern aus dem Jahr 1540 stammen, erhielt ihre heutige Gestalt erst 1698. 1817 wurde das Gebäude zum Hospital, 40 Jahre später ging es in Staatsbesitz über. Seit der Restaurierung von 1934 dient das Gotteshaus wieder seinem ursprünglichen Zweck. Im ehemaligen Kloster neben der Kirche ist heute das **★Museo Regional** untergebracht. Neben präkolumbischen Funden aus dem Staat Querétaro sieht man insbesondere kolonialzeitliche Gemälde des 17.-19. Jh. (*pinacoteca virreynal*) und Dokumente der Unabhängigkeitsbewegung und der französischen Herrschaft. In der Eingangshalle steht eine Kutsche Kaiser Maximilians. Neben dem Kloster führt eine stimmungsvolle Gasse, überreich mit Blumen dekoriert, hinauf zur malerischen **Plaza de la Independencia**.

Dieser Platz ist von einer Reihe bedeutsamer, eindrucksvoller Gebäude umgeben. Der Blick fällt zunächst zur **★Casa de Ecala** ③ aus dem Jahr 1700. Der Bau ist mit der stilvollen barocken Fassade und den feinverzierten Balkonen ein Musterbeispiel eines neuspanischen Kolonialpalastes. Den angenehmen Patio ziert ein kleiner Brunnen und ein Relief mit dem Wappen der Familie. Die Räume dienen heute als Büros der Regierung; der Innenhof ist zu Bürozeiten zugänglich.

An der Südostecke der Plaza lädt der Innenhof des kolonialen Nobelhotels *Mesón de Santa Rosa* zu einer Ruhepause ein. Im Norden steht die äußerlich recht schlichte **Casa de la Corregidora** ④, das ehemalige Wohnhaus der tatkräftigen Josefa Ortíz de Domínguez mit hübschem Patio (1770). Das Gebäude diente später als Schatzhaus und Gefängnis und ist heute der **Palacio del**

Rechts: Die Casa de la Marquesa (Querétaro) mit aristokratischem Interieur aus dem 18. Jahrhundert.

» Stadtplan S. 98, Info S. 114-

Foto: Jürgen Bergmann

Gobierno del Estado, der Sitz der Landesregierung.

Der Rundgang führt vorbei an den stattlichen **Templo de la Congregación de Guadalupe** ⑤ mit einer von zwei Türmen flankierten und 1680 vollendeten Fassade zum 1845 erbauten **Gran Teatro de la República** ⑥. In diesem Gebäude – bekannt für seine stilvolle Ausstattung und vornehmen Logenränge – fand 1867 der Prozess gegen Kaiser Maximilian statt, der mit dessen Erschießung endete. Zudem wurde hier 1917 die neue Verfassung proklamiert; die vergoldeten Schriftzüge der beteiligten Politiker erinnern an das denkwürdige Jahr.

Unweit davon taucht an einem schattigen Plätzchen die **Iglesia de Santa Clara** ⑦ auf, deren Inneres komplett im churrigueresken Stil gestaltet ist. Kostbare Gemälde und vergoldete Altäre fesseln die Neugierde der Besucher.

In der Calle Madero 41 liegt die ★**Casa de la Marquesa** ⑧, zweifellos einer der prächtigsten kolonialzeitlichen Aristokratenpaläste ganz Mexikos, in dem jetzt ein Luxushotel vermögende Gäste verwöhnt. Die Eleganz des 1756 von der Frau des Marqués de la Villa del Villar del Águila in Auftrag gegebenen Bauwerks entfaltet sich im Foyer und überdachten Patio: Feine Stuckelemente wechseln sich mit Kacheln im hispano-arabischen Mudéjar-Stil harmonisch ab.

Folgt man ein kurzes Stück der Calle Ignacio Allende, zeigt rechter Hand der ★**Convento de San Agustín** ⑨ mit dazugehöriger Kirche seine barocke Pracht. Das Augustiner-Kloster aus dem Jahr 1745 wurde 1867 von den Truppen des Benito Juárez belegt und diente dann für längere Zeit als *Palacio Federal*, also Sitz der Regierung des Bundesstaates. Heute beherbergt es das **Museo de Arte de Querétaro** mit einer umfangreichen Sammlung mexikanischer und europäischer Gemälde des 16.-18. Jh.

An der **Plaza de la Constitución** mit einer Statue von Venustiano Carranza, dem Vater der Verfassung von 1917, stößt man auf den **Palacio de Bellas Artes** ⑩ aus dem Jahr 1804, heute Kunstschule und Teil der Universität von Querétaro.

» Stadtplan S. 98, Info S. 114-

Liebhaber barocker Kirchen besuchen noch die **Iglesia de Santa Rosa de Viterbo** ⑪, eine Franziskaner-Gründung mit dazugehörigem Kloster aus dem Jahr 1752 und die ab 1786 errichtete **Catedral San Felipe Neri** ⑫ mit 14, der Fassade aus Backsteinen vorgestellten Säulen.

Empfehlenswerter sind zwei Spaziergänge, die zu entgegengesetzten Zielen am Stadtrand führen. Westlich liegt der **Cerro de las Campanas** ⑬ („Hügel der Glocken") mit einem Denkmal von Benito Juárez und einer kleinen **Gedächtniskapelle** für Maximilian, die das Haus Habsburg 1901 an dieser Stelle errichtete, denn auf dem Hügel ließ Juárez den mexikanischen Kaiser und zwei seiner Generäle 1867 erschießen (der Leichnam Maximilians wurde später nach Wien überführt). Im umgebenden **Nationalpark** Cerro de las Campanas vermittelt das **Museo La Magia del Pasado** nicht nur Kindern interaktiv den „Zauber der Vergangenheit" und damit die Geschichte von Stadt und Staat Querétaro.

Östlich des Stadtkerns stößt man zunächst auf den **Convento de la Cruz** ⑭; er liegt auf jenem Hügel, wo die Spanier die letzte entscheidende Schlacht gegen die Otomí führten. Das riesige Kloster, einst Hauptquartier Maximilians und später sein Gefängnis, dient heute als Kulturzentrum. Bemerkenswert ist in den zahlreichen Patios eine Akazien-Art mit kreuzförmig wachsenden Dornen.

Bald darauf gelangt man zur **Casa Mausoleo**, der Grabstätte der *Corregidora* (die Urne befindet sich allerdings im Museo Regional). Vom nahegelegenen **Mirador** (Aussichtspunkt) sieht man schon ★**Los Arcos** ⑮, einen Aquädukt (*acueducto*), den der Marqués de la Villa del Villar del Águila und seine Frau 1726-1738 auf eigene Kosten zum Wohle der Stadt errichten ließen. Er ist 1,3 km lang und bildet 74 weite, bis zu 20 m hohe Bögen. Der Aquädukt ist nach einer umfassenden Restaurierung wieder intakt, er führt jedoch kein Wasser.

Hotels aller Preisklassen findet man im Zentrum, etwa 10 km davon entfernt liegt die zum Luxushotel umgewandelte **Hacienda Jurica** (s. S. 82).

Sierra Gorda

Für einen **Ausflug** in der weiteren Umgebung der Stadt empfiehlt sich der Besuch von ★**Jalpan** ❽ in der semiariden **Sierra Gorda**, etwa 110 km nordöstlich von Querétaro beim Straßenknotenpunkt MEX 120 / 69. Die dortige Iglesia de Santiago mit einer prächtigen Barock-Fassade war zusammen mit den Kirchen in Tancoyol, Tilaco, Landa und Concá ein bedeutender Ausgangspunkt der franziskanischen Missionierung Nordmexikos und des Südwestens der USA. Alle fünf Sakralbauten erklärte die UNESCO im Jahr 2003 zum Welterbe.

★★San Miguel de Allende

Gut 60 km nordwestlich von Querétaro liegt malerisch an einem Berghang oberhalb des Río Laja – in einer Höhe von 1900 m – ein Kleinod: ★★**San Miguel de Allende** ❾. Die etwa 160 000 Einwohner zählende Stadt wurde 1542 von den Spaniern an der Stelle einer zuvor zerstörten Chichimeken-Siedlung gegründet. 1862 fügten die Einwohner dem Namen ihrer Stadt *de Allende* hinzu, um damit ihres größten Sohnes, des Freiheitskämpfers Ignacio de Allende, zu gedenken. Der hier 1779 geborene Allende gehörte 1810 mit Pater Hidalgo zu den ersten Aufständischen gegen die Spanier.

Die gesamte Stadt steht bereits seit 1926 unter Denkmalschutz und wurde 2008 in die UNESCO-Welterbeliste aufgenommen. Steile und enge Gassen mit Kopfsteinpflaster, malerische Plazas mit dichtem Baumbestand und prachtvolle ehemalige Adelshäuser sowie barocke Kirchen und Kapellen bestimmen das Stadtbild. Hinter den oft einfachen Fas-

Rechts: San Miguel de Allende, ein intaktes koloniales Stadtensemble.

 » Stadtplan S. 98, Karte S. 92-93, Info S. 114-115

Foto: Jürgen Bergmann

saden verbergen sich die schönsten Innenhöfe und Arkadengänge. Neue Bauten wurden stilgerecht dem kolonialen Charakter angepasst, ältere fachgerecht und aufwändig restauriert. Mehrere, vor allem US-amerikanische Kunstschulen zogen in den vergangenen Jahrzehnten ein internationales Publikum an. Für viele der Absolventen ist die Stadt zum neuen Wohnsitz geworden.

Rundgang durch San Miguel de Allende

Treffpunkt alter wie neuer Einwohner sowie der Besucher ist die reizend von historischen Gebäuden begrenzte **Plaza Allende**, auf der abends sehr häufig Mariachi-Bands spielen. Hier sticht die neugotische ★**Parróquia de San Miguel** ① ins Auge, das weithin sichtbare Wahrzeichen der Stadt. Die Kirche ist eine eigenwillige Schöpfung des indigenen Architekten Ceferino Gutiérrez aus dem Jahr 1890, die er nach dem Vorbild europäischer Kathedralen auf den Grundmauern einer zerstörten Pfarrkirche aus dem 16. Jh. errichtete. In der daneben liegenden **Capilla de San Rafael** ist eine Christus-Statue aus Mais- und Orchideenpaste, ebenfalls aus dem 16. Jh., Wallfahrtsziel für die einheimische Bevölkerung der Umgebung.

Jenseits der Calle Cuna de Allende („Wiege Allendes") liegt das Geburtshaus von Ignacio de Allende mit kunstvoller barocker Fassade. Es beherbergt heute das **Museo Allende** ②, das über den Nationalhelden und die Unabhängigkeitsbewegung informiert. Einen Rundgang im Patio mit Blick auf die schönen Arkaden sollte man auf keinen Fall versäumen. Vor dem Haus steht das **Denkmal** des Franziskaner-Mönchs und Stadtgründers Juan de San Miguel.

Geht man die Calle Umarán ein kurzes Stück abwärts, stößt man auf die **Casa de los Perros** ③, so genannt nach den steinernen Hundeskulpturen, die einen Balkon tragen. Den einstigen **Mercado Aldama** ④ an der südöstlichen Seite der Plaza, Anfang des 20. Jh. im neoklassizistischen Stil errichtet, wandelte man in Restaurants um.

» Stadtplan S. 102, Info S. 114-115

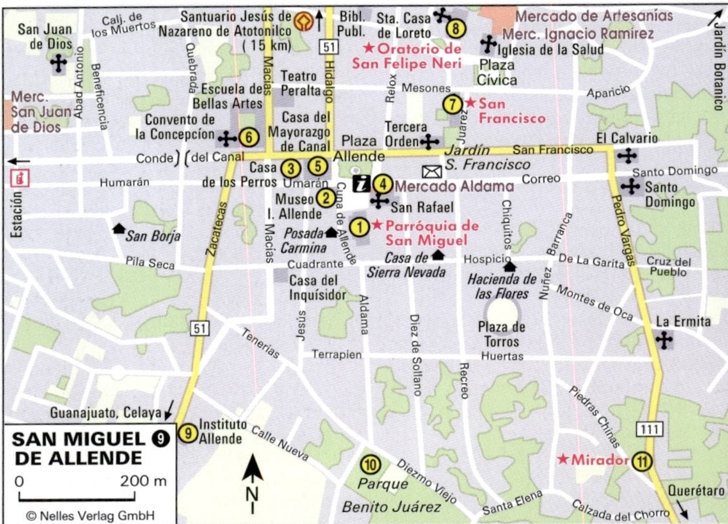

Blickfang an der Nordwestseite ist das imposante Herrenhaus **Casa del Mayorazgo de Canal** ⑤, heute Sitz einer Bank. Beachtenswert sind v. a. die eleganten schmiedeeisernen Fenstergitter und die holzgeschnitzten Türen.

Ungefähr 100 m weiter in westlicher Richtung trifft man auf den **Convento de la Concepción** ⑥ aus dem 18. Jahrhundert mit einem zauberhaften Patio und kunstvollen Arkaden. Das ehemalige Kloster dient heute als **Kulturinstitut** mit der Kunstschule El Nigromante.

Ein kleiner Spaziergang führt zur ★**Iglesia de San Francisco** ⑦ aus dem Jahr 1790 an der **Plaza Civica**, auf dem ein Denkmal von Christoph Kolumbus steht. Die äußerst kunstvolle, doch überladen wirkende churrigiereske Fassade wird durch zahlreiche Elemente und Risalite strukturiert. Auch die daneben liegende **Capilla del Tercera Orden** von 1650 verzückt die Liebhaber sakraler Kunst.

Im gleichen Häuserblock liegt das ★**Oratorio de San Felipe Neri** ⑧, dessen starker indianischer Einfluss an der 1712 vollendeten Fassade auf die Mitarbeit einheimischer Künstler schließen lässt. 33 Gemälde im Inneren illustrieren das Leben des hl. Felipe Neri, der im 16. Jh. den Oratorio-Orden gründete. Das Bild der Jungfrau von Guadalupe malte der angesehene zapotekische Künstler Miguel Cabrera.

In der **Casa de Solariega** südwestlich des Stadtzentrums, einem ehemaligen gräflichen Landsitz aus dem Jahr 1735, ist die berühmte Kunstschule **Instituto Allende** ⑨ untergebracht. Besucher sind willkommen und können auf dem weitläufigen und blumengeschmückten Gelände spazieren, einen Blick in die Werkräume werfen, Kunsthandwerksartikel erstehen und sich im Café eine Erholungspause gönnen.

Vom **Parque Benito Juárez** ⑩ erreicht man über die steil ansteigenden Calle Santa Elena und Calzada del Chorro den **Mirador** ⑪, von dem sich eine reizvolle ★**Aussicht** auf die Stadt und das Umland genießen lässt.

15 km nördlich der Stadt zweigt ein Weg nach links ab zum **Santuario Jesús**

» Stadtplan S. 102, Info S. 114-115

de Nazareno de Atotonilco ab. Die Wallfahrtskapelle, seit 2008 UNESCO-Welterbe, ist sowohl wegen ihrer historischen Rolle im Unabhängigkeitskampf als auch wegen der barocken Wandmalereien bedeutendes Pilgerziel.

Dolores Hidalgo

Eine besondere Rolle im Unabhängigkeitskampf spielte das Städtchen **Dolores Hidalgo ⑩**, 38 km nordwestlich von San Miguel. Mit dem *Grito de Dolores* („Schrei von Dolores") rief Pater Hidalgo von der **★Parroquia** (Pfarrkirche) dieses Ortes in der Nacht vom 15. zum 16. September 1810 zum Unabhängigkeitskampf gegen die Spanier auf. Ihm zu Ehren wurde dem Ortsnamen *Hidalgo* angefügt. Besonders schön ist die aus dem frühen 18. Jh. stammende churrigueresque Fassade des Gebäudes mit ihrem Reichtum an Dekorationen. Ein weiterer Stolz der Ortschaft ist die **Casa de Don Miguel Hidalgo y Costilla**, von 1804-1810 das Wohnhaus des Nationalhelden und heute ein ihm gewidmetes Geschichtsmuseum.

Auf dem Weg nach Guanajuato passiert man den 2500 m hohen **Cerro Cubilete**, das geografische Zentrum Mexikos. Schon von weitem erspäht man auf seiner Spitze eine 20 m hohe Christus-Statue, in deren Innerem man nach oben klettern kann und dann eine überwältigende Aussicht auf die Silberregion des Landes hat.

★★Guanajuato

Die reizvollste Stadt der Unabhängigkeitsroute ist zweifellos **★★Guanajuato ⑪**. Die Hauptstadt (rund 170 000 Einwohner) des gleichnamigen Bundesstaates schmiegt sich in einer Höhe von etwa 2010 m in ein enges Tal, so dass die kolonialen Baumeister selbst bei größten Anstrengungen das Schachbrettmuster zur Stadtplanung nicht einhalten konnten. Die gesamte Stadt ist also hügelig, die Straßen werden teilweise zu sehr engen Gassen, doch immer wieder stößt man auf verschwiegene kleine Plazas, Oasen der Ruhe in der geschäftigen und von vielen Touristen gern besuchten Stadt. Kopfsteinpflaster, viele koloniale Gebäude in zum Teil maurischem Stil, aufwändige Bürgerhäuser, barocke Kirchen und neoklassizistische Baudenkmäler prägen das Stadtbild. Guanajuato, das seit dem Jahr 1988 zum Welterbe der UNESCO zählt, ist erfüllt vom Duft unzähliger Blumen, die in ausrangierten Bergwerksloren aus den Silberminen ihre Schönheit entfalten.

Ein durch die Stadt verlaufender Fluss wurde trockengelegt und in eine Straße umgewandelt, die sich teilweise unter den Gebäuden und unter vielen Brücken entlang zieht. Von ihr zweigen ehemalige Minenschächte ab, die als Fußwege oder Verbindungsstraßen ausgebaut wurden. Eine Fahrt durch diese *Subterránea* gehört zu den Höhepunkten einer Stadtbesichtigung in Guanajuato.

Bereits 1529 eroberten die Spanier die in den Bergen gelegene Indígena-Siedlung. Als man in dieser Gegend umfangreiche Gold- und vor allem Silbervorkommen entdeckte, gründeten sie bald darauf eine Stadt. Im 18. Jahrhundert erreichte der Silberabbau seinen Höhepunkt, nachdem man die im Nordwesten gelegene scheinbar unerschöpfliche Valenciana-Mine erschlossen hatte. Der daraus fließende Reichtum ist in der Stadt noch an vielen Stellen zu sehen, obwohl der größte Teil des Edelmetalls nach Spanien verschifft worden ist.

Schon im ersten Jahr des Unabhängigkeitskrieges gelang es Pater Hidalgo mit seinen Soldaten, die Stadt zu erobern; anschließend ging sie jedoch wieder an die Spanier verloren. 1858 war Guanajuato für kurze Zeit sogar Sitz der Bundesregierung unter Benito Juárez. Der Diktator Porfirio Díaz versah die Stadt um 1900 mit einer Reihe neoklassizistischer Gebäude.

» Stadtplan S. 102, Karte S. 92-93, Info S. 114-115

Rundgang durch Guanajuato

Vor der Besichtigung empfiehlt sich eine Fahrt auf die am südlichen Stadtrand gelegene Panoramastraße (*panorámica*); dort hat man, besonders gut am **Pípila-Denkmal** ①, auch mit der Seilbahn zu erreichen, einen wahrhaft einmalige ★★**Aussicht** auf die bunte Stadt, aus der Kirchtürme und Herrenhäuser hervorragen; im Norden sieht man bis zur Valenciana-Mine. Das Denkmal selbst steht für einen Bürger der Stadt, der im Unabhängigkeitskrieg bei der Erstürmung der spanischen Festung sein Leben riskiert und verloren hatte.

Zentrum der Stadt ist der von dichten indischen Lorbeerbäumen überwachsene **Jardín de la Unión** ② (Zócalo), ein dreieckiger Platz, der von zahlreichen Adelshäusern, Palästen, von Theater und Kirche und mehreren Restaurants umgeben ist. Hier steht auch das ehrwürdige *Hotel Santa Fé*, ein prachtvolles Haus aus dem Jahr 1862.

Am südlichen Ende des Platzes erhebt sich der ★**Templo de San Diego** ③, eine spanische Kirche, deren Bauzeit ab 1663 mehr als 100 Jahre betrug. Auffällig ist die reichhaltige Dekoration der churrigueresken Fassade.

Das daneben liegende, 1903 von Porfirio Díaz in Auftrag gegebene neoklassizistische ★★**Teatro Juárez** ④ mit einer monumentalen Fassade kann auch tagsüber besichtigt werden. Die Möblierung des prächtigen Hauptsaales, der Garderobe und Bar sowie der Pausenräume zeigt feinste Holzarbeiten und kunstvolle Metallbeschläge. Achten Sie auch auf die stilvollen Spucknäpfe!

Etwa 200 m östlich liegt rechter Hand – kurz vor der **Iglesia de San Francisco** – das **Museo Iconográfico del Quijote** ⑤, in dem Gemälde, Plastiken, Porzellan etc. über den spanischen Volkshelden Don Quijote de la Mancha gesammelt sind.

Vom Zócalo in entgegengesetzter Richtung führt ein kurzer Weg zur **Pla-**

Rechts: Blick vom Pípila-Denkmal auf die Basílica Nuestra Señora de Guanajuato.

» Stadtplan S. 104, Info S. 114-115

Foto: Volker W. Radke

za de la Paz mit der **Basílica Nuestra Señora de Guanajuato** ⑥, die bereits im 17. Jh. in barockem Stil entstand. Sie enthält eine Marien-Statue, die 1557 als Geschenk aus Spanien kam.

Etwas oberhalb des Platzes glänzt die ★**Iglesia de Compañía** ⑦ aus dem 18. Jh. mit drei churrigueresken Portalen, die viele Kunstinteressierte anziehen. Nur ein paar Schritte von der Jesuiten-Kirche erblickt man die erst 1955 erbaute **Universidad** ⑧ von Guanajuato hoch über einer langen und steilen Treppe. Harmonisch fügt sich das siebenstöckige Gebäude mit einem neobarocken und kolonialen Aussehen in das Stadtbild ein.

Folgt man der Calle Positos in westlicher Richtung, liegt rechts das **Museo Diego Rivera** ⑨ (Nr. 7), das Geburtshaus des berühmten mexikanischen Muralisten, mit einer interessanten Sammlung einiger seiner Werke.

Von den vielen Gassen Guanajuatos wurde eine nahe der **Plazuela de los Ángeles** („Plätzchen der Engel") besonders berühmt: der ★**Callejón del Beso** ⑩ („Kussgässchen"), dessen Balkone an der schmalsten Stelle nur 68 cm voneinander entfernt sind – ein beliebtes Fotomotiv bei Liebespärchen.

Der Weg führt am neoklassizistischen **Mercado Hidalgo** ⑪ vorbei, einer Metallkonstruktion von 1910, zur Festung **Alhóndiga de Granaditas** ⑫, dem ehemaligen Getreidespeicher aus dem Jahr 1798 und im Unabhängigkeitskrieg Gefängnis der Spanier für aufständische Mexikaner. Für kurze Zeit gelang es 1810, das Gebäude einzunehmen, als der wagemutige Pípila einen Sprengsatz am Tor anbrachte. Die Royalisten eroberten das Haus zurück und hielten es bis 1821. An seinen vier Ecken hingen sie die Köpfe der in Chihuahua hingerichteten Freiheitskämpfer Hidalgo, Allende, Aldama und Jiménez in Käfigen auf. Das geschichtsträchtige Gebäude dient als **Museo del Estado** und als Gedenkstätte für die Helden des Befreiungskampfes.

In der Calzada del Panteón am westlichen Stadtrand liegt neben dem Friedhof das makabre ★**Museo de las**

» Stadtplan S. 104, Info S. 114-115

Momias ⑬, in dem mehr als 100 gut erhaltene Mumien ausgestellt sind.

Nicht versäumen sollte man einen Besuch der 5 km nördlich an der Straße nach Dolores Hidalgo gelegenen ehemaligen Silbermine **Valenciana** ⑭. Eine 1780 für die Bergleute errichtete ★**Iglesia La Valenciana** ist in ihrem barocken Rosa schon von weitem zu sehen. Der frühere Silberreichtum spiegelt sich in ihrem churrigueresken Inneren und der aufwändigen Dekoration des danebenliegenden Klosters wider. Mine und Kirche sind umgeben vom *Barrio Valenciana*, jener Siedlung, die man einst für die Arbeiter anlegte. Schön ist auch ein Spaziergang entlang der **Presa**, einem kleinen Stausee am östlichen Stadtrand.

León

León ⓬ mit über 1 Million Einwohner, auch unter dem Namen *León de los Aldamas* bekannt, liegt in 1884 m Höhe an den Ufern des **Río Gómez** in einem fruchtbaren Tal mit angenehmem Klima. Es ist die größte Stadt und das wirtschaftliche Zentrum des Bundesstaates Guanajuato. Hier werden in erster Linie Schuhe und andere Lederwaren, aber auch Textilien, Seifenprodukte und Stahlerzeugnisse hergestellt. In der Umgebung liegen riesige Weizenanbaugebiete. Obwohl León eine der ersten spanischen Siedlungen in Mexiko war (1552), erhielt sie erst 1836 die Stadtrechte. Zum Zeitpunkt der Gründung lebten dort noch Tarasken und Otomí-Indígenas, davor Chichimeken. Seinen Beinamen *de los Aldamas* erhielt León zum Gedenken an Juán Aldama, einen der Anführer im Kampf um die Unabhängigkeit Mexikos an der Seite Miguel Hidalgos.

Zwar ist León heute eine Industriestadt, dennoch gibt es immer noch eine Reihe ansehnlicher Kolonialgebäude. Der Zócalo ist vom **Palacio Municipal** mit seiner kunstvoll verzierten Fassade und der Jesuiten-Barockkirche **Nuestra Señora de la Luz** (1746) flankiert. Ebenfalls sehenswert ist der nahe **Templo Expiatoria**, ein Werk des 20. Jh. (1926-1929) sowohl mit Katakomben als auch mit zwei Dutzend Altären, Kapellen, Statuen und Gemälden. Im **Panteón Taurino** werden regelmäßig Stierkämpfe geboten; die Sportstadt von León (*Ciudad Deportiva*) genießt einen ausgezeichneten Ruf.

38 km außerhalb der Stadt sprudeln die warmen Schwefelquellen von **Comanjilla**.

Rechts: Eine Oase der Ruhe in der Großstadt Guadalajara.

★Guadalajara

Die Hauptstadt des Staates Jalisco liegt etwa 700 km nordwestlich von Mexiko-Stadt in 1550 m Höhe. Dadurch herrscht hier das ganze Jahr hindurch ein angenehm warmes und trockenes Klima. Mit ungefähr 5,5 Mio. Einwohnern ist ★**Guadalajara** ⓭ die zweitgrößte Stadt Mexikos. Ihre Gründung durch den Eroberer Nuño de Guzmán fällt in das Jahr 1542, als rund 60 spanische Familien sich hier niederließen und die ersten rechtwinkeligen Straßen anlegten.

Guadalajara ist eine moderne Industriestadt, die dennoch ihre koloniale Tradition weitgehend bewahren konnte. Eine große Anzahl historischer Gebäude wurde sorgsam restauriert und zu Museen und Hotels umgebaut; andere werden von Ämtern genutzt.

Die vielen Industriebetriebe liegen am Stadtrand, das Zentrum verfügt über verkehrsberuhigte Zonen, Fußgängerstraßen und zahlreiche Parks. Kolonialzeitliche Plazas sowie barocke Paläste, Bürgerhäuser und Kirchen konzentrieren sich zwar im Zentrum, sind aber auch in anderen Teilen der pulsierenden Großstadt zu finden.

Rundgang durch Guadalajara

Der schönste Spaziergang durch das historische und moderne Guadalajara zugleich führt von der ★**Catedral** ①

» Stadtplan S. 104, Karte S. 92-93, Info S. 114-115

Foto: Andreas M. Gross

zum Hospicio Cabañas. Mit dem Bau der Kirche begann man 1558. Er dauerte so lange, dass man heute sechs verschiedene Kunststile an dem Gebäude identifizieren kann. In der Sakristei ist das berühmte Murillo-Gemälde *Mariä Himmelfahrt* zu sehen.

Die Kathedrale ist von vier schönen Plätzen umgeben. Die **Plaza Guadalajara** (früher Plaza de los Laureles, der „Platz der (indischen) Lorbeerbäume") liegt gegenüber ihrem Hauptportal; die **Plaza de Armas** bildet das historische Zentrum der Stadt und wird von einer vielbewunderten viktorianischen Rundbühne, dem **Kiosco** geziert.

Gegenüber liegt die **Plaza de los Hombres Ilustres**, ein kleiner Park mit einer Rotunde sowie Statuen und Büsten von Männern, die sich um die Stadt verdient gemacht haben. Östlich der Kathedrale beginnt eine Abfolge von Plazas und Fußgängerzonen.

Den Anfang macht die **Plaza de la Liberación**, auch **Plaza de los Tres Poderes** („Platz der drei Gewalten") genannt, da an ihr das Haus der Legislative, das Regierungsgebäude und der Justizpalast liegen. Die Plaza, überragt von einem Denkmal für Pater Hidalgo, wird von zwei Brunnen geschmückt.

Der ★**Palacio de Gobierno** ②, ein Prachtbau, mit dem man 1643 begann, birgt in seinem imposanten Treppenhaus ein monumentales Wandbild von José Clemente Orozco, das Pater Hidalgo darstellt. Sehenswert ist auch der Sitzungssaal mit *murales* zur Entstehung der mexikanischen Verfassung. Das Gebäude liegt mit seiner eindrucksvollen Front zur Plaza de Armas und seitlich zur Plaza de la Liberación.

Geht man die letztere entlang, dann sieht man links das ehemalige Jesuiten-Seminar, in dem heute das ★**Museo Regional de Guadalajara** ③ untergebracht ist. Das koloniale Haus aus dem Jahr 1758 zeigt in seinen zahlreichen Räumen, die sich um Patios gruppieren, archäologische und ethnografische Objekte aus Westmexiko, europäische und mexikanische Gemälde und Fresken des 18.-20. Jh. sowie ein fast vollständig erhaltenes Mammut-Skelett.

» Stadtplan S. 108, Info S. 114-115

Den Abschluss des Platzes bildet das ★**Teatro Degollado** ④ mit üppiger Dekoration – ein klassizistisches, von Kaiser Maximilian 1866 in Auftrag gegebenes Gebäude. Man sollte unbedingt versuchen, das Innere zu besichtigen (es ist oft geschlossen) oder am Sonntagvormittag einer Aufführung des *Ballet Folklórico* beizuwohnen. Die Kuppel ist mit einer Szene aus Dantes *Göttlicher Komödie* geschmückt. An der Rückseite des Theaters entdeckt man eine in Bronze skulptierte Szene zur Gründung der Stadt. Den weiteren Weg, an dem sich koloniale Häuser und moderne Gebäude abwechseln, schmücken Brunnen und Denkmäler; er endet an der **Plaza Tapatía**.

Hier erhebt sich in einmaliger Pracht das **Hospicio Cabañas** ⑤, 1805 von dem Architekten Manuel Tolsá als Waisenhaus geschaffen und heute ein beliebtes **Kulturinstitut** (**Instituto Cultural de Cabañas**). Es herrscht daher immer viel Betrieb. Sehr beeindruckend ist das Innere des weitläufigen Gebäudes (UNESCO-Welterbe): mehr als 20 Innenhöfe sind durch Gänge miteinander verbunden. In der Kapelle erblickt man die berühmten ★★**Murales** von José Clemente Orozco aus den Jahren 1938/39, insbesondere den *Hombre del Fuego* („Mensch in Flammen") an der Decke. Die zahlreichen übrigen Räume beherbergen Ausstellungen mit Bildern des Malers und zeitgenössischer Kunst. Auf dem Platz davor laden originelle, als Sitzgelegenheit geformte Skulpturen zu einer Pause und Kinder zum Klettern ein.

Zurück auf der Plaza Tapatía sieht man das moderne Gebäude des **Mercado Libertad** ⑥, des angeblich größten städtischen Marktes im Land. So gibt es im Untergeschoss eine riesige Halle ausschließlich mit Lederwaren, im ersten Stock einen Saal mit unzähligen kleinen Restaurants.

Neben dem Tequila-Schnaps ist Guadalajara weit über die Landesgrenzen hinaus für seine Musik bekannt, die

Rechts: Tequila wird aus der blauen Maguey-Agave destilliert.

Foto: Robert Teufelhart

man auf der belebten **Plazuela de los Mariachis** ⑦ – eigentlich eine Gasse mit Restaurants und Cafés – bis spät in die Nacht hören kann.

Über die Calzada Independencia Sur gelangt man zu dem reizenden **Parque Agua Azul** ⑧, in dem das **Museo de Arqueología del Occidente del México** sehenswerte Gefäße und Terrakotten sowie Waffen präsentiert.

Etwa 7 km südöstlich des Stadtzentrums liegt die kleine, sehr touristische Vorstadt **★San Pedro Tlaquepaque** mit zahllosen Läden für *arte popular*. Das Angebot aus Keramik, Holz, Glas, Pappmaché, Kupfer etc. reicht von kunterbuntem Kitsch bis zu qualitätvollen Antiquitäten.

Tequila

In einer Legende aus der Region Guadalajara heißt es, dass sich die Götter darum stritten, wer den Menschen ein Getränk bescheren könne, das sowohl angenehme als auch verheerende Eigenschaften zeige. Ein Blitz löste das Problem: Er schlug in eine Agave ein, brachte den Fruchtkörper zum Kochen, und der herausquellende Saft zeigte bei den neugierig herbeigeeilten Menschen schnell seine Wirkung.

In Wirklichkeit war es Cenobio Sauza, genannt „Vater des Tequila“, der in dem etwa 40 000 Einwohner zählenden Ort **Tequila** ⓮, 52 km nordwestlich der Hauptstadt Guadalajara im Staat Jalisco, mit dem Fermentieren der *piñas* experimentierte. Unter 400 Varianten der *maguey* genannten Pflanze erwies sich das Konzentrat aus der *agave azul* als der würzigste Tropfen. Ausschließlich daraus werden die Spitzenprodukte hergestellt, sowohl in Tequila als auch in **Tepatitlán de Morelos** ⓯, östlich von Guadalajara. Der Mexikaner nennt jeden Agavenschnaps Mezcal. Der Spruch: „*Para todo mal mezcal, y para todo bien también*“ ist in ganz Mexiko populär: „Mezcal als Medizin gegen alles Schlechte und um alles Schöne zu zelebrieren.“ Man brennt ihn in kleinen Destillerien für den örtlichen Konsum. Überregional ist der Mezcal von Südme-

Foto: Ulf Müller-Moewes

xiko bekannt; Tequila hingegen ist ein Markenzeichen und wurde quasi zu einem Symbol für das Land. Aktenkundig wurde der Beginn des Booms im Jahr 1873, als der Fiskus den Export von drei Fässern *mezcal wine* via El Paso nach Neu-Mexiko registrierte. Damals hatte Tequila zwar nur 2500 Einwohner, aber immerhin schon 16 Destillerien. Mit Preisen für den *mezcal brandy* auf der Weltausstellung 1893 in Chicago und 1910 in San Antonio (Texas) für *tequila wine* hatte sich der Begriff *tequila* im Ausland etabliert.

Mittlerweile ist Tequila weltweit zum Modegetränk geworden. Nach einigen Krisenjahren hatte sich die Produktion 2010 wieder erholt. Von 257 Mio. Litern Tequila wurden rund 150 Mio. Liter exportiert. Deutschland war mit 7,9 Mio. Litern zweitwichtigster Abnehmer nach den USA (118 Mio Liter). Die Agavenfelder und -destillerien gehören zum UNESCO-Welterbe.

Oben: Für ein schnelles Spiel um ein paar Pesos ist immer Zeit.

★Aguascalientes

Das knapp 800 000 Einwohner zählende ★**Aguascalientes** ⓰ wurde 1575 von Jerónimo de Orozco gegründet und ist heute die Hauptstadt des gleichnamigen Bundesstaates. Es ist eine wohltuende Stadt im Kolonialstil mit angenehmem Klima (Höhenlage 1889 m), umgeben von Obstgärten, Weingärten und Haziendas, auf denen Kampfstiere (*toros de lidia*) gezüchtet werden. Diese Stadt ist nicht nur für ihre Töpferwaren, Stickereien und Textilien bekannt, sondern auch berühmt für ihre farbenfrohe und lebenssprühende *Feria de San Marcos* (Ende April/Anfang Mai) – ein Fest, das seit 1604 zu Ehren des Schutzpatrons der Stadt abgehalten wird. Hier „tobt" tage- und nächtelang das Leben bei Stier- und Hahnenkämpfen, Serenaden in den Straßen, Feuerwerken und *charreadas*.

Die Stadt wird oft *Ciudad Perforada* („löcherige Stadt") genannt, weil sie auf einem unterirdischen – nicht öffentlich zugänglichen – Labyrinth von Katakom-

» Karte S. 92-93, Info S. 114-115

ben liegt, die wohl auf ein unbekanntes Indigena-Volk aus vorspanischer Zeit zurückgehen. Nach deren Niederwerfung errichteten die Spanier oberhalb dieser Verliese eine Stadt mit dem klangvollen Namen *Nuestra Señora de la Asunción de las Aguas Calientes*, was sich auf die hier befindlichen Thermalquellen bezog. Heilbäder findet man noch heute in der unmittelbaren Umgebung in dem modernen Kurort **Ojo Caliente** („heiße Quelle").

Lange Zeit war Aguascalientes nur ein militärischer Außenposten im Kampf gegen die Indígenas. 1857 wurde er zur Hauptstadt des gleichnamigen Bundesstaates erhoben. Während der Revolution war er ein heißumkämpfter Eisenbahnknotenpunkt, der mehrfach erobert und rückerobert wurde.

An der **Plaza Principal** steht der **Palacio Municipal** aus dem 17. Jh. sowie der **★Palacio de Gobierno** aus dem 18. Jh. Letzterer ist ein sehenswerter Barock-Palast, in dessen Innenhof sich *murales* von Osvaldo Barro, einem Schüler Diego Riveras, finden.

Zu den sehenswerten Sakralbauten zählen: die **Kathedrale** (18. Jh.), die **Iglesia de San Marcos** mit dem Gemälde *Die Anbetung der Könige* von José Alzibar, die **Iglesia El Encino** mit Bildnissen des Schwarzen Christus von Andrés Lopéz und die **Iglesia de San Antonio**, eine neobyzantinische Kirche aus dem 20. Jh. Der **Convento de San Diego** und das **Museo de la Ciudad** sind bekannt für ihre eindrucksvollen Gemälde.

Im **Jardín del Encino** unweit der gleichnamigen Kirche präsentiert das **★Museo Posada** Werke von Juan Guadalupe Posada (1852-1913), der durch seine sozialkritischen Karikaturen und satirischen Grafiken zum Thema Tod auch über die Landesgrenzen hinweg bekannt wurde. 2007 eröffnete im Kulturzentrum der Universität das modern konzipierte **Museo Nacional de la Muerte** („Nationalmuseum des Todes") mit vielen interessanten kulturgeschichtlichen Exponaten.

★San Luis Potosí

★San Luis Potosí ⓱ ist mit 780 000 Einwohnern die Hauptstadt des gleichnamigen Bundesstaates. Sie liegt auf einer steppenähnlichen Hochebene und ist ein wichtiger Verkehrsknotenpunkt sowie ein bedeutendes Wirtschaftszentrum. Trotz ihrer rasanten Modernisierung hat diese Stadt sich durch ihre hübschen Gebäude und angenehmen Parks viel vom Glanz der Kolonialzeit bewahren können.

Einst war sie eine Siedlung der Huachichili-Indígenas, wurde dann später von den Spaniern zur Stadt ausgebaut, in deren Gefolge sich Franziskaner-Mönche niederließen (1585). Begünstigt wurde die Entwicklung durch große Gold- und Silberfunde in der Umgebung, die der Stadt den Namen *Real de Minas de San Luis Potosí* eintrugen – eine Reminiszenz an die bolivianische Silberstadt Potosí („Ort des Reichtums"). Während der französischen Okkupation war die Stadt vorübergehend Regierungssitz von Benito Juárez nach dessen Vertreibung aus Mexiko-Stadt (1863) und dann noch einmal 1867. Bereits 1854 hatte González Bocanegra hier die mexikanische Nationalhymne verfasst. Ebenfalls wurde hier der so genannte San-Luis-Plan entworfen, der den Auftakt zur Revolution bildete.

Zwei der wichtigsten Sehenswürdigkeiten der Stadt sind die **Plaza de Armas** und der angrenzende **Jardín Hidalgo**. An ihrer Westseite ragt der **Palacio de Gobierno**, ein klassizistisches Gebäude von 1770 empor. Gegenüber dominiert die barocke **★Catedral de la Expectación de la Virgen** (1690-1737) mit ihrem sechseckigen Vorbau, in deren Nischen Statuen der zwölf Apostel aufgestellt sind.

Die Kirche **★Nuestra Señora del Carmen** (1749-1764) bestimmt einen winzigen Platz, der ihren Namen trägt. Die Kirche weist eine sehenswerte churriguereske Fassade auf; ihre Kuppel ist mit blauen, gelben, grünen und weißen

Kacheln verkleidet. Im Innenraum befinden sich ein ebenfalls überladener Altar, eine kunstvoll geschnitzte Kanzel, Gemälde von Vallejo sowie die *Portada de los Ángeles* – ein Seitenportal mit einer schönen Front.

Das **Museo Regional** im alten **Convento de San Francisco** zeigt archäologische Funde aus der Zeit der Huaxteken, Totonaken und Azteken. Im ersten Stock befindet sich die *Capilla a la Virgen de Aranzazú* aus dem frühen 18. Jh., ein herausragendes Beispiel für den churrigueresken Baustil. Die Portale sind aus Mesquilbaumholz; im Vorbau befindet sich eine Christusfigur aus mit Harz verbundenem Schilfrohr.

Zu empfehlen ist auch ein Besuch der **Iglesia de San Francisco** und der **Iglesia de Agustín**. Erstere ist ein barockes Meisterwerk aus dem 17. Jh. mit einer blau-weiß gekachelten Kuppel; letztere stammt ebenfalls aus dem 17. Jh.; sie hat eine schöne Barock-Fassade und einen klassizistischen Innenraum.

Einzigartiges zu bieten hat das ★**Museo Nacional de la Máscara** mit seinen über 1300 Masken aus präkolumbischer bis in heutige Zeit. Ein lebendiges Museum, ausgestattet mit Kunstwerken aus fünf Jahrhunderten, ist das **Hotel Museo Palacio de San Agustin**. Auf dem **Mercado Hidalgo** hat man die Qual der Wahl zwischen *sarapes,* Korbwaren, Keramikartikeln und hier hergestellten *rebozos* aus Naturseide.

Eine Touristenattraktion ist die Geisterstadt **Cerro de San Pedro** ⓲ (30 km östlich von San Luis Potosí), deren reiche Gold- und Silberminen man im 17. Jh. für den Bau prächtiger Kirchen und Paläste ausbeutete.

Das hübsche Städtchen **Santa María del Río** ⓳, etwa 45 km südlich von San Luis Potosí, ist bekannt für gute *rebozos* zu reellen Preisen.

Rechts: Die Westfassade der Kathedrale von Zacatecas ist ein schönes Beispiel für den churrigueresken Stil.

★★Zacatecas

Die bezaubernde Kolonialstadt ★★**Zacatecas** ⓴, mit 140 000 Einwohnern Verwaltungssitz des gleichnamigen Bundesstaats, ist ein Zentrum des Silberabbaus. In einer engen Schlucht fast 2500 m hoch gelegen, wird die alte Bergwerksstadt von den Bergen Cerro de la Bufa, Mala Noche, El Grillo und El Padre eingerahmt. Mit eng gedrängten Häusern und steilen Treppen, die Straßen und Gassen verbinden, ist das UNESCO-Welterbe ein schönes Beispiel der spanischen Kolonialarchitektur. Der Nahuatl-Name bedeutet „Land, wo *zacate*-Gras wächst". Ursprünglich lebten hier mit den Chalchihuiten und Quemadas verwandte Indígenas, bis die silbergierigen Eroberer 1546 hier ihre „sehr vornehme und loyale Stadt Unserer Lieben Frau von Zacatecas" gründeten.

Die ★★**Kathedrale** an der Plaza Hidalgo wurde 1752 vollendet und ist ein herausragendes Beispiel des mexikanischen Barocks. Die Südfassade ist im europäischen Barock-Stil gestaltet, die Westfassade im churrigueresken Stil mit Figuren von Christus und den zwölf Aposteln; rund um das Chorfenster stehen Bildnisse der vier Kirchenväter. Im oberen Teil sieht man Gottvater, umgeben von acht musizierenden Engeln. Das Ganze ist eine eigentümliche Mischung aus romanischen und einheimischen Stilelementen. Weniger interessant ist das neoklassizistische Kircheninnere, dessen Mobiliar großteils während der Revolution entwendet wurde.

Neben der Kathedrale befindet sich der **Palacio de Gobierno**, ein stattliches Gebäude aus dem 18. Jh. mit schönen schmiedeeisernen Balkonen. Das 1970 von Antonio Rodríguez vollendete Fresko im inneren Treppenschacht stellt Szenen aus der Geschichte von Zacatecas dar, die von dem einst hier ansässigen Caxcanes-Stamm bis hin zur Industrialisierung der Stadt reichen.

Der 1746 von den Jesuiten erbaute ★**Templo de Santo Domingo** beher-

» Karte S. 92-93, Info S. 114-115

Foto: Mireille Vautier

bergt acht kunstvoll geschnitzte *retablos* – barocke Altaraufsätze aus vergoldetem Holz – und eine deutsche Orgel aus dem 18. Jh. Sehenswert sind auch die Gemälde von Antonio Vallejo in der Sakristei. Nebenan, im ★★**Museo Pedro Coronel**, findet man eine der bemerkenswertesten mexikanischen Sammlungen moderner Kunst mit Werken von Braque, Miró, Chagall, Picasso, aber auch mit mittelamerikanischen und afrikanischen Kunstwerken.

Weitere Sehenswürdigkeiten der Stadt sind die ★**Iglesia de San Agustín**, heute ein Museum mit den Überresten eines plateresken Portals, die **Casa Moneda**, auch *tesorería* genannt, eine Münzstätte aus dem 19. Jh., ein 2 km langer **Aquädukt** aus dem 18. Jh. sowie das **Museo Francisco Goitia** mit expressionistischen Werken.

Unbedingt zu empfehlen ist die fünfminütige Fahrt mit der Seilschwebebahn *(teleférico)* hoch über Zacatecas vom **Cerro de Grillo** zum **Cerro de la Bufa**. In den Untergrund hingegen führt ein Besuch der ★**Mina El Edén**, in der von 1586 bis zur Stilllegung in den 1950er Jahren ungeheure („paradiesische") Gold- und Silbermengen gefördert wurden. Für die versklavten Indígenas – darunter ungezählte Kinder – war die Arbeit die Hölle: Spanischen Dokumenten zufolge starben täglich bis zu fünf an Krankheit oder Unfall.

7 km östlich der Stadt, in dem Dorf **Guadalupe**, liegt der **Convento de Nuestra Señora de Guadalupe**, ein ehemaliges, 1707 erbautes Franziskaner-Kloster, das heute ein Museum mit einer sehenswerten Gemäldesammlung aus der Kolonialzeit beherbergt.

La Quemada

46 km südwestlich von Zacatecas liegt in einem friedlichen Tal die archäologische Stätte **La Quemada** ㉑ (Chicomóztoc) aus spätklassischer Zeit. Obwohl die Ruinen nur teilfreigelegt sind, lassen sie die engen Straßen und stattlichen Grundmauern der Häuser und Tempel eines unbekannten, um 900 untergegangenen Volkes erkennen.

MORELIA (☎ 443)

Secretaría de Turismo, Palacio de Gobierno (Modulo de Información), Tel. 312 1054, 01800 830 5363, www.visitmichoacan.com.mx.

Restaurant La Capilla im **Hotel de la Soledad**, Calle Zaragoza 90, Tel. 312 8888, gute mexikanische Küche in einem ehemaligen Kloster des 17. Jh.
El Solar de Villagran, Calle Rincón de las Comadres 7, Tel. 314 5647.
Lu im Hotel Casino, Portal Hidalgo No. 229, traditionelle Küche der Region, neu interpretiert. www.lucocinamichoacana.mx.
Cenaduria Lupita, Periférico Paseo de la República 3100, Tel. 314 2848, gute regionale Küche, viele einheimische Gäste.
Las Trojes, Calle Juan Sebastián Bach 51 (Col. Loma Camelinas), Tel. 314 7344, tgl. 13.30-24 Uhr; Spezialitäten aus Michoacán, Steaks vom Holzkohlegrill, sehr empfehlenswert.

Casa de las Artesanías, Plaza Valladolid, qualitätvolle Handwerkskunst aus ganz Michoacán.

Prozession in Santa María de Guido am 15. August. **Kunsthandwerksmesse** vom 1.-12. Mai. **Markt** Do und So.

QUERÉTARO (☎ 442)

Secretaría de Turismo, Calle Pasteur Norte 4, Tel. 238 5000, www.queretaro.travel, Mo-Fr 8-20, Sa, So 9-20 Uhr.

La Flor de Querétaro, Calle Juárez Norte 5, Tel. 212 0199; mexikanische Küche. **Restaurante 1810**, Plaza de Armas, Tel. 214 3324, vorzügliches Gourmet-Restaurant. **Fin de Siglo**, Hidalgo 1, gegenüber dem Teatro de la República, regionale und internationale Gerichte in einem schönen Kolonialhaus.

Museo Regional, Convento de San Francisco, Corregidora Sur 3, Di-So 10-19 Uhr.

SAN MIGUEL DE ALLENDE (☎ 415)

Oficina de Turismo, Plaza Principal 8, bei der Capilla de San Rafael, Tel. 152 0900, www.visitsanmiguel.travel.

Andanza im Hotel Casa de Sierra Nevada, Calle Hospicio 42, Tel. 152 7040, mehrfach prämiertes Gourmet-Restaurant, edles Ambiente, Reservierung erforderlich. Das zweite Restaurant des Hotels, **Casa del Parque**, serviert traditionelle mexikanische Spezialitäten.
Bugambilia, Calle Sollano 21, Tel. 152 0127, schmackhafte regionale Küche mit schönem Innenhof. **Café de la Parroquia**, Jesús 11, beste mexikanische Küche zu zivilen Preisen, familiäre Atmosphäre.

Fiesta de San Miguel, Sept. bis Okt., vielfältiges Kulturprogramm mit Feuerwerk und Stierkämpfen.

DOLORES HIDALGO (☎ 418)

Plaza Principal, täglich 9-15 und 17-20 Uhr, Tel. 182 1164.

Museo Casa de José Alfredo Jimenez, Calle Guanajuato 13/C. Nuevo León, www.museojosealfredojimenez.com, Di-So 10-17 Uhr.

GUANAJUATO (☎ 473)

Dirección General de Turismo, Tel. 73 2291, www.gtoexperience.mx, www.guanajuato.gob.mx, www.guanajuatocapital.mx.

La Casona del Cielo, Pastita 76, Tel. 731 2000, empfehlenswerte mexikanische Küche, mittlere Preislage, mit Keramiken und Gemälden moderner einheimischer Künstler dekoriert. **Jardín de los Milagros**, Alhóndiga 80, San Javier, Tel. 732 9366. Neue mexikanische Küche. **Casa Valadez**, Jardin Unión 3, Tel. 732 0397, wegen der guten Küche sehr beliebt; am besten reservieren.

Mercado Hidalgo, Av. Juárez, mit zahlreichen Ständen aller Art, auch Kunsthandwerk, täglich geöffnet.

Museo Iconográfico del Quijote, Manuel Doblado 1, Tel. 732 6721, Di-Sa 9.30-18.45, So 12-18.45 Uhr. **Museo Diego Rivera**, Calle Pocitos 7, Di-Sa 10-18, So 10-14.30 Uhr, Mo geschl. **Museo de las Momias**, Explanada del Panteón s/n, Tel. 20 639, tägl. 9-18 Uhr. **Museo Regional de la Alhóndiga de Granaditas**, Mendizábal 16, Tel. 21 112 / 21 180, Di-Sa 10-18, So 10-15 Uhr, Mo geschlossen.

Festival Cervantino, 3 Wochen im Oktober, bedeutendstes internat. Kulturfestival Mexikos, www.festivalcervantino.gob.mx

GUADALAJARA (☎ 33)

Secretaría de Turismo, Calle Morelos 102, Tel. 3668 1600/01, www.jalisco.gob.mx, http://visita.jalisco.gob.mx, http://portal.guadalajara.gob.mx.

Viele erstklassige Restaurants: **Fonda San Miguel**, Donato Guerra 25, Tel. 3613 0809, nahe der Kathedrale, Haute Cuisine á la mexicana. **Sin Nombre**, Calle Madero 80, in San Pedro Tlaquepaque, Tel. 3659 7168, mexikanische Küche des 19. Jh. **Karne Garibaldi**, Garibaldi 1306, 10 Min. außerhalb des Zentrums. Tel. 3826 1286, köstliche Fleischgerichte. **Santo Coyote**, Lerdo de Tejada 2379, Tel. 3616 8472, hier wird authentische mexikanische Küche auf hohem Niveau serviert.

Museo Regional de Guadalajara, Liceo 60, Tel. 3613 2703, Di-Sa 9-17.30, So 9-16.30. **Museo de Arqueología del Occidente de México**, Parque Agua Azul, Tel. 3619 0104, Mo-Fr 10-14 und 17-19, So 10-14 Uhr. **Instituto Cultural de Cabañas** im **Hospicio Cabañas**, Cabañas 8, Tel. 3668 1647, Di-So 10-18 Uhr. **Teatro Degollado**, Plaza de la Liberación, Di-Sa 12-14 Uhr, Ballet Folklórico de la Universidad de Guadalajara: So 10 Uhr.

Guadalajara bietet eine der besten Möglichkeiten zum Einkaufen von Kunsthandwerk, vor allem Ledertaschen, Keramik, handgewebte Textilien sowie Gold- und Silberschmuck.
Casa de las Artesanias, Parque Agua Azul, tägl. geöffnet (So nur bis 15 Uhr). **Mercado Libertad**, Plaza Tapatía; riesiger Markt, zu dem auch kleine Restaurants im ersten Stock gehören.
San Pedro Tlaquepaque, 7 km südöstlich des Stadtzentrums, großer und auf die Bedürfnisse der Touristen eingestellter Kunsthandwerksmarkt, viele Geschäfte für gehobenes Kunsthandwerk (Glas, Keramik, Mobiliar, Wohnaccessoires).

AGUASCALIENTES (☎ 449)

Palacio de Gobierno, Zona Centro, Tel. 915 9504, www.aguascalientes.gob. mx.

Augusto's, Av. Universidad 1509 (Fracc. Arboledas), Tel. 914 9599; italienische Küche mit mexikanischem Einschlag. **Catrina**, Nieto No. 238, Tel. 918 6617; regionale Küche, mit Kunstausstellungen.

SAN LUIS POTOSÍ (☎ 444)

Manuel José Othón 130, Tel. 812 9939, www.visitasanluispotosi.com.

El Pacifico, Los Bravo 435 und 429. Col. Centro, Tel. 812 7989, Meeresfrüchte. **La Parroquia Potosina**, Carranza 303, Tel. 812 6681.

ZACATECAS (☎ 492)

Secretaria de Turismo, Av. González Ortega s/n, Tel. 925 1277, 922 9931, www.zacatecastravel.com.

El Pueblito, Calle Hidalgo 802, exzellente zacatekische Küche. **Trattoria Il Goloso**, Calle Hierro 400, italienische Gerichte. **La Cantera Musical**, Tacuba 2, regionale Küche. **El Mercader**, im Mercado G. Ortega, ideal für einen schnellen Imbiss.

Foto: Volkmar E. Janicke

MEXIKOS NORDEN

BAJA CALIFORNIA
BARRANCA DEL COBRE
DIE GRENZSTAATEN

MEXIKOS NORDEN

Der überwiegend aride Norden Mexikos nimmt etwa die Hälfte des Staatsgebietes ein und wird von zwei mächtigen Gebirgszügen, der Sierra Madre Occidental und Sierra Madre Oriental durchquert. Seismische Aktivitäten entlang dem berüchtigten San Andreas-Graben haben vor etwa 25 Mio. Jahren die Halbinsel Baja California vom Festland abgetrennt.

Kulturell ist die Region seit präkolumbischer Zeit mit den Pueblo-Kulturen (Anasazi, Hohokam, Mogollon u. a.) im heutigen Südwesten der USA eng verbunden. Indigene Völker wie die Tarahumara und Seri, deren Siedlungsgebiete heute in der Umgebung von Creel in der Barranca del Cobre bzw. zwischen Hermosillo und der Isla Tiburón liegen, weisen mehr Gemeinsamkeiten mit den so genannten Oasenkulturen des Nordens als mit denen Zentral- und Süd-Mexikos auf.

In der Moderne war der „Wilde Norden" die Wiege für revolutionäre Ideen und ein bevorzugtes Terrain für Banditen und Abenteurer wie den berühmten Francisco *„Pancho"* Villa, der sich in Chihuahua niederließ.

Links: Die karge Bergwelt der Barranca del Cobre ist heute noch das Siedlungsgebiet der Rarámuri (Tarahumara-Indígenas).

★★Baja California

Die Península de **★★Baja California** ist eine eigene Welt. Das 1500 km lange Gebiet ist größtenteils Wüste oder Halbwüste, häufig begrenzt von wunderschönen – und bei Europäern oftmals weitgehend unbekannten – Stränden. Die Halbinsel trennt den Pazifik vom Golf von Kalifornien, der manchmal auch Mar de Cortés („Cortés-Meer") genannt wird und eines der artenreichsten Gewässer der Welt mit 891 Fischarten – davon 90 endemischen – ist (UNESCO-Welterbe).

Jahrhundertelang lebten hier voneinander isolierte Indígena-Stämme. Missionare der Jesuiten waren die ersten, die den Einheimischen Ackerbau, Weinanbau sowie die Zucht von Olivenbäumen und Dattelpalmen beibrachten.

Bis 1973 bekamen nur einige Abenteurer, die sich in dieses raue, etwa 40 000 km^2 große Gebiet wagten um zu jagen, zu fischen, zu surfen, Fossilien zu sammeln oder Vögel zu beobachten, die Geheimnisse dieses fast unberührten Landstrichs zu Gesicht. Erst dann wurde die 1700 km lange Hauptverbindungsstraße, die Carretera 1 (*Transpeninsular*), die die Halbinsel von Norden nach Süden durchquert, eingeweiht.

Mit über 1400 km Pazifik- und Golfküste ist Baja California ein Paradies für Hochseeangler, Schwimmer und Surfer. Vor der Küste gedeihen Krebse

» Karte S. 118-119, Info S. 131

und Austern; das smaragdgrüne Wasser des Golfes und das tiefblaue Wasser des Pazifiks bieten einen unerschöpflichen Reichtum an Hochseefischen. Entlang der Westküste paaren sich im Winter Grauwale (*ballena gris*) aus Alaska und gebären auch dort. Entlang der Hauptstraße wechselt die trockene Landschaft mit Oasen ab, während die Küsten mit kleinen Fischerdörfern gesprenkelt sind. Mit der Verbindungsstraße kamen auch die Hotels und Touristenzentren; einige Dörfer wurden so über Nacht zu Städten.

Baja California ist in zwei Staaten geteilt: der nördliche Teil heißt *Baja California Norte* (B. C. N.), der südliche *Baja California Sur* (B. C. S.). Baja Norte hat etwa 2,5 Mio. Einwohner, Baja Sur nur knapp 500 000. Das Klima im Norden ist mild und trocken im Sommer, kühl mit etwas Regen im Winter. Der Süden ist warm und feucht im Sommer, lauwarm und trocken im Winter. Die Hauptstadt des Nordteils ist **Mexicali** mit über 1 Mio. Menschen, zugleich ein Landwirtschaftszentrum, das in einem fruchtbaren Tal liegt. **La Paz** mit 200 000 Einwohnern ist die Hauptstadt der Südregion.

Die Halbinsel misst an ihrer breitesten 170 km und an der engsten Stelle nur 45 km. Entlang der Halbinsel ziehen sich zwei Bergketten, die **Sierra San Pedro Mártir** im Norden und die **Sierra de la Giganta** („Gebirge der Riesin") im Süden. Der höchste Punkt dieser Bergket-

» Karte S. 118-119, Info S. 131

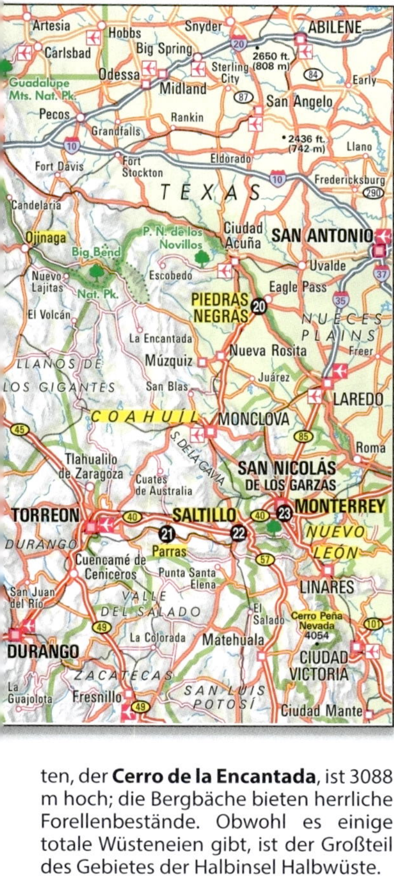

ten, der **Cerro de la Encantada**, ist 3088 m hoch; die Bergbäche bieten herrliche Forellenbestände. Obwohl es einige totale Wüsteneien gibt, ist der Großteil des Gebietes der Halbinsel Halbwüste.

Sowohl der West- als auch der Ostküste sind zahlreiche Inseln vorgelagert, so z. B. **Isla Cedros** und **Isla de Santa Margarita** im Pazifik sowie **Isla Espiritu Santo** und **Isla Ángel de la Guarda** im Golf.

Tijuana

Tijuana ❶, Grenzstadt zu den USA, nahe San Diego, hat mit 40 Millionen Grenzgängern pro Jahr, darunter unzählige Pendler, die weltweit höchste Bevölkerungsfluktuation. Einst eine recht verruchte Stadt, hat Tijuana sein Image aufpoliert und konzentriert sich nun auf Familien-Tourismus und Ausflügler aus Kalifornien. Diese prosperierende Stadt mit etwa 1,5 Mio. Einwohnern verfügt über das höchste Pro-Kopf-Einkommen Mexikos. Die Geschäfte dieser Stadt, vor allem die im Umkreis des grünen **Parque Teniente Guerrero** und an der **Avenida Revolución**, sind die Hauptattraktion für Besucher aus den USA, die hier billig Textilien und Uhren etc. einkaufen und sich vergnügen können. Das Nachtleben konzentriert sich auf die vielen Bars und Clubs. Oft finden Hunde- und Pferderennen, jeden Sonntagabend Stierkämpfe statt. Tijuana ist für europäische Besucher trotz seiner Finanzstärke eine der am wenigsten attraktiven Städte Mexikos. Drogenbandenkriminalität hat zudem schon öfter für Schlagzeilen gesorgt. Der **Grenzzaun** zu den USA, der Mexikanern den illegalen Übertritt erschweren soll, reicht bis ans Meer.

Ensenada

Südlich von Tijuana, an der weiten **Bahía Todos Santos**, liegt die bei US-Amerikanern beliebte Stadt **Ensenada ❷**. Bekannt als Fischereizentrum, ist hier der beste Ort, um exzellenten Fisch und Meeresfrüchte zu essen; die Spezialität der meisten Restaurants ist Hummer. Der **Malecón** ist eine nette Promenade. Ensenada bietet ein buntes Nachtleben mit vielen Nachtclubs und beherbergt die größte **Weinkellerei** Mexikos, die **Bodegas Santo Tomás**, die Weinproben anbietet (Av. Miramar 666). Viele Weinbauern haben sich im nahen Valle de Guadalupe angesiedelt und produzieren exzellente Weine.

Südlich der Stadt führt eine Abzweigung nach **Cabo Punta Banda** zur **★La Bufadora** („die Schnaubende"), ein höhlenartiger Felsen, durch den das Meer schießt und tosende, bis zu 20 m hohe Wasserfontänen in die Luft speit.

Foto: Mireille Vautier

NATURWUNDER UND FELSBILDER ZWISCHEN ENSENADA UND LA PAZ

Knapp 200 km südlich liegt in einem fruchtbaren Tal **San Quintín ❸**, ein kleiner Bauernort, dessen Bewohner auch von der Muschelzucht leben.

Bei **Rosario** verlässt die Transpeninsular die Küste und durchquert im Landesinneren großenteils den **★Parque Nacional Desierto Central de Baja California**, eine der attraktivsten Gegenden der Halbinsel mit fantastischen Felsformationen und riesigen Kandelaber-Kakteen. Eine Besonderheit sind die schmalen, sehr langsam wachsenden und bis zu 18 m hohen *Cirios* (sog. Boojum-Baum), eine endemische, also nur hier vorkommende Sukkulenten-Art mit unzähligen kleinen Blättern.

Ein 68 km langer Abstecher führt von der Hauptstraße zur **Bahía de los Ángeles ❹**, einer sehr fischreichen Bucht, in der sich auch Delfine tummeln. Die der Küste vorgelagerte große **Isla Ángel de la Guarda** („Schutzengelinsel“) mit stattlichen Seelöwenkolonien ist als Reserva Natural besonders geschützt.

Oben: Whale Watching im Parque Natural de Ballena Gris. Rechts: Kalifornische Königsnatter (Lampropeltis getula) auf Kaktusblüten in Baja California.

Guerrero Negro ❺ ist weltweit einer der bekanntesten Plätze, wo man in mehreren Buchten am besten Grauwale (*ballena gris*) beobachten kann, die hier ihre Jungen zur Welt bringen. Die ideale Zeit für **★★Whale Watching** in den Lagunas Sebastián Vizcaíno und Guerrero Negro sowie deren Fortsetzung, den Lagunas Scammon und Ojo de Liebre (**Parque Natural de Ballena Gris**), ist von der letzten Dezember- bis zur ersten April-Woche. Einige dieser riesigen Meeressäuger kommen auch in der weiter südlich liegenden Laguna San Ignacio (**Parque Natural de La Laguna de San Ignacio**) vor. Die gesamte Region steht seit 1993 als **Reserva de la Biósfera El Vizcaíno** unter dem Schutz der UNESCO.

Neben Naturwundern kann Baja California auch mit kulturellen Highlights aufwarten: Östlich der Carretera, in der

» Karte S. 118-119, Info S. 131

Foto: Harald Mielke

Umgebung des Dorfes San Francisco findet sich eine der bedeutendsten Ansammlungen ★★**Prähistorischer Felsbilder**, die wahrscheinlich die Vorfahren der heute ausgestorbenen Cochimí geschaffen haben. Wegen der künstlerischen Qualität der polychromen Menschen- und Tierdarstellungen (u. a. Antilopen und Pumas), des exzellenten Erhaltungszustands und der Bedeutung für die indigenen Kulturen wurden die Malereien der **Sierra de San Francisco** in die Liste des Welterbes aufgenommen. Organisierte Ausflüge bieten Agenturen in San Ignacio an; ein Felsbild kann man als Kopie im Museo Nacional de Antropología in Mexiko-Stadt studieren.

★**San Ignacio** ❻ ist eine liebliche, von Dattelpalmen umrahmte schattige Oase. Wie viele Städte in Baja California war der Ort ursprünglich eine Jesuiten-Mission (1716 errichtet).

Die Carretera führt den Besucher vorbei an dem **Volcán Las Tres Virgenes** (1996 m), von dem man annimmt, dass er der jüngste aktive Vulkan der Halbinsel ist. Der Boden ist hier mit Lava verkrustet.

Östlich von San Ignacio liegt das Hafenstädtchen ★**Santa Rosalía** ❼, eine ehemalige Bergarbeiterstadt, die den Städten des alten nordamerikanischen Westens sehr ähnelt. Sehenswert ist die Missionskirche **Santa Barbara**, die nach Plänen von Gustave Eiffel 1884 konstruiert und deren verzinktes Grundgerüst Stück für Stück aus Europa hierher transportiert wurde. Die Strände des Ortes sind wunderschön.

Einige Kilometer südlich von Santa Rosalía führt eine Nebenstraße zu den **Höhlen** von **San Borjita** mit den ältesten Malereien der Península.

Die Jesuiten-Mission von Santa Rosalía liegt eigentlich in **Mulegé** ❽, einer üppigen grünen Oase an der Mündung des Río Santa Rosalía.

Das ca. 15 000 Einwohner zählende ★**Loreto** ❾ ist das erste der „neuen" Freizeitzentren von Baja California. 1697 von den Jesuiten als erste Mission in Kalifornien gegründet, war dieser Ort bis 1829 der Sitz der Regionalregierung;

» Karte S. 118-119, Info S. 131

dann wurde er nach La Paz verlegt. Die ursprüngliche barocke *Misión de Nuestra Señora de Loreto* wurde durch ein Erdbeben schwer beschädigt, jedoch wieder vollständig aufgebaut. Das **Museo de las Misiones** neben dem Missionsgebäude wird vom Völkerkundemuseum der Landeshauptstadt unterhalten und stellt einige hübsche Gegenstände und Manuskripte aus, die dem Besucher die alten Missionstage nahebringen. Von Loreto aus fahren Boote zur **Isla Carmen** im Golf, die von einer großen Seelöwen-Kolonie bevölkert ist.

La Paz

La Paz ⑩, die Hauptstadt des Südstaates und durch eine Fähre mit Mazatlán (s. S. 140) verbunden, bietet ihren 200 000 Menschen auf einer weit ins Landesinnere hineinreichenden Landzunge im Golf von Kalifornien Platz. Ein langer Sanddeich (*El Mogote*) schützt La Paz vor der Meeresbrandung. Vor mehr als 400 Jahren wurde La Paz bekannt, als man hier wunderschöne schwarze und rosafarbene Perlen fand. Heutzutage sind Fisch- und Sportfischfang wichtige Einkommensquellen.

La Paz, das 1720 von den Jesuiten gegründet wurde, die die *Misión de Nuestra Señora de la Paz* errichteten, ist eine ruhige und friedliche Stadt. Die Kolonialbauten inmitten von Lorbeerbäumen, Kokosnuss- und Dattelpalmen verleihen der Stadt eine provinzielle Atmosphäre. Von jedem Punkt der Stadt hat man einen freien Blick auf den Golf, und bei Sonnenuntergang wird man Zeuge eines wunderbaren Farbenspiels unzähliger Rottöne; daher auch ein weiterer Name des Golfs von Kalifornien: „Zinnobermeer".

Rechts: Die Barranca del Cobre, ein fast unzugängliches System vieler Schluchten und ähnlich spektakulär wie der Grand Canyon.

Der **Malecón**, die beliebte Seepromenade, lädt zu Spaziergängen ein. Auf einem Hügel befinden sich der Marktplatz und die 1861 erbaute **Kathedrale**. Daneben steht heute der moderne Regierungspalast. Wie in so vielen anderen Freizeitzentren wird der Fischfang auch in La Paz großgeschrieben; jedes der größeren Hotels arrangiert Hochseefischfang-Ausflüge.

Ein beliebtes Ausflugsziel ist auch die **Isla Espírito Santo** mit ihrer Seelöwenkolonie. Auf der **Península Pichilingue** nördlich von La Paz, an der auch die Fähren vom Festland anlegen, gibt es schöne **Strände** zum Schwimmen, Windsurfen und Kajakfahren: **Playa Balandra** und **Playa Tecolote** (etwa 25 km) sind die schönsten.

★Los Cabos

An der Südspitze von Baja California hat sich zwischen dem einstigen Missionsstädtchen und heutigem landwirtschaftlichen Zentrum San José del Cabo und dem einst kleinen Fischerort Cabo San Lucas das modernste Urlaubsresort der gesamten Halbinsel entwickelt: **★Los Cabos ⑪** heißt die paradiesische Region, die sich rund 30 km lang parallel zur Küste erstreckt und etwa 200 000 Einwohner zählt. Eine luxuriöse Hotelanlage reiht sich hier an die andere, alle großzügig und elegant gestaltet, in vielseitiger Architektur und mit üppigen, bewässerten Gärten. Beide Städtchen haben Restaurants, Diskos, Bars, Ausflugsunternehmer – und einen eigenen Charme: **San José del Cabo** verfügt über ein Museum und eine Bibliothek; die alte Kirche neben dem Marktplatz ist an der Stelle der ehemaligen Mission errichtet. Der Paseo Mijarés lädt mit seinen schönen Steinarkaden und den ihm umgebenden weißen, blumengeschmückten Häuschen zu reizvollen Spaziergängen ein. In **★Cabo San Lucas** ist der Malecón am Jachthafen populärer Bummelboulevard.

Golfplätze bieten die unterschied-

» Karte S. 118-119, Info S. 131

Foto: Robert Teufelhart

Foto: Heinz Joerissen

lichsten Herausforderungen. Ansonsten ist Hochseeangeln die Hauptbeschäftigung, doch seien auch die Korallengebiete empfohlen: Gerätetauchern bietet sich eine Farbenpracht – Unterwasserhöhlen sowie das größte Korallenriff an der Westküste Amerikas.

Versäumen Sie nicht, eine Bootsfahrt zu ★**El Arco**, dem Steinbogen, zu unternehmen. Seelöwen bevölkern die nahegelegenen Felsen. Die **Playa del Amor** ist der beste Strand der Gegend. **Cabo Falso** ist ein alter Leuchtturm, der an der äußersten Landspitze auf riesigen Felsformationen steht.

An der **Playa Costa Azul**, auf halbem Weg zwischen San José del Cabo und Cabo San Lucas gelegen, kann man hervorragend windsurfen. Reittouren entlang der Strände bieten eine Möglichkeit, die wunderschöne Szenerie einmal aus ganz anderer Perspektive zu erleben. Vergessen sollte man allerdings nicht, ausreichend Bargeld oder die Kreditkarte mitzunehmen: Los Cabos ist – wie die gesamte Baja California – teuer.

★★BARRANCA DEL COBRE

Die **Sierra Madre Occidental** und die **Sierra Tarahumara** zählen zu den unwegsamsten Regionen unserer Erde. Hier herrschen noch weitgehend die Gesetze der Natur; wer sich ihnen nicht anpasst, ist verloren.

Vor der rauen Gebirgslandschaft im Norden Mexikos kapitulierten die Conquistadoren, in ihre Schluchten flüchteten Banditen und Rebellen, und die Tarahumara-Indígenas entzogen sich hier der Christianisierung. Mit zunehmender Besiedlung wurde die Sierra auch zu einem Rückzugsgebiet für bedrohte Tierarten. Nur die Technik eroberte sich über einige hundert Kilometer einen schmalen Streifen, der sich in Form eines Schienenstranges über trostloses Hochland, zerklüftete Berge, tiefe Abgründe und durch massive Felsen bohrt. Auf ihm rollen zwischen Los Mochis am Pazifik und Chihuahua im Hochland die Dieselzüge der *Ferrocarril Chihuahua Pacífico* (Chepe), am Rand eines gewaltigen Irrgartens aus Cañons:

Foto: Volker W. Radke

Die ★★**Barranca del Cobre**, bestehend aus vier Schluchten-Systemen (nur eines ist von der Bahn sichtbar), ähnlich spektakulär wie der Grand Canyon in Colorado. Der „**Kupfer-Cañon**" wird jährlich für Tausende von Reisenden zu einem unvergesslichen Erlebnis; die ★★**Bahnfahrt** zählt zu den aufregendsten und schönsten der Welt.

★★Bahnfahrt von Los Mochis nach Chihuahua

Die im 1-km-Rhythmus angezeigten 920 Bahnkilometer werden ab **Ojinaga** an der Grenze zu Texas gezählt. Bis dort wurde 1914 die Strecke der *Kansas City, Mexico & Oriental Railroad Co.* vollendet. 1902 hatte man mit dem Bau auf der mexikanischen Seite begonnen, aber die Revolution verzögerte die Fortführung bis Chihuahua. Francisco *„Pancho"* Villa, Bandit, später Revolutionär und heute Nationalheld, soll damals an dieser Linie die Spitzhacke und nicht das Gewehr geschwungen haben. 1918 endlich war Ojinaga mit Chihuahua (bei Km 268) verbunden, und 1930 konnte man bis Creel durchfahren.

Oben: Durch Felsdurchbrüche und enge Schluchten in der Barranca del Cobre zwängt sich „El Chepe" zwischen Los Mochis und Chihuahua.

Die Geschichte der Bahn liest sich wie eine Chronik der Pleiten, verzweifelter Privatinvestoren und tollkühner Ingenieure. Alle Welt behauptete, die **Sierra Madre Occidental** mit einer Durchschnittshöhe von 2300 m und einem Gewirr von Schluchten bis zu 1700 m Tiefe sei nicht zu überwinden. Als am 23. November 1961 Präsident Alfonso López Mateos die Gesamtstrecke eröffnete, hatte der Eisenbahnbau 90 Jahre gedauert und etwa 90 Mio. US-$ verschlungen. Die **El Chepe** genannte Bahn (kurz für *ChP/ Ferrocarril Chihuahua al Pacífico*) bohrt sich durch 86 Tunnels, rattert über 39 Brücken und erschnauft sich bei **2461 m ü. M.** den höchsten Streckenpunkt. Insgesamt durchquert sie 17,2 km Tunnelstrecke und mehr als 3,6 km wagemutige Brückenkonstruktionen.

 » Detailplan S. 125, Info S. 131

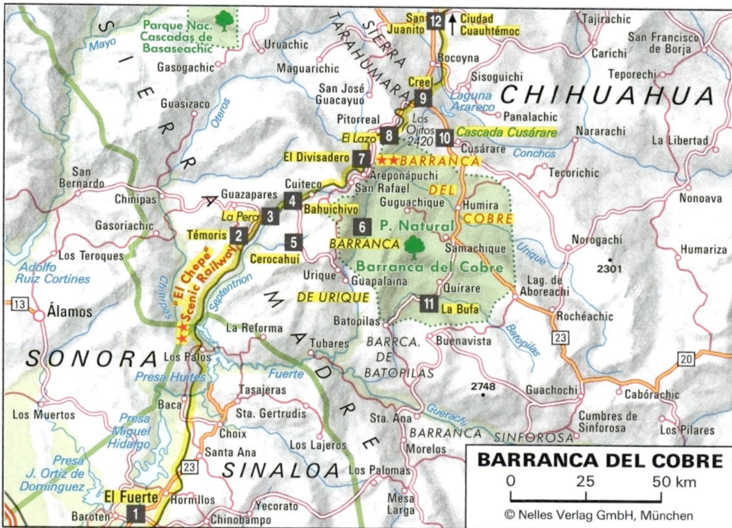

Los Mochis

Beginnen wir das Abenteuer in **Los Mochis** ⓬, 20 km von der Hafenstadt **Topolobampo** entfernt. *Los Mochis* heißt in der Sprache der Mayo-Indígenas „Platz der Landschildkröten". Das klingt zwar romantisch und beschaulich, doch die heute über 220 000 Einwohner zählende Stadt verkörpert eher das Antiklischee eines Mexiko-Touristentraums: Es gibt weder koloniale Barock-Fassaden noch Mariachi-Musiker. Die zahlreichen *zapaterías*, **Schuhgeschäfte** mit Cowboystiefeln, verraten, dass die großen Rinderfarmen nicht weit sind.

Los Mochis (10 m ü.M.) ist traditioneller Ausgangspunkt für eine Reise im *El Chepe*, zur Barranca del Cobre. Grünrote Waggons mit Speise-und Barwagen, gezogen von einer roten Diesellok, bewegen sich Punkt 6 Uhr gen Nordosten, **653 Kilometer** (eingleisig) bis zur Landeshauptstadt Chihuahua (1415 m ü.M.). Viele Touristen steigen jedoch erst zwei Stunden später beim Kolonialstädtchen El Fuerte zu.

Streckenverlauf

60 km hinter **El Fuerte** 1 – einer spanischen Gründung von 1564, später ein Fort, Mission und Silberumschlagplatz, heute Mittelpunkt riesiger Gemüse- und Obstplantagen („Garten von Los Mochis") – überquert der Zug den **Río Fuerte** auf einer 538 m langen Brücke, der längsten von allen. 26 km weiter herrscht über knapp 2 km völlige Dunkelheit. „Tunnel der Diebe" wird die Röhre durch den Berg von jenen genannt, die diese Strecke öfter fahren. Und kaum verlässt die Wagenschlange den Tunnel Nr. 83, tut sich ein Abgrund auf; man schwebt in mehreren hundert Metern Höhe über dem **Río Chinipas**. Unten, an der engsten Stelle, ist eine Fußgängerbrücke zu sehen. Dann folgen zur Beruhigung der Nerven Tunnel auf Tunnel, Eisenbahnercamps und die Station **Témoris** 2, bautechnisch eine der schwierigsten Passagen.

La Pera 3 heiß das nächste technische Meisterwerk, ein 1000-m-Tunnel. Die Landschaft rechts vor der hufeisen-

» Detailplan S. 125, Info S. 131

Foto: Marianne Schiffl-Deiler

förmigen Röhre erscheint nachher links, Minuten später blickt man auf drei sich windende Streckenniveaus gleichzeitig. An der Station **Bahuichivo** 4 sollte man die Fahrt zum ersten Male unterbrechen. In 45 Minuten rüttelt ein Oldtimer-Bus die Gäste zum Hotel *Misión* in **Cerocahui** 5, wo der italienische Jesuiten-Pater Salvatierra 1681 zum ersten Male die Glocken läutete, um Huehueteotl, dem „alten Gott" der Tarahumara, christliche Konkurrenz anzukünden. Die etwa 40 000 *Rarámuri* („Läufer", wie sie sich selbst nennen) haben Christus zwar in ihre Glaubenswelt integriert, ansonsten aber der modernen Zivilisation sehr konsequent den Rücken gekehrt. Weit verstreut leben sie in Familienverbänden noch heute unter Felsen und in Höhlen.

Von Cerocahui gelangt man auf einer Holzfällerstraße zum Rand der grandiosen **Barranca de Urique** 6. Von einem Felsvorsprung schweift der Blick über ein wildes Panorama zerklüfteter Berge. In der Talsohle glänzt das silbrige Band des Río Urique. Eine aufgelassene Silbermine kündet in der brütenden Hitze vom Hochbetrieb vergangener Zeiten inmitten der menschenfeindlichen Umgebung.

Oben: Ein Mädchen vom Volk der Tarahumara (Rarámuri). Rechts: In der sengenden Hitze des Nordens bieten die Kandelaber-Kakteen Menschen und Tieren willkommenen Schatten.

Der „Kupfer-Cañon-Express" El Chepe fährt nicht nach dem Motto *mañana*; den längsten Aufenthalt von maximal 20 Minuten gewährt er an der Station **El Divisadero** 7, wo den Reisenden zwei bekannte Postkartenmotive erwarten: Tarahumara-Frauen mit Handarbeiten und dampfendem Imbiss sowie der spektakulärste Blick in die Schluchten auf der gesamten Strecke. Das Hotel *Cabañas Divisadero Barrancas*, nur steinwurfweit von der Bahnstation entfernt, grenzt an einen gähnenden Abgrund. Von der Station ist es nur ein kleiner Marsch zu einem Aussichtspunkt über der Barranca de Urique, durch den an dieser Stelle in 1200 m Tiefe der Río Urique sein Flussbett zwängt. Der Weg lohnt, die Aussicht ist hier fantastisch.

» Detailplan S. 125, Info S. 131

Foto: Andreas M. Gross

Im übrigen kann man im Hotel Pferde mieten. Ausritte in das Land der Tarahumara sowie Wanderungen hinab in die Cañons werden von einheimischen Führern geleitet. Eine **Seilbahn** führt spektakulär zu einer Aussichtsplattform.

Dann folgt bei Km 585 **El Lazo** 8, eine „Schleife" innerhalb eines Berges, wobei man bei der Ausfahrt den Eingangstunnel über sich sehen kann. Ein technisches Meisterwerk!

Die nächste Station **Creel** 9, mit etwa 6500 Einwohnern ist ebenfalls ein beliebter Übernachtungsstopp. Dieser Ort hat sich zu einem „Wild-West-Dorado" entwickelt: Hotels, Restaurants, Souvenirläden, ein Buchladen und sogar eine Bank ziehen Nutzen von der wachsenden Zahl mexikanischer und ausländischer Touristen.

Auch in Creel kann man Pferde mieten und Bustouren in die nähere und weitere Umgebung buchen, z. B. zur **Laguna Arareco,** einem kleinen künstlichen See; zu den **Cusárare-Wasserfällen** 10; den weiter entfernten **Basaseachic-Wasserfällen** oder gar bis zu dem legendären Gold- und Silberminenort **La Bufa** 11.

Der Rest der Bahnstrecke nach Chihuahua führt über **San Juanito** 12 und **Ciudad Cuauhtémoc**, einer von Deutschen gegründeten Mennoniten-Kolonie, die berühmt ist für ihren Käse. Auf den letzten 100 km bis zur Hauptstadt des Staates Chihuahua häufen sich die Spuren der westlichen Welt: Rinder- und Ziegenherden, armselige Hütten, eine die Bahnlinie begleitende Autopiste und – Müll.

Chihuahua-Stadt

Nach rund 15 Stunden Fahrzeit läuft der Zug unmexikanisch pünktlich auf dem Bahnhof von **Chihuahua** 13 ein, dessen Ortsname in der Sprache der Tarahumara „trockener Platz" bedeutet. Die 1709 als spanische Mission gegründete Stadt ist heute mit 800 000 Einwohnern durch Bergbau, Holzwirtschaft und Rinderzucht recht wohlhabend und Verwaltungssitz des gleichnamigen Bundesstaates. Größte Attraktion neben der

» **Detailplan S. 125, Karte S. 118-119, Info S. 131**

Foto: Ulf Müller-Moewes

churrigueresken, 1725 vollendeten **Kathedrale** an der Plaza de Armas ist das ★**Museo Histórico de la Revolución**. In diesem ehemaligen Wohnhaus Pancho Villas sind zahlreiche Dokumente, sein Steckbrief, Waffen, Fotos und die von Kugeln durchlöcherte Jacke des Banditen und Revolutionshelden ausgestellt.

Mit der Mexikanischen Revolution ist auch der **Palacio de Gobierno** verbunden, ein früheres Jesuiten-Kolleg an der Ecke Carranza / Aldama, in dem 1811 Pater Hidalgo hingerichtet wurde. Monumentale Murales illustrieren die Geschichte des Staates Chihuahua.

Sehenswert ist auch das geschmackvoll in einem Jugendstil-Bau (1907-1910) eingerichtete ★**Museo Regional Quinta Gameros**, das neben schön bemalten Keramiken und anderen archäologischen Funden aus Casas Grandes (Paquimé; s. S. 129) auch antike Möbel sowie Fotos und Gebrauchsgegenstände der im Staat Chihuahua ansässigen Mennoniten beherbergt.

Oben: In der Wüste von Sonora.

DIE GRENZSTAATEN

Die Staaten Mexikos an der Grenze zu den USA sind im Norden überwiegend nur flache Wüste wie die extrem trockene **Desierto de Altar**, die sich im Westen Sonoras entlang des Golfs von Kalifornien entlang zieht und teilweise als **Reserva de la Biósfera del Pinacate y Gran Desierto de Altar** (seit 2013 UNESCO-Welterbe) geschützt ist. Im Süden steigen die Wüstengebiete zu den Gipfeln der Sierra Madre an. Nur fünf Hauptstraßen durchschneiden den trockenen, öden Norden: eine für jeden Grenzstaat. Alle führen südwärts nach Mexiko-Stadt: von Nogales in Sonora, Ciudad Juárez in Chihuahua, Piedras Negras in Coahuila, Nuevo Laredo in Nuevo León und Matamoros in Tamaulipas. Entlang der Straße, die sich hinauf in die Sierra Madre Oriental bzw. die Sierra Madre Occidental windet, wachsen Kakteen und Mezquit-Bäume. Die Städte sind weit voneinander entfernt, dazwischen gibt es kaum Siedlungen – ideal für den Drogenschmuggel.

» Karte S. 118-119, Info S. 131

Sonora

Im Staat **Sonora**, der an Arizona (USA) grenzt, macht man Wüstengebiete durch Bewässerung fruchtbar, doch der größte Teil des Bundestaats besteht aus Lavabetten und Sanddünen. Ein Zaun trennt das mexikanische, 1880 gegründete **Heroica Nogales** ⓮ von seiner Schwesterstadt in Arizona. Für US-Touristen gibt es – abgesehen von Souvenirläden, Bars, mexikanischem Essen, Striplokalen und billiger Zahnbehandlung – wenig Interessantes; die meisten fahren gleich weiter an den langen Sandstrand des aufstrebenden Badeorts **Puerto Peñasco** (450 km).

275 km südlich liegt die moderne Hauptstadt **Hermosillo** ⓯ (350 000 Einwohner); aufregend ist sie nicht. Ihren Wohlstand verdankt sie dem **Rodriguez-Damm**, der den **Río Sonora** nutzbar macht und die Bewässerung ermöglicht. Die Kathedrale an der **Plaza Zaragoza** ist nur für diejenigen interessant, die dort beten wollen. Das **Religionsgeschichtliche Museum** hingegen enthält eine feine Sammlung einheimischer Kunstgegenstände.

Guaymas ⓰, 133 km südlich, ist ein Seehafen am Golf von Kalifornien und ein Umschlagplatz für Krabben; seine Nachbarstadt **San Carlos** präsentiert sich als moderner Ort mit Hotels und Apartmenthäusern, der vor allem von Sportfischern gerne aufgesucht wird.

Chihuahua

An den Osten Sonoras grenzt der Bundesstaat **Chihuahua**, der größte Mexikos und südlicher Nachbar New Mexicos und Texas': 375 km flache Wüstenlandschaft mit Kakteen und Mesquit-Bäumen, bis die Straße die Berge um die Stadt **Chihuahua** (s. S. 127) und die **Barranca del Cobre** (**Kupfer-Cañon**) erreicht (s. S. 123).

Etwa 320 km südlich von Chihuahua liegt der alte Bergarbeiterort **Hidalgo del Parral** ⓱, in dem Francisco *„Pancho"* Villa 1923 ermordet wurde. Ein kleines **Museum** und eine Gedenktafel erinnern daran.

Etwa 8 km südlich der Agrarstadt **Nuevo Casas Grandes** ⓲ (335 km nordwestlich von Chihuahua) breitet sich die bedeutendste archäologische Stätte Nordmexikos aus: ★**Casas Grandes** („große Häuser"), nach einem Náhuatl-Ausdruck auch **Paquimé** genannt. Der aus ungebranntem Lehm (*adobe*) errichteten Stadt kam als bedeutendes Handelszentrum zwischen den Pueblo-Kulturen im Südwesten der USA und Mesoamerika eine Schlüsselrolle zu und erreichte ihren Höhepunkt im 14. und 15. Jh. Die großteils freigelegten Ruinen zählen zum UNESCO-Welterbe; kunstvolle Keramiken aus Casas Grandes sind im Museo de Antropología in Mexiko-Stadt zu bewundern.

Die Grenzstadt **Ciudad Juárez** ⓳ ist mit 1,3 Mio. Einwohnern Mexikos fünftgrößte Stadt und wegen der Nähe zu den USA ein rasch wachsendes, bedeutendes Wirtschaftszentrum. Sie liegt am Südufer des Rio Grande, gegenüber von **El Paso**. Beide Städte sind durch vier Brücken verbunden. Hunderte ungeklärte Morde an Frauen sowie bewaffnete Auseinandersetzungen zwischen Drogenkartellen, Polizei und Militär mit tausenden Toten haben Ciudad Juárez zur gefährlichsten Stadt Mexikos gemacht. Von einem Besuch in Ciudad Juárez warnen nicht nur die USA, sogar die Tourismusministerin riet 2011 davon ab – mehrere Morde pro Tag sprechen für sich.

Coahuila

Der Bundesstaat **Coahuila** grenzt in **Piedras Negras** ⓴ an Texas. Dieser Ort hat etwa 35 000 Einwohner, er bietet in zahlreichen Geschäften diverse Kunstgegenstände zu günstigen Preisen. Während der Sommermonate haben Restaurants, Nachtclubs und Stierkampfarenen geöffnet.

Die Kleinstadt **Parras** ㉑ im äußers-

» Karte S. 118-119, Info S. 131

ten Süden des Bundesstaates, wegen ihrer kolonialen Architektur zum „Pueblo Mágico" ernannt, ist der Geburtsort des Revolutionsführers Francisco Madero. Seit 1597 wird in der Region Wein angebaut; heute produziert **Casa Madero** hier vorzügliche Weine.

Die Hauptstadt Coahuilas ist das 1550 m hoch in der Sierra Madre Oriental gelegene **Saltillo** ㉒ mit 700 000 Einwohnern. Handwerksbetriebe fertigen Töpferwaren, Silberschmuck, Lederwaren und *sarapes* (Wollumhänge für Männer), bei deren Herstellung man zusehen kann. Über der **Plaza de Arma** thront die **Catedral de Santiago** (1746-1801) – ein exzellentes Beispiel churrigueresker Architektur. Der **Alameda-Park**, westlich der Plaza de Armas, enthält einen **Teich** in der Form Mexikos. Das kleine **Fort Carlota** im alten Stadtviertel ist dem Andenken der Ehefrau Kaiser Maximilians gewidmet.

Nuevo León

Nuevo León ist neben Tamaulipas der kleinste der Grenzstaaten und wird im Süden von der **Sierra Madre Oriental** mit dem **Cerro Peña Nevada** (4054 m) durchzogen. Wichtigster Ort ist die Industriestadt Monterrey.

Monterrey

Monterrey ㉓, auf drei Seiten von den schroffen Gipfeln der Sierra Madre Oriente umrahmt, war bis 1882, als die Eisenbahn es mit Laredo (USA) verband, klein und unbedeutend. Die USA finanzierten dann jedoch Hütten- und andere Schwerindustrien. Heute ist die Hauptstadt des Staates Nuevo León Mexikos drittgrößte Stadt mit über 3 Mio. Einwohnern und ein Industriezentrum mit Eisenverarbeitung, Keramikherstellung und Brauereien. Monterrey ist eine moderne Großstadt mit nur wenigen Kolonialbauten. Die örtliche Spezialität ist Mesquite-Holzkohlengrillfleisch, *cabrito* (Zicklein); dazu wird das gute einheimische Bier getrunken. Leider haben Gewalt und Drogenkriminalität wegen rivalisierender Banden stark zugenommen; traurige Berühmtheit hat das Gefängnis Topo Chico erlangt.

Monterrey ist keine Touristenstadt, hat aber einige Sehenswürdigkeiten wie die 1984 gebaute, nahezu 1 km lange ★**Gran Plaza**, dominiert von dem Denkmal **Faro del Comercio** („Leuchtturm des Handels"). Im Süden grenzt an diesen gepflegten, mit Springbrunnen und unterirdischem **Einkaufszentrum** versehenen Platz der **Palacio Municipal**. Der Bau der nahen **Kathedrale** begann 1600; es dauerte jedoch 250 Jahre, bis sie fertig war. Achten Sie auf die reich verzierte Barock-Fassade, den katalanischen Glockenturm (1851) und die Malereien im Inneren. Im Norden der Plaza erhebt sich der **Palacio Federal**, mit einem wunderschönen **Hof** aus dem 16. Jh. Der Blick von den oberen Stockwerken ist bezaubernd. Südlich davon steht der **Palacio de Gobierno** (Regierungsgebäude), der in einer historischen Ausstellung u.a. die Gewehre zeigt, mit denen Kaiser Maximilian 1867 hingerichtet wurde.

Das **Bischofspalais** von 1788 ist das einzige Überbleibsel aus der Kolonialzeit. Während des Mexikanisch-Amerikanischen Krieges (1846-1848) wurde es zu einem Fort; heute birgt es das **Museo Regional** von Nuevo León.

Das **Alfa-Kulturzentrum** ist ein Technologie- und Wissenschaftsmuseum in Form einer riesigen Dose. In einer ehemaligen Brauerei residiert das **Museo de Arte Contemporáneo de Monterrey MARCO**, in dem u. a. Gemälde von Rufino Tamayo, David Alfaro Siqueiros und José Clemente Orozco ausgestellt sind.

Auf dem Gelände eines alten Stahlwerks ist der originelle, weitläufige ★**Parque Fundidora** entstanden, mit Grünflächen, **Stahlmuseum** um einen Hochofen, Industriedenkmälern, Ausstellungsgebäuden, Eisstadion, Rennstrecke, Kino und Spielplätzen etc. (Radverleih und Parkbahn).

 » Karte S. 118-119

TIJUANA (☎ 664)

Secretaria de Turismo, Juan Ruiz de Alarcón 1572, Zona Río, Tel. (664) 682 3367, www.descubrebajacalifornia.com

LORETO (☎ 613)

Museo de las Misiones, Salvatierra (Hauptstraße), Di-So 9-13, 14-16 Uhr.

LA PAZ (☎ 612)

Secretaria de Turismo, Tel. 124 0100 und 124 0103, www.secturbcs.gob.mx, http://visitbajasur.travel.

Flug: Nach Guadalajara, Mexiko-Stadt, Toluca; nach Los Angeles, Houston u. a. US-Städte.
Schiff: **Baja Ferries** verkehren zwischen La Paz / Pichilingue und Topolobampo / Los Mochis sowie zwischen La Paz / Pichilingue und Mazatlán. Tickets (wie auch Fahrkarten für und Touren durch die Barranca del Cobre) bucht man besser vorab: Hügelstraße 23, 61207 Echzell, Tel. 06035/920053, www.nativetrails.de

LOS MOCHIS (☎ 668)

Palacio Municipal, Tel. 816 4000.

Züge verkehren tägl. in beiden Richtungen. Übernachtungsmöglichkeiten auf der Strecke: z. B. **Cabañas Divisadero-Barrancas**, Tel. (635) 578 3060 (Chihuahua), spektakulärer Blick über die Schluchten. Zug „Chihuahua al Pacifico", www.chepe.com.mx, Tel. (614) 439 7212.

Zahlreiche preiswerte Restaurants mit mexikanischer und internationaler Küche findet man auf dem Mercado an der Ecke Obregón / Zaragoza.
El Farallón, an der Ecke Obregon/Angel Flores; Tel. 812 14 28, köstliche Fischgerichte. **Cazadores Steak**, Lázaro Cárdenas No. 317 Pte., Tel. 812 86 95; für Liebhaber guter Steaks.

DIVISADERO

Parque de Aventura Barrancas del Cobre: Mit der Seilbahn in den Cañon, außerdem: Hängebrücken, Canopy-Touren (Seilrutschen), Abseilen an Steilwänden, Fahrradverleih, Reitpferde, Restaurant mit Aussicht. Tel. (635) 589-6805.

CHIHUAHUA (☎ 614)

Palacio de Gobierno, Calles Aldama und Venustiano Carranza.Tel. 01 800 5080 111, 429 3300, www.chihuahua.gob.mx /turismoweb, www.ah-chihuahua.com.

La Casona, Calle Aldama 430 / Ecke Ocampo, nahe Zócalo (Plaza Principal), Tel. 410 0043, in einem repräsentativen Haus des 19. Jh., mexikanische und internationale Küche. **Sabores Mexicanos**, Calle Allende 1104, Tel. 415 1037.

Museo Histórico de la Revolución, Calle 10 No. 3017, Di-Sa 9-19, So 10-16 Uhr. **Museo Regional Quinta Gameros**, Paseo Bolívar 401, Di-So 11-14, 16-19 Uhr.

CASAS GRANDES

Paquimé, Zona arqueológica, Mo-So 8-17 Uhr.

MONTERREY (☎ 81)

Direccion Estatal de Turismo, 5 de Mayo 525 Ore, Edificio Elizondo Páez, Tel. 01 800 707 0911, http://portal.monterrey.gob.mx, www.nl.gob.mx.

Regio, Gonzalitos / Vancouver, Col. Vista Hermosa, Tel. 8348 1331; typ.Gerichte der „Regiomontana". **El Tío**, traditionelle Küche d. Region, schön gelegen; Hidalgo 1746 Pte., Col. Obispado, Tel. 8346 2818.
Gran Pastor, Av. Gonzalitos 702 Sur, Tel. 81 29 44 53; hier das typische Cabrito probieren.

Mercado, Bolivar Norte, auch Souvenirs. **Cerámica Miguel**, Pte. Calle Sur 419, Vorort Garza García, beste Auswahl an Keramik.

Museo de Arte Contemporáneo de Monterrey (MARCO), Gran Plaza, Di-So 10-18, Mi 10-20 Uhr.

Foto: Hans-Horst Skupy

DIE PAZIFIKKÜSTE

ACAPULCO
IXTAPA-ZIHUATANEJO
MANZANILLO
BARRA DE NAVIDAD
PUERTO VALLARTA
MAZATLÁN

★Acapulco

★Acapulco ❶, Mexikos bekannteste Stadt am Pazifik, zieht heutzutage vor allem Mexikaner an; die kriminellen Aktivitäten rivalisierender Drogenkartelle haben den internationalen Tourismus und die Kreuzfahrtankünfte in den letzten Jahren stark zurückgehen lassen.

Nichtsdestotrotz traumhaft ist Acapulcos Lage – herrliche Strände an einer weitgeschwungenen Bucht. Todesmutig springen hier die *clavadistas* von haushohen Felsklippen ins Meer. Francisco Chico entdeckte die **Bahía de Acapulco** am 13. Dezember 1521 und nannte sie Santa Lucia. Den Spaniern diente sie dann als Haupthafen für ihren Ostasien-Handel. 1532 wurde sie in *Ciudad de los Reyes* („Stadt der Könige") umbenannt. Deren 1776 errichtete Festung zerstörte ein Erdbeben; in dem 1799 als **★Fuerte de San Diego** ① oberhalb des Hafens wiederaufgebauten Fort ist heute das **Museo Histórico de Acapulco** untergebracht. Nicht einmal Piratenüberfälle konnten den Aufschwung dieses Küstenabschnittes bremsen, und schon 1579 – unter der Herrschaft Philipps II. – hatte die Stadt 12 000 Einwohner. Der preußische Naturforscher Alexander von Humboldt beschrieb 1803 *Acapulco* (in der Sprache der Nahuatl „von Schilfdickicht bedeckter Ort") als „wild, einsam und romantisch". Es blieb im 19. Jh. ein Fischernest, bis 1928 von Mexiko-Stadt eine Straße zur Küste gebaut wurde. In den 1950er Jahren kamen die ersten Stars aus Hollywood und machten die „Westriviera" zum Hotspot der Reichen und Schönen. „Tarzan" Johnny Weissmüller ist hier begraben.

Links: Acapulco ist für Mexikaner nach wie vor der angesagteste Badeort.

Alt-Acapulco

Die „Ferien-Metropole" mit 1,5 Mio. Einwohnern besteht aus Alt- und Neu-Acapulco. Der **Zócalo** ②, der offiziell **Plaza San Juan Alvarez** heißt, ist das ursprüngliche Zentrum (*Acapulco Tradicional*), in dem ein Stück „altes Mexiko" erhalten geblieben ist. An einer Seite des Platzes liegt die **Catedral de Nuestra Señora de la Soledad** aus den 1940er Jahren, wenige Meter nördlich der **Palacio Municipal** (Rathaus).

Nach wie vor ist die Hafengegend mit dem **Malecón** (Uferstraße) das betriebsame Geschäftszentrum Acapulcos. In diesem Viertel befindet sich der **Mercado de Artesanías** ③, häufig auch *El Parazal* genannt, mit einem breiten Angebot an Souvenirs: Schmuck, Masken, bestickte Blusen, Hängematten, Gemälde, Keramik u. a. Traditioneller ist der **Mercado Municipal** ④, einer der größten des Landes, den auch viele

» Karte S. 136-137, Stadtplan S. 134, Info S. 141

Einheimische aufsuchen. Neben Kunsthandwerk findet man hier viele kleine Lebensmittelläden.

Nicht entgehen lassen sollte man sich die berühmten **★Klippenspringer** (*clavadistas*) von **La Quebrada** ⑤, die sich nach Sonnenuntergang mit brennenden Fackeln von den 42 m hohen Klippen in eine nur 5 m breite Bucht stürzen. Die Mittags-Show und die vier abendlichen Vorführungen kann man vom (teuren) Restaurant des Hotels Mirador Acapulco oder von der Zuschauerterrasse (Eintritt) aus beobachten.

Ein Höhepunkt auf der **Península de las Playas** („Halbinsel der Strände") ist **★Mágico Mundo Marino** ⑥ zwischen der **Playa Caleta** und **Playa Caletilla**. Ein ozeanografisches Museum informiert über das Leben in den Weltmeeren; Wasserrutschen, Seelöwenshows sowie die Fütterung von Piranhas und Haien lassen keine Langeweile aufkommen.

Rechts: Todesmutig stürzen sich die Felsenspringer aus schwindelnder Höhe in die enge Bucht von La Quebrada.

Von beiden Stränden setzten täglich Boote zur **★Isla La Roqueta** ⑦ über. Auf der zum Naturschutzgebiet erklärten Insel kann man sich – abseits der Hotelburgen der Bucht – an der **Playa La Roqueta** herrlich entspannen, tauchen und einen **Zoo** besuchen.

Neu-Acapulco

Neu-Acapulco oder *Zona dorada*, das immer noch wachsende Urlaubsparadies, besteht aus einer über 10 km langen Reihe von Hotelhochhäusern. Die Bucht von Acapulco umfasst 23 Strandabschnitte, an denen fast das ganze Jahr über eine warme, sanfte Brise für Badewetter sorgt. Die **Hochsaison** dauert hier von Mitte Dezember bis Ostern; doch auch in der Regenzeit von Mai bis Oktober sind die Schauer meist nur von kurzer Dauer.

Das nie zur Ruhe kommende Acapulco hält für jeden Geschmack etwas bereit. Nach einem am Strand verbrachten Vormittag kann man über die **Avenida Costera Miguel Alemán** – kurz *costera*

 » Stadtplan S. 134, Info S. 141

Foto: Volker W. Radke

genannt – mit unzähligen Geschäften, Restaurants und Clubs bummeln. Sie passiert den **Parque Papagayo** ⑧, einen großen, auch **Parque Ignacio M. Altamirano** genannten Vergnügungspark mit Karussells, Jahrmarktsbuden, Sport- und Spielplätzen.

Am „Superstrip" der Avenida Costera findet man alles, was das süße Leben unter schilf- (*palapa-*)gedeckten Bistros am Strand zu bieten hat, z. B. an der **Playa Paraíso** und **Playa los Hornos** ⑨ sowie der **Playa Condesa** ⑩.

Das **Nachtleben** der Stadt beginnt erst gegen Mitternacht. Schicke Diners, Tanz, großartige Shows und die angeblich besten Discos der Welt – all das ist Acapulco. Mit Einbruch der Dunkelheit bietet sich eine Fahrt in einer Pferdekutsche (*calendria*) an.

Das Kulturangebot der Neustadt ist groß: Im weitläufigen **Centro Internacional Acapulco** ⑪ finden immer wieder nächtliche Fiestas statt, oder es spielt das *Orquesta Filarmónica de Acapulco*, und das Fuerte de San Diego veranstaltet gelegentlich *Light-and-Sound-Shows*.

Ein weiterer großer Freizeitkomplex mit Wasserrutschen und Swimmingpools, das **CiCi** ⑫ (Centro Internacional de Convivéncia Infantil) in der Nähe der **Playa Icacos**, unterhält die Gäste mit Seelöwen- und Delfin-Shows. Unweit davon liegt das **Centro Cultural Acapulco** mit einer Galerie, einem Kunsthandwerksladen sowie einem kleinen archäologischen Museum.

Ebenfalls an der Costera, nahe der *Baby-O-Disco*, gibt es Kunsthandwerk aus ganz Mexiko im Zentrum **Artesanías Finas de Acapulco (AFA)** ⑬.

Die nähere Umgebung Acapulcos

An der *Carretera Escénica*, der landschaftlich sehr reizvollen Straße zum Flughafen, liegt das exklusive **Las Brisas** ⑭ – lange Acapulcos Hoteladresse Nr. 1. Hinter den Hügeln versteckt sich **Puerto Marqués** – ein traditionelles Fischerdorf – mit einem der schönsten tropischen Strände und einer ruhigen Bucht (Wasserski und Segeln).

Die **Playa Revolcadero** ⑮, etwa

» Stadtplan S. 134, Info S. 141

7 km östlich von Las Brisas, wird von dem an die Azteken erinnernden pyramidenförmigen Hotel *Acapulco Princess* und dem eleganten *Fairmont Pierre Marqués* mit einem großartigen 18-Loch-Turniergolfplatz beherrscht. Ein beliebter Sport an diesem Strandabschnitt ist neben dem Strandreiten in den frühen Morgenstunden vor allem Surfen, das im „Strip"-Bereich Acapulcos verboten ist. *Broncos*, die kleinen Motorboote, kann man überall mieten; beliebt ist Fallschirmsegeln.

Am späten Nachmittag fahren viele Touristen zur hübschen **★Playa Pie de la Cuesta** ⑯ (13 km westlich des Stadtzentrums), um den Sonnenuntergang zu erleben – ein Spektakel in Dunkelorange, Gelb und Purpurrot, das langsam in die samtene Schwärze der Nacht übergeht. Am besten genießt man das Schauspiel mit einer *coco loco* in der Hängematte.

An den Strand grenzt das Vogelschutzgebiet **★Laguna Coyuca** – ein Süßwassersee mit vielen Kokospalmen. Man kann reizvolle **Bootsausflüge** durch das Reservat mit seiner tropischen Fauna und Flora bis nach Barra de Coyuca unternehmen.

Ixtapa-Zihuatanejo

Etwa 230 km nordwestlich von Acapulco im Bundesstaat Guerrero liegen die beiden inzwischen zu einem beliebten Touristenzentrum zusammengewachsenen Urlaubsorte **Ixtapa** und **Zihuatanejo ❷**. Während es sich bei Zihuatanejo um eine der ältesten Siedlungen an der Küste handelt, ist Ixtapa der zweite Ferienort (nach Cancún), der am Reißbrett des FONATUR *(Fondo Nacional de Fomento al Turismo)* entstand.

Ixtapa besitzt einen internationalen Flughafen und Luxushotels, die sich fast alle am Strand zwischen der **Playa del Palmar** und dem von Landschaftsarchitekten angelegten **Paseo del Palmar** befinden. Insgesamt findet man dort mehr als 30 km palmengesäumte, weiße Sandstrände und reizvolle Buchten – wie die **Playa Majahua**, **Playa Hermosa**, **Playa Casa Blanca**, **Playa las**

 » Stadtplan S. 134, Karte S. 136-137, Info S. 141

Cuatas und ganz im Westen die **Playa Quieta**.

Gegenüber der Hotelzeile liegen der auch für die Öffentlichkeit zugängliche **Palma Real Golf Club** (18 Loch) sowie zahlreiche Einkaufsmöglichkeiten und Restaurants. Ein zweiter Golfplatz erstreckt sich westlich bis zum Jachthafen.

Das ehemalige Fischerdorf **Zihuatanejo** (der Name bedeutet in Nahúatl „Land der Frauen") liegt ca. 7 km südöstlich von Ixtapa an der gleichnamigen **Bucht**. Direkt an den **Zócalo** grenzt die **Playa Municipal**. Vom Pier gehen Taxiboote zur **Playa las Gatas** ab. An dem ruhigen, aufgrund des felsigen Grundes zum Schwimmen jedoch weniger geeigneten Strand gibt es zahlreiche Restaurants (frische Austern!).

Über die präkolumbische Besiedlung der subtropischen Küstenregion informiert das **Museo Arqueológico de la Costa Grande** mit überwiegend aus Gräbern stammenden Kunstobjekten.

Das der Küste vorgelagerte Korallenriff bietet auch großartige Tauch- und Schnorchelmöglichkeiten. Östlich der Stadt befindet sich die bei Campern beliebte **Playa Maderas**. Fährt man weiter an der Bucht entlang, gelangt man zur **Playa la Ropa** mit dem Luxushotel **The Viceroy Zihuatanejo**.

Vor der Playa Linda ragen die **Isla Ixtapa** (oder **Isla Grande**) und **Morro de los Pericos** aus dem Wasser, beides Wildlife-Reservate, die mit dem Boot ab **Playa Quieta** oder vom Pier in Zihuatanejo erreichbar sind.

Manzanillo

Das von tropischen Obstplantagen umgebene **Manzanillo** ❸ an Mexikos „Goldküste" – übrigens auf demselben Breitengrad wie Hawaii! – bietet Touristen neben herrlichem Wetter und einsamen Stränden raffinierten Komfort in reizvoller Umgebung.

Die 100 000 Einwohner zählende Stadt Manzanillo liegt auf einer Halbinsel am Südende der **Bahía de Santiago** und **Bahía de Manzanillo**. Der schon vor der spanischen *conquista* bedeutende Seehafen ist heute der wichtigste

» Karte S. 136-137, Info S. 141

an der mexikanischen Westküste. Das Zentrum hat außer dem **Zócalo** allerdings nichts Besonderes zu bieten. Das Nachtleben Manzanillos beschränkt sich auf ein paar Restaurants und die Hotels – in den größten finden abends mexikanische Fiestas statt. Shopping konzentriert sich auf mehrere kleine Plazas, typische Souvenirs erhält man auch im **Mercado Municipal** in der Avenida Cinco de Mayo.

Nach Manzanillo kommt man wegen der schönen, kilometerlangen Strände zu beiden Seiten der Stadt. Ein luxuriöser Treffpunkt des internationalen Jetsets, **Las Hadas**, wurde 1974 auf der **Península Santiago** eröffnet. Mit dem Superluxus-Urlaubsort – 206 Villen, viele Hotels, Golfplatz und Jachtclub – verwirklichte der bolivianische Zinnkönig und Multimillionär Ateñor Patiño einen seiner Träume.

In einer geschützten Bucht an der Spitze der Halbinsel liegt einer der schönsten Strände zum Sonnenbaden und Schwimmen – die **Playa de Audiencia**. Fährt man vom Stadtzentrum Manzanillos die gleichnamige Bucht entlang, kommt man zur **Playa Azul**. Noch reizvollere Strände gibt es weiter nördlich an der Santiago-Bucht: Die abgelegene **Playa de Oro**, den dunklen Sandstrand **Playa Santiago**, die **Playa Olas Atlas** für Body Surfer und die **Playa Miramar** – der beliebteste Surfstrand der Gegend.

Die weiter südlich gelegenen Strände **Playa de Campos de Coco** und **Playa de Venta** sind ebenfalls sehr beliebt. In den Gewässern vor Manzanillo – einem der größten Hochseefischereihäfen der Welt – gibt es vor allem Seglerfisch (Fangzeit November und Dezember), Goldmakrele, Schnappbarsch und Seebarsch sowie zur Gattung der Gelbschwänze zählende Arten (November bis März).

Rechts: Playa de los Muertos, Puerto Vallarta; viel besucht und auch bei der Gay Community sehr beliebt.

Barra De Navidad

60 km westlich von Manzanillo, unweit von Melaque, liegt das malerische Fischerdorf **Barra de Navidad ❹** – noch ein ruhiger Ferienort mit ca. 5000 Einwohnern, mit exzellenten Fischrestaurants am Strand und großartigen Angelmöglichkeiten. Gegenüber entstand auf der Halbinsel **Isla Navidad** ein superluxuriöses Urlaubsresort mit Villen, Hotels und Golfplatz.

Die MEX 200 in Richtung Nordwesten verläuft durch Obstplantagen und Palmenhaine entlang der abwechslungsreichen **★Costalegre** mit verschwiegenen kleinen Buchten und Fischerdörfern.

★Puerto Vallarta

Das ehemalige Fischerdorf **★Puerto Vallarta ❺** ist heute eines der beliebtesten Ferienziele des Landes, in dem der Rhythmus des alten Mexiko und die Moderne eine gelungene Symbiose eingegangen sind. Die an der reizvollen **★Bahía de Banderas** inmitten tropischer Vegetation und dem zerklüfteten Küstengebirge gelegene, immer noch rasch wachsende Stadt mit ihren ca. 260 000 Einwohnern hat den Charme und die Originalität des alten Mexiko bewahrt. Hier findet man noch Kopfsteinpflaster, rote Ziegeldächer, schneeweiß getünchte Häuser, aber auch hervorragende Restaurants und ein lebhaftes Nachtleben.

In den 1950er Jahren war Puerto Vallarta als Mexikos „Klein-Acapulco" bekannt; heute gibt es hier 16 000 Hotelzimmer. Der Aufstieg der Stadt begann mit der Verfilmung von *Night of the Iguana* (Die Nacht des Leguan, 1964) mit Richard Burton und Ava Gardner. Seitdem haben viele Filmproduzenten hier gedreht.

Bekanntestes Wahrzeichen – mit ihrer Krone auf der Kirchturmspitze – ist die **Iglesia de Guadalupe** oberhalb des Hauptplatzes (Zócalo). Unterhalb, direkt am Meer, liegt ein kleines Amphi-

» Karte S. 136-137, Info S. 141

Foto: Martin Siepmann (mauritius images / imageBROKER)

theater, in dem oft Musik oder Theater gespielt wird. Hier beginnt die Uferpromenade Malecón. Den nördlichen Teil, **Paseo del Mar**, zieren originelle Skulpturen und säumen zahlreiche Restaurants und Bars. Südlich führt der neu angelegte Malecón, **Paseo del Cuale**, über den Río Cuale hinweg zu dem populären Sandstrand ★**Playa de los Muertos**. Eine auffällige Attraktion ist hier die neue Schiffsanlegestelle ★**Muelle de los Muertos**, die fast 100 Meter ins Meer hinaus ragt. Am dortigen Aussichtspunkt erhebt sich ein Segel aus Stahl, das nachts in wechselnden Farben angestrahlt wird. Von hier starten **Ausflugsboote** zu kleinen malerischen, von Bergen umgebenen Buchten wie **Quimixto**, **Caleta** und ★**Yelapa** im Süden oder kreuzen in der **Bahía Banderas**.

Auf dem Landweg Richtung Süden zu erreichen sind die **Playa las Estacas**, **Playa Palo Maria** und die ★**Playa Mismaloya** (hier drehte 1964 John Huston *Night of the Iguana* mit Richard Burton und Ava Gardner).

Puerto Vallarta ist berühmt für seine Galerien, die Kunst, Design und hochwertiges Kunsthandwerk anbieten. Ein hübscher Artesanía-Markt auf der kleinen **Isla Río Cuale** lädt zum Bummeln und Feilschen ein. Die meisten großen Hotels befinden sich nördlich der Altstadt nahe der Marina Vallarta an der **Playa de Oro** in Richtung Flughafen.

Wie in allen mexikanischen Touristenorten am Pazifik ist das Sportangebot auch in Puerto Vallarta äußerst vielseitig: In und nahe Vallarta gibt es neun Weltklasse-**Golfplätze**. Fallschirmgleitsegeln, Tauchen, Windsurfen, Schnorcheln und Wasserskifahren ist an den meisten Stränden möglich. Zum Angeln kann man mit Booten hinausfahren, ebenso zur **Walbeobachtung**.

Puerto Vallarta hat natürlich auch Discos, rauschende mexikanische Fiestas (in den großen Hotels) und *charreadas* mit lassoschwingenden Reitern an den Wintersonntagen zu bieten. Im November locken ein internationales Filmfestival und ein Gourmetfestival Besucher in die Stadt.

Foto: Michael Turner (iStockphoto)

Mazatlán

Die *Chibachas*-Indígenas waren die ersten Einwohner des heute als Strandurlaubsziel geschätzten **Mazatlán** ❻ („Platz der Hirsche"). Ab 1531 diente die Bucht den mit Gold aus den Minen der **Sierra Madre Oriental** beladenen spanischen Galeonen als Ankerplatz. Mazatlán wurde erstmals 1602 als Siedlung erwähnt und zog einst wegen der spanischen Schatzschiffe Piraten an, Die Stadtgründung fand 1806 statt. Ab 1850 sorgten deutsche Einwanderer für wirtschaftlichen Aufschwung, und anno 1900 gründeten die Deutschen Evers und Claussen die Brauerei **Pacifico**, die bis heute hier süffiges Bier braut. Sein bedeutender Hafen beherbergt die größte Garnelenfangflotte Mexikos. Über den Golf von Kalifornien besteht eine Fährverbindung nach La Paz in Baja California. In der Stadt verkehren besonders originelle Taxis: *Pulmonia* genannte offene Gefährte. Am lebhaftesten ist Mazatlán während des ★★**Carnaval**, einem der prächtigsten Mexikos, mit farbenfrohen Paraden, Maskenbällen, Tanzgruppen und Feuerwerk.

Oben: Kolonialstil-Fassade in der Stadtmitte von Mazatlan.

Ein großartiger Panoramablick bietet sich von **El Faro**, dem alten Leuchtturm oben auf dem **Cerro del Crestón** an der Spitze der Halbinsel – mit 154 m ü. M. einer der höchstgelegenen Leuchttürme der Welt. Beeindruckend ist auch die Aussicht vom **Cerro del Neveria**, einem früheren Militärposten.

Das restaurierte Zentrum der von einer breiten Strandpromenade umgebenen **Altstadt** markieren der nette kleine **Zócalo** und die **Kathedrale** (1875) mit ihren gelb-blauen Mosaiktürmen, und rund um die **Plazuela Machado** ist immer etwas los. Im ★**Acuario** – mit Zoo und Botanischem Garten – werden rund 250 Fischarten aus der ganzen Welt gezeigt, denn Mazatlán ist das Zentrum der Hochseefischerei Mexikos. In den reichen Fischgründen gibt es u. a. Thun-, Segler-, Schwert- und Blaufisch sowie Seebarsch. Ein Symbol der Stadt ist dementsprechend das große, den Fischern gewidmete **Monumento al Pescador**. Noch erhalten ist das alte spanischen **Fort**. Das touristische Leben spielt sich in der **Zona Dorada** im Norden ab, die von **Punta Camarón** bis zur **Costa de Oro** reicht. Das schönste an Mazatlán ist das 16 km lange Strandgebiet mit der **Playa Olas Altas** (für Surfer), der **Playa Norte** (bei den Einheimischen beliebt), der **Playa Las Gaviotas** (immer überfüllt) und der **Playa Sábalo** – einem geschützten, ruhigen und gepflegten Strand.

130 km südlich, am langen Strand und den Lagunen des auf einer Halbinsel gelegenen Fischerdorfs **Teacapan**, ist ein touristisches Mega-Projekt geplant, mit Jachthäfen, Golfplätzen und Hotels. Bisher gibt es dort nur kleine Hotels und Campingplätze. Man kann vor Ort Bootstouren in die **Mangrovensümpfe** der weitverzweigten Ästuarmündung und zu Vogelinseln buchen.

» Karte S. 136-137

ACAPULCO (☎ 744)

Secretaría de Fomento Turístico (SEFOTUR), Tel. 435 1980, www.acapulco.triangulodelsol.travel.

Unzählige Restaurants finden sich entlang der Costera Miguel Alemán, empfehlenswert: **Pipo's** (No. 105): gute Meeresfrüchte und Fischgerichte. Typisch mexikanische Küche in Alt-Acapulco.

Nächtliches Vergnügen wird in Acapulco groß geschrieben, fast jedes Hotel bietet abends heiße Musik und Tanz in eigener Disco. **Superdiscos** sind:
Baby O, Ecke Costera Miguel Alemán 22 / Nelson.
El Alebrije, Av. Costera Miguel Alemán 3308.
Palladium und **Mandara** (beide Carr. Escenica) haben sensationelle Light-Shows und eine fantastische Aussicht.

Mercado Municipal, Diego Hurtado de Mendoza / Av. Constituyentes, tägl. 7-19 Uhr.
Mercado de Artesanias / El Parazal, Calle Cinco de Mayo, tägl. 10-19 Uhr. Zahlreiche Einkaufszentren entlang der Costera.

Museo Histórico de Acapulco, Fuerte de San Diego, Di-So 9-18 Uhr, gelegentlich Light and Sound-Show.
Casa de la Cultura, Costera 4834, Tel. 484 6626, Mo-Fr 9-14 und 17-18 , Sa 9-14 Uhr.
La Casa de la Máscara, Corredor Cultural (Fuerte de San Diego), Tel. 469 8003, private Maskensammlung, vorwiegend aus Guerrero.

IXTAPA / ZIHUATANEJO (☎ 755)

Oficina de Convenciones y Visitantes, Tel. 553 1270, 553 1570, www.ixtapa-zihuatanejo.triangulodelsol.travel.

Gute Restaurants mit mexikanischer und internationaler Küche findet man in beiden Orten.
Empfehlung: **Kau-Kan**, Carr. Escénica a Playa la Ropa, Tel. 554 8446; die Küchenrichtung ist mexikanisch-mediterran, die Aussicht fantastisch.

Museo Arqueológico de la Costa Grande, Paseo del Pescador, Plaza Olof Palme, Di-So 10-18 Uhr.

MANZANILLO (☎ 314)

Portal Hidalgo 20, Tel. 332 4360, 333 1380, www.vivemanzanillo.com, www.manzanillo.gob.mx, www.gomanzanillo.com

El Vaquero, Crucero Las Brisas 19, Tel. 333 1654, internationale Küche.
Los Candiles, Calle Fco. Gonzales Bocanegra 28 / Av. México, Tel. 332 1080, schmackhafte mexikanische Küche im stilvollen Hotel Colonial.

PUERTO VALLARTA (☎ 322)

Oficina de Convenciones y Visitantes, Zona Comercial, Hotel Canto del Sol Local 18, Planta Baja Zona Hotelera Las Glorias, Tel. 224 1175, www.visitpuertovallarta.com

Palomas, Paseo Diaz Ordaz 610, Tel. 222 2367, populäre Bar und gute mexikanische Küche am Malecón.
La Palapa, Púlpito 103, Tel. 222 52 25, elegante Atmosphäre direkt am Strand (Playa Los Muertos), ausgezeichnete Fischgerichte.

MAZATLÁN (☎ 669)

Coordinacion General de Turismo, Ecke Av. Cámaron Sábalo / Tiburón, Tel. 982 2111, www.mazatlan.gob.mx.

Die Spezialität Mazatláns ist die gemischte Fischplatte (*mariscada*), auf der Königsgarnelen nicht fehlen dürfen.
Bicho's Bar, Ecke Calle Olas Altas 1224 / Constitución, exzellente Meeresfrüchte.
Topolo, Calle Constitución 629/ Benito Juárez, hervorragende Küche.

Acuario, Av. de los Deportes 111 (am Küstenboulevard zw. der Altstadt und der Zona Dorada), tägl. 9.30-18.30 Uhr.

Carnaval, Ende Februar oder Anfang März; Zimmer unbedingt schon mehrere Monate im Voraus reservieren.

Foto: Mireille Vautier

OAXACA

OAXACA
MONTE ALBÁN
VALLE DE OAXACA
PAZIFIKKÜSTE

BUNDESSTAAT OAXACA

Der Bundesstaat Oaxaca ist für viele ein Reiseland par excellence: landschaftlich beeindruckend mit seinen gewaltigen Bergketten und verschwiegenen Badebuchten am Pazifik, einem von den Indígenas geprägten Hinterland – in Oaxaca sind 50 % der Bevölkerung Indígenas, gegenüber 10 % im Landesdurchschnitt – sowie mit einer Vielzahl von präkolumbischen Stätten.

Angesichts der Schönheiten Oaxacas könnte man fast vergessen, dass der Bundesstaat zu den ärmsten Mexikos gehört. In der überwiegend gebirgigen und trockenen Landschaft haben die Menschen es schwer, Ackerbau und Viehzucht zu treiben. Es ist höchste Eile geboten, um mit einem Aufforstungsprogramm der fortschreitenden Erosion, hervorgerufen durch übermäßigen Holzeinschlag, Einhalt zu gebieten. Oaxaca kann die dazu erforderlichen Mittel aber nicht allein aufbringen.

In kleinen Dörfern leben die Indígenas, überwiegend Mixteken und Zapoteken, in einfachsten Behausungen, häufig von der Hand in den Mund. Viele wandern deshalb in die Hauptstadt Oaxaca ab.

Links: Im Bundesstaat Oaxaca leben viele Indígenas (50 %), vor allem Zapoteken.

★★Oaxaca

Das in 1550 m Höhe in einem weiten Tal gelegene und von den Ausläufern der Sierra Madre del Sur umrahmte **★★Oaxaca** ❶ hat ein angenehmes, gemäßigtes Klima. Während tagsüber meist die Sonne scheint, kann es abends recht kühl werden.

Der ehemalige Militärstützpunkt der Azteken, von dem sich der Name *Oaxaca* ableitet, wurde von den Spaniern prächtig ausgebaut: Herrliche Barock-Kirchen, ein- bis zweistöckige Patiohäuser mit schmiedeeisernen Verzierungen, großzügige, reich dekorierte Plazas und breite Kopfsteinpflasterstraßen erinnern an den Ruhm Oaxacas als Bischofssitz. Die UNESCO erklärte 1988 die rund 300 000 Einwohner zählende Stadt zum Welterbe.

Die Stadt ist immer noch Handelszentrum der umliegenden Dörfer. Das wird sichtbar, wenn samstags hunderte Indígenas zum großen Hauptmarkt, dem **Central de Abastos** strömen, um ihre Waren – Gemüse, Früchte und Kunsthandwerk – zum Kauf anzubieten. Doch lebt Oaxaca heute vor allem vom Tourismus.

Rundgang durch Oaxaca

Der arkadengesäumte, von Autoverkehr freie **★Zócalo** (Plaza de Armas,

» Karte S. 149, Stadtplan S. 144, Info S. 154-155

Plaza Central) mit vielen kleinen Cafés und Restaurants ist das Herz der Stadt. Allabendlich finden **Musikveranstaltungen** statt, besonders beliebt sind die Marimba-Bands (Samstag und Montag) sowie der „Mittwoch des Danzón".

Nördlich des Zócalo und östlich der Alameda de León erhebt sich die ★**Kathedrale** ①, die 1535 begonnen und bei einem Erdbeben 1727 schwere Schäden erlitt. Bei dem Wiederaufbau achtete man auf eine besonders solide Statik, die die gedrungene Bauweise mit zwei niedrigen Türmen erklärt. Künstlerisch sehr ausgewogen ist die Gestaltung der barocken Fassade mit Skulpturen, Reliefs und Ornamenten in der Portalzone sowie glatten unverzierten Flächen bei den Türmen. Im neoklassizistischen Inneren sind die Kapellen und die gravierten Glasbilder sehenswert.

Den Zócalo begrenzt im Süden der ehemalige **Palacio de Gobierno** ② (heute Museum) aus dem 19. Jh., in dem ein **Mural** von Arturo García Bustos die Geschichte Oaxacas darstellt.

Rechts: Mixtekischer Schädel mit Türkis-Mosaik aus dem Grab Nr. 7 vom Monte Albán im Museo Regional de Oaxaca.

Gegenüber befindet sich die **Iglesia de La Compañia** ③, die erst kurz vor der Vertreibung der Jesuiten 1767 vollendet und Ende des 18. Jh. den Schwestern der Unbefleckten Empfängnis übereignet wurde.

Lebhaftes Gedränge herrscht auf dem überdachten **Mercado Benito Juárez** ④. Hier werden nahezu alle Dinge des täglichen Gebrauchs und Kunsthandwerk feilgeboten. Obst, Gemüse und Gewürze sind zu malerischen Pyramiden aufgebaut. In den Garküchen gibt es lokale Spezialitäten und exotische Fruchtsaftmischungen, alles lecker und preiswert. Die Fußgängerzone **Calle Macedonio Alcalá** säumen mehrere Souvenir- und Kunsthandwerksläden. Hier liegt auch die **Casa de Cortés** ⑤, ein reizvolles Kolonialhaus, das angeblich 1529 Hernán Cortés in Auftrag gegeben hat. Nach der Eroberung des Azteken-Reichs ließ sich der *Marqués del Valle de Oaxaca* („Graf des Oaxaca-Tals")

» Stadtplan S. 144, Info S. 154-155

in der Stadt nieder. Das hier eingerichtete **Museo de Arte Contemporáneo de Oaxaca** (**MACO**) zeigt zeitgenössische Werke von Künstlern aus Oaxaca, u. a. von Rufino Tamayo (1899-1991).

Der 1576 erbaute **Ex-Convento de Santa Catalina de Siena** ⑥ in der Calle 5 de Mayo 300 beherbergt heute das Nobelhotel **Quinta Real Oaxaca**. Die öffentlich zugänglichen Räume sind teils mit Fresken dekoriert. Hinter meterdicken Mauern logiert man in Zimmern mit offenem Kamin und dem Mobiliar längst vergangener Tage.

Der zweifellos prächtigste Sakralbau der Stadt ist die ★★**Iglesia de Santo Domingo** ⑦. Hinter der wuchtigen **Fassade** mit dem herrlichen Portal und und den beiden azulejos-verzierten Kuppeln der Türme verbirgt sich das in Gold getauchte **Innere** der Kirche (17. Jh.). Das Schiff und die Seitenkapellen sind komplett mit Stuckornamenten verziert, die zu den schönsten Mexikos zählen. An der Decke über dem Eingang ist ein Relief mit dem Stammbaum des hl. Domingo de Guzmán, des 1221 verstorbenen Ordenspatrons der Dominikaner, in Form einer Weinrebe angebracht. Der Blickfang ist der mit Blattgold verzierte spätbarocke **Hochaltar**.

Von den 11 Kapellen ist die prächtigste die 1731 hinzugefügte **Capilla del Rosario** (Rosenkranzkapelle). In der kunstvoll bemalten Kuppel erkennt man Maria mit dem Kinde über Heiligen und Päpsten, darunter in den Gewölbezwickeln die vier Evangelisten.

Das sehenswerte ★**Museo de las Culturas de Oaxaca** ⑧ präsentiert hinter den mächtigen Mauern des Ex-Convento de Santo Domingo archäologische, ethnologische und kolonialzeitliche Kunstwerke. Absolutes Highlight der Sammlung ist der 1932 auf dem Monte Albán in Grab 7 entdeckte ★★**Mixteken-Schatz**. Miniaturmasken und Schmuckstücke aus Gold und Jade, feinste Knochenschnitzereien sowie ein mit kleinen Türkisplättchen geschmückter menschlicher Schädel

Foto: Klaus Thiele

machen den Fund zu einem der bedeutendsten ganz Amerikas. Die Beigaben kommen durch die schlichte Architektur hervorragend zur Geltung.

Das **Museo Casa Juárez** ⑨ gedenkt mit persönlichen Gegenständen an den Präsidenten Benito Juárez, der 1806 in dem zapotekischen Dorf Guelatao bei Oaxaca geboren wurde und in dem Gebäude 1818-1828 als Diener lebte.

Präkolumbische Kunst aller Kulturen des Landes zeigt das ★**Museo Rufino Tamayo** ⑩ (auch **Museo de Arte Prehispánico Rufino Tamayo**), der ehemaligen Privatsammlung des Malers. Zu den Glanzstücken zählen die figürlichen Keramiken aus Westmexiko, eine Stele mit dem Relief eines Maya-Fürsten, mixtekischer Goldschmuck und die zapotekischen Räuchergefäße.

Am westlichen Rand des Centro Histórico besticht die ★**Basílica de Nuestra Señora de la Soledad** ⑪ durch eine ungewöhnlich gestaltete Fassade: um die für Bildwerke zur Verfügung stehende Fläche zu vergrößern, ist sie in mehreren Ebenen angelegt, zudem

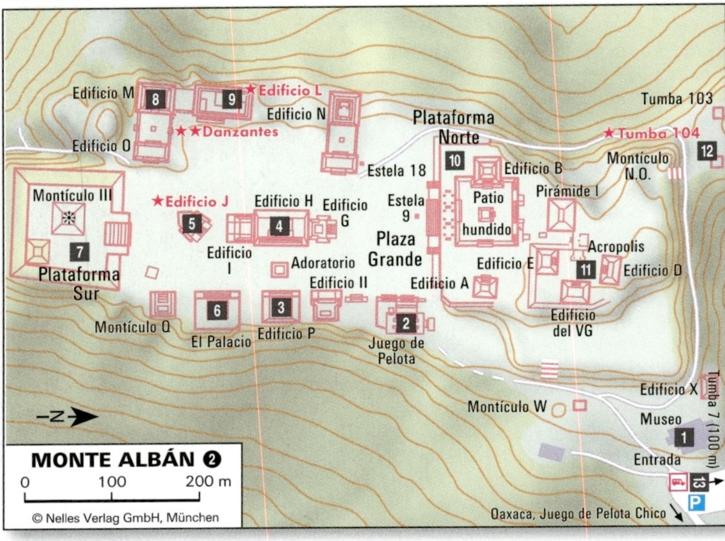

greift sie weit über die schmucklosen Schauseiten der beiden flankierenden Türme aus. Die **Statue** der Stadtheiligen Virgen de la Soledad („Jungfrau der Einsamkeit") trägt eine Robe aus schwarzem, mit Gold und Halbedelsteinen besetzten Gewand und ist am 16. bis 18. Dezember das Ziel von Pilgern und einer großen Prozession.

Die schönste ★**Aussicht** auf die zahlreichen Kolonialgebäude genießt man vom **Cerro de Fortín de Zaragoza** ⑫ der sich rund 100 m über der Stadt erhebt. Auf dem Hügel erinnert ein **Monument** an Benito Juárez, außerdem ist der Ort auch Schauplatz der berühmten ★**Guelaguetza**, bei der Indígenas in farbenprächtigen Kostümen zu überlieferten Melodien tanzen.

★★Monte Albán

★★**Monte Albán** ❷, die großartige Bergstadt der Zapoteken und eine der berühmtesten präkolumbischen Stätten ganz Lateinamerikas, erhebt sich ungefähr 400 m über dem Valle de Oaxaca („Tal von Oaxaca"; s. S. 149). Wer im Frühling den Berg von weißblühenden Bäumen bedeckt sieht, weiß, warum er *Monte Albán* („Weißer Berg") genannt wird. Die Zapoteken nennen ihn *Danipaguache* – „Heiliger Berg".

Es waren vermutlich Olmeken, die die Bergkuppe abtrugen, Terrassen anlegten und Stützmauern errichteten, um auf einem 150 x 300 m großen Plateau eine uneinnehmbare Tempelstadt zu errichten. Rätselhaft ist noch immer, wie es den Olmeken gelungen ist, eine solch unglaubliche Bauleistung zustande zu bringen.

Annähernd 2000 Jahre wurde auf dem Monte Albán gebaut, gelebt und bestattet. Die Stadtgeschichte teilten Altamerikanisten in fünf Perioden ein (Monte Albán I-V):

I (600-200): Die Olmeken oder eine mit den Olmeken verwandte Volksgruppe begründet auf dem künstlich errichteten Plateau die erste städtische

Rechts: Das Edificio L (Palacio de los Danzantes) auf dem Monte Alban.

Foto: Hans-Joachim Arndt

Siedlung mit Flachreliefs; früheste Kalenderzeichen.

II (200 v. Chr.-200 n. Chr): In der späten präklassischen Zeit werden die ersten Monumentalbauten errichtet; es zeigt sich deutlicher Maya-Einfluss.

III (200-800): Blütezeit Monte Albáns unter den Zapoteken; die Gebäude werden von dem aus Teotihuacán übernommenen Talud-Tablero-Stil (Schräg- und Steilwand) ausgeführt; Errichtung der mit polychromen Fresken ausgeschmückten Grabkammern; prächtige Räuchergefäße (so genannte Urnen).

IV (800-1200): Niedergang des Zeremonialzentrums, das anscheinend nur noch als Begräbnisstätte dient.

V (1200-Anfang 16. Jh.): Die Mixteken legen eigene Gräber an oder übernehmen die älteren zapotekischen für ihre Zwecke.

Rundgang durch den Monte Albán

Neben dem Restaurant informiert ein kleines **Museum** 1 mit Stelen, Räuchergefäßen, Reliefs der *danzantes* (s. u.), Totenschädel mit Trepanationen (Schädelöffnungen) und weiteren Objekten über die Kulturabfolge auf dem Monte Albán.

Ordnendes Element der gesamten Kultstätte ist die **Plaza Grande**, ein langgestreckter weitläufiger Platz, um den sich die wichtigsten Gebäude – nach mesoamerikanischer Art meist mehrfach überbaut – gruppieren. Der 41 m lange und 26 m breite **Juego de Pelota** 2 hat die Grundform eines flachen H mit abgeschrägten Wänden. Im Gegensatz zu vielen anderen Ballspielplätzen aus der klassischen und postklassischen Zeit besitzt er keine seitlichen Zielringe, sondern zwei kleine Nischen in den äußeren Ecken der Spielfeldwand.

Von **Edificio P** 3 in der Mitte der östlichen Gebäudereihe konnten Priester mittels eines unter einem **Adoratorio** (Altar) angelegten Tunnels unbemerkt zu den zentral gelegenen **Edificios G, H** und **I** 4 gelangen. Zum Tempel des Gebäudes H führt eine breitgelagerte Treppe – typisch für zahlreiche weitere zapotekische Bauwerke.

» Plan S. 146, Info S. 154-155

Deutlich abgesetzt und ungewöhnlich für die gesamte Raumplanung des Monte Albán ist ★**Edificio J** 5, auch **Observatorio** genannt. Es ist eines der ältesten Bauwerke auf dem Plateau und diente möglicherweise astronomischen Beobachtungen. Auf den Basissteinen des Oberbaus sieht man Ritzzeichnungen, die wohl **Namensglyphen** von unterworfenen Stämmen oder Städten wiedergeben.

Der so genannte **Palacio** 6 diente mit seinen nur noch als Mauerreste erkennbaren Räumen vielleicht hohen Würdenträgern als Wohnung. Unter dem Patio legte man in der Periode Monte Albán IV ein kreuzförmiges Grab an.

Den großen Zeremonialplatz schließt im Süden die gewaltige, bisher nur zum kleinen Teil ausgegrabene **Plataforma Sur** 7 ab, vielleicht das religiöse Zentrum Monte Albáns. Am Fundament finden sich einige Reliefs, in der Mitte führen 42 Stufen auf die Plattform, von der sich besonders bei Sonnenuntergang eine fantastische ★**Aussicht** auf die archäologische Stätte und die umgebende Talsenke von Oaxaca bietet.

Oben: Relief eines so genannten Tänzers (danzante) von Edificio L.

Die südwestliche Ecke des Großen Platzes begrenzt das **Edificio M** 8, durch einen Vorbau mit breiten Treppen und einen Patio (Innenhof) mit Altar von Osten zugänglich.

Daran schließt sich im Norden ★**Edificio L** 9 an, das berühmteste Bauwerk auf dem Monte Albán, dessen Raumaufteilung auf eine Residenz deuten lässt. Für die Konstruktion verwendete man ältere Reliefs mit Menschenfiguren, die unverkennbar olmekisch oder olmekisch beeinflusst sind und aufgrund ihrer eigentümlichen Haltung ★★**Danzantes** („Tänzer") bezeichnet werden. Sie tragen meist Ohrpflöcke als Würdezeichen, umgeben von altertümlichen, bisher nur in Ansätzen entzifferten Glyphen. Die Deutung dieser teilweise bärtigen, ausnahmslos nackt dargestellten Figuren ist sehr umstritten, wahrscheinlich handelt es sich um misshandelte oder unter Drogen stehende gefangene Herrscher fremder Volksgruppen. Die Reliefs an der Tempelwand sind größtenteils durch Kopien ersetzt, die Originale kann man im Museum (s. o.) studieren.

In der Nordwestecke des Komplexes steht die **Stele 1** mit dem Relief eines auf einem Hügel sitzenden Jaguars mit den Attributen des zapotekischen Regengottes Cocijo.

Das einmalige Architekturensemble ergänzt im Norden die monumentale, 12 m hohe **Plataforma Norte** 10. Der weitausladende Komplex wird häufig als die Hauptresidenz der zapotekischen Herrscher interpretiert. Über eine breite Treppe gelangt man zu einer nur in Resten erhaltenen **Säulenhalle**, von der weitere Stufen in einen **Patio Hundido** („versenkter Innenhof") hinab führen. Nordöstlich erhebt sich die so genannte **Akropolis** 11 – vier um einen Platz angeordnete Pyramiden.

Der bekannte mexikanische Archäologe Alfonso Caso hat in Monte Albán

» Plan S. 146, Info S. 154-155

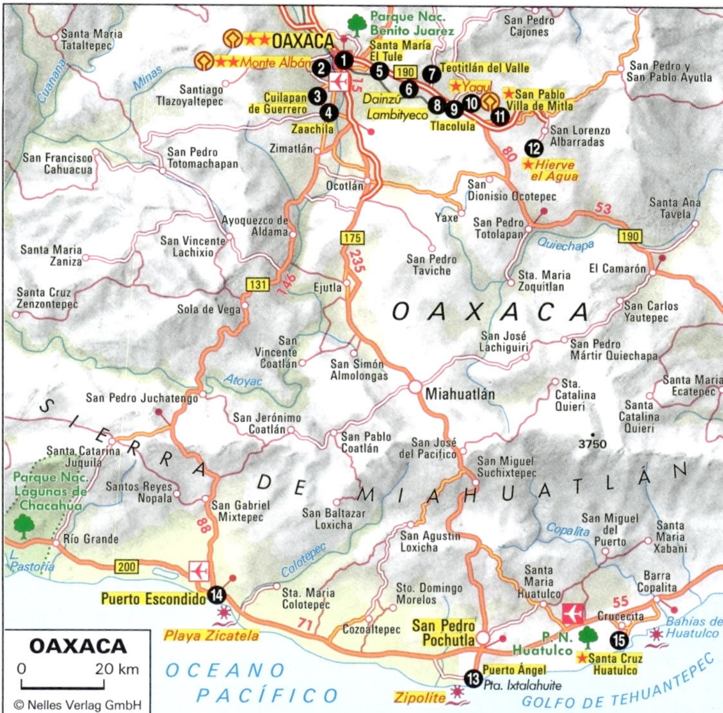

insgesamt mehr als 175 **Gräber** freigelegt. Besonders bemerkenswert ist die ★**Tumba 104** 12 wegen ihrer polychromen Wandmalereien. Diese vermitteln einen Eindruck vom früheren farbenprächtigen Erscheinungsbild der gesamten Anlage. Grab 104 ist wie die meisten anderen geschlossen; eine Rekonstruktion mit allen Funden befindet sich im Museo Nacional de Antropología in Mexiko-Stadt.

Da die meisten Bestattungen bereits geplündert waren, war die Entdeckung der unversehrten **Tumba 7** 13 1932 eine große Sensation. Experten sprachen vom größten und kostbarsten bisher in Mexiko gefundenen Grabschatz. Dieser ist heute im **Museo de las Culturas de Oaxaca** (s. S. 145) zu bewundern.

★VALLE DE OAXACA

Im ★**Valle de Oaxaca** („Tal von Oaxaca") laden indianische Dörfer der Zapoteken und Mixteken sowie archäologische Stätten in landschaftlich reizvoller Umgebung zu Ausflügen abseits der MEX 190 ein.

Cuilapan de Guerrero

13 km südwestlich von Oaxaca liegt **Cuilapan de Guerrero** ❸, das zur Zeit der Conquista eine der bedeutendsten Siedlungen der Mixteken war (bescheidene Ruinen südlich des Dorfes).

Sehenswert sind die Ruinen des 1555 begonnenen, jedoch unvollendet gebliebenen ★**Convento de Santiago**

Apóstol, der einst eines der bedeutendsten Dominikaner-Klöster Mexikos war, ehe die Mönche 1663 nach Oaxaca übersiedelten. Ein beliebtes Fotomotiv sind die gotischen Arkaden der dachlos gebliebenen Kirche, interessant sind zudem die Kanzel, etwas verblasste Fresken und das Grab einer zum Christentum bekehrten mixtekischen Prinzessin. Von den Mönchszellen im Obergeschoss genießt man eine hervorragende **Aussicht**.

Zaachila

Die letzte Hauptstadt der Zapoteken nach der Aufgabe des Monte Albán war **Zaachila ❹**, 17 km südlich von Oaxaca. Reizvoll ist der Besuch des kleinen Orts am Donnerstag, wenn auf dem **Markt** die Indígenas Vieh und Lebensmittel feilbieten. Die **Zona Arqueológica** ist bisher nur zu einem kleinen Teil erschlossen. Aufsehen erregten in den 1960er Jahren zwei zapotekische **★Kammergräber**. Tumba 1 schmücken plastische Figuren von Jaguaren und eine Eule mit ausgestreckten Flügeln; Die Konstruktion von Tumba 2 ist einfacher, doch fand man hier einen mixtekischen Grabschatz mit Gold- und Jadeobjekten (heute in Mexiko-Stadt).

Santa María El Tule

Fährt man auf der MEX 190 von Oaxaca nach Osten in Richtung Santo Domingo Tehuantepec, bietet sich als erster Stopp **Santa María El Tule ❺** an. Das weithin bekannte Wahrzeichen des kleinen Dorfes ist eine riesige **★Sabino-Zypresse**, die eine Höhe von 40 m und einen Umfang von 42 m aufweist. Fachleute geben das Alter des Baumes mit über 2000 Jahren an; er wäre damit der älteste des amerikanischen Kontinents. Bei einem vom 5.-11. August stattfindenden kirchlichen Fest wird die Zypresse mit Girlanden und Blumen geschmückt. In der **Pfarrkirche** daneben finden häufig lokale Zeremonien statt. Der gegenüberliegende, von Indígenas betriebene **Kunstgewerbemarkt** lohnt einen Besuch.

Rechts: Hier werden Tortillas auf einem Comal gebacken.

Dainzú

Nahe der Hauptstraße liegt eine archäologische Stätte, die v. a. im mittleren und späten Präklassikum 600-100 v. Chr. (Monte Albán I und II) besiedelt war: **Dainzú ❻**. Hauptattraktion sind an der Basis einer Stufenpyramide die in Stil und Thema an die sog. *Danzantes* (s. S. 148) erinnernden **★Flachreliefs** mit olmekischem Einfluss. Bei vier dieser Figuren handelt es sich möglicherweise um Schutzpatrone oder Götter des rituellen Ballspiels.

Teotitlán del Valle

Das von Zapoteken bewohnte Dorf **Teotitlán del Valle ❼** (ca. 25 km von Oaxaca) ist weithin bekannt für seine qualitätvollen Webarbeiten. In Familienbetrieben fertigen die Bewohner auf manuellen Webstühlen (*telares*) neben Ponchos (*sarapes*) v. a. Läufer und Decken (*tapetes*) in unterschiedlichster Größe. Zum Färben der handgesponnenen Wolle nimmt man – wie seit Jahrhunderten – fast ausschließlich Pflanzen, Mineralien und für das Karminrot die bekannte, aus getrockneten Blattläusen gewonnene Cochenille.

Im der Umgebung der **Pfarrkirche** (17. Jh.) und eines kleinen **Marktes** kann man in Verkaufswerkstätten den Webern bei der Arbeit zusehen.

Lambityeco

Etwa 5 km weiter liegt südlich der Hauptstraße die archäologische Stätte **Lambityeco ❽**. Sehenswert in der nur zu einem Teil erforschten zapotekisch-mixtekischen Siedlung (900-1200 n. Chr.) sind exzellent modellierte Stuck-

 » Karte S. 149, Info S. 154-155

Foto: Mireille Vautier

plastiken und -reliefs, vor allem eine weibliche und eine männliche Person mit ihren Namensglyphen sowie die Masken des zapotekischen Fruchtbarkeitsgottes Cocijo.

Tlacolula

In dem kleinen Dorf **Tlacolula ❾**, 32 km östlich von Oaxaca, strömen Touristen wie Einheimische jeden Sonntag zum lebhaften **★Mercado** in der Calle Juárez. Die Hauptstraße ist dann voll mit zapotekischen Händlern, die Lebensmittel, Räucherharz (*copal*), Gebrauchsgegenstände sowie Kunsthandwerk, z. B. Ledergürtel und Taschen, anbieten. Sehenswert ist zudem die 1647 vollendete **Pfarrkirche** und die angrenzende **Capilla del Santo Cristo** (Christus-Kapelle) mit kunstvollen Stuckornamenten.

Zwei Spezialitäten Tlacolulas sind zu empfehlen: geröstete **Heuschrecken** (*chapulines*) und der Agavenschnaps **Mezcal** – es muss nicht der „mit dem Wurm" sein.

★Yagul

Wenige Kilometer nach Tlacolula führt links ein Weg zur archäologischen Stätte **★Yagul ❿** („alter Baum"), dessen Blütezeit in die frühe Postklassik (900-1200) fällt. Bedeutendstes Gebäude der zapotekischen und später mixtekischen Stadt ist der **Palacio de los Seis Patios**, wohl eine Herrscherresidenz, deren Räume und Gänge sich um sechs große Innenhöfe gruppieren.

Der **Juego de Pelota** (Ballspielplatz) besitzt ähnlich wie derjenige auf dem Monte Albán geböschte Seitenmauern. Mit 38 m Länge ist er nach Chichen Itzá der größte Mesoamerikas. In Yagul entdeckte man insgesamt 30 **Gräber**, von denen das eindrucksvollste unterhalb des **Patio de la Triple Tumba** („Hof des dreifachen Grabes") liegt, ein von vier kleinen Pyramiden umgebener Platz.

Lohnend ist der etwas mühsame Aufstieg auf das die Stätte überragende **Felsplateau** mit den Resten einer Festung. Von hier hat man eine fantastische **★Aussicht** auf das Valle de Oaxaca.

Foto: Jürgen Bergmann

★Mitla

Von besonderer Schönheit sind die geometrischen **★★Mosaiken** im Ort **★Mitla** ⓫ (44 km östlich von Oaxaca). Hier, in einem vom gleichnamigen Fluss durchzogenen Tal, liegen fünf Gebäudegruppen, von ihren Erbauern allesamt nach Süden ausgerichtet. Die am Werk gewesenen mixtekischen Steinmetzen waren Meister ihres Handwerks: Unzählige kleine Steinziegel wurden von ihnen so behauen, dass nach dem Zusammensetzen der Eindruck eines Mosaiks entstehen musste. Der Höhepunkt dieser Kunst ist in der **★★Grupo de las Columnas** („Gruppe der Säulen") zu sehen. In einem Innenhof, dem Patio de las Grecas, und in den angrenzenden Räumen sind zahlreiche kunstvolle Mäander- und Rautenmuster zu bewundern. Durch die Tropensonne erwachen die steinernen Ornamente zu neuem Leben. Schätzungsweise mehr als 100 000 Steine mussten für den Palast bearbeitet werden. Bemerkenswert groß war der Saal des Palastes: Er misst 40 x 7,50 m. Sechs über 4 m hohe Säulen, die früher ein Flachdach trugen, gaben dem Palast seinen Namen.

Oben: Steinmosaiken schmücken die Paläste in Mitla. Rechts: Eine familiäre Atmosphäre kennzeichnet das Strandleben in Puerto Ángel.

★Hlerve el Agua

Ein schönes Naturschauspiel 28 km östlich von Mitla ist **★Hierve el Agua** ⓬. Besonders kalkhaltiges Wasser formte hier an einer Abbruchkante zwei hohe, gleichsam erstarrte Wasserfälle; darüber kann man sich in einem großen natürlichen Wasserbassin herrlich entspannen.

DIE PAZIFIKKÜSTE

Puerto Ángel

Dies war lange eine der ärmsten Regionen Mexikos, bis sich der Tourismus von der Stadt Oaxaca aus auch auf die Küstengebiete ausdehnte. Über Jahre

» Karte S. 149, Info S. 154-155

Foto: Volker W. Radke

hinweg bevölkerten Rucksacktouristen das 9000 Seelen zählende Fischerdorf **Puerto Ángel** ⓭. Während der 1960er Jahre zog es die Aussteiger bis zu den tropischen Gefilden an der Bucht, von denen einige die urwüchsige Natur erleben, andere einfach nur in Hängematten am Strand (*playa*) schlafen wollten.

Kaffee und Bohnen wurden einst hier verschifft, und aus dieser Zeit stammt noch der lange **Pier**. Als aber die Straße nordwärts über die Sierra Madre del Sur nach Oaxaca das ganze Jahr über passierbar wurde, geriet der Kleinhafen in Vergessenheit, weshalb heute noch so viel von ihm erhalten ist. Dennoch steht hier ein riesiges **Hotel**, das *Ángel del Mar*, von dessen obersten Stockwerken aus man einen prächtigen Blick über die ganze Bucht hat. Dieses Hotel wurde zu einer Zeit gebaut, als man hoffte, die Stadt würde eine große Zukunft als Touristenort haben. Der ganz große Touristenboom blieb bisher aus. Das wissen vor allem junge Leute zu schätzen.

Neben dem städtischen Strand gibt es auch in der Umgebung noch viele schöne Strände, an denen man baden (Vorsicht, teils gefährliche Strömungen!) und sich sonnen kann. 8 km westlich von Puerto Ángel entfernt liegt der Strand **Zipolite**, an dem man relaxen und dazu eine Hängematte oder eine kleine Hütte (*cabaña*) mieten kann. Billig speist man in den Restaurants am Strand, die mit Strohdächern (*palapas*) versehen sind. In einer von Felsen geschützten Bucht darf man schwimmen, wie Gott einen erschaffen hat – eine in Mexiko seltene Gelegenheit zum FKK. In der Umgebung von Puerto Ángel kann man noch touristisch fast unberührte Natur genießen.

Puerto Escondido

70 km westlich liegt ein weiterer Fischerort, **Puerto Escondido** ⓮ („versteckter Hafen"), der sich besser entwickeln konnte, da die Hauptstraße nach Acapulco durch den Ort führt.

Puerto Escondido ist ein **Paradies für Surfer** und zieht Anhänger dieses Sports aus der ganzen Welt an. Auch in-

» Karte S. 149, Info S. 154-155

ternationale Wettbewerbe werden auf der „Mexican Pipeline" ausgetragen. Die monumentalen Wellen, die an der **Playa Zicatela** anbranden, können bis zu sechs Meter hoch werden.

Zum Schwimmen und für ruhigeren Wassersport bieten sich weitere Strände in der Umgebung an, die man per Boot oder zu Fuß erreichen kann.

Mitten in der Stadt liegt die **Playa Principal**. Dahinter spielt sich auf der Fußgängerzone **Adoquin** das touristische Leben ab. Hier befinden sich Restaurants, Bars und viele Geschäfte.

Beliebte Ausflugsziele sind westlich von Puerto Escondido die **Laguna de Manialtepec** (18 km) und der **Parque Nacional Lagunas de Chacahua** (ca. 80 km). Auf Bootstouren kann man die vielfältige Flora und Fauna entdecken.

Östlich ist in **Mazunte** die **Schildkrötenaufzucht** sehenswert.

★Huatulco

Im Osten von Puerto Ángel ist – in den Buchten von **★Huatulco** ⓯ – ein großes Urlaubszentrum mit internationalem **Flughafen** entstanden. Neun unterschiedliche Buchten sind zu entdecken, manche sind nur mit dem Boot zu erreichen, an andere, etwa zur malerischen **Bahía La Entrega**, wurden Straßen gebaut. Überall servieren Freiluftrestaurants Fischgerichte. Rund um die **Bahía Tangolunda** haben sich Luxushotels wie das *Quinta Real* an einem steilen Hang, das *Camino Real* mit dem größten Stück Strand und mehrere All-Inclusive-Hotels angesiedelt. Nördlich zieht sich ein **Golfplatz** den Hang hinauf.

Zentrum von Huatulco ist **Santa Cruz** an der gleichnamigen Bahía, ein hübsches Städtchen mit kleinem Bootshafen und einem schattigen Zócalo.

Landwärts sind in der neuen, typisch mexikanisch angelegten Siedlung **La Crucecita** weitere Restaurants, Bars und preiswerte Hotels zu finden.

Hier gehen regelmäßig Kreuzfahrtschiffe vor Anker.

OAXACA (☎ 951)

SECTUR, Av. Juárez 703, Tel. 502 1200, www.oaxaca.travel, www.ciudaddeoaxaca.org.

El Asador Vasco, Portal de Flores 10-A, am Zócalo, Tel. 514 4755, typische regionale Küche, z. B. *mole*-Gerichte.
Coma Agua pa Chocolate, Calle Hidalgo 612, Tel. 516 2917, Blick vom 1. Stock auf den Alameda-Park, regionale Küche.
Casa Oaxaca, Constitución 104, Tel. 516 8531; regionale Spezialitäten modern interpretiert; unbedingt reservieren. **La Olla**, Calle Reforma 402, Tel. 516 6668, Restaurant mit Galerie, Bar und Café, regionale Küche.

Museo de Arte Contemporáneo de Oaxaca (MACO), Calle Macedonio Alcalá 202, Mi-Mo 10.30-20 Uhr. **Museo de las Culturas de Oaxaca**, Calle Alcalá, im Kloster neben der Iglesia de Santo Domingo, Di-So 10-20 Uhr. **Museo de Arte Prehispánico Rufino Tamayo**, Av. Morelos 503, Mo, Mi-Sa 10-14 Uhr und 16-19 Uhr, So 10-15 Uhr. **Museo Casa Juárez**, García Vigil 609, Mi-So 10-14 Uhr. **Museo de los Pintores Oaxaqueños**, Av. Independencia 607, Di-So 10-18 Uhr. **Museo Textil de Oaxaca**, Calle Hidalgo 917, tägl. 10-20 Uhr. **Museo del Palacio, Espacio de la Diversidad**, Ex-Palacio de Gobierno, Di-Sa 9-19, So 9.30-17 Uhr.

Oaxaca ist berühmt für **Kunsthandwerk** der Indígenas, v.a. Töpferei und Weberei. Schöne Keramik kommt aus Atzompa und Coyotepec, Weberei aus Teotitlán del Valle. **Mercado Benito Juárez** (Halle), Ecke Calle 20 de Noviembre / Las Casas, u. a. *rebozos* (bunte Schals), *serapes* (Umhänge) und *huipiles* (Blusen, Hemden). **Mercado del 20 de Noviembre**, südlich der Iglesia de San Juan de Dios, v. a. Lebensmittel.
Mercado Sábado (Mercado de Abastos), v. a. Lebensmittel, dieser Markt wird v. a. samstags von vielen Einheimischen der Region besucht.
Mercado de Artesanías, Ecke Calle J. P. García / I. Zaragoza, v. a. Textilien.
Arte de Oaxaca, Murguía 105, ausgefallenes Kunsthandwerk.

» Karte S. 149

Virgen de la Soledad, am 16.-18. Dezember große Fiesta zu Ehren der Stadtpatronin mit Korso und Folklore.

La Guelaguetza, an den beiden auf den 16. Juli folgenden Montagen (Lunes del Cerro) im Auditorio auf dem Cerro de Fortín, traditionelle Tänze aus allen Regionen des Bundesstaates; Rahmenprogramm mit Kunst und Musik. **Noche de los Rábanos** („Nacht der Radieschen"), 23. Dezember, seit 1897 jährlich auf dem Zócalo durchgeführter Wettbewerb mit kunstvollen Rettichskulpturen.

Rund 20 Indígena-Dörfer in der Sierra Norte haben sich zu „**Pueblos Mancomunados**" zusammengeschlossen, bieten Touren zur Naturbeobachtung und sportliche Unternehmungen an und geben Einblick in ihren Alltag. www.ecoturismoenoaxaca.com, www.sierranorte.org

MONTE ALBÁN

Zona arqueológica, 9,5 km westl. von Oaxaca, tägl. 8-17 Uhr, Busse fahren mehrmals tägl. vom Hotel Riviera del Ángel ab. Am Eingang befindet sich ein **Restaurant** mit schöner Terrasse sowie ein exzellent eingerichtetes **Museum**.

SANTA MARÍA EL TULE

Fiesta Árbol de Tule, zweimal im Jahr (2. Montag im Oktober und 5.-11. August) stattfindendes großes Dorffest.

TEOTITLÁN DEL VALLE

Tlamanalli, Calle Juárez 39, sehr geschmackvoll eingerichtetes Restaurant; relativ teure, jedoch sehr gute Oaxaca-Küche. Di-So nur 14-16 Uhr: Tel. (951) 524 4006.

DAINZÚ, LAMBITYECO, YAGUL

Zona arqueológica, tägl. 9-17 Uhr.

TLACOLULA

Jeden Sonntag großer **Markt** in der Calle Juárez mit Lebensmittel, Kunsthandwerk und Gebrauchsgegenständen.

MITLA

Zona arqueológica, 44 km östlich von Oaxaca an der Ruta 190, tägl. 8-17 Uhr, Busse fahren mehrmals täglich vom 2.-Klasse-Busbahnhof.

PUERTO ÁNGEL (☎ 958)

Einfache Straßencafés und Restaurants finden sich vor allem am Hafen und an der Playa del Panteón. Die schmackhaften Meeresfrüchte, u. a. Hummer, sind hier nahezu überall zu empfehlen. **Brico's y Cornelia**. **El Capi**. **Restaurant Susy**. **Beto's**. **El Tiburon**, am Busbahnhof.

PUERTO ESCONDIDO (☎ 954)

Módulo de Información Turística, Calle Pérez Gasga, Tel. 582 1186.

Guadua, nahe Punta Zicatela, Fusion-Küche, Bar und Partys.

El Cafecito, Calle del Morro s/n, Playa Zicatela, recht gute und preiswerte mexikanische Küche.

Los Crotos, Av. Alfonso Perez Gazga s/n, Fußgängerzone El Adoquín.

HUATULCO (☎ 958)

Delegación de Turismo en Huatulco, Sectur, Blvd Benito Juárez s/n, Bahía de Tangolunda, Tel. 581 0176.

Gute Restaurants findet man in den Hotels, einfache Gerichte und Snacks bekommt man an der Marina und an der Plaza von La Crucecita.

El Sabor de Oaxaca, im Hotel Maria Mixteca, La Crucecita, Tel. 587 0060.

L'échalote, Calle Zapoteco, Playa Chahué, Tel. 587 2480, gutes Essen, angenehmes Ambiente, Mo geschl.

Von der Marina fahren Boote zu einsamen Stränden oder zum Schnorchel- und Tauchausflug.

Im Hinterland kann man Kaffeeplantagen besichtigen, Reiten, Mountainbike fahren. Rafting, Klettern und Touren mit Quads gehören zum Angebot.

Foto: Volkmar E. Janicke

CHIAPAS

P. N. CAÑON DE SUMIDERO
SAN CRISTÓBAL DE LAS CASAS
P. N. LAGUNAS DE MONTEBELLO
TONINÁ / AGUA AZUL
PALENQUE
BONAMPAK / YAXCHILÁN

CHIAPAS

Chiapas wird begrenzt vom tropischen Tiefland Tabascos im Norden, dem Istmo de Tehuantepec – der Landenge und natürlichen Grenze zwischen Nord- und Mittelamerika – im Westen, dem Pazifik im Süden und Guatemala im Osten. Charakteristisch für den südlichsten Bundesstaat Mexikos sind der hohe Anteil Indigener an der Bevölkerung (Tzeltales, Tzotziles, Tojolabales, Lacandones und andere Maya-Gruppen). Es gibt ausgedehnte Wälder mit Karibischen Pinien (*Pinus caribaea*) im Hochland und tropischen Regenwald im Tiefland. Chiapas hat mit dem benachbarten Guatemala kulturgeschichtlich, klimatisch und vegetationsgeografisch vieles gemeinsam; erst 1824 trennte sich Chiapas von Guatemala und gehört seitdem zu Mexiko.

Schlagzeilen macht die landschaftlich bezaubernde, aber sehr arme, unterentwickelte Region, seit sich 1994 das *Ejército Zapatista de Liberación Nacional* (EZLN, „Zapatistisches Nationales Befreiungsheer") erhob, um mit Gewalt eine Verbesserung der indianischen, meist bäuerlichen Lebensverhältnisse und die Anerkennung der indigenen Kultur zu erreichen. Heute ist dieser Kampf eher ein politischer um mehr Autonomie für die Indigenas.

Links: Kirche und Markt in San Juan Chamula.

Tuxtla Gutiérrez

Das quirlige, sehr moderne **Tuxtla Gutiérrez ❶** mit rund 540 000 Einwohnern steht in krassem Gegensatz zu seinem von Indígenas bewohnten Umland. Die Stadt ist seit 1892 Verwaltungszentrum von Chiapas und erlebte Mitte des 20. Jh. durch Erdölfunde einen wirtschaftlichen Aufstieg.

Sehenswert ist das ★**Museo Regional de Chiapas** im Parque Madero, in dem Olmeken- und Maya-Objekte präsentiert werden, wie die berühmte Stele 2 aus Chiapa de Corzo (s. u.).

5 km außerhalb des Zentrums liegt der ★**Parque Zoológico Miguel Alvarez del Toro** (ZooMat), mit großzügigen Gehegen auf 139 ha Gesamtfläche. Gezeigt wird nur die Fauna von Chiapas; neben vom Aussterben bedrohten Arten wie Jaguar und Quetzal auch viele Reptilien, Fische und Insekten.

Chiapa de Corzo

Das etwa 50 000 Einwohner zählende **Chiapa de Corzo ❷**, 16 km östlich von Tuxtla Gutiérrez, gründete 1528 der Conquistador Diego de Mazariegos nahe einer der ältesten archäologischen Stätten Mesoamerikas. Früheste

» Karte S. 158, Info S. 168-169

Siedlungsspuren gehen bis in die präklassische Zeit in der Mitte des 2. Jt. v. Chr. zurück. Hier fand man auch die berühmte **Stele 2**, die das älteste bekannte Datum ganz Amerikas trägt, das dem 9. Dezember 36 v. Chr. entspricht.

Wahrzeichen des Orts ist die **Fuente Colonial**, ein 1562 vollendeter Brunnen aus Backsteinen auf dem **Zócalo**. Das Werk im maurischen Stil ähnelt im Aufbau der spanischen Königskrone.

Einen kurzen Besuch lohnt auch der **Ex-Convento de Santo-Domingo** aus dem 16. Jh., in dem heute das **Museo de la Laca** untergebracht ist. Es erklärt die Herstellung der sehr aufwändigen, ursprünglich aus Ostasien stammenden Lackkunst mit zahlreichen Objekten.

★★P. N. Cañon De Sumidero

Das gewaltigste Naturschauspiel von Chiapas ist der **★★Cañon de Sumidero ❸**, eine zum Nationalpark erklärte Schlucht, die mit **Booten** von Chiapa de Corzo aus erkundet werden kann. Eine fantastische Aussicht von den oberen Felskanten bietet sich z. B. vom **Mirador Los Chiapas** ca. 23 km nördlich von Tuxtla Gutiérrez. Der Überlieferung zufolge sollen sich hier 1528 die Chipaneken in den Cañon gestürzt haben, um der Gefangenschaft durch die Spanier zu entgehen. Seine vielfarbigen Wände ragen bis zu 1100 m hoch über den Río Grijalva auf. Fährt man in die Schlucht hinein, werden die Felswände immer höher. Man sieht Bussarde und Falken, mit etwas Glück auch Alligatoren. Auf halbem Weg der zweistündigen Bootsfahrt spritzt Wasser aus Felsritzen Hunderte von Metern herab. Auch wenn der Wasserfall weniger Wasser führt, reicht der Sprühregen immer noch aus, um im Morgenlicht der aufgehenden Sonne einen herrlichen Regenbogen zu bilden.

Einen weiteren schönen Wasserfall, die **Cascada El Chorreadero**, gibt es 14 km östlich von Chiapa de Corzo an der Bundesstraße 190 auf dem Weg nach San Cristóbal de las Casas.

Rechts: Die Kathedrale von San Cristóbal de las Casas.

» Karte S. 158, Info S. 168-169

Foto: Jürgen Bergmann

★San Cristóbal de Las Casas

★San Cristóbal de las Casas ❹ ist eine reizvolle, von ausgedehnten Nadelwäldern umgebene Kolonialstadt mit etwa 160 000 Einwohnern. Patio-Häuser und Kirchen verleihen der Stadt zusammen mit den zahlreichen indianischen Straßenhändlern eine besondere Atmosphäre. Der Ort liegt in 2120 m Höhe, weshalb es tagsüber meist angenehm warm und abends recht kalt wird. Die Siedlung gründete 1528 Diego de Mazariegos unter dem Namen *Villa Real* („Königsstadt").

San Cristóbal de las Casas war in der Folgezeit das Zentrum für die Christianisierung der in der Umgebung lebenden Indígenas, v. a. der Tzeltales und der Tzotziles. Hier wirkte auch der spanische Dominikaner-Mönch Fray Bartolomé de las Casas, ab 1544 erster Bischof von Chiapas. Dieser setzte sich vehement für die Menschenrechte der Indígenas ein, insbesondere mit seiner Anklageschrift *Kurzer Bericht über die Verwüstung der indischen Länder*, was ihm die Feindschaft mit den spanischen Großgrundbesitzern eintrug. Ihm und des Ortsheiligen zum Gedenken benannte man die Stadt Villa Real später in San Cristóbal de las Casas um.

Rundgang durch San Cristóbal

Die Stadt scheint voller Kirchen zu sein, nicht nur im historischen Zentrum, sondern auch auf den umliegenden Hügeln. Die Nordseite des **Zócalo** mit einem schönen gusseisernen Pavillon, in dem ein Café eingerichtet wurde, begrenzt die **★Catedral Nuestra Señora de la Asunción**. Mit den Bauarbeiten begann man im Jahr der Stadtgründung, doch konnten sie erst Ende des 17. Jh. vollendet werden. Im barocken Inneren ist eine vergoldete Kanzel mit feinem Schnitzwerk und einem Atlanten bemerkenswert, ebenso hölzerne Täfelung mit Mustern im Mudéjar-Stil.

Vier Häuserblocks (*cuadras*) weiter nördlich, an der Av. 20 de Noviembre, liegt der schönste Sakralbau der Stadt, die **Iglesia de Santo Domingo**. Vor allem die komplett mit Reliefs, Halbsäulen und Skulpturen verzierte ★**Fassade** – eine Mischung oaxakenischer und guatemaltekischer Vorbilder – machte die 1547-1560 errichtete Kirche berühmt. Über dem Portal erkennt man einen Doppeladler, das Emblem Kaiser Karls V. Prunkvoll ist auch der Innenraum mit vergoldeten Altären und Tafelbildern gestaltet.

An das Gotteshaus grenzt links das ehemalige Kloster von Santo Domingo. Hier kann man das kleine **Museo de los Altos de Chiapas** mit archäologischen und ethnografischen Objekten und **Sna Jolobil** besichtigen. In diesem „Haus der Weberei" stellt eine Kooperative herrliche, äußerst qualitätvolle Blusen (*huipiles*) und Zierdecken der umliegenden indianischen Gemeinden, beispielsweise Tenejapa und Zinacantán, aus. Die Webarbeiten draußen vor der Kirche, wo Dutzende Indígenas ihre Waren ausbreiten, sind gleichfalls sehr schön (und preiswerter), wenngleich die Kunstfertigkeit derjenigen in Sna Jolobil meist besser ist.

Etwa 200 m nördlich von Santo Domingo, in der Av. Atrilla, breitet sich der **Mercado Municipal** aus, der größte und teilweise überdachte Markt von Chiapas mit einem breiten Angebot an Lebensmitteln und Plastikkram.

Knapp 1 km östlich von Santo Domingo steht die **Casa Na Bolom** („Haus des Jaguars"), das ehemalige Wohnhaus des dänischen Ethnologen Frans Blom (1893-1963). Das Gebäude dient heute als Museum mit dem Nachlass des Forschers. Seine Witwe, Gertrude Duby-Blom (1901-1993), eine bekannte Kämpferin für die Erhaltung des Regenwalds und für die Rechte der Lacandón-Indígenas, führte engagiert die Arbeit ihres Mannes weiter. Viele Freiwillige und Studenten treffen sich hier schon seit Jahrzehnten zu Studienzwecken. Das Haus ist heute auch Hotel. Durch die Eingangshalle mit indianischen Kunstwerken tritt man in einen stimmungsvollen, von gelben Arkaden begrenzten Innenhof (*patio*). Überall stehen üppige Grünpflanzen. Gegen ein geringes Eintrittsgeld kann man auch Professor Bloms Privaträume besichtigen, sein Schlaf- und Arbeitszimmer mit den vielen Büchern zur Indígenas-Kultur sowie viele Fotografien von Gertrude Duby-Blom.

Rechts: Nicht nur zu ihren Festen – wie hier in Zinacantán – tragen die Hochland-Indígenas ihre farbenprächtigen Trachten.

San Juan Chamula

Die Maya-Volksgruppen der Tzotziles und Tzeltales haben noch ihre eigenen Gesetze sowie ihre selbstgewählten Dorfoberhäupter (*mayordomos*). Ein schönes Beispiel hierfür ist 12 km nordwestlich von San Cristóbal das Dorf **San Juan Chamula** ❺, wo die Tzotziles-Männer noch wollene weiße oder schwarze *sarapes*, die um die Taille mit Ledergürteln zusammengehalten werden, und kurze Hosen tragen. Die Mayordomos der Dörfer setzen breitkrempige Hüte mit Kronen und vielen bunten Bändern auf. Die Frauen flechten ihr schwarzes Haar im Nacken zu einem Knoten, der mit blauen Bändern durchzogen ist.

An der Südseite des **Zócalo** und des **Marktes** liegt die Verwaltung, wo man Eintrittskarten für die Kirche bekommt. Erst wenn man bezahlt hat, sollte man die Kirche besichtigen. **Striktes Fotografierverbot** gilt in der Kirche. Die Chamulas hassen Kameras, denn Fotos verstoßen gegen ihren Glauben.

Zur Zeit der ★**Fiesta**, die eine Woche vor Aschermittwoch beginnt, wehen von der **Kirche**, die an einer Seite des großen Zócalo steht, rote, blaue, grüne, gelbe und purpurne Fahnen. Gottesdienste werden von Priestern aus San Cristóbal abgehalten. Sie beten für die Kranken, während die Angehörigen Kerzen anzünden und Indígenas-Lieder singen. Die meisten der Heiligenstatuen sind hier nackt. Als Kleidung haben

» Karte S. 158, Info S. 168-169

Foto: Marianne Schiffl-Deiler

sie oft nur Geldstücke oder Getreidehalme, die ihren Körper bedecken. Bei Einbruch der Dunkelheit verlassen die Geistlichen jedoch Chamula, denn sie dürfen nicht über Nacht hier bleiben.

Auf dem Zócalo trinken die männlichen Chamulas während der Fiesta aus großen Flaschen gegorenen Zuckerrohrsaft, gehen auf und ab oder tanzen zur Musik von Trompeten, Trommeln, Gitarren und Banjos oder anderen Instrumenten. Die Autoritäten sitzen auf hohen Stühlen und überwachen alle Festlichkeiten, während manche Männer schon bald betrunken umhertorkeln.

Andere große **Feste** werden am 3. Mai (Santa Cruz), 22.-25. Juni (San Juan Bautista), 30. August (Santa Rosa) gefeiert.

Zinacantán

Über einen Hügel erreicht man von Chamula zu Fuß nach 1,5 Std. das Tzotzil-Dorf **Zinacantán** ❻ (15 km von San Cristóbal), wo die Indígenas breite rote Ponchos tragen. Männer und Frauen haben breite Strohhüte auf, von denen rote und purpurne Bänder hängen.

Nahe des Dorfs steht eine Kirche mit einem kleinen Kreuz. Auf einem Feld gegenüber feiern die Bewohner Zinacantáns jedes Jahr am 18. Januar den Geburtstag von San Sebastián. Auch trinken sie dann reichlich Zuckerrohrschnaps und reiten bis zum Umfallen auf ihren Pferden. Jeden Sonntagmittag versammeln sich die Dorfoberhäupter in einer Kapelle, rechts neben der Kirche, um eine alte Zeremonie am Leben zu erhalten. Durch den Genuss von *posh*, einem alkoholhaltigen Getränk in Stimmung versetzt, tragen sie alte Weisen vor, die ein paar Musiker begleiten. Gegen eine Spende dürfen Touristen zuschauen.

Tenejapa

Reizvoll in einem Flusstal gelegen ist das Tseltal-Dorf **Tenejapa** ❼, 27 km nordöstlich von San Cristóbal. Neben einigen **Web-Kooperativen** sind vor allem die **Märkte** am Donnerstag und Sonntag die touristischen Anziehungspunkte. **Fiestas** werden an Karneval, zu Ehren des Dorfpatrons San Ildefonso (23. Januar) sowie am Día de Santiago (22.-24. Juli) gefeiert.

Grutas de San Cristóbal

11 km von San Cristóbal entfernt an der MEX 190 in Richtung Comitán de Domínguez liegen die **Grutas de San Cristóbal**. Von der großen Tropfsteinhöhle sind bisher erst etwa 3 km erforscht, ein befestigter Weg führt mehrere hundert Meter in das beleuchtete Höhleninnere hinein.

Amatenango del Valle

Nach weiteren 27 km erreicht man das Tseltal-Dorf **Amatenango del Valle** ❽, bekannt für seine auf offenem Holzfeuer statt im geschlossenen Ofen gebrannten **Keramiken**. Die kleinen, teils fantastischen Tierfiguren (*animalitos*) werden auch in San Cristóbal auf den Märkten angeboten. Eine große Fiesta findet am 4. Oktober statt.

Comitán de Domínguez

Die letzte größere Stadt mit 100 000 Einwohnern vor der Grenze zu Guatemala ist **Comitán de Domínguez** ❾, 91 km von San Cristóbal entfernt. Die ruhige Kolonialstadt in 1500 m Höhe zeichnet sich durch ein angenehmes Klima aus und ist für ihre Orchideenzucht sowie die Produktion des *Comiteco*, einer Tequilasorte, bekannt. Archäologische Funde aus dem Hochland von Chiapas zeigt das **Museo Arqueológico de Comitán** neben der **Casa de la Cultura** am Zócalo.

Rechts: Die natürlichen Becken an den Kaskaden von Agua Azul laden zum Baden ein.

★Chinkultic

Am westlichen Rand des Parque Nacional Lagunas de Montebello (s. u.), erreichbar über eine 2 km lange Schotterstraße (Abzweigung 30 km nach Comitán), erhebt sich auf teilweise sehr steil abfallenden Felsmassiven **★Chinkultic** ❿.

Die Maya-Stadt, deren Blüte in die spätklassische Zeit (6.-9. Jh.) fällt, zählt weniger aufgrund ihrer Bauwerke als vielmehr wegen der außergewöhnlichen Lage zu den interessantesten archäologischen Stätten des Landes. Von **Tempel 1** auf der so genannten Akropolis, wegen seiner fantastischen **★Aussicht** auch **El Mirador** genannt, erblickt man die tief unten liegende **Laguna Chanujabab** und den **Cenote Agua Azul**. Letzterer diente ähnlich wie in Chichén Itzá als heiliger Brunnen, wie Keramiken und andere Opfergaben belegen. Etwas unterhalb liegt der **Juego de Pelota** („Ballspielplatz"), wo man einen der schönsten Markierungssteine (590 n. Chr.) der Maya mit der Darstellung eines reich gekleideten Spielers fand (heute im Museo Nacional de Antropología in Mexiko-Stadt).

★P. N. Lagunas de Montebello

Ein Naturschauspiel besonderer Art ist der **★Parque Nacional Lagunas de Montebello** ⓫, ca. 55 km östlich von Comitán de Domínguez. Etwa 60 große und kleine Seen (*lagunas*) erstrecken sich hier auf 6700 ha Fläche im hügeligen Grenzgebiet zu Guatemala, eingebettet in Pinienwäldern. Das bezaubernde Naturschutzgebiet wird insbesondere an den Wochenenden stark von den Einheimischen für Picknicks besucht.

Am Parkeingang mit Imbissbuden unweit der **Lagunas de Colores** („Seen der Farben") gibt es die Möglichkeit, mehrere Seen zu Pferd oder per Kanu mit einem Führer zu erkunden – eine empfehlenswerte und reizvolle Alternative zum Wandern, da abseits der

» Karte S. 158, Info S. 168-169

Hauptwege auch schon Überfälle vorgekommen sind. Je nach Wassertiefe und Sonnenstand schimmern die Seen von türkis und smaragdgrün bis zu dunkelblau, weshalb sie zum Teil fantastische Namen tragen: **La Encantada** („die Verwunschene"), **Agua Tinta** („gefärbtes Wasser"), **Esmeralda** („Smaragd"), **Ensueño** („Traum") und **Bosque Azul** („blauer Wald").

VON SAN CRISTÓBAL NACH PALENQUE

Sehr reizvoll und abwechslungsreich ist die Fahrt von der alten Kolonialstadt San Cristóbal de las Casas nach Palenque – einer der berühmtesten Maya-Stätten. Die Straße führt vorbei an den Adobe- und Holzhäusern der Tzeltales sowie den von tropischer Vegetation überwucherten Karstkegeln und überwindet dabei einen Höhenunterschied von knapp 2000 m. Unterwegs bieten Indígenas am Straßenrand mit Blumenmotiven bestickte Blusen feil, zudem liegen nur wenige Kilometer abseits der MEX 199 attraktive Ziele für einen Abstecher.

★Toniná

13 km östlich der Stadt **Ocosingo** (ca. 25 000 Einwohner) erreicht man **★Toniná ⓬**. Charakteristisch für diese Maya-Stadt der Spätklassik (6.-9. Jh.) sind eine Vielzahl beschrifteter und reliefierter Altäre, Stelen, Paneele und Stuckfriese, von denen viele gefangene Maya aus den rivalisierenden Nachbarstaaten (u. a. Palenque und Calakmul) darstellen und großenteils im dortigen **Museum** zu sehen sind. Der Tzeltal-Name *toniná* („Haus aus Stein") bezieht sich auf das dominierende Bauwerk: eine mehr als 70 m hohe, festungsartige **Akropolis** mit sieben Terrassen über einer großen Plaza mit zwei **Ballspielplätzen**.

Interessant ist auf der zweiten Plattform der so genannte **Palacio del Inframundo** („Palast der Unterwelt"), mit dunklen Räumen und labyrinthartigen Gängen eine architektonische Nachbildung der mythischen Landschaft, in der

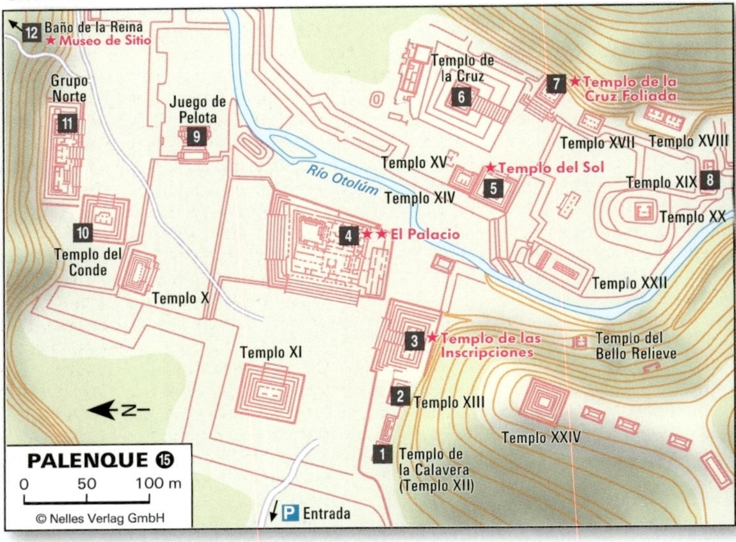

einst die Götter während der Schöpfungsgeschichte agierten.

Spektakulär ist ein exzellent erhaltener, 16 m langer Stuckfries auf der sechsten Terrasse, **★Mural de las cuatro eras** („Wandbild der vier Zeitalter") genannt. Man erkennt u. a. skelettierte Götter und solche in Tiergestalt, die die Köpfe rituell getöteter Gefangener am Haarschopf halten.

★Agua Azul

Eines der schönsten und meistbesuchten Naturwunder von Chiapas sind etwa 55 km nördlich von Ocosingo die Kaskaden von **★Agua Azul ⓭**. Hier stürzt das glasklare „blaue Wasser" der Ríos Bascán und Tulijá über mehrere Kalksteinstufen hinab.

Inmitten tropischer Vegetation kann man in breiten natürlichen **Becken** baden und in den größeren sogar schwimmen. Doch **Vorsicht**: abseits der vielbesuchten Bassins ist es in den letzten Jahren wiederholt zu Überfällen gekommen.

Misol-há

Nach weiteren 45 km bietet sich eine weitere Bademöglichkeit mit einem Restaurant: bei **Misol-há ⓮** stürzt ein Wasserfall ca. 30 m tief und bildet ein großes Bassin. Farne und Epiphyten finden hier durch die ständige Gischt besonders gute Wachstumsbedingungen. Hinter den Wasservorhang führt ein bisweilen etwas rutschiger Weg.

★★Palenque

★★Palenque ⓯ – nur wenige archäologische Stätten üben eine solche Faszination auf den Besucher aus wie diese Maya-Stadt mit ihrer großartigen Architektur und Kunst, 8 km von dem modernen Ort **Palenque** (keine Sehenswürdigkeiten) entfernt.

Die Ruinen liegen in 150 m Höhe, umgeben von dichtem tropischem Regenwald am Übergang vom Hochland (*tierras altas*) zum schwül-heißen Tiefland (*tierras bajas*). Neben Meisterwerken der Maya-Architektur und feinen

» Karte S. 158, Info S. 168-169

bemalten Stuckreliefs kann man – mit etwas Glück – auch Blattschneiderameisen, Brüllaffen und andere Tiere in ihrem natürlichen Habitat beobachten.

Die Siedlungsgeschichte Palenques geht bis in die Präklassik (3. Jh. v.Chr.-3. Jh. n. Chr.) zurück, doch erst in der späten Klassik (7.-9. Jh.) erreichte die Stadt ihre Blüte, zeitgleich mit den anderen bedeutenden Zentren der Maya-Welt, allen voran Calakmul (s. S. 232), Tikal (Guatemala), Caracol (Belize) und Copán (Honduras). In einem komplizierten Netz gegenseitiger Beziehungen stritt man über viele Generationen hinweg um die Hegemonie, sei es kriegerischer Art oder durch Heiratspolitik. Die bedeutendsten Herrscher waren Pacal (603-683) und sein Sohn Chan Bahlum II. (635-702), unter deren Regierungszeit das Zeremonialzentrum weitgehend sein heutiges Erscheinungsbild erhielt. Ebenso wie die anderen Städte wurde auch Palenque im 9. Jh. aus bisher noch nicht hinreichend geklärten Gründen von den Bewohnern verlassen.

Neben der Kunst nimmt Palenque auch in der Forschungsgeschichte einen wichtigen Platz ein: als eine der ersten archäologischen Stätten Mesoamerikas führte schon 1786 der spanische Hauptmann Antonio del Río erste, wenn auch noch wissenschaftlich ungenaue Ausgrabungen durch. Aufgrund des reichen Fundus trugen die Herrscherinschriften ab Mitte des 20. Jh. wesentlich zur Entzifferung der Maya-Hieroglyphen bei; bis heute konnte die Herrschergenealogie von der Thronbesteigung Bahlum kuks (Jaguar-Quetzal; 431) bis zum Tod Cimipakals (799) rekonstruiert werden.

Rundgang durch Palenque

Nach dem Eingang, wo Lacandones in ihren traditionellen weißen Gewändern Kunsthandwerk verkaufen, reihen sich mehrere Tempelpyramiden aneinander. Der **Templo XII** **1** wird auch **Templo de la Calavera** („Tempel des Totenschädels") genannt, nach einem Stuckrelief an seinem linken Pfeiler.

Schlagzeilen machte 1994 der anschließende **Templo XIII** **2**, als man in ihm die unberührte Grabkammer einer Angehörigen des lokalen Herrschergeschlechts fand. Der Leichnam der etwa 40-jährigen, nahezu 1,70 m großen Frau war mit einer Maske, Ohrpflöcken und Perlen – alles aus prestigeträchtiger Jade – geschmückt. Die **Reina Roja** („Rote Königin") genannte Fürstin, vermutlich die Ehefrau Pacals, war komplett mit Zinnober bemalt, ein weiteres Würdezeichen der herrschenden Elite.

Das berühmteste Gebäude Palenques ist der mehr als 20 m hohe **★Templo de las Inscripciones** **3**, benannt nach den zahlreichen Inschriften zwischen den großen Stuckreliefs am Tempel. 1949-1952 gelang dem mexikanischen Archäologen Alberto Ruz Lhuillier hier ein Jahrhundertfund: durch einen steilen getreppten Tunnel drang er vom Tempel in das Innere der fast 20 m hohen Stufenpyramide hinab und entdeckte die unversehrte **★Krypta** mit dem reliefverzierten, über 5 t schweren Sarkophag Pacals. Der Tempel ist aus konservatorischen Gründen nicht mehr zugänglich, doch kann man eine Rekonstruktion der Grabkammer im Museum von Palenque bzw. zusammen mit den wertvollen Beigaben (insbesondere die **Totenmaske** aus Jade-Plättchen mit Obsidian-Augen) im Museo de Antropología in Mexiko-Stadt studieren. Die archäologische Sensation von 1952 bewies die lange vermutete These, dass die Tempelpyramiden der Maya neben religiösen Zwecken auch als Grabstätten dienten und damit eine ähnliche Funktion hatten wie die ägyptischen Pyramiden.

Mitten im Zeremonialzentrum breitet sich der weitläufige **★★Palacio** **4** auf einem mächtigen, 80 x 100 m breiten Unterbau aus. Zwei repräsentative Freitreppen im Norden und Westen führen zur Residenz hinauf, deren mit Kraggewölben gedeckte Räume und Gänge

» Plan S. 164, Info S. 168-169

sich um vier Innenhöfe gruppieren. Bemerkenswert ist der im oberen Teil rekonstruierte quadratische **Turm** mit einem Mansarddach, der wohl für astronomische Studien diente und in seiner Art einzigartig in Mesoamerika ist. Im nordöstlichen eingetieften Patio fallen neun geneigte Reliefs zu beiden Seiten einer Treppe auf. Sie stellen hohe, wahrscheinlich **gefangene Würdenträger** dar und weichen im Stil deutlich von den übrigen Palenque-Reliefs ab. Ein Meisterwerk der Kunst stellt die reliefierte ovale Tafel im südlichen Palastareal dar: sie zeigt die **Inthronisation Pacals** (615), dem seine Mutter Zac Kuk einen prächtigen Kopfputz als Insignien der Macht reicht.

Die Eleganz der Architektur von Palenque kommt mit den nachfolgenden Tempeln (sog. **Kreuzgruppe**) besonders schön zum Ausdruck: jeweils drei Eingänge führen in eine kleine Vorhalle, an den sich die Räume des Allerheiligsten (*cella*; im Maya *pib na*, „unterirdisches Haus", bezeichnet) anschließen; die Gebäude werden von einem stuckverzierten Mansarddach gedeckt, über dem ein monumentaler durchbrochener Dachkamm (*crestería*) aufragt.

Der unter Chan Bahlum II. 692 vollendete ★**Templo del Sol** 5 („Tempel der Sonne") ist der besterhaltene Sakralbau. Auf einem fein gearbeiteten Relief im rückwärtigen Raum symbolisiert ein **geschmückter Schild** mit zwei gekreuzten Lanzen auf einem Thronsessel die Sonne, gestützt von zwei Unterweltsgottheiten(?). Links erkennt man Pacal, rechts den Bauherrn, beide sitzende Statuetten als Opfergaben darbietend.

Das Gebäudeensemble wird vom **Templo de la Cruz** 6 („Tempel des Kreuzes") dominiert, der wohl die letzte Ruhestätte Chan Bahlums II. ist und ebenfalls 692 fertiggestellt wurde. Das zentrale Relief in der Cella (Original in Mexiko-Stadt) zeigt die **kreuzförmige Ceiba**, den Weltenbaum der Maya und verbindende Achse zwischen Kosmos und Erde. Auf ihr steht ein Quetzal, der Sonnenvogel mit den charakteristischen langen Schwanzfedern.

Rechts: Der Hauptpalast in Palenque wird von einem quadratischen Turm, dem so genannten Observatorium, beherrscht.

Die Hauptdarstellung im ★**Templo de la Cruz Foliada** 7 („Tempel des Blätterkreuzes") wiederholt den formalen Aufbau der vorangehenden Reliefs, doch ist hier zwischen den beiden opfernden Herrschern eine kreuzförmige Maispflanze wiedergegeben, das wichtigste Nahrungsmittel der Maya. Sie wächst aus dem Kopf des Sonnengottes, ihre Blätter enden in menschlichen Gesichtern.

Südlich der Kreuzgruppe finden sich zahlreiche weitere Tempel, die häufig noch von dichter tropischer Vegetation überwuchert sind und „Entdeckerflair" vermitteln. Erst im Jahr 2000 machte man **Templo XIX** 8 mit einem weiteren Relief für Touristen zugänglich.

Wie die anderen großen Maya-Städte hatte auch Palenque einen **Juego de Pelota** 9, einen Platz für das rituelle und in Mesoamerika beliebte Ballspiel.

Einer der ältesten Bauten des Zeremonialzentrums ist der ca. 650 errichtete **Templo del Conde** 10 („Tempel des Grafen"). Hier wohnte 1832-1834 Graf Friedrich von Waldeck, einer der frühen und wegen seiner abstrusen Theorien sehr umstrittener Maya-Forscher. Das Ausgrabungsgelände begrenzt im Norden die **Grupo Norte** 11, drei Tempel auf einer langgestreckten Plattform.

Von der Nordgruppe führt ein herrlicher **Spaziergang** entlang des Río Otulúm inmitten tropischen Regenwalds zum Museum. Unterwegs passiert man verfallene Tempel und das sog. **Baño de la Reina** 12 („Bad der Königin"), ein wassergefülltes natürliches Becken.

Das ★**Museo de Sitio** an der Hauptstraße (neben Souvenirshop und Cafetería) zeigt einen Teil der Originalreliefs von Palenque (andere befinden sich in

» Plan S. 164, Info S. 168-169

Foto: Robert Teufelhart

Mexiko-Stadt) und ein Modell der Ruinenstätte. Besondere Aufmerksamkeit verdienen die lebensnahen Stuckköpfe, die meisterhaft gearbeiteten Hieroglyphen auf mehreren Paneelen, die großen tönernen Räuchergefäße (*incensarios*) mit dem Abbild des Sonnengotts Kinich Ahau und die Rekonstruktion der Grabkammer Pacals.

IN DER SELVA LACANDONA

Die **Selva Lacandona** westlich des Grenzflusses Usumacinta ist ein Teil des größten tropischen Regenwaldgebiets in Mittelamerika, zu dem auch der im Osten anschließende Petén im heutigen Guatemala gehört. Hier lebt die Maya-Volksgruppe der **Lacandones**, mit etwa 500 Menschen eine der kleinsten der insgesamt 31 Untergruppen. In romantischer, jedoch falscher Verklärung werden sie oftmals als die einzigen heute noch existierenden „wahren" Maya bezeichnet, da sie Anfang des 20. Jh. „entdeckt" worden seien. In Wirklichkeit standen sie seit Beginn der spanischen Kolonialzeit mit der Außenwelt in Kontakt, wenngleich sich bislang nur ein sehr kleiner Teil von ihnen zum Christentum bekennt. Die unverwechselbare traditionelle Kleidung ist ein langes weißes Hemd, das jedoch weitgehend von westlicher Industrieware verdrängt worden ist.

Die zwei wichtigsten und interessantesten archäologischen Stätten der Selva Lacandona kann man von Palenque aus mit einer ein- oder zweitägigen Tour besuchen. Übernachtet wird bei der beschaulicheren Variante meist bei einem Posten unweit von **Lacanjá** (etwa 150 km von Palenque entfernt), dem größten Dorf der Lacandones.

★Bonampak

Etwa 4 km von Lacanjá entdeckte man 1946 einen der schönsten und besterhaltenen **Freskenzyklen** ganz Mesoamerikas. Den vergleichsweise kleinen Ort nannte man nach dieser archäologischen Sensation **★Bonampak** ⓰ („bemalte Wände"). Dargestellt sind in den drei Kammern des **Templo de las Pinturas** Szenen an einem Maya-Fürstenhof der spätklassischen Zeit (6.-9. Jh.): die Thronfolge eines Herrschers in Anwesenheit hoher Würdenträger und seiner Söhne (1), eine Schlacht (790 n. Chr.) des Fürsten Chan Muan II. mit Kriegern in Maskenhelmen (2) sowie die anschließenden Siegesfeiern und die rituelle Opferung von Gefangenen (3). Seit 2011 werden die **Fresken** restauriert; eine Kopie der Malereien kann man im Museo Nacional de Antropología in Mexiko-Stadt studieren.

★★Yaxchilán

Die z. T. vom dichten Regenwald überwucherte und daher sehr romantische Stätte **★★Yaxchilán** ⑰ liegt in einer Schleife des Río Usumacinta, des Grenzflusses zu Guatemala. Nach etwa 45 Min. Bootsfahrt vom Dorf **Frontera Corozal** (165 km von Palenque) tauchen unvermittelt die Ruinen auf, in tropischer Vegetation zwischen bis zu 50 m hohen Ceiba-Bäumen versteckt.

Als die Maya-Elite in klassischer Zeit (4.-9. Jh.) hier herrschte, war Yaxchilán eines der wichtigsten Zentren des südlichen Tieflands. Während der Blütezeit im 8. Jh. ließen die Herrscher Schild-Jaguar und sein Sohn Vogel-Jaguar beschriftete **Stelen** errichten, deren fein gearbeitete Reliefs von außerordentlicher Qualität sind (heute größtenteils im British Museum in London und in Mexiko-Stadt).

Von den ca. 130 freigelegten Gebäuden zu beiden Seiten der langgestreckten Plaza und der westlichen und südlichen Akropolis ragt der 22 m lange **Palacio del Rey** (Estructura 33) heraus. Mit seinem mächtigen, vielfach durchbrochenen Dachkamm (*crestería*) ist dieser Herrscherpalast 13 m hoch; die drei Türstürze weisen Reliefs auf. Die breite **Hieroglyphentreppe** schließen 13 Paneele ab, die das Ballspiel und die Inthronisation von Vogel-Jaguar im Jahr 752 zum Thema haben.

TUXTLA GUTIÉRREZ (☎ 961)

Secretaría de Turismo, Tel. 01 800 280 3500, www.turismochiapas.gob.mx.

Las Pichanchas, Av. Central Oeste 837, Tel. 612 5351, regionale Küche in stilvollem Haus mit Marimba-Musik und Unterhaltungsprogramm.

El Giraldillo Gourmet, Blvd. Belisario Domínguez 2008, Tel. 121 5301, elegantes Ambiente, internationale und regionale Küche.

Museo Regional de Chiapas, archäologische und kolonialzeitliche Kunstwerke der Region, im Parque Madero, Calzada de los Hombres Ilustres s/n, Di-So 9-18 Uhr.

Parque Zoológico Miguel Alvarez del Toro (Zoo-Mat), der Tiergarten bietet Tieren aus Chiapas einen annähernd natürlichen Lebensraum und viel Auslauf, ca. 5 km südlich des Zentrums am Stadtrand, Di-So 8.30-17.30 Uhr.

CHIAPA DE CORZO (☎ 961)

Restaurante & Botanas Los Ladrillos, Carr. hacia San Cristóbal Km 1103, Tel. 616 1432, gute regionale Küche und abendliche Shows.

Restaurant Las Canastas im Hotel La Ceiba, Av. Domingo Ruíz 300.

Museo de la Laca, Convento S. Domingo, Calle López, Di-So 10-17 Uhr.

Fiesta San Sebastián, 15.-23. Januar mit Paraden und bunten Maskentänzern (*parachicos*).

P. N. CAÑON DEL SUMIDERO

Eine 23 km lange Straße führt von Tuxtla Gutiérrez in die Berge und entlang der Schlucht; die Aussichtspunkte, z. B. der **Mirador Los Chiapas**, ermöglichen großartige Fernsichten. Boote für die etwa zweistündigen Fahrten im Cañon starten in **Chiapa de Corzo**, 16 km östlich von Tuxtla; ebenso Bootstouren zum Abenteuerpark **Parque Amikúu Cañón del Sumidero** (www.amikuu.com).

» Karte S. 158

SAN CRISTÓBAL DE LAS CASAS (☎ 967)

Oficina de Turismo Municipal, im Rathaus am Zócalo (städtisch), Tel. 678 0715, 678 0665, Mo-Sa 9-14 und 17-20 Uhr.
Delegación de Sedetur (staatlich), Av. Hidalgo 1-B, Tel. 678 6570, Mo-Sa 9-21 Uhr, So 9-14 Uhr, www.sancristobal.gob.mx.

La Parilla, Calle Belisario Domínguez 33, Tel. 674 6214, sehr gutes Grillrestaurant mit mexikanischen Spezialitäten.
Tuluc, Calle Insurgentes 5, Tel. 678 2090, preiswertes beliebtes mexikanisches Restaurant.
Madre Tierra, Calle Insurgentes 19, empfehlenswertes Bio-Restaurant mit mexikanischen Vollwertprodukten.

Museo de los Altos de Chiapas, neben der Iglesia de Santo Domingo, archäologisches und ethnologisches Museum, Di-So 10-17 Uhr.
Casa Na Bolom, Calle Vicente Guerrero 33, Tel. 678 1418 , www.nabolom.org, Museum und Bibliothek, Besuch nach Anmeldung; auch Hotelzimmer.

Sna Jolobil, sehenswerte Kooperative neben Santo Domingo, Mo-Sa 9-14 und 16-18 Uhr, beste Einkaufsmöglichkeit für handgewebte Textilien.
Mercado Municipal, Av. Atrilla, etwa 200 m nördlich von Santo Domingo, der größte Markt von Chiapas mit Lebensmitteln und Gebrauchsgegenständen.

SAN JUAN CHAMULA

Der **Carnaval** im nahen San Juan Chamula beginnt eine Woche vor Aschermittwoch. Zu der exotischsten Fiesta der Region kommen Tausende Tzotzil-Indígenas.

TONINÁ

Zona arqueológica, 13 km östlich von **Ocosingo**, etwa halbstündlich Kleinbusse vom Markt Tianguis Campesino bis zum **Museum**, tägl. 9-16 Uhr.

AGUA AZUL

Agua Azul, sehr schöne Wasserfälle mit Bademöglichkeit, an der MEX 199, ca. 60 km südlich von Palenque.

PALENQUE (☎ 916)

Im Ortszentrum gibt es zahllose (und wegen dem Massentourismus reichlich schlechte) Restaurants; empfehlenswerte Lokale sind:
Las Tinajas, Calle 20 de Noviembre 41, gute und günstige mexikanische Gerichte. **Maya Centro**, Independencia / Hidalgo, gegenüber der Kirche Santo Domingo, traditionelle Gerichte.

Ruinas de Palenque, vom Ort Palenque 9 km entfernt, tägl. 8-17 Uhr. **Museo de Sitio**, Carretera a las Ruinas, 1,5 km vor der archäologischen Stätte, tägl. 9-17 Uhr; jüngste Fundstücke aus Palenque, Nachbau der Grabstätte von Pakal.

SELVA LACANDONA / BONAMPAK / YAXCHILÁN

Die Maya-Stätten **Yaxchilán** und **Bonampak** sind mit organisierten Ein- und Zwei-Tagesausflügen ab Palenque zu erreichen, wo es viele Anbieter dafür gibt.
BUS / PKW: Auf der MEX 307 geht es zunächst zum Kreuzungspunkt **Crucero San Javier**; von dort nach Bonampak über eine 8 km lange Schotterstraße. Man passiert dabei den kleinen Posten **Margarito**, (Übernachtungsmöglichkeit bei der Zweitages-Tour), nicht jedoch das Lacandonen-Dorf Lacanjá, da es 3,5 km abseits liegt. Von Margarito kann man auch mit einem Lacandon-Führer etwa 9 km durch den Regenwald nach Bonampak wandern – ein Erlebnis!
Nach Yaxchilán führt von Crucero San Javier eine ca. 35 km lange Schotterstraße zum Grenzposten und zur Streusiedlung **Frontera Corozal** (Übernachtungsmöglichkeit und Essen); von dort mit dem Boot 18 km flussabwärts auf dem **Río Usumacinta**, dem Grenzfluss zu Guatemala (45 Min.).
FLUG: Einige Veranstalter in San Cristóbal bieten – wetterabhängig – ab Comitán Flüge in einer Cessna zu beiden Ruinenstätten an; Rückkehr am selben Tag. Z.B. http://chiapastours.travel/

Foto: Andreas M. Gross

ENTLANG DER GOLFKÜSTE

TAMPICO / CUETZALÁN
EL TAJÍN / JALAPA
ZEMPOALA / LA ANTIGUA
VERACRUZ / TLACOTALPAN
SIERRA DE LOS TUXTLAS
ISTMO DE TEHUANTEPEC
COMALCALCO / VILLAHERMOSA

GOLFKÜSTE

Die landschaftlich sehr reizvolle, abwechslungsreiche Golfküste, die sich auf drei Bundesstaaten verteilt (Tamaulipas, Veracruz, Tabasco), ist eine der bevölkerungsreichsten und kulturgeschichtlich wichtigsten Regionen Mexikos. Zwischen der zerklüfteten **Sierra Madre Oriental** und dem **Golfo de México** mit Stränden und Lagunen erstrecken sich Kaffeeplantagen, Mais- und Vanillefelder, die sich mit Industriestädten, Regenwaldgebieten und archäologischen Stätten abwechseln. Hier blühten in präkolumbischer Zeit die Kulturen der Huasteken, Totonaken und Olmeken. Die Bevölkerung besteht heute meist aus Mestizen, daneben auch aus Nachfahren afrikanischer Sklaven, Huasteken und Totonaken.

IM LAND DER HUASTEKEN

Tampico

Das von Lagunen und schönen Stränden umgebene **Tampico** ❶ (750 000 Einwohner) im Bundesstaat Tamaulipas ist mit seinen zahlreichen Erdöl-Raffinerien und großen Tankern nach Veracruz der zweitwichtigste Hafen am Golf von Mexiko.

Die palmenbestandene **Plaza de Armas** (Zócalo) mit der **Kathedrale** und dem **Palacio Municipal** (Rathaus) bildet das Stadtzentrum. Von der Plaza de la Libertad aus ist der prächtige **Mercado Hidalgo** zu sehen. Tampico ist voller Farben und Leben. Am Ufer des Río Panuco findet man Restaurants, in denen die besten Fischspezialitäten des Landes serviert werden. Mittelpunkt dieses Stadtteils ist das weiße viktorianische Gebäude **Aduana Marítimo** (Zollhaus), das 1889 am Kai errichtet wurde. Das elegante Bauwerk ist nach wie vor das Herz des Hafens.

Ungefähr 7 km weiter nördlich, in der Trabantenstadt **Ciudad Madero**, zeigt das **Museo de la Cultura Huasteca** Terrakotten, Steinskulpturen, Keramiken, Waffen und Schmuckgegenstände aus Gold, Silber und Kupfer sowie zeitgenössische Trachten.

El Tamuín

Eine der bedeutendsten präkolumbischen Städte der Huasteken war **El Tamuín** ❷, wenige Kilometer südöstlich des modernen Orts gleichen Namens. Auf einer Fläche von 17 ha breiten sich entlang de Río Tamuín steinerne Plattformen für Tempel- und Profanbauten sowie Altäre aus dem 8./9. Jh. aus. Hier

Links: Olmekischer Kolossalkopf aus San Lorenzo (Nr. 1) im Museo de Antropología in Jalapa.

» Karte S. 172, Info S. 190-191

NÖRDLICHE GOLFKÜSTE
1 - 11
0 25 50 km
© Nelles Verlag GmbH, München
GOLFO DE MÉXICO
TAMAULIPAS
SAN LUIS POTOSÍ
HUASTECA
VERACRUZ
HIDALGO
TLAXCALA
CIUDAD MADERO
TAMPICO
Altamira
Villa Cuauthémoc
Tampico Alto
Laguna Pueblo Viejo
Panuco
Pánuco
Ebano
Mendez
Lázaro Cárdenas
Jopoy
San Antonio Rayón
Nueva Polonia
Maclovio Herrera
Triunfo
Número Dos
Buenavista
Laguna del Mante
Estación Tamuín
Tampaón
Oviedo
Tamuín
Tamtok
CIUDAD VALLES
El Chote
El Molino
El Higo
Horconcitos
ISLA JUANA RAMÍREZ
La Puente
La Laja
Laguna ISLA EL TORO
Tamiahua
CABO ROJO
ISLA LOBOS
ISLA EL IDOLO
Ozuluama
Mascareños
Magozal
Chicayán
San Vicente
Tanquian
Tempoal
San Pedro
Aquismón
Pedro Antonio de Santos
Tampamolón
Corozal
Tempoal de Sánchez
El Saladero
Chinampa
Naranjos
Xilitla
Axtla
Tampacán
Las Piedras
Tantoyuca
Chontla
Tamazunchale
San Martín Chalchicuautla
Platon Sanchez
Chalma
Orizatlán
Pisaflores
San Sebastián
1067
Tepetzintla
Cerro Azul
Chapopote
Tlacolula
El Alazán
Ojite
Barra de Tuxpan
Túxpan
Países Bajos
Chapulhuacan
Acoyotla
Huejutla de Reyes
Huautla
Pastoria
Chicontepec
Atlapexco
Tlanchinol
Tepehuacán
Tlahuiltepa
Otongo
Calnali
Benito Juárez
Tzocohuite
Colatlán
Papatlata
Alamo
Castillo de Teayo
Tihuatlán
Cazones
Barra de Cazones
Lolotla
Atecoxco
Vinasco
Arnalac
Molango
Llamatlán
Xochiatipan
Zontecomatlán
Juárez
Tianguistengo
Ixhuatlán
Metlaltoyucan
E. Rodríguez
Voladór
Tenixtepec
Boca de Lima
Tecolutla
Grutas de Tolantongo
Metztitlán
Zacualtipán
Tlachichilco
Mecapalapa
POZA RICA
Pantepec
Lázaro Cárdenas
Coatzintla
Huayacocotla
Emilio Hernández
Metzquititlán
Huehuetla
Tulotepec
Avila Camacho
Palma Sola
El Tajín
Papantla
Gutiérrez Zamora
Agua Blanca
Tlacuilotepec
Paso del Progreso
La Guadalupe
Stgo. de Anaya
San Salvador
Atotonilco el Grande
Tgo. de Doria
Xicotepec
Entabladero
El Espinal
Pueblillo
San Rafael
Manantiales
La Unión
Coyutla
Honey
Actopan
Huasca
Metepec
Nuevo Necaxa
Tenampulco
Zozocolco
Tempoala
Ayotoxco
S. José Acateno
M. de la Torre
Martínez de la Torre
PACHUCA
TULANCINGO
Huauchinango
Tlaxco
Yohualichán
Mazatepec
Ajacuba
Epazoyucan
Ahuazotepec
Cuetzalán
Ahuacatlán
Hueytamalco
Tlapacoyan
Acayuca
Cuautepec
Zacatlan
Nauzontla
Misantla
Tizayuca
Villa Tezontepec
Singuilucan
Huahuaxtla
Tlatlauquitepec
Plan Arroyos
Acueducto
Zacapoaxtla
Teziutlan
Tenochtitlán
Zumpango
Ciudad Sahagún
Chingnaguapan
El Terrero
Tetela
Zaragoza
Altotonga
Naolinco
Teotihuacán
El Tepozán
Apan
Zautla
Los Oyameles
Lecuona Park
San Fsco. Ixtacamatitlán
Apulco
Calpulalpan
Tlaxco
E. Zapata
Cuyoaco
Cantona
Perote
XALAPA
Coatepec
4282
ECATEPEC
Nanacamilpa
Los Altos
Texcoco
Xipetzingo
Apizaco
Terrenate
Libres
Tepeyehualco
Tuzamapan
Teocelo
Llano Gde.
CIUDAD DE MÉXICO
Oriental
L. Totolcingo
Guadalupe Victoria
Cosautlán
TLÁHUAC
Tlaxcala
Huamantla
Tequexquitla
Chilchotla
Totutla
Chalco
S. M. Texmelucan
Zacatelco
Chichiquila
Huatusco
Vicente Guerrero
R.L. Grajales
Tlachichuca
Coscomatepec
San Salvador el Seco
Ciudad Serdán
Pico de Orizaba (Citlaltépetl)
5700
Tepatlaxco
Chocaman
Amozoc
Acatzingo
Fortín de las Flores
PUEBLA
Tepeaca
Tecamachalco
ORIZABA
Rio Blanco
CÓRDOBA
Tecali

Foto: Volker W. Radke

fanden Archäologen eine der schönsten huastekischen Skulpturen – die 1,45 m hohe Plastik eines Jünglings mit den Symbolen des Windgottes Ehécatl (Original im Museo de Anthropología in Mexiko-Stadt). In der Nähe liegt die archäologische Stätte **Tamtok**, die bereits 600 v. Chr. von Huaxteken besiedelt war, wie jüngste Sensationsfunde bewiesen.

Ciudad Valles

Ciudad Valles ❸ ist ein landwirtschaftliches Zentrum mit fast 200 000 Einwohnern an einem wichtigen Eisenbahnknotenpunkt im Nachbarstaat San Luis Potosí. Das **Museo Regional Huasteco** ist die wichtigste Institution für die archäologische und ethnologische Erforschung der Huasteken. In der Umgebung gibt es neben Höhlen und Wasserfällen auch mehrere kleine Thermalbäder.

Oben: Einzig die anspruchslosen Zebu-Rinder eignen sich für die Zucht in den feucht-heißen Golfküstenebenen.

Xilitla

Inmitten üppiger tropischer Vegetation ließ sich bei dem dem kleinen Dorf **Xilitla** ❹ nach dem 2. Weltkrieg der britische Millionär Edward James (1907-1984) eine ★**Villa** errichten – keine gewöhnliche, sondern mit einer Vielzahl exzentrischer und surrealistischer Bauten, die bewusst nicht vollendet wurden und seit dem Tod des Besitzers allmählich wieder vom Dschungel verschlungen werden. Die Gegend am Rand der **Sierra Madre Oriental** ist ein Paradies für Liebhaber von Vögeln und Schmetterlingen.

Tamazunchale

Einer der größten und interessantesten ★**Märkte** in der *Huasteca* genannten Region wird in dem ungefähr 30 000 Einwohner zählenden **Tamazunchale** ❺ abgehalten. Ungezählte Händler aus der Umgebung bieten jeden Sonntag Kleidung, Blumen, Früchte, Gemüse, Käse, Gewürze und vieles mehr feil.

» Karte S. 172, Info S. 190-191

IM LAND DER TOTONAKEN

Hier ist die Heimat der *voladores* („Vogelmenschen"), fliegende Indígenas vom Volk der Totonaken, die sich als Vögel verkleiden und mit einem um die Füße gebundenen Seil von einem hohen Mast herabstürzen (s. S. 30).

Umgeben von Plantagen und dichtem Regenwald, in dem auch zahlreiche Orchideenarten gedeihen, gibt es heute noch etwa 140 Totonaken-Gemeinden.

Castillo De Teayo

Die steil aufragende **Pyramide**, der so genannte Castillo („Burg"), inmitten der Stadt **Castillo de Teayo ❻** markiert die nördliche Grenze des Siedlungsgebiets der Totonaken. Eine breite Treppe führt zum rekonstruierten, im Verhältnis zum mächtigen, fast 13 m hohen Unterbau ungewöhnlich kleinen Tempel aus der frühen postklassischen Zeit (10. bis 11. Jh.).

Poza Rica

150 km südlich von Tampico liegt die Industriestadt **Poza Rica ❼** (250 000 Einwohner), in der heute der größte Teil des mexikanischen Erdöls gefördert wird. Der Name bedeutet „reiche Quelle" denn hier sprudelte 1930 die erste große Ölquelle Mexikos. Bohrtürme, Raffinerien und Öltanks prägen weithin sichtbar das Landschaftsbild. Der Ort verwandelte sich fast über Nacht in eine moderne Stadt mit breiten Boulevards.

★★El Tajín

★★El Tajín ❽, ca. 16 km nordwestlich von Papantla und 18 km südöstlich von Poza Rica, ist einer der kulturell bedeutendsten und architektonisch interessantesten präkolumbischen Orte Mexikos. Der Überlieferung zufolge war diese Welterbestätte der UNESCO das Kultzentrum des Wettergottes (*tajín* = Blitz). Die Totonaken errichteten sehr wahrscheinlich in der frühklassischen Zeit (4./5. Jh.) die ersten großen Gebäude. Die Blüte El Tajíns fällt in die spätklassische und frühe postklassische Zeit (6.-12. Jh.), als in der Stadt mit dem monumentalen Kultzentrum schätzungsweise 50 000 Menschen lebten. Um 1200 wurde der Ort weitgehend zerstört, wohl von den aus dem Hochland kommenden Tolteken.

Seit Beginn der archäologischen Forschungen und Restaurierungen 1934 konnte man etwa 170 repräsentative Sakral- und Profanbauten in der dichten tropischen Vegetation lokalisieren, von denen bisher ca. 50 Gebäude ausgegraben sind.

Einzigartig ist die Innovationsfreudigkeit der toltekischen Baumeister, deren Experimente originelle architektonische Lösungen hervorbrachten, z. B. pfeilergestützte Innenräume, Scheintreppen und Räume, die statt um einen Innenhof (*patio*) um einen kraggewölbten Gang gruppiert sind. Einen unverwechselbaren Charakter weist der Dekor der ursprünglich verputzten und farbig bemalten Fassaden auf mit plastischen Mäandermustern und Nischen. Besonderer Beliebtheit erfreute sich auch die aus Teotihuacán übernommene, jedoch abgewandelte Talud-Tablero-Bauweise mit abwechselnd schrägen und geraden Bauelementen.

Die meisten Archäologen glauben, dass El Tajín das Zentrum des rituellen Ballspiels war, das an der Golfküste seinen Ursprung hat und sich – mit verschiedenen Varianten – auf ganz Mesoamerika verbreitete. Von den 17 entdeckten Juegos de Pelota („Ballspielplätzen") sind bis heute 10 restauriert.

Rundgang durch El Tajín

Vor dem **Besucherzentrum** 1 am Eingang finden häufig Vorstellungen der **Voladores** statt, der für die Golfküste typischen „fliegenden Menschen". Hier liegt auch das **Museum**, in dem vor allem die Säulen des Complejo de las

 » Karte S. 172, Info S. 190-191

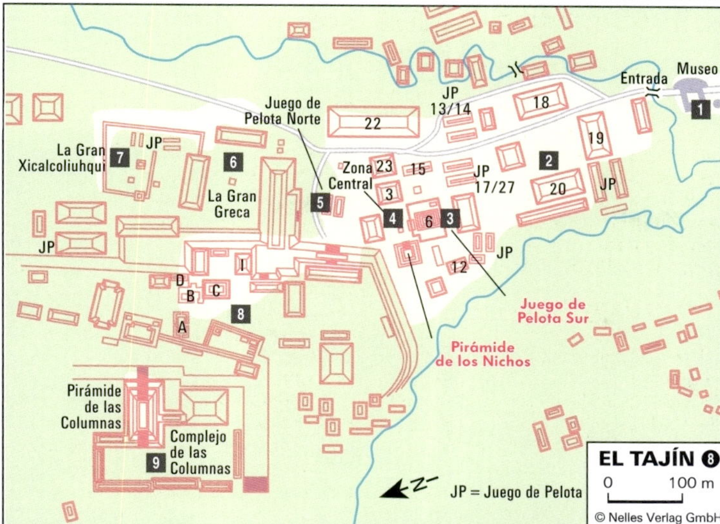

Columnas (s. u.) sehenswert sind. Ihre Reliefs beinhalten kultische Handlungen mit Menschenopfern, Priestern und Soldaten.

Nach dem Eingang betritt man zuerst die weitläufige **Plaza del Arroyo** 2 („Platz des Baches"), gerahmt von vier breitgelagerten Pyramiden mit Freitreppen; schön ist das ★**Edificio 16** an der Nordseite.

Es folgt eine Gruppe mit vier Ballspielplätzen, von denen das große ★★**Juego de Pelota Sur** 3 aufgrund seiner sechs **Reliefs** am interessantesten ist. Sie stellen folgende Szenen dar: 1.: Die Eröffnung des rituellen Ballspiels. 2.: Eine Weihezeremonie durch die Götter. 3.: Der Auftakt zum Ballspiel. 4.: Die Opferung eines Spielers mit einem Obsidianmesser. 5.: Die anschließende Zeremonie mit Pulque, einem aus der Agave (*maguey*) gewonnenem alkoholischem Getränk. 6.: Die göttliche Erneuerung des Pulque. Alle Personen und Götter sind reich gewandet und geschmückt, deutlich erkennbar bei den Ballspielern sind die zum Schutz des Körpers notwendigen Accessoires, die sog. *hacha* („Axt"), *palma* („Palmzweig") und *jugo* („Joch").

An die Ballspielplätze schließt sich die **Zona Central** 4 an, ein Platz, an deren Westseite die ★★**Pirámide de los Nichos** („Nischenpyramide") liegt – aufgrund der harmonischen Proportionen eines der herausragenden Gebäude der gesamten präkolumbischen Architektur. Die siebenstöckige Pyramide ist einschließlich Tempel 25 m hoch und hat eine Grundfläche von 35 x 35 m. Sie wurde wohl im 7. Jh. vollendet und ist nach den 364 Nischen benannt, die sich an den Außenseiten der Pyramide befinden, die zusammen mit der Plattform die 365 Tage des Jahres symbolisieren. Die Fassade war ursprünglich mit farbigem Stuck verkleidet, die Nischen leuchtend rot und blau gestrichen. Die steile Treppe an der Ostseite stammt aus einer späteren Zeit. Die Pyramide wurde – wie üblich – über einem früheren Bauwerk errichtet.

Vorbei am **nördlichen Ballspielplatz** 5 und über eine monumentale Platt-

Foto: Volker W. Radke

form mit mehreren Gebäuden an den Seiten, **La Gran Greca** 6 oder **Plaza Oriente** genannt, gelangt man nach **La Gran Xicalcoliuhqui** 7. Diesen stattlichen Komplex bringen Forscher wegen seiner Mauer mit schneckenförmigen Symbolen mit Quetzalcóatl in Verbindung.

Etwas erhöht gegenüber dem übrigen Zeremonialzentrum liegt das Gebäudeensemble **★Tajín Chico** 8 („Klein-Tajín"), dessen Funktion unterschiedlich interpretiert wird: Herrscherresidenz oder Wohnbauten der adeligen Elite. Die **Bauten A, B und C** sind mit dem einst verputzten und rot und blau bemalten Stufenmäander verziert. Reste von polychromen Malereien erkennt man am **Gebäude I**, das durch ein Strohdach geschützt wird.

Westlich (und meist nicht zugänglich) erstrecken sich auf einer weiteren Terrasse die Ruinen des **Complejo de las Columnas** 9 mit der **Pirámide de las Columnas**. Aufgrund seiner herausragenden Architektur mit einer reliefgeschmückten Säulengalerie (zusammengesetzte Fragmente im Museum) diente die Anlage wahrscheinlich als großer Palast, vielleicht für den aus den Inschriften bekannten Herrscher 13-Kaninchen.

Oben: Die Nischenpyramide in El Tajín.

Papantla

Papantla ❾ ist mit knapp 100 000 Einwohnern eine reizvolle Stadt inmitten einer Hügellandschaft mit tropischem Regenwald – umgeben von den größten Vanille-Plantagen Nordamerikas. Die Pflanze, von den Totonaken *xanat* und von den Spaniern *vainilla* („kleine Schote") genannt, stammt von der zentralen Golfküste, ehe sie in anderen Regionen der Welt kultiviert wurde. Nahezu die gesamte Produktion wird exportiert.

Papantla bedeutet in der Sprache der Totonaken „Ort der Vögel" – ein deutlicher Hinweis auf die Bedeutung der Stadt für den Kult der „Vogelmenschen" (s. S. 30). Das Spektakel findet häufig am Sonntagmorgen auf der **Plazuela**

» Plan S. 175, Karte S. 172, Info S. 190-191

del Volador vor der **Kathedrale** statt. Das 50 m lange und 5 m hohe Wandgemälde (*mural*) am Gebäude stellt Szenen aus der Kultur der Totonaken dar.

Papantla ist der ideale Ausgangspunkt für die Besichtigung der etwa 16 km entfernten Ruinen von El Tajín.

★Cuetzalán

Einer der stimmungsvollsten Orte der Golfregion ist gewiss **★Cuetzalán** ⑩ („Ort der Quetzales") in der Sierra Norte des Bundesstaates Puebla. Das pittoreske, etwa 1200 m hochgelegene Kolonialstädtchen mit seinen verwinkelten Gassen ist ein Wirtschaftszentrum der Totonaken und anderer, Nahua-sprechender Indígenas. Jeden Sonntag drängen sich die Händler auf dem bunten **★Markt** dicht aneinander, um Agrarprodukte auszutauschen. Bemerkenswert sind der **Palacio Municipal** (Rathaus) die **Parroquia** (Pfarrkirche) und außerhalb des Zentrums die **Iglesia de Guadalupe**.

Die **Umgebung** Cuetzaláns dominieren weitläufige Kaffeeplantagen, die höheren Lagen sind teilweise noch von dichtem Nebelwald bedeckt, in dem früher der prächtige grüngefiederte Quetzal heimisch war. Mehrere **Wasserfälle** laden zu schönen Wanderungen ein, z. B. der in etwa 45 Minuten erreichbare **Las Brisas**; weiter entfernt sind La Encantada und Atepatáhua. Interessant sind zudem die **Höhlen** Chivostoc und Atepolihui, letztere mit Stalaktiten und Stalagmiten.

★Yohualichán

Etwa 7 km von Cuetzalán entfernt liegt **★Yohualichán** („das Haus der Nacht"), dessen breitgelagerte, auf mehreren Terrassen errichtete Pyramiden einen Besuch lohnen. Sie sind die einzigen außerhalb El Tajíns, die die Totonaken mit Nischenfriesen dekorierten. Der Ballspielplatz ist mit etwa 90 m Länge einer der größten in Mesoamerika.

Zacapoaxtla

Ebenfalls im Bundesstaat Puebla liegt das 30 000 Einwohner zählende **Zacapoaxtla** ⑪, dessen **Museo Regional Xolalpancalli** mit einer präkolumbischen und ethnologischen Sammlung sowie Dokumenten zum mexikanisch-französischen Krieg 1862 über die Geschichte der Region informiert.

VON JALAPA NACH VERACRUZ

★Jalapa

★Jalapa ⑫ (Xalapa) ist mit fast 500 000 Einwohnern und der **Universidad Veracruzana** die Hauptstadt des Bundesstaates Veracruz. Sie liegt auf mehreren Hügeln in 1420 m Höhe in einer gartenähnlichen Landschaft am Fuß des **Cerro de Macuiltepec** und ist von hohen Bergen, unter anderem auch vom **Cofre de Perote** (Nauhcampatépetl; 4282 m) und dem **Pico de Orizaba** (Citlaltépetl; „Sternberg"), dem mit 5700 m höchsten Vulkan Mexikos, umgeben. Der nicht zu seltene Regen in diesem Gebiet wird von den Einheimischen *chipichipi* genannt; die Stadt selbst ist aufgrund der Vielfalt der Blumen und Früchte in ihren Parks und Gärten auch als „Blumengarten Mexikos" bekannt, die Alexander von Humboldt „einen der reizendsten und malerischsten Punkte der Erde" bezeichnet hat. Nur wenige Städte des Landes können sich eines so vielseitigen kulturellen Angebots rühmen wie Jalapa: regelmäßige Vorstellungen im **Teatro del Estado** (Staatstheater) und Ausstellungen in der **Galería del Estado** (Staatsgalerie), Sinfonieorchester und Aufführungen des **Ballet Folklórico de Veracruz**.

Rundgang durch Jalapa

Jalapas Altstadt, die einstige Festung der Spanier und wichtige Postkutschenstation auf dem Weg zwischen Mexiko-Stadt und Veracruz, ist eine sehenswer-

» Karte S. 172 u. S. 180-181, Info S. 190-191

Foto: Hans-Horst Skupy

te Anhäufung von engen Straßen und Gassen mit farbenfrohen Häusern und üppigen Gärten. Sie ist ein Relikt aus der spanischen Kolonialzeit, das mit den breiten gepflegten Boulevards und den modernen Gebäuden der neueren Stadtteile angenehm kontrastiert.

Ein bemerkenswertes Bauwerk aus der spanischen Zeit ist die massive, aus dem späten 18. Jh. stammende, restaurierte **Kathedrale** unweit des **Parque Juárez**, auf dessen gegenüberliegender Seite sich der lange, helle, noch im Kolonialstil erbaute **Palacio de Gobierno** (Regierungspalast) mit interessanten Fresken befindet.

Vom angrenzenden **Jardín Morelos** aus hat man einen großartigen Blick auf die Stadt. Schön angelegt sind auch der Parque Hidalgo und der Parque de los Berros.

Oben: Olmekischer Kolossalkopf aus San Lorenzo (Nr. 9) im Museo de Antropología in Jalapa.

★★Museo de Antropología

Jalapas Hauptsehenswürdigkeit ist das großartige **★★Museo de Antropología**, das zu den eindrucksvollsten Museumsbauten des 20. Jh. gehört. Das gesamte Kunstschaffen der drei bedeutenden Völker der Golfküste – Olmeken, Totonaken und Huasteken – wird auf insgesamt 18 Ebenen und drei lichtdurchfluteten begrünten Atrien mustergültig vor Augen geführt. Aus der reichhaltigen, etwa 3000 Objekte umfassenden Sammlung verdienen vor allem folgende Kunstwerke eine nähere Betrachtung:

Olmeken: Kolossalköpfe aus La Venta und Tres Zapotes (v. a. Nr. 8); sitzende Männerfigur mit Kind in den Armen (sog. *Señor de Lima*); feingearbeitete Jade-Masken; Terrakotten mit dem sog. *baby face*; post-olmekische Stele von La Mojarra mit einem der ältesten Schriftsysteme Mesoamerikas.

Totonaken: 22 lebensgroße bemalte Tonfiguren aus El Zapotal; mit dem Ballspiel verbundene steinerne Kultgegenstände (sog. Äxte, Joche und Pal-

» Karte S. 180-181, Info S. 190-191

men); „lachende Gesichter" aus Ton der Remojadas-Kultur; Wandmalereien aus Las Higueras.

Huasteken: lebensgroße Plastiken von Göttern und hohen Würdenträgern, zumeist Frauen; mit stilisierten Tieren bemalte Keramiken.

Etwa 8 km nordwestlich von Jalapa liegt in der in der Gartenstadt **Banderilla** der reizvolle botanische **Jardín Lecuona** mit nahezu 250 Orchideenarten.

Coatepec

8 km südlich von Jalapa liegt **Coatepec** ⓭, ein reizvolles Pueblo Mágico mit kolonialer Architektur. Übernachten und gut essen kann man in der stimmungsvollen ★**Posada Coatepec**. Das nahe **Museo del Café** gibt Einblick in die Kaffeeproduktion.

★Hacienda El Lencero

Einen guten Einblick in das luxuriöse Leben eines reichen Großgrundbesitzers während der spanischen Kolonialzeit vermittelt auch ein Besuch der ★**Hacienda El Lencero** ⓮, etwa 10 km südöstlich von Jalapa. Der großzügig angelegte Landsitz geht auf einen Kampfgefährten von Cortés zurück und befand sich ab 1842 im Besitz von General Antonio López de Santa Anna.

Río Los Pescados

Mehrere Flüsse in der weiteren Umgebung von Jalapa sind zum **Rafting** ideal. Die meisten Anbieter bevorzugen den **Río Los Pescados**. Start ist in **Jalcomulco** ⓯, 39 km südöstlich von Jalapa, wo es auch Camp-Unterkünfte und kleine Hotels gibt.

Zempoala

Zempoala ⓰, war vom 13. Jh. bis zur spanischen Eroberung das Zentrum der Totonaken. Hernán Cortés traf hier am 15. Mai 1519 mit dem Häuptling (*cacique*) Chicomacatl zusammen, um sich mit ihm gegen die Azteken, denen die Totonaken tributpflichtig waren, zu verbünden.

Die archäologische Stätte umfasst 11 rekonstruierte Gebäudekomplexe, von denen der 11 m hohe, in 13 Stufen gegliederte **Templo Mayor** an der Nordseite des großen Platzes am eindrucksvollsten ist. Säulenreste auf der obersten Plattform eines sechsstöckigen Gebäudes gaben dem **Templo de las Chimineas** („Tempel der Kamine") seinen Namen. Abseits des umgrenzten Bezirks, schräg rechts nach dem Eingang, liegt der **Templo de las Caritas** („Tempel der kleinen Gesichter"), benannt nach 360, in Nischen eingelassenen Terrakotta-Köpfen.

La Antigua

La Antigua ⓱, 28 km nördlich von Veracruz an der Mündung des Río Huitzilapan, ist einer der geschichtsträchtigsten Orte ganz Mexikos: Nach seinem Aufenthalt in Zempoala gründete Cortés hier 1519 die wohl älteste Kirche des amerikanischen Festlands, die weißgekalkte **Ermita del Rosario** im Zentrum des Orts. Unweit davon sind – sehr fotogen von Luftwurzeln und Schlingpflanzen überwuchert – noch Gebäudereste aus dem frühen 16. Jh. erhalten, neben einem Verwaltungsbau auch die so genannte **Casa de Cortés**, die allerdings nie das Haus des Conquistadors war.

★Veracruz

Es soll *chilangos* (Einwohner von Mexiko-Stadt) geben, die am Samstagmorgen in ihr Auto steigen, ein paar Freunde einladen, sich auf eine fünfstündige Fahrt begeben, auf kurvenreicher Straße gewaltige Höhenunterschiede überwinden, am späten Sonntagnachmittag die gleiche Strapaze während der Rückfahrt auf sich nehmen – nur um eine lange Nacht in ★**Veracruz** ⓲ zu verbringen. Die Hafenstadt am Golf

» Karte S. 180-181, Info S. 190-191

von Mexiko ist gleichbedeutend mit Lebensfreude.

Besonders im ★★**Karneval** wird Veracruz zu einem einzigen Festplatz. Neun Tage vor Aschermittwoch beginnen die farbenprächtigen Umzüge auf fantasievoll dekorierten Wagen. Überall gibt es *marimba*-Musik und Tanz – Folkloreshows ebenso wie populäre Rhythmen zum Mittanzen. Kinder haben ihre eigenen Paraden, sportliche Wettkämpfe werden ausgetragen, und am nächtlichen Himmel leuchten Feuerwerksraketen. Touristen, die sich dieses Spektakel nicht entgehen lassen wollen, sollten lange vorher ein Zimmer reservieren.

Auch an „normalen" Tagen ist die Atmosphäre in der tropischen Stadt, in der im Sommer die Hitze durch eine ständige kühle Brise vom Meer ein wenig gemildert wird, entspannt und fröhlich. Ausgelassen wie die Menschen, überwiegend spanischer Abstammung, die *jarochos* genannt werden, sind auch die Tänze: *son jarocho* heißt die traditionelle Tanzweise, die vielfältig variiert wird. Der stampfende Rhythmus der Tänzer kontrastiert die eher gleichförmige Musik, die eine Band (*conjunto jarocho*) auf Harfe, kleinen und großen Gitarren und manchmal auch Violinen spielt. Die Männer tragen weiße Hosen und weiße Hemden, dazu ein rotes Halstuch und einen Strohhut. Die Frauen zieren ihre weißen, üppig gerüschten Kleider mit einer bestickten schwarzen Schürze. *La*

» Karte S. 180-181, Info S. 190-191

bamba ist ein temperamentvolles, international bekannt gewordenes Tanzlied.

Geschichte von Veracruz

Veracruz war mehr als 200 Jahre Mexikos einziger **Handelshafen** und blieb darüber hinaus wichtigste Verbindung zur Alten Welt und Eingangstor für Invasoren und Siedler, Händler und Exilanten, Sklaven und Regenten.

Am Karfreitag des Jahres 1519, dem *Día de la Vera Cruz* („Tag des Wahren Kreuzes"), landete Hernán Cortés gegenüber der Isla San Juan de Ulúa und nannte die Stelle *Villa Rica de la Vera Cruz*. Zu seiner Überraschung wurde er von Abgesandten des Azteken-Herrschers Moctezuma II. mit Geschenken empfangen, da man ihn für den zurückgekehrten Gott Quetzalcóatl hielt. Die Schätze machten Cortés neugierig. Bevor er jedoch zum Marsch nach Tenochtitlán aufbrach, gründete er die erste spanische Ansiedlung auf mexikanischem Boden einige Kilometer weiter nördlich (das heutige La Antigua , s. S. 179). Erst 1589 entstand die Stadt Veracruz im Schutz der Inselfestung **San Juan de Ulúa**. Veracruz entwickelte sich zum lebhaften Handelshafen, der bald auch britische, französische und holländische Piraten anlockte, deren Überfälle und Plünderungen erst nach dem Bau der Stadtmauer von 1746 beendet wurden.

Foto: Volkmar E. Janicke

Im 19. Jh. geriet Veracruz ins politische Blickfeld: 1825 wurden die letzten Spanier, die sich auf der Festungsinsel verschanzt hatten, aus dem unabhängigen Mexiko vertrieben. 1847 wurde die Stadt während des amerikanisch-mexikanischen Krieges von US-Truppen eingenommen. 1862 begann die Invasion der Franzosen, nachdem Mexiko seine Auslandsschulden nicht bezahlen konnte; zwei Jahre später ging Maximilian von Habsburg als Kaiser von Mexiko in Veracruz an Land.

1914 landeten erneut US-amerikanische Truppen in Veracruz, um Victoriano Huerta zu stoppen, der im selben Jahr vom Revolutionsführer Venustiano Carranza zum Rücktritt gezwungen wurde.

Noch immer ist Veracruz eine Stadt mit internationalem Gepräge. Matrosen bevölkern vor allem die Gegend um den Hafen, wo auch die Marine stationiert ist, die allabendlich zum öffentlichen Appell antritt.

Oben: Der Malecón von Veracruz lädt zu einer Promenade ein.

Rundgang durch Veracruz

Veracruz lohnt mehr wegen des speziellen karibischen Flairs als seiner Gebäude einen Besuch. Der ★**Zócalo** ①, die palmenbestandene **Plaza de la Constitución** bzw. **Plaza de Armas** mit einem plätschernden Springbrunnen, ist an jedem Abend erfüllt mit Musik. Regionale Musiker sind *marimba*-Spieler, die das Xylophon-ähnliche Instrument virtuos beherrschen. Auch *mariachis* und *trios norteños,* Musikgruppen aus dem Norden, nehmen am lautstarken Wettstreit teil und *bandas* spielen zum Danzón auf.

Schön sind die zweistöckigen Arkaden des **Palacio Municipal** mit einem Uhrturm und einem reizvollen Patio im Inneren. Recht schlicht erscheint die 1734 eingeweihte Pfarrkirche (Parroquia) daneben, die heute **Catedral Nuestra Señora de la Asunción** genannt wird.

Imposante Bauwerke im neoklassizistischen Stil dominieren die **Plaza de la Repúplica** ② (Plaza de la Reforma)

» Stadtplan S. 183, Info S. 190-191

direkt am **Puerto** (Hafen). Neben der riesigen **Aduana Marítima** (Zollamtsgebäude) aus dem Jahr 1903, deren Einkünfte nach der Unabhängigkeit lange die einzige sichere Finanzquelle war, steht das Gebäude der **Correo** (Post).

Entlang des lebhaften, zum Schlendern einladenden **★Malecóns** (Kai) reihen sich Denkmäler, die an die Verteidiger der Stadt gegen die amerikanischen Besatzer von 1914 erinnern. Hier bieten auch zahlreiche Händler (kitschiges) Kunsthandwerk an.

An der Uferpromenade liegt das **Gran Café de la Parroquia** ③, eines der traditionsreichsten Kaffeehäuser Amerikas, gegründet 1808. Marimba- und Mariachi-Kapellen verleihen dem Café ein stimmungsvolles Flair, zu dem auch zwei italienische Espresso-Maschinen aus den 1920er Jahren beitragen. Um den Ober für einen *lechero* (Milchkaffee) herbeizurufen, klimpert man mit dem Löffel an sein Glas.

Zu den wenigen Bauten, die aus der Kolonialzeit erhalten sind, gehört das **★Castillo de San Juan de Ulúa** ④ auf der anderen Seite des Hafens. Zur Abwehr englischer und holländischer Piraten begannen die Spanier bereits 1528 mit dem Bau der Festung, deren mächtige Bastionen erst zwei Jahrhunderte später vollendet wurden. Im 19. Jh. diente der Komplex als berüchtigtes Gefängnis (u. a. Benito Juárez im Jahr 1853), in dem die Kerker bei Flut unter Wasser standen.

Einige kleine Museen sind zu erwähnen: Das **Museo Histórico Naval** ⑤ zeigt Funde zur Schifffahrtsgeschichte und erinnert mit Möbeln und Dokumenten an Präsident Venustiano Carranza, der 1914/15 in seinem Exil im nahe gelegenen Leuchtturm, dem **Faro Carranza**, die mexikanische Verfassung entwarf.

Im **Museo de la Ciudad** ⑥ wird die Geschichte der Stadt von den Olmeken bis zur Mexikanischen Revolution, einschließlich einer Sammlung mit Karnevalskostümen, dokumentiert.

Im Regionalmuseum **Baluarte de Santiago** ⑦ – einzige erhaltene Bastion der ehemaligen Stadtmauer – sind die **Joyas del Pescador** ausgestellt, ein kleiner mixtekischer Goldschatz, den ein Fischer 1976 im Wrack einer spanischen Galeere im Hafen geborgen hat.

Als ältestes Gotteshaus von Veracruz gilt die **Iglesia San Cristo del Buen Viaje** ⑧ aus dem frühen 16. Jh. an der Plaza Gutiérrez Zamora.

Eine der größten Attraktionen der Metropole ist das aufregend gestaltete **★Acuario de Veracruz** ⑨ südöstlich des historischen Stadtkerns. In einem riesigen, zum Kaufhaus *Centro Comercial Plaza Acuario* gehörenden Becken schwimmen verschiedene tropische Fischarten, darunter Haie und Barrakudas in unmittelbarer Nähe vor den Besuchern – ein wahrer Nervenkitzel!

Weiter in Richtung Süden schließen sich **Strände** an, die schönsten sind **Costa de Oro** und **Mocambo**.

Die besten Fischgerichte der Stadt, darunter *huachinango a la veracruzana*, gibt es in dem Vorort **Boca del Río**, einem beliebten Ausflugsziel am Wochenende, auch der familienfreundlichen Preise wegen. Am Zócalo übrigens wird kein Fisch serviert! Hier, am beliebtesten Treffpunkt der Stadt, isst man *tortas*, üppig belegte und reich garnierte große Brötchen.

Alvarado

Auf einer Nehrung, die die **Laguna de Alvarado** vom Golf von Mexiko trennt, liegt auf beiden Seiten der Mündung des Río Papaloapan („Schmetterlingsfluss") das verträumte Fischerstädtchen **Alvarado** ⓳. Die *jarochos* (Mischlinge der Golfküste aus Weißen, Indígenas und Schwarzen) pflegen hier mit Festen noch intensiv ihr kulturelles, aus unterschiedlichen Wurzeln bestehendes Erbe, vor allem während der prächtigen **★Fiesta de Santa Cruz** am 3. Mai.

Neben dem **Zócalo** und dem **Malecón** (Uferpromenade) lohnt ein Spaziergang entlang der großen **Sanddünen** außerhalb des Orts, etwa der 50 m hohen **Duna de Verdún**.

Rechts: Bei den Festen der Golfküste verschmolzen spanische, afrikanische und indianische Elemente.

★Tlacotalpan

30 km von Alvarado, an der Straße nach Tuxtepec, lohnt **★Tlacotalpan** ⓴ einen Aufenthalt. Agustín Lara (1900-1978), Mexikos berühmtester Komponist und Dichter romantischer Liebeslieder, hat die bezaubernde Kleinstadt am Río Papaloapan zu seinem Geburtsort ernannt, wie auch eine Plakette am Haus versichert: Wie eine nostalgische Filmkulisse wirkt der **Zócalo**, umrahmt von blendend weiß getünchten Häusern mit farbigen Balkonen und schattenspendenden Arkadengängen. Am Platz liegen auch die beiden wichtigsten Sakralbauten der Stadt, die **Parroquia de San Cristóbal** und die **Capilla de la Candelaria**. Das stimmungsvolle, ab der Mitte des 16. Jh. errichtete Architektur-Ensemble erklärte die UNESCO 1998 zum Welterbe.

Das **Museo Salvador Ferrando** dokumentiert mit alten Möbeln, Gemälden und traditionellen Kostümen die vielseitige Kultur der Jarochos in einem ansprechenden Kolonialstilhaus.

Aus Tlacotalpan kommen auch heute noch die besten Interpreten der *sones veracruzanos*, wie die Tänze und Lieder der Region – v. a. *huapangos* und *sones jarochos* – von den Einheimischen genannt werden. Bei der viertägigen **★Fiesta de la Candelaria** (um den 2. Februar), wenn die Statue der Jungfrau von Candelaria auf einem geschmückten Boot spazierengefahren wird, treten Musiker und Tänzer in einen vom Publikum oft lautstark angefeuerten Wettbewerb auf.

IM LAND DER OLMEKEN

Die MEX 180 durchschneidet im Süden des Bundesstaates Veracruz weite Obstplantagen. Früchte und frisch gepresster Saft werden an Straßenstän-

 » Stadtplan S. 183, Karte S. 180-181, Info S. 190-191

Foto: Volker W. Radke

den angeboten: Mangos im Sommer, Ananas und Bananen das ganze Jahr über. Angebaut werden in der tropischen Ebene auch Tabak, Vanille und Zuckerrohr; Veracruz ist größter Zuckerlieferant Mexikos. Doch längst bringt die Erdölverarbeitung mehr ein als die Landwirtschaft. Viele Campesinos haben die Felder verlassen, in der Hoffnung auf einen Job bei der PEMEX, der staatlichen Erdölgesellschaft.

Das auch heute noch durch die dichte tropische Vegetation schwer zugängliche Hinterland von Veracruz war in präkolumbischer Zeit die Heimat der Olmeken, die die „Mutterkultur" Mesoamerikas schufen, von deren Existenz man bis 1860 nichts wusste. Ihr Einflussbereich erstreckte sich in präklassischer Zeit (etwa 15.-4. Jh.) bis nach Zentral-Mexiko und Oaxaca sowie in das Siedlungsgebiet der Maya an der Pazifikküste Guatemalas und El Salvadors. Tres Zapotes und San Lorenzo sind die wichtigsten Fundstellen im Bundesstaat Veracruz, La Venta im Bundesstaat Tabasco.

Allerdings sind die großartigen Kunstwerke der Olmeken – insbesondere riesige Köpfe aus Basalt, Terrakotten sowie winzige Jade-Figuren – nicht mehr vor Ort, sondern in Museen zu bewundern: Mexiko-Stadt, Jalapa und Villahermosa besitzen die prachtvollsten Beispiele.

★Sierra de los Tuxtlas

Die **★Sierra de los Tuxtlas**, benannt nach den beiden Städten Santiago Tuxtla und San Andrés Tuxtla, ist eine überaus reizvolle Gebirgsregion mit (erloschenen) Vulkanen, Wäldern, Seen und Wasserfällen; hier zeigt sich die tropische Landschaft der Golfküste von ihrer schönsten Seite.

Die höchsten Erhebungen sind im Osten der **Cerro Santa Marta** (1700 m), im Westen der **Volcán San Martín** (1650 m), dessen bewaldete Hänge unter Naturschutz stehen (**Reserva Biosfera Volcán de San Martín**). Schon Alexander von Humboldt schätzte 1804 das angenehme Gebirgsklima.

Santiago Tuxtla

Einen kolossalen **Olmeken-Kopf** kann man auf der Plaza von **Santiago Tuxtla** ㉑ bewundern, den größten, der je entdeckt wurde. Das nahegelegene **Museo Regional Tuxtleco** stellt neben weiteren Objekten dieser Kultur die erste Zuckerrohrpresse Mexikos aus.

Tres Zapotes

Tres Zapotes ㉒, 15 km westlich von Santiago Tuxtla auf schlechter Straße erreichbar, ist das älteste Kultzentrum der Olmeken. Berühmt wurde die Stätte im 19. Jh. durch die Entdeckung von zehn (von insgesamt 17) bis zu 45 t schweren **Basaltköpfen**, die Götter oder verstorbene Herrscher darstellen. **Stele C** führt das zweitälteste überlieferte Datum Amerikas auf: 31 v. Chr. (das früheste datierte Monument von 36 v. Chr. stammt aus Chiapa de Corzo). Die meisten Funde werden heute in Mexiko-Stadt verwahrt, teilweise auch im hiesigen **Museo Arqueológico**.

San Andrés Tuxtla

San Andrés Tuxtla ㉓ ist das Handelszentrum von Tabak, der auf den umgebenden Plantagen angebaut und im Ort zu *puros* (Zigarren) verarbeitet wird. Besucher sind in den Fabriken willkommen.

Etwa 4 km nördlich der Stadt liegt der Kratersee **Laguna Ecantada** („Verwunschener See"), dessen Wasserspiegel paradoxerweise während der Regenperiode fällt und in der Trockenzeit steigt.

Ein weiteres beliebtes Ausflugsziel ist der ★**Salto de Eyipantla**, ca. 13 km südöstlich von San Andrés Tuxtla. Eingerahmt von üppig wachsender Vegetation rauscht hier das Wasser fast 50 m in die Tiefe. Mel Gibson drehte hier Szenen seines Films „Apokalypse".

Rechts: Am Salto de Eyipantla.

Laguna de Catemaco

Das 50 000 Einwohner zählende Städtchen **Catemaco** ㉔ an der **Laguna de Catemaco** ist seinen kleinen Hotels, Souvenirständen und guten Fischrestaurants ein beliebter Ferienort wundergläubiger Mexikaner. Sie wallfahren zur *Virgen del Carmen* oder suchen die Dienste von Wunderheilern *(curanderos)* und Zauberern *(brujos)*.

Empfehlenswert ist eine **Bootsrundfahrt** auf dem etwa 130 m^2 großen, von tropischer Vegetation und Vulkanen eingerahmten See.

Eine Attraktion in dieser Bilderbuch-Landschaft ist das Regenwald-Reservat Nanciyaga, eine andere die ★**Isla de los Changos** („Affeninsel"). Die Affen, eine Makaken- (Meerkatzen-) Art, die sich von Fisch ernähren, erforscht die Universität Veracruz.

Istmo de Tehuantepec

Am **Istmo de Tehuantepec**, der Landenge und geografischen Grenze zwischen Nord- und Mittelamerika, liegen Mexikos wichtigste Städte der Erdölindustrie – **Minatitlán** ㉕ und **Coatzacoalcos** ㉖ mit gespenstischen Bohr- und Verbrennungstürmen, die giftige Qualmwolken ausstoßen. Eine Autobahn führt über die ★**Brücke** von Coatzacoalcos, ein technisches Meisterwerk. Das PEMEX-Erdölland reicht weit in den Nachbarstaat Tabasco hinein, der jenseits des Río Tonalá beginnt.

Vom Flugzeug aus ist es deutlich zu erkennen: Weite Teile von Tabasco, sind Sümpfe, eine endlose grüne Fläche, durchbrochen von unzähligen Verzweigungen der Flüsse Grijalva und Usumacinta, die sich zwischen **Frontera** ㉗ und **Nuevo Campechito** ㉘ an der Grenze zum Bundesstaat Campeche in den Golf ergießen und Dutzende von Seen und Lagunen bilden.

Noch vor 50 Jahren galt diese Region als menschenfeindlich: Hitze, hohe Luftfeuchtigkeit und Mücken, die Ma-

Foto: Volker W. Radke

laria übertrugen, machten das Leben zur Hölle. Mit dem Bau der Eisenbahn in den 1950er Jahren begann die Modernisierung und Kultivierung des Landes. Mit den Erdölfunden im Golf von Mexiko und in der Umgebung der Industriestadt **Heróica Cárdenas** ㉙ erlebte Tabasco einen gewaltigen Aufschwung – zum Preis der Zerstörung der Natur.

Nach den Olmeken besiedelten die Chontales, die am weitesten nach Westen sich erstreckende Maya-Gruppe, das heutige Tabasco. Sie zwangen 1519 Hernán Cortés zum Rückzug aus dem Gebiet, nicht ohne ihm als Geschenk 20 Sklaven zu übergeben, darunter Malinche, die zur Dolmetscherin, Vertrauten und Geliebten des Eroberers wurde. Erst 1540 unterwarf der Conquistador Francisco de Montejo diese Küstenregion.

Die Bewohner von Tabasco, die an den Unabhängigkeitskämpfen 1810-1821 nicht beteiligt waren, wehrten sich 1863 gegen die französische Invasion und kämpften todesmutig in den Revolutionskriegen 1910-1920.

La Venta

Im Westen, am Unterlauf des Río Tonalá, liegt im tropisch-feuchten Sumpfgebiet **La Venta** ㉚, nach Tres Zapotes und San Lorenzo die dritte bedeutende archäologische Stätte der Olmeken. Da die historischen Olmeken der spanischen Quellen, die „Menschen aus dem Gummiland“, mit den prähistorischen Schöpfern der eindrucksvollen, „olmekischen“ Kunstwerken sehr wahrscheinlich nicht identisch sind, spricht man, nach dieser wichtigen Fundstätte, auch von der *La Venta-Kultur*.

Die Blüte dieses weitläufigen Kultzentrums mit zahlreichen, hauptsächlich aus Erde errichteten Pyramiden, Plattformen und Ballspielplätzen, lag in der Zeit zwischen 1200 und 600 v. Chr. Die Gebäude, die sich nach mesoamerikanischer Art meist um einen großen Platz streng symmetrisch gruppieren, wurden jedoch weitgehend zerstört, seit Ende der 1930er Jahre die Jagd nach dem schwarzen Gold begann: La Venta liegt mitten im Erdölfördergebiet.

★Comalcalco

Besser erhalten ist **★Comalcalco ㉛** und einzigartig dazu: In Ermangelung von Steinen wurde für die Konstruktion der Stadt in der Sonne gebrannte Ziegel, verbunden mit Mörtel aus Ton, Sand und Austernschalen, verwendet. Das Zeremonialzentrum der Chontales entstand in spätklassischer Zeit (600-900 n. Chr.) und zeigt in architektonischen und ornamentalen Details deutliche Einflüsse aus Palenque (s. S. 164). Das ca. 1 km^2 umfassende Areal besteht aus drei weitläufigen Komplexen: Die **Gran Acrópolis** mit zwei Tempeln und einem als Palast gedeuteten Gebäude auf einer Plattform. Gut erhalten ist die große **Stuckmaske** des Sonnengottes Kinich Ahau. Unweit davon entdeckte man die **Tumba de los Nueve Señores** („Grab der neun Herren"), die an den Wänden mit bemalten Stuckreliefs abgebildet sind. Der gänzlich freigelegte **Tempel I** dominiert die **Plaza Norte**, während die Gebäude der **Plaza Este** noch weitgehend von Pflanzen überwuchert sind. Das **Museum** präsentiert in Tabasco gefundene Objekte der präkolumbischen Zeit.

Badeorte am Golf von Mexiko

An der Küste reihen sich in malerischer, von Lagunen gesäumter Landschaft drei freundliche kleine Badeorte mit so wohlklingenden Namen wie **El Paraíso ㉜**, **El Limón**, **Puerto Ceiba** aneinander, die nicht von Verschmutzung betroffen sind. Die Lagunen und Flüsse sind fischreich, die Küstenebene fruchtbar. Bananen, Orangen, Ananas, Mangos, Chilis, Tomaten, Kakao, Tabak und Zuckerrohr werden angebaut. Viel Ackerland wurde in Rinderzuchtweiden verwandelt.

Rechts: Das Relief am Altar 5 im Parque Museo La Venta zeigt vermutlich einen Priester mit Kinderopfer.

Villahermosa

Villahermosa ㉝, die Hauptstadt Tabascos, ist eine moderne und wohlhabende Stadt, schön, wie der Name sagt, sind das viele Grün und Wasser, das sie umgibt. Der Reichtum gründet sich auf den Erdölboom der 1970er Jahre. Breite Boulevards, von schattenspendenden Bäumen gesäumt, durchschneiden und umrunden die etwa 400 000 Einwohner zählende Stadt. Zahlreiche Denkmäler erinnern an Helden der Vergangenheit.

In die Zukunft blickt Villahermosa mit dem Regierungs- und Kongresszentrum **Tabasco 2000**. Die futuristisch anmutenden Gebäude mit Geschäften, Galerien und einem Planetarium wurden mit den Öl-Millionen finanziert.

Das alte Zentrum der Stadt, 1598 am Westufer des Río Grijalva gegründet, wurde restauriert und danach in **Zona Luz** („Lichtbezirk") umbenannt: eine saubere, geschäftige Fußgängerzone mit Dutzenden von Läden und Imbissstuben. Gemütliche Straßencafés finden sich am Malecón. Am **Zócalo** – in den südlichen Regionen Mexikos meist *Parque* genannt (hier **Parque Benito Juárez**) – prunkt der mächtige Gouverneurspalast.

★★Parque Museo La Venta

Attraktive, weitläufige Parkanlagen wie der **Parque Tomás Garrido Canabal** laden zum Spazieren und Joggen ein. An den schließt sich an, was Villahermosa besuchenswert macht: Der **★★Parque Museo La Venta** ist ein einzigartiges archäologisches Freilichtmuseum mit zugehörigem **Zoologischen Garten**. Der Park ist ein Stück Dschungel mitten in der Stadt, den Carlos Pellicer Cámara (1897-1977), ein Dichter, Anthropologe und Sammler, 1958 geschaffen hat. Etwa 50 olmekische, von der Zerstörung durch die Erdölindustrie bedrohte monumentale Plastiken und Fragmente aus La Venta (s. S. 187) fanden hier an der **Laguna de las Ilusiones** inmitten tropi-

» Karte S. 180-181, Info S. 190-191

Foto: Jürgen Bergmann

scher Vegetation einen idealen Standort. Neben drei, bis zu 24 t schweren **Kolossalköpfen** und zwei ca. 5 x 6 m großen, aus Serpentin gefertigten **Mosaik-Masken** als Bauopfergaben sind besonders sehenswert: **Altar 4**, der unter einem stilisierten Jaguar-Gesicht einen Priester vor einer Höhle, zusammen mit zwei durch ein Seil verbundene Personen an den Seiten darstellt; **Stele 3** mit dem Abbild zweier Fürsten und darüber schwebenden Gottheiten (?); **Altar 5**, der wohl einen Priester vor einer Höhle mit einem Kinderopfer zeigt; **Monument 56** mit der Figur eines Affen, der wahrscheinlich mit dem unverzierten Teil in einem Gebäude – waagrecht und nicht senkrecht wie in der Ausstellung! – eingemauert war und eines der wenigen Beispiele olmekischer Bauplastik ist.

Manchmal trifft man beim Rundgang auf Tiere des Regenwaldes, z. B. auf die in Rudeln vorkommenden und stets nach Insekten und Würmern suchenden **Nasenbären** (*pisotes, coatis*).

Noch mehr Tiere sieht man im Park ★**Yumka** (Richtung Flughafen), wo afrikanische Elefanten und bengalische Tiger ebenso natürlichen Lebensraum finden wie einheimische Jaguare, Manatis und bunte Vögel.

Pellicer Cámara legte auch den Grundstock für das ★**Museo Regional de Antropología** im **CICOM**-Komplex (*Centro de Investigaciones de las Culturas Olmeca y Maya*): eine reiche Kollektion mit Objekten aller Kulturen Mexikos.

Teapa

58 km südlich von Villahermosa liegt – eingebettet in eine regenreiche, hügelige Landschaft – **Teapa** ㉞. Von dem 60 000 Einwohner zählenden Ort lassen sich herrliche Exkursionen unternehmen, etwa zu den nahen Schwefelquellen von **El Azufre** und zu den ★**Grutas de Coconá** (6 km nördlich). Die Höhlen faszinieren durch bizarre Stalaktiten und Stalagmiten sowie durch das Vorkommen von blinden Fischen in einem unterirdischen **Cenote**, den die die hiesigen Chol-Maya *coconá* („tiefes Wasser") nennen.

» **Karte S. 180-181, Info S. 190-191**

TAMPICO (☎ 833)

Calle Olmos 101, am Zócalo, Tel. 217 8946, www.tampico.gob.mx, www.turismotamaulipas.com.

El Porvenir, Hidalgo 1403, Tel. 213 0568, Tampico, ausgezeichnete, Meeresfrüchte.

CIUDAD MADERO

Museo de la Cultura Huasteca, Espacio Cultural Metropolitano Blvd. Adolfo López Mateos s/n, Tel. (833) 210 2217, Di-So 10-18 Uhr.

CIUDAD VALLES (☎ 481)

Museo Regional Huasteco, Ecke Rotarios / Artes (Peñaloza), Di-So 10-17 Uhr.

EL TAJÍN

Zona arqueológica, ca. 16 km nordwestlich von Papantla, tägl. 8-17 Uhr, am Eingang gibt es Voladores-Vorführungen, eine Cafetería und Souvenirläden. Busse der *Transportes de Papantla* verkehren mehrmals täglich vom Busterminal in der 20 de Noviembre zwischen Papantla und El Tajín..

PAPANTLA (☎ 784)

Mehrere Restaurants mit preiswerter regionaler Küche im Zentrum, z. B. **Plaza Pardo**, Ecke Enríquez / Juárez, **Sorrento**, Enríquez 105 und **Terraza Grill**, 20 de Noviembre,einfache Gerichte auch an Ständen in der Markthalle.

Mercado Juárez, Ecke Calle 16 de Noviembre / Reforma, v. a. Lebensmittel, neben Früchten auch Vanille-Likör.

Semana Santa, großes Fest in der Karwoche mit Tänzen und Prozessionen.
Festival de Papantla, Beginn am Fronleichnamstag (Corpus Christi), Ende Mai / Anfang Juni, viertägiges Fest mit Prozessionen.
Festival de Vainilla, Mitte Juni mit zahlreichen Tanzgruppen.
Besondere Attraktion bei allen Festen sind die Vorführungen der *voladores* („fliegende Männer") auf der Plaza vor der Kirche.

CUETZALÁN

Yoloxochitl, Calle 2 de Abril, einfache, aber schmackhafte regionale Küche, große Fruchtsäfte.
Café Restaurante Museo La Época De Oro, Miguel Alvarado 2, gegenüber der Kirche San Francisco, nur Freitag bis Sonntag, ganztägig.

Feria del Café y del Huipil, wichtigstes Dorffest am 4. Oktober, das mit dem **Heiligenfest** zu Ehren von San Francisco de Asis zusammenfällt. Zu sehen sind u. a. traditionelle Tänze bzw. Kulte aus präkolumbischer (Quetzales, Voladores) und spanischer (Negritos, Santiagos) Zeit.

YOHUALICHÁN

Zona Arqueológica, Mi-So 10-17 Uhr. Busse verkehren in unregelmäßigen Abständen vom Zentrum in Cuetzalán.

JALAPA (☎ 228)

Palacio Municipal, Calle Avila Camacho 191, Tel. 842 1200, www.xalapa.gob.mx.

La Casa de Mama, Calle Comacho 113, gediegene mexikanische Küche. **La Sopa**, Callejón del Diamante 3A, bei den Einheimischen sehr beliebt; köstliche regionale Küche.

Museo de Antropología, Av. Xalapa s/n, Col. Magisterial, Tel. 815 0920, ca. 4 km außerhalb des Zentrums, Di-So 10-17 Uhr, kleines Restaurant.

COATEPEC (☎ 228)

Posada Coatepec, Calle Hidalgo 9, Col. Centro Coatepec, Tel. 816 0544, www.posadacoatepec.com.mx.

HACIENDA EL LENCERO

Etwa 10 km südöstlich von Jalapa, Di-So 10-17 Uhr, www.xalapa.net/lencero

ZEMPOALA

Zona arqueológica, Busse von Veracruz 1 km außerhalb des Orts Zempoala, tägl. 9-16.30 Uhr.

LA ANTIGUA

1 km westlich der MEX 180, Busse von Veracruz.

VERACRUZ (☎ 229)

Palacio Municipal, am Zócalo, www.veracruz.gob. mx, Mo-Sa 9-21, So 10-13 Uhr.

Garcli's, Blvd. Avila Camacho, Tel. 935 4685; leckere Meeresfrüchte. **Villa Rica Mariscos Calz**. Mocambo No. 527, am Strand von Mocambo Tel. 922 3743, ausgezeichnete Fischgerichte. **Prendes**, Ableger der „Villa Rica", direkt an der Plaza de Armas. **El Gaucho**, Ecke Calle Bernal Díaz del Castillo 187 / Colón, Tel. 935 0411; Pasta und Fischgerichte, auch Frühstück. **Los Cedros**, Blvd. Alfonso Ruiz Cortines 318, Tel. 937 7670; libanesische Küche. **La Paella**, Calle Zamora 138, Tel. 932 0322, traditionelle spanische Küche. **Gran Café de la Parroquia**, am Malecón und **Gran Café del Portal**, am Zócalo, bei den Einheimischen beliebte Häuser mit gutem Kaffee.

Carnaval in Veracruz – eines der größten Feste Mexikos. **Festival Afro Caribeno**, im August, sehenswertes Kulturfest mit Gruppen aus vielen Karibik-Staaten.

Castillo de San Juan de Ulúa, Hafenfort, Di-So 9-17 Uhr. **Baluarte de Santiago**, Avenida 16 de Septiembre / Rayón, tägl. 10-17 Uhr. **Museo Histórico Naval**, Calle Arista. Di-So 10-17 Uhr. **Acuario de Veracruz**, Blvd. Avila Camacho s/n, Playa de Hornos, Mo-Do 10-19, Fr-So 10-19.30 Uhr.

ALVARADO

Von den vielen Festen ist die **Fiesta Santa Cruz** am 3. Mai das prächtigste.

TLACOTALPAN (☎ 288)

Instituto de Turismo, Palacio Municipal, Tel. 884 2151, www.tlaco.com.mx.

Doña Lala, Av. V. Carranza 11, vorzüglicher Fisch und Meeresfrüchte im Hotelrestaurant. Gute Fischrestaurants entlang des Malecón, z. B. **Brisas de Tlacotalpan**.

Museo Salvador Ferrando, am Parque Zaragoza, Di-So 10-18 Uhr.

SAN ANDRÉS TUXTLA

Mariscos Chazaro, Francisco I. Madero 18, exzellente Meeresfrüchte, z. B. *sopa de mariscos* und Fisch (*chucumite*).

Museo Regional Tuxtleco, Mo-Sa 9-18, So 9-15 Uhr.

CATEMACO (☎ 294)

La Ola und **La Ceiba**, beide direkt am Seeufer, Paseo del Malecon, servieren hervorragende Fischgerichte udn lokale Spezialitäten.

COMALCALCO

Zona arqueológica und **Museo**, 5 km außerhalb der Stadt Comalcalco, Busse von Villahermosa in Richtung Paraíso, Mo-So 10-17 Uhr.

VILLAHERMOSA (☎ 993)

OCV Tabasco, Av. Paseo Tabasco 1504,.Tel. 316 8271, www.visitetabasco.com, www.destinotabasco.net.

EL Edén, Paseo de la Choca, neben dem Hotel Quinta Real, Tel. 316 8148, typische tabasqueñische Küche.
Jangada, Paseo de la Choca 126, Tel. 317 6050, Fisch und Meeresfrüchte am Büffet.
Kukulkán, Av.Adolfo Ruiz Cortines 907, Centro, Spezialitäten aus Tabasco.
Los Tulipanes, Calle Carlos Pellicer 511, Tel. 314 5469, im Museumskomplex CICOM, gehobene mexikanische Küche, mit Terrasse am Flussufer.

Parque Museo la Venta, Paseo Ruiz Cortines, tägl. 8-16 Uhr (Zoo Mo geschl.), Luz y Sonido Di-So 20, 21, 22 Uhr. **Museo Regional de Antropología Carlos Pellicer Cámara**, Av. Carlos Pellicer Cámara 511, Zona CICOM, Di-So 9-17 Uhr.

TEAPA

Familiar, Calle principal 125, empfehlenswerte regionale Gerichte, sehr freundlicher Service.

Foto: Mireille Vautier

YUCATÁN-HALBINSEL

CANCÚN / ISLA MUJERES
PLAYA DEL CARMEN
ISLA COZUMEL
TULUM / COSTA MAYA
CHICHÉN ITZÁ / IZAMAL
MÉRIDA
PUUC-REGION / UXMAL
CAMPECHE / EDZNÁ
RÍO BEC-REGION

★★YUCATÁN

★★Yucatán: Das ist zuerst einmal ein geografischer Begriff, er bezeichnet eine größere Halbinsel, zu der die drei mexikanischen Staaten Yucatán, Quintana Roo und Campeche gehören sowie Belize und der Norden Guatemalas (Petén). Ein feuchtheißes Klima, Busch, Trockenwald (im Norden), großenteils tropischer Regenwald (im Süden) und Sümpfe bzw. Mangrovengürtel (vor allem an der Nordküste), das Fehlen von Flüssen und eine Karstkruste mit unterirdischen Wasserstellen (*cenotes*, in denen sich das Regenwasser sammelt) kennzeichnen die Lebensbedingungen.

Für die spanischen Eroberer war diese Region zunächst uninteressant. Erst mit der Gründung Méridas 1542 wurde dem spanischen König die Unterwerfung der Halbinsel gemeldet. Aber das unzugängliche Land blieb vom Zentrum des Vizekönigreichs weitgehend isoliert. Nach dem Ende des Unabhängigkeitskriegs 1821 wurde es von den Spaniern verlassen. Ihre weißen Nachkommen, die *criollos*, regierten es mit eiserner Hand. Ohne politische Rechte und die Chance auf Bildung vegetierten die Maya dahin, ihre Aufstände wurden blutig niedergeschlagen. In Yucatán wurde *henequén* angebaut, eine Sisalpflanze, die ihre Plantagenbesitzer zu Millionären machte. Deshalb hieß die heutige Hafenstadt Progreso damals Sisal. Sie war das einzige Tor zur Welt – nach New Orleans und nach Europa. Wer zu jener Zeit von Mexiko-Stadt nach Mérida reisen wollte, musste ab Veracruz mit dem Schiff nach Sisal fahren. Das war für 100 Jahre so. Bis zum Bau der ersten Straße nach Mérida in den 1950er Jahren galt Yucatán als der „verarmte Hinterhof" Mexikos. Auf dessen Bewohner (*yucatecos*) blicken die Hauptstädter noch immer herab.

Links: Postklassische Terrakotta-Figur des Maisgottes; Maya-Kultur, Fundort Mayapán (Museo de Antropología e Historia, Mérida).

Yucatán heute: Der Ausbau des Straßennetzes (inzwischen eines der besten im Lande) und sieben nationale bzw. internationale Flughäfen sowie zahlreiche lokale oder regionale für kleine Maschinen haben die Halbinsel für den Tourismus erschlossen. Das Kapital Yucatáns, Quintana Roos und Campeches sind deren Strände und Kulturdenkmäler. Die arbeitslos gewordenen *yucatecos* der ehemaligen *henequén*-Haciendas arbeiten in der Tourismusindustrie, die hier wie in keinem anderen Teil des Landes boomt.

2005 verwüstete Hurrikan Wilma die Strände Cancúns und der yucatekischen Ostküste. Inzwischen zeigt sich die Region in neuer Schönheit.

» Karte S. 194-195, Info S. 234-237

RUTA PUUC
Mérida (18km)
Umán
Chochola
Yaxcopoil
Molas
Acanceh
Hocabá
Tecoh
Homun
Chinkila
Cenote Kuxbi
Cacao
Uayalceh
Mayapán
Cenotes
Abala
Cenote Chacanil
Cenote Polol
Tekit
Opichen
Sacalum
Mama
Muna
Chapab
Lázaro Cárdenas
Ticul
Maní
Teabo
Ruta Puuc
Santa Elena
Oxkutzcab
★★Uxmal
Mul-Chic
★Grutas de Loltún
Tekax
★Kabáh
E. Zapata
Xkampon
★Labná
Cerro de Xal 250
Xculoc
Sayil
Xlapak
Kom
Chacmultún
Kihuic
Xul
Playa Progreso
Telchac Puerto
Puerto Progreso
Chicxulub Puerto
Chicxulub
Chuburna
Sisal
Dzibilchaltún
Conkal
Ucú
Caucel
Tixkokob
★Reserva de la Biósfera Ría Celestún
Hunucmá
★MÉRIDA
Aké
Estero Celestún
Kinchil
Kanasín
Tahmek
Seyé
Celestún
Samahil
Umán
Tecoh
Homún
Pta. Nimún
San Rafael
San Simón
Chochola
Yaxcopoil
Cenotes
Isla de Arena
Kopomá
Abala
Mayapán
Maxcanu
Chunchucmil
Muna
Sacalum
La Costa
Oxkintoc
Ticul
Tankuche
Halacho
Becal
Calkiní
Santa Elena
Maní
Oxkutz
Uxmal
Pucnacheri
Dzibalché
Emiliano Zapata
Chunkanán
Kabáh
Zac Pol
Xculoc
Sayil
ISLA JAINA
Hecelchakán
Nohalal
Kihuic
Xul
Pomuch
Xcalumkin
Bolonchén de Rejón
Benito Juárez
BAHÍA DE CAMPECHE
Tenabo
★Grutas de Xtacumbilxunán
Xkichmook
Xtampac
Nohala
Nilchí
Emiliano Zapata
Tacob
★★CAMPECHE
Lerma
Hopelchén
China
Poxyaxum
Crucero de San Luis
Iturbide
Dzibilnocac
Pta. Seybaplaya
Seybaplaya
★Edzná
Dzibitún
Ramón
Tixmucuy
Pich
Va. Madero
Sihochac
Chenko
Dzibalchén
Hool
Adolfo Ruiz Cortinez
Chunchintok
La Joya
Hochob
Arellano
Villa de Guadalupe
CAMPECHE
Champotón
Ulumal
Nilum
Chal-Tuni
Pustunich
Campeche Playa Resort
San Antonio Yacasay
José Maria Morelos y Pavón
Felipe Carillo Puerto
Reserva de la Biósfera de Calakmul
Yohaltum
La Estrella
MÉXICO
Sabancuy
Xbacab
Pixcoyal
Chunjabin
Ignacio Gutiérrez
MESETA
Isla Aguada
Checubul
Miguel Colorado
Zoh-Laguna
Chicbul
La Cristalina
Centenario
★Balamkú
★Xpuhil
ISLA DEL CARMEN
Francisco Escárcega
Silvituc
Conhuas
★Becán
Toll Bridge
Laguna de Términos
Bella Palizada
Lechugal
Gral. Diéguez
★Chicanná
CIUDAD DEL CARMEN
Zacatal
División del Norte
Pimental
Chan Laguna
Hormiguero
Mamantel
El Tigre
Miguel de la Madrid
El Ramonal
ZOH
Candelaria
Don Samuel
Oxpemul
Cristóbal Colón
Laguna el Este
Ignacio Zaragoza
Ojo de Agua
Nva. Rosita
P.T. Burgos
Miguel Alemán
La Esperanza
★Calakmul
San Miguel

YUCATÁN
QUINTANA ROO
MAR CARIBE
COSTA MAYA
RIVIERA MAYA
BELIZE
Pta. Holchit
Las Coloradas
Res. de la Biósfera Río Lagartos
Río Lagartos
San Felipe
Parque Nat. San Felipe
ISLA HOLBOX
El Cuyo
Laguna de Yalahán
Chiquilá
Porvenir
Ecab (Gran Cairo)
Boca Iglesia
ISLA CONTOY
Laguna Chakmochuk
ISLA MUJERES
Punta Sam
Puerto Juárez
CANCUN
Zona Hotelera
Lag. Nichupté
Ruinas El Rey
Unión Agricola
Tres Marias
Yalishón
Loché
Panabá
Yoactún
Dzonot Carretero
San Miguel
Santa Rosa
Cnia. Yucatán
Solferino
San Angel
Kantunil Kin
Leona Vicario
Dzilam González
San Anselmo
Sucilá
Sucopo
Tizimín
Culuba
Chan Cenote
Popolnah
Nvo. Valladolid
Buctzotz
Temax
Tixbacab
Xlacah
Tixcancal
Calotmul
Yokxonot
Nabalam
El Dos
Puerto Morelos
Vallarta
Jardín Botánico
Tekal de Venegas
Espita
Cenotillo
Ek-Balám
X-Can
Nvo. X-Can
Ignacio Zaragoza
Guadalupe Victoria
Izamal
Itzamná
Tunkas
Dzitas
Tinúm
Temozón
Hunuku
Tres Reyes
Tres Ríos Eco Park
Pta. Bete
Pta. Molas
Grutas de Balancanché
Valladolid
Libre Unión
Piste
Chichén Itzá
Cuncunul
Xcalacoop
Cenote Dzitnup
Ticuch
X-Catzim
Chemax
Playa del Carmen
Pto. Calica
Xcaret
Pto. Aventuras (Resort Village)
San Gervasio
San Miguel de Cozumel
El Cedral
Punta Chiqueros
ISLA COZUMEL
Parque Pta. Sur
Tekom
Xocen
Hidalgo y Cortés
Cobá
Yaxche
Cenotes
Akumal (Resort Village)
Xel-há
Yaxcabá
Ikil
Yaxuná
Chankom
Xiulub
San Pedro
Ixhil
Macario Gómez
Tahdzibichen
Xcalakdzonot
Tixholop
Chikindzonot
Tepich
Yalchén
Tulúm
Tulúm Pueblo
Muyil
Cabañas Tulúm
Tahdziú
Ichmul
Tihosuco
San Ramón
Peto
Zacalaca
Felipe Berriozábal
Chumpón
San Antonio Nuevo
Boca Paila
Chamax
Res. de la Biósfera Sian Ka'an
Punta Allen
Bahía de la Ascensión
Pta. Pájaros
Chacmool
Tupak
Pta. Herrero
Bahía Espíritu Santo
Catmis
Dziuché
La Aguada
Santa Rosa
Señor
Cenotes
Filomeno Mata
Yaxley
Chico
Santa Gertrudis
José María Morelos
Xyatil
X-Pichil
Felipe Carrillo Puerto
El Naranjal
Polyuc
Chunhubub
Gavilanes
Laguna Kaua
Chan Sta. Cruz Poniente
Uh-May
Adolfo de la Huerta
Tixmul
Venustiano Carranza
Nvo. Tabasco
Guadalupe Victoria
Valle Hermoso
Nohbek
Pulticub
Emiliano Zapata
Los Limones
Chacchoben
Lázaro Cárdenas
Blanca Flor
Nuevo Jerusalén
Melchor Ocampo
Nvo. Caanán
Altos de Sevilla
Rio Indio
CAYO NORTE
Reforma
Laguna San José
Laguna Guerrero
Majahual
Nvo. Becar
San Pedro Peralta
Lag. Bacalar
Bacalar
Oxtankah
PENÍNSULA XCALAK
CAYO CENTRO
BANCO CHINCHORRO
Cenote Azul
Bahía Chetumal
Morocoy
Xul-Ha
CHETUMAL
La Aguada
Ucum
Nicolás Bravo
Palmar
Santa Elena
Corozal
Kohunlich
Caobas
Louisville
Sarteneja
Cerros
Alvaro Obregón
Libertad
Chunox
Xcalak
Buena Vista
Progreso
Tres Garantías
Cacao
San Pablo
San Estevan
New River
AMBERGRIS CAY
Dos Aguadas
Cuello
Orange Walk
Toll Bridge
Playa del Carmen
Xcaret
Calica
Paamul
Pto. Aventuras
Xpu-Há
Kantenah
Akumal
Chemuyil
Playa Chemuyil
Xel-há
Tan-Kah
Tulúm Pueblo
Tulúm
Cabañas T.
Isla Cozumel
RIVIERA MAYA
YUCATÁN
0 25 50 km
© Nelles Verlag GmbH, München

Foto: Ortrun Egelkraut

CANCÚN UND UMGEBUNG

★Cancún

In präkolumbischer Zeit glaubten die Maya, **★Cancún ❶** sei ein mit Gold gefüllter Tiegel am Fuß des Regenbogens; die heutigen Mexikaner wissen, dass es so ist. Das saubere, in der Sonne in vielerlei Schattierungen glitzernde Wasser ist warm, der weiße Sand samtweich und fein wie Puder, die Luft klar und rein. Die Sonne scheint in Cancún an 240 Tagen im Jahr. In der Regenzeit (Juli bis Oktober) gehen die Schauer meist nachmittags und am Abend nieder.

Das einst verschlafene Fischerdorf – das erste Ferienparadies der Welt in computergesteuertem Design – hat sich seit 1975 zu einer boomenden Stadt mit inzwischen über 700 000 Einwohnern und vorbildlichen Touristenanlagen entwickelt. Cancún entspricht dem neuesten Stand der Technik. Alle Gebäude, Swimmingpools und Strandabschnitte sind unterschiedlich angelegt, die Bauten sind zumeist von großzügigen Gartenanlagen umgeben.

Oben: Badestrand im Touristenzentrum Cancún, Yucatán.

Cancún – das sind in Wirklichkeit drei verschiedene Ziele: Einmal das farbenprächtige, gastfreundliche Mexiko (wo viel Englisch gesprochen wird), zum zweiten der Ausgangspunkt für Tagestouren zu den bekanntesten archäologischen Stätten des Landes und schließlich die exotische Karibik, da Cancún mehr mit den Touristenorten der karibischen Inseln gemeinsam hat als mit den übrigen traditionellen Kulturen Mexikos.

Cancún ist ein **Paradies für Wassersportler**. Das Angebot umfasst Schnorcheln, Wasserski, Hochseefischen, Jetski, Tauchen, Fallschirmsegeln, Windsurfen, Hobbie Cats und Kajak – zu buchen in allen großen Hotels. Zum Angeln kann man mit einem Hochseemotorboot hinausfahren. Von März bis Juli fängt man hauptsächlich Goldmak-

» Karte S. 194-195, Plan S. 199, Info S. 234-237

relen und Seglerfisch, im Mai und April blauen und weißen Speerfisch und von Mai bis September *wahoo* und Königsdorsch.

Eine neue Attraktion ist das Unterwassermuseum **Museo Subacuático de Arte** (MUSA; www.musacancun.com), ein einzigartiger **Unterwasser-Skulpturenpark**, der zum künstlichen Korallenriff wird. Der britische Künstler Jason de Caire Taylor hat über 400 lebensgroße Figuren zum Thema „Stille Evolution" versenkt, an denen sich nun Korallen festsetzen.

Auch dadurch unterscheidet sich Cancún von den meisten anderen Ferienzentren Mexikos: Hier ist man auf der sicheren Seite des Lebens. Arbeitslosigkeit gibt es praktisch nicht – was sich in geringer Kriminalität niederschlägt. Auf den gut beleuchteten Straßen ist man auch nachts sicher.

Die **Restaurants** in Cancún unternehmen große Anstrengungen, sich mit den Köstlichkeiten gegenseitig zu übertreffen – sehr zum Vorteil der Touristen. Karibischer Hummer, Fisch und für Yucatán typische Gerichte sind die Höhepunkte jeder Speisekarte. Da die meisten Urlauber aus den USA, Kanada und England kommen, sind die Restaurants auch auf hervorragende Steaks und Roastbeef spezialisiert. Es gibt allerdings auch Fast food, Pizza, Hamburger, Pasta und Sandwiches.

In Cancún geht es leger zu; zum Abendessen muss man sich nicht umziehen (Shorts sind allerdings nicht gerne gesehen).

Die **Abendunterhaltung** – gleich nach Sonnenuntergang – konzentriert sich auf die großen Hotels, in denen *mariachi-* und *marimba-Bands* in den Cocktail Lounges und Lobby Bars aufspielen.

Doch damit nicht genug – in Cancún gibt es auch eine Reihe von **Super-Discos** wie z. B. *Coco Bongo*, *The City*, *Bulldog Café* oder *Daddy O*, die alle ganz moderne Unterhaltung bieten.

In der perfekt geplanten **Zona Hotelera** (s. u.) verlaufen alle Versorgungsleitungen unterirdisch, die Straßen sind so angelegt, dass der Verkehr durch sanfte Kurven, die durch künstliche Verkehrsinseln *(glorietas)* entstehen, fließt. Als Verkehrsmittel stehen Busse, Fahrräder, Taxis und Mietwagen zur Verfügung.

Die öffentlichen Verkehrsmittel sind in Cancún so gut organisiert, dass man kaum einen Mietwagen benötigt – es sei denn, man möchte an der Küste entlangfahren. Busfahren ist billig, der Einheitsfahrpreis gilt für alle Strecken und Busse fahren 24 Stunden am Tag! Taxis sind da erheblich teurer, die Fahrradwege im Ort sind gut.

Von Cancún-Stadt entlang der Strände

Cancún ist zweigeteilt – in das **Stadtzentrum** 1 mit vielen Geschäften und Kunstgewerbemärkten und in eine ca. 20 km lange und bis zu 400 m breite, von den Strandhotels eingenommene Landzunge, die **Zona Hotelera**. Beide Teile sind durch einen Damm miteinander verbunden.

Die Strände selbst kann man in drei unterschiedliche Abschnitte einteilen – in die geschützte **Bahía de Mujeres** („Frauenbucht"), in die zur Karibik offene und in die der Lagune zugewandte Seite. Ein Dutzend perlfarbener Strände findet man an der Windseite. Fünf davon – die **Playa Las Perlas**, **Playa Linda**, **Playa Langosta**, **Playa Tortugas** und **Playa Caracol** – liegen in der sanften Mujeres-Bucht.

Die **Playa Chac Mool** und **Playa del Rey** mit zuweilen gefährlichen Strömungen erstrecken sich an der Karibikseite. Eine der natürlichsten Anlagen ist die Playa Las Perlas. Am betriebsamsten geht es an dem als „öffentlich" bezeichneten Strandabschnitt Chac Mool zu (obwohl alle Strände öffentlich sind). Auch ein gutes Restaurant gibt es hier. Die Playa del Rey, der südlichste Strand auf der Sandbank, ist bewachsen und sieht größtenteils wie vor seiner Erschließung aus.

Foto: Hans-Horst Skupy

Oben: Oftmals bieten Maya-Frauen handgemachte Souvenirs an den Stränden an.

Der **Paseo Kukulcán**, ein malerischer Boulevard mit rot gepflasterten Bürgersteigen und grünem Mittelstreifen, dessen Bäume und Büsche in Form tropischer Vögel und Tiere zugeschnitten sind, verbindet das Ortszentrum mit allen Hotels.

Vom **Embarcadero** 2 an der Playa Linda starten **Ausflugsboote** unter anderem zu einer nächtlichen „Piratenfahrt". An Land lädt das **Teatro Cancún** zu wechselnden (Gast-)Aufführungen ein.

Die langgestreckte Insel, auf der das Touristenparadies liegt, hat zwei Küsten: Die Ostküste zur Karibik hin ist offen, hat türkisblaues Wasser und breite Sandstrände, während die Strände an der Nordküste gegenüber einer Bucht und den beiden **Lagunas Bojórquez** 3 und **Nichupté** 4 liegen. Das Wasser ist hier ruhiger und seichter. Die meisten der großen Luxushotels befinden sich an der Karibikseite.

Der Paseo Kukulcán verläuft bis zur **Punta Cancún** 5 – dem „Knie" der Insel – nach Osten, wo sich auch das Zentrum des Ferienortes befindet.

Hier liegt, auf einer Insel vom Paseo Kukulcán „umspült", das **Centro de Convenciones** 6. Dicht daneben haben sich zwei Artesanía-Märkte angesiedelt: Das Zentrum von **El Parián** ist einem mexikanischen Zócalo mit *kiosco* nachempfunden – hier wird vor allem Silberschmuck verkauft. Der Markt **Coral Negro** gegenüber hat die größere Auswahl. In den Gassen dazwischen bilden zahlreiche Restaurants, laute Bars und Musikkneipen das **Party Center**, das nachts vor allem junge trinkfreudige Menschen anzieht.

An der Lagunenseite wurde auf einer Landzunge der **Campo de Golfo Pok-Ta-Pok** 7 angelegt. Der von Robert Trent Jones entworfene 18-Loch-Platz führt an Maya-Ruinen vorbei. Ein zweiter Golfplatz gehört zum *Hotel Iberostar Cancún*.

Die meisten Luxusläden versammeln die Shopping Malls **Kukulcán Plaza** (Km 13) und **Luxury Avenue** (Km 13,5). Wie ein kleines Dorf lädt **La Isla Shopping Village** (Km 12,5) an der Laguna de Nichupté auch zum Flanieren ein. Neben Läden, Restaurants und Bars gibt es hier auch ein interaktives **Aquarium** mit Delfinschau sowie Kinos.

Gegenüber der Shopping Mall La Isla liegen der kleine **Tempel** von **Yamil Lu'um** 8 und ein Observatorium. Die Maya-Sternwarte hatte nicht nur eine wichtige religiöse Funktion, sie diente später auch als Leuchtturm.

Der spektakuläre Bau des **Museo Maya de Cancún** liegt inmitten der Ruinen von San Miguelito. Das Museum zeigt rund 400 Kunstwerke und Alltagsstücke der Maya, viele davon aus jüngsten Grabungen.

Weiter südlich bei Km 17 befinden sich die **Ruinas El Rey** 9. Die Überreste von Pyramiden, Altären und Fundamenten (13. Jh.) sind ein Lieblingsaufenthaltsort für Leguane.

» Plan S. 199, Info S. 234-237

11 Yucatán-Halbinsel

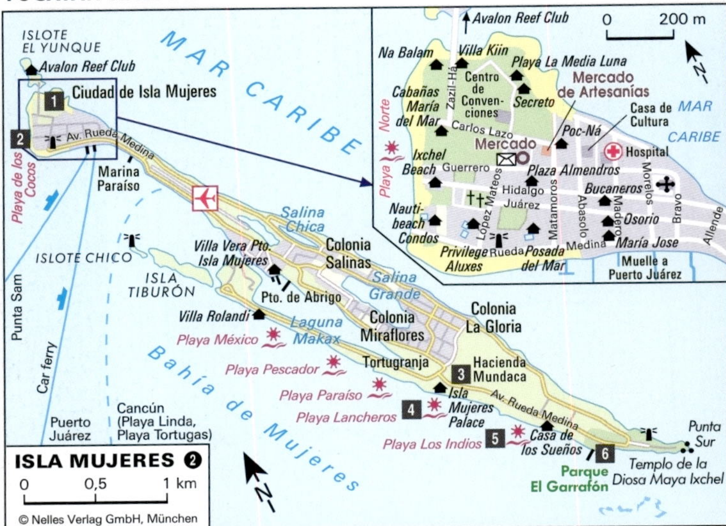

Ausflüge von Cancún

Neben fantastischen Stränden hat Yucatán von allen Touristenzentren Mexikos die meisten archäologischen Stätten zu bieten. Am einfachsten erreicht man **Tulum**, ca. 110 km südlich an der Karibik (s. S. 205) und 42 km landeinwärts **Cobá** (s. S. 210).

Alle Natur- und Freizeitparks sowie Cenotes entlang der **Riviera Maya** (s. S. 201) sind ebenfalls auf einem Tagesausflug von Cancún aus zu erreichen.

★Isla Mujeres

Die ca. 8 km lange und 1 km breite **★Isla Mujeres ❷** erreicht man mit der Fähre von **Punta Sam** und **Puerto Juárez** oder mit Ausflugsbooten von Cancún. Der Name der „Insel der Frauen" geht auf Statuen von Tempelgöttinnen zurück, die die Spanier 1517 hier vorfanden. Sie ist mit ihrem klaren Wasser und ihren Korallenriffs ein reizvolles Schnorchel- und Tauchparadies. Als weitere Sportarten stehen Angeln, Wasserski und stundenlanges Planschen im badewannenwarmem Wasser zur Wahl.

Ciudad de Isla Mujeres **1**, die einzige Stadt – früher ein idyllischer Fischerort – besteht heute fast ausschließlich aus Hotels, Restaurants und Läden. Am Kai kann man ein Motorrad oder einen Golfcaddy mieten, wenn man die Insel erkunden möchte. Auf der Plaza wird abends gelegentlich Basketball gespielt.

Die **Playa de los Cocos** **2**, auch **Playa Norte** genannt, der schönste Strand der Isla Mujeres, ist die Fortsetzung des Stadtstrandes, der gleich bei den Docks beginnt.

Auf der Fahrt über die hügelige, mit Gebüsch bedeckte Insel kommt man auch an den Ruinen der alten **Hacienda Mundaca** **3** vorbei, die der Pirat Mundaca für sein angebetetes Mädchen, La Triguena, gebaut haben soll; sie ließ ihn dann jedoch sitzen und brannte

Rechts: Die Strände der Isla Cozumel laden zu entspannten Ferien ein.

Foto: Mireille Vautier

mit einem mittellosen Liebhaber durch. Die Hacienda ist von der **Playa Lancheros** 4 auf der Südwestseite der Insel zugänglich, wo im **Tortugranja** Meeresschildkröten aufgezogen werden.

Lediglich an der langen **Playa Los Indios** 5, dem nächsten Strand in südlicher Richtung, ist Schwimmen möglich, an den Stränden der Ostseite nicht.

El Garrafón 6, den Freizeitpark am Südende der Insel und Ziel der vielen Ausflugsboote, erreicht man nach 20-minütiger Fahrt von der Stadt aus. Hier kann man Schnorcheln, Kajakfahren oder sich am Seil über das Wasser schwingen. Nach einem kurzen Fußmarsch kommt man innerhalb des Parks zum Leuchtturm aus der Maya-Zeit, zu den Ruinen des Tempels der Fruchtbarkeitsgöttin und einem Skulpturenpark.

★Isla Contoy

Nördlich der Isla Mujeres liegt die unbewohnte **★Isla Contoy** ❸, ein etwa 7 km langes und bis zu 700 m breites Eiland mit üppig wachsenden Mangrovengürteln und Palmwäldern. Gleich einem Paradies existieren hier mehr als 100 Vogelarten, von denen Flamingos, Kormorane, Fregattvögel, Enten und Pelikane (*conto*) allgegenwärtig sind. Die Insel, seit 1961 unter Naturschutz, kann man mit Booten im Rahmen eines Tagesausflugs (Schnorcheltouren inbegriffen) von Cancún oder Isla Mujeres besuchen.

★★RIVIERA MAYA

Südlich von Cancún, streng genommen bei Puerto Morelos, beginnt die **★★Riviera Maya**, die sich ungefähr 150 km, bis über Tulum hinaus, erstreckt. An den schönsten Stränden und Buchten haben sich große, meist luxuriöse All-Inclusive-Anlagen angesiedelt. Dazwischen findet man aber noch frei zugängliche Strände, außerdem Freizeit- und Ökoparks, Cenotes und Lagunen, die zum sportlichen Naturerlebnis einladen, und überall unter der dichten Vegetation stößt man auf kleinere Maya-Ruinen.

Playa del Carmen

Playa del Carmen ❹, meist nur kurz *Playa* genannt, ist mit 160 000 Einwohnern die größte Stadt an der Riviera Maya, 52 km vom Flughafen Cancúns entfernt. Der lebhafte Badeort zieht vor allem junge, unternehmungslustige Gäste an, die sich tagsüber am samtweichen Strand und abends in den zahlreichen Bars und Restaurants der Fußgängerzone **Avenida 5** *(Quinta Avenida)* vergnügen. Hier findet man Hotels aller Kategorien, von der familiären Unterkunft bis zum luxuriösen Boutique- oder avantgardistischen Design-Hotel. Auch das Angebot an Shops mit edlen und kuriosen Dingen ist riesig. Mehrmals täglich legt vom Pier die Personenfähre zur Insel Cozumel ab.

Südlich angrenzend breitet sich das mondäne **Playacar** aus, mit Einkaufszentren, einem 18-Loch-Golfplatz, privaten Villen, All-inklusive-Hotels und kleinen archäologischen Fundorten. Interessant ist der Vogelpark **Aviario Xaman Há**.

★Isla Cozumel

Vor etlichen Jahrhunderten war die **★Isla Cozumel ❺** noch ein heiliger Ort, zu dem die Maya-Frauen zumindest einmal in ihrem Leben pilgern mussten.

Heute strömen profane „Pilger" ganz anderer Art scharenweise nach Cozumel – Badeurlauber und Taucher. Das weltberühmte **★Arrecife Palancar** 1 (Palancar-Riff), das Anfang der 1960er Jahre von Jacques Cousteau entdeckt wurde, gilt als einer der fünf schönsten Tauchplätze der Welt.

Er ist jedoch nicht der einzige in den Gewässern um Cozumel. Der gesamte Südwestteil der Insel ist von großartigen Riffen umgeben, die sowohl für erfahrene Taucher als auch für Anfänger geeignet sind. Die Sicht im klaren Wasser beträgt oft mehr als 60 m. In über 20 Geschäften kann man Tauchausrüstung und Unterwasser-Videokameras kaufen oder mieten und sich zum Tauchunterricht anmelden. Die besten Tauchmonate sind Mai bis August.

Daneben zeichnet sich die Insel durch einmalige **★Strände** aus, die mit zu den schönsten und meistbesuchten der Riviera Maya zählen.

San Miguel de Cozumel 2, die einzige Stadt auf der Insel, hat über 6000 Einwohner. Die meisten Läden, Tauchausrüstungsgeschäfte und Restaurants liegen nördlich der Plaza del Sol an der zwölf Häuserblocks langen Uferpromenade, dem *malecón*. Sehr sehenswert ist das **Museo de Cozumel** am Malecón zur Geschichte der Insel und zur Unterwasserwelt.

Die Küstenstraße stellt die Verbindung zwischen den traditionellen Hotels im Norden und den neuen All-inclusive-Anlagen im Süden dar.

Die Insel lässt sich leicht an einem Tag mit einem Mietwagen oder Motorroller umrunden – wenn man nicht zu lange Pausen an den schönen Stränden einlegt. 5 km südlich der Stadt liegt an der **Laguna Chankanaab** 3 („kleiner See") der **Parque Chankanaab**. Der Freizeitpark bietet exzellente Schwimm- und Schnorchelmöglichkeiten (Ausrüstung kann man mieten). Hauptattraktionen sind jedoch Shows mit Seelöwen und Delfinen sowie das (teure) Schwimmen mit Delfinen, Seelöwen und Manatees (Rochen). Ein Spazierweg führt an Nachbauten archäologischer Fundstücke, darunter ein Olmekenkopf und der Torbogen von Labná vorbei.

Ganz in der Nähe befindet sich die **Playa San Francisco** 4, ein reizvoller Strand, an dem man ungefährdet schwimmen kann. Hier kann man sich auch eine Tauch- und Schnorchelausrüstung mieten. Ein Strandrestaurant fehlt natürlich ebenfalls nicht.

Entlang der Küste der südlichen Inselhälfte verläuft die Touristenstraße, von der ein Weg abzweigt, der zu dem aus dem Jahr 1200 stammenden **El Caracol** 5 führt, wo die Maya die Sonne anbeteten – vor allem interessant für

 » Karte S. 194-195, Plan S. 203, Info S. 234-237

Touristen, die nicht in Chichén Itzá waren. Fährt man auf diesem Weg weiter, kommt man an der Inselspitze zur Punta Celarain und einem alten Leuchtturm.

Der schönste Strand an der Ostküste Cozumels – ja vielleicht der ganzen Insel – ist **Punta Chiqueros** 6, ein naturbelassenes Paradies mit geschützten Buchten.

Von März bis Mitte Juli ist Hochseeangeln ein beliebter Sport. In den Gewässern um Cozumel gibt es Schwertfisch, Seglerfisch, *wahoo*, Goldmakrelen, Königsdorsch, Barrakuda, Schnapper und Barsch. Die Jachten liegen am Caleta Inlet, organisierte Ausflugsfahrten auf Booten mit Glasboden gehen von der **Playa Sol Caribe** ab. Eine Robinson-Crusoe-Kreuzfahrt ist ein Muss auf Cozumel. Das Schiff bringt die Passagiere zu einem einsamen Strand der **Passion Island** am Nordende von Cozumel. Unterwegs fängt die Besatzung Muscheln und Hummer und bereitet daraus das Mittagessen.

Cozumels bedeutendste archäologische Stätte ist **San Gervasio** 7. Unter dichtem Buschwald ducken sich kleine Pyramiden und Tempel, darunter das Heiligtum der Fruchtbarkeitsgöttin Ix Chel, zu dem Maya-Frauen noch im 16. Jh. pilgerten.

Xcaret

Nur 5 km von Playa del Carmen liegt **Xcaret ❻**, ein öko-archäologischer Freizeitpark mit Schmetterlingsgarten, Vogelvolieren, Aquarium und Schildkrötenaufzucht, dazu Wassersportangebote und jeden Abend eine spektakuläre, große Show zur Geschichte Mexikos in einem riesigen Theater unter einem gigantischen Palapa-Dach.

Eine Besonderheit ist der **unterirdische Fluss**, denn man durchschwimmen kann.

Calica

Calica ❼ ist ein internationaler Hafen, den Kreuzfahrtschiffe in der Karibik ansteuern. Auch Autofähren nach Cozumel verkehren von hier.

Foto: Harald Mielke

Paamul

Paamul ❽, 10 km südlich von Xcaret, ein idealer Strand für die, die Ruhe suchen, tauchen oder schnorcheln möchten, ist in der Hand amerikanischer Dauercamper. Mai / Juni legen nachts **Meeresschildkröten** am Strand ihre Eier.

Puerto Aventuras

Puerto Aventuras ❾ ist ein moderner Hotelkomplex für Segler mit Jachthafen, Golfclub, Hotels, Apartments, Tauchzentrum und Lokalen. Hier kann man auch mit **Delfinen** schwimmen.

Xpu-Há und Kantenah

Nahe eines Korallenriffs, 28 km südlich von Playa del Carmen, liegen **Xpu-Há** ❿ und **Kantenah** ⓫ mit palmengesäumten Sandstränden, reizvollen Hotels und guten Restaurants.

Oben: Die Bucht von Akumal – ein Paradies für Schnorchler und Taucher.

★Akumal

9 km weiter südlich bietet die weitgeschwungene Bucht von **★Akumal** ⓬, der „Platz der Schildkröten", beste Tauch- und Schnorchelmöglichkeiten sowie komfortable und stilvolle Hotels, Wohnungen und Privathäuser. Keine Wünsche lassen die Restaurants für mexikanische und internationale Küche offen.

Zahlreiche unterseeische Höhlen und die **Laguna Yalkú** im Norden ziehen Naturliebhaber an.

Chemuyil und Xcacel

Die hufeisenförmige, riffgeschützte Bucht **Playa Chemuyil** ⓭ ist ein besonders reizvoller Strandabschnitt der Riviera Maya, der aufgrund seines seichten Wassers auch bestens für Kinder geeignet ist.

Am anschließenden Strand von **Xcacel** gehen Schildkröten zur Eiablage an Land (Mai-Juni). Umweltschützer konnten den Bau eines großen Hotelkomplexes verhindern.

» Karte S. 194-195, Info S. 234-237

★Xel-Há

Schnorchlerträume werden auch in **★Xel-Há** ⓮ wahr, einem etwa 4 ha großen **Vergnügungspark**, der werbewirksam vermarktet wird (47 km südlich von Playa del Carmen und 15 km nördlich von Tulum). Das „kristallklare Wasser" (*xel-há*) der Grotten und unterirdischen Quellen ist vor allem an den Wochenenden von Einheimischen und Touristen gleichermaßen überlaufen. Tauchausrüstung kann geliehen werden; neben Restaurants gibt es in der Umgebung einige Maya-Ruinen, z. B. die **Estructura de las Pilastras** rund 200 m südlich der Parkzufahrt.

★★Tulum

„... eine Stadt so groß, dass Sevilla nicht bedeutender oder besser scheinen mochte; man sah dort einen sehr hohen Turm. ..." Mit diesen Worten beschreibt 1518 Juan Díaz, der Chronist der Expedition von Juan de Grijalva entlang der Küste Yucatáns, das einst prächtige **★★Tulum** ⓯. Die mit rechtwinklig sich kreuzenden Straßen angelegte Stadt muss die Spanier nachhaltig beeindruckt haben. Noch heute fasziniert Tulum jährlich Tausende von Besuchern – weniger wegen der Maya-Architektur als wegen der einzigartigen Lage auf einer 12 m hohen, weithin sichtbaren Felsklippe über feinsandigem weißem **★Strand** am türkisblauen Meer.

Die archäologische Stätte, von der die Bewohner jeden Morgen den Sonnenaufgang genießen konnten, hieß ursprünglich *Zamá* („Morgenröte"), seit Anfang des 20. Jh. wird sie im Yucatekischen *Tulum* („Festung") genannt – nach der gewaltigen, etwa 4 m hohen und bis zu 6 m breiten Mauer, die ein 380 x 170 m großes Areal vom Umland abgrenzt. Diese umschließt den Zeremonial- und Tempelbezirk, die eigentliche Wohnstadt erstreckte sich ca. 6 km in nördlicher und südlicher Richtung entlang der Küste.

Tulum, dessen Blütezeit in die späte Postklassik (1200 bis ca. 1550) fällt, war das wichtigste wirtschaftliche und religiöse Zentrum an der Ostküste Yucatáns. Die Bedeutung gründete sich auf die Lage am Schnittpunkt mehrerer Handelsrouten und als Schlusspunkt einer großen Dammstraße (*sacbé*), die von Chichén Itzá über Cobá in die Stadt führte. Von hier setzten Pilger auf die nahegelegene Isla Cozumel über, ein Wallfahrtsort der hochverehrten Göttin Ix Chel.

Ein letztes Mal lebten Maya in dem Ruinengelände während des sog. Kriegs der Kasten, als sie sich für kurze Zeit hier gegen die mexikanischen Regierungstruppen verschanzten.

Rundgang durch Tulum

Der durch die Wegeführung vorgegebene Rundgang beginnt im nördlichen Teil des Ruinengeländes an der **Casa del Cenote** 1 (Haus des Opferbrunnens) südlich der Umfassungsmauer, das die Wasserversorgung des Zeremonialbezirks sicherstellte.

In exponierter Lage unmittelbar über dem Meer erhebt sich der **Templo del Viento** 2 (Tempel des Windes; Edificio 45) mit einer an den Ecken abgerundeten Plattform, der möglicherweise dem Windgott geweiht war.

Das die Stätte dominierende Bauwerk ist **★El Castillo** 3 („die Festung"; Edificio 1), das die große, von mehreren Gebäuden umgebende Plaza nach Osten hin begrenzt und zweifellos mit dem von Díaz erwähnten „Turm" identisch ist. Eine breite Treppe mit vorgelagertem Altar führt zu dem zweiräumigen Allerheiligsten.

Dieser Tempel wird von zwei kleinen Gebäuden flankiert: Im südlich gelegenen **Templo de la Serie Inicial** 4 (Tempel der frühesten Jahreszahl; Edificio 9) fanden J. L. Stephens und F. Catherwood bei ihren Untersuchungen 1842 eine Stele, die auf das Jahr 564 datiert werden konnte und möglicherweise ein

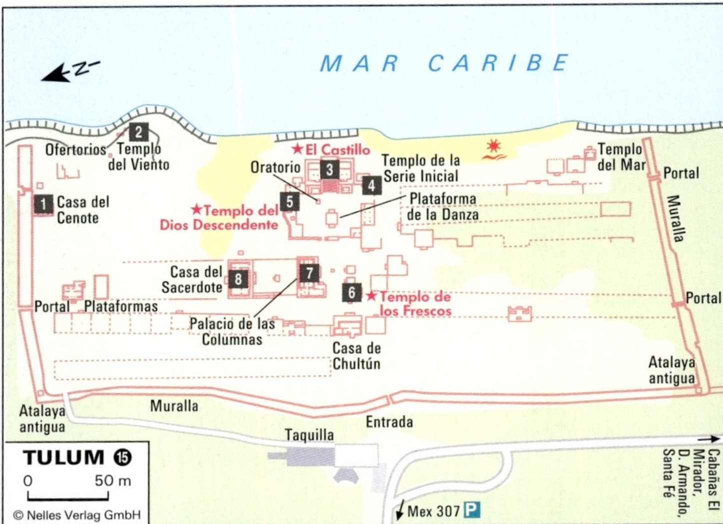

Hinweis auf die Besiedelung bereits in klassischer Zeit ist.

Nördlich des Castillo erhebt sich der **★Templo del Dios Descendente** 5 (Tempel des Herabstürzenden Gottes; Edificio 5), so genannt nach einem besonders gut erhaltenen Stuckrelief dieser Gottheit mit (gefiederten?) Schwanz und Flügeln an den Armen über dem Türsturz. Über diese in Tulum sehr häufig anzutreffende Figur gibt es verschiedene Deutungen: ein personifizierter Blitz, eine herab fliegende Biene oder ein Symbol der untergehenden Sonne oder des niedergehenden Abendsterns; möglicherweise stellt sie auch Gott E, den Maisgott, dar. Die Außenwände verjüngen sich deutlich nach unten – ein Merkmal zahlreicher Gebäude dieser Stadt.

Die meisten Besucher zieht es von hier aus eine Holztreppe hinunter an den traumhaften, aber oft sehr vollen Strand.

Rechts: Der Zauber Tulums beruht auf seiner unvergleichlichen Lage an einem weißen Sandstrand des Karibischen Meers.

Durch das einzige erhaltene der ursprünglich fünf Tore gelangt man zum **★Templo de los Frescos** 6 (Tempel der Fresken; Edificio 16). Das ungefähr im Zentrum des ummauerten Bezirks gelegene Gebäude ist ab etwa 1450 in drei Bauphasen entstanden. Der älteste Teil besteht aus einem kleinen, mit einem Kraggewölbe gedeckten Raum, dessen Außenseiten mit polychromen Malereien geschmückt sind. Die im Stil der mixtekischen Codices ausgeführten Fresken, die spätnachmittags in gutem Licht zu sehen sind, stellen unter anderem die Mond- und Vegetationsgöttin Ix Chel mit umgebenden Blumen, Maiskolben und Bohnen dar. Das Gebäude wurde später an drei Seiten mit Vorhallen erweitert, die durch Säulen gegliedert und mit Stuckreliefs des so genannten Herabstürzenden Gottes (im Zentrum) sowie Masken (an den Ecken), die wohl Itzamná darstellen, geschmückt sind. Schließlich errichtete man auf diesem breiten Unterbau einen kleinen einräumigen Tempel.

Der langgestreckte **Palacio de las**

 » Plan S. 206, Info S. 234-237

Foto: Volker W. Radke

Columnas 7 (Palast der Säulen; Edificio 21), vermutlich die Residenz einer Herrscherfamilie, demonstriert die Fähigkeit der Maya in nachklassischer Zeit, durch säulengestützte Balkendecken großflächige Räume zu schaffen.

Die **Casa del Sacerdote** 8 (Edificio 25) wird mit der vorgelagerten Säulenhalle und den ungewöhnlich breiten Eingängen als die Wohnung eines Oberpriesters interpretiert.

COSTA MAYA

Die Fortsetzung der Riviera Maya bildet die sog. **Costa Maya**, der etwa 270 km lange, touristisch bisher nur in Ansätzen erschlossene Küstenabschnitt südlich von Tulum bis nach Chetumal an der Grenze zu Belize. Ausgedehnte Sümpfe, Lagunen sowie Schilf- und Mangroven-Gürtel erstrecken sich großteils viele Kilometer in das Landesinnere hinein, weshalb die unwirtliche feuchtheiße Region – wie das benachbarte Belize – seit jeher recht dünn besiedelt war und in der spanischen Kolonialzeit englischen Piraten ideale Stützpunkte für Kaperfahrten bot.

★Reserva de la Biósfera Sian Ka'an

Dieser einmalige, nahezu unberührte Naturraum mit günstigen Rückzugsmöglichkeiten für eine Vielzahl seltener Tierarten wurde zum größten Teil als **★Reserva de la Biósfera Sian Ka'an** 16 von der UNESCO als ein über 5000 km² großes Schutzgebiet ausgewiesen.

Das Biosphärenreservat schließt auch das der Küste vorgelagerten Korallenriff mit ein. Neben 300 Vogelarten, darunter Störche (*jabirús*), Papageien und Kormorane, lassen sich in Sian Ka'an (yucatekisch „wo der Himmel geboren wurde") mit etwas Glück auch Affen, Leguane (*iguanas*) Meeresschildkröten, Tapire, Salzwasserkrokodile, Kleinhirsche und die vom Aussterben bedrohten Rundschwanzseekühe (*manatis*) beobachten; die gleichfalls im Park lebenden Jaguare, Ozelote und Pumas sind nachtaktiv und daher so gut wie nie zu sehen.

Foto: Harald Mielke

Ausgangspunkt für den Besuch ist das kleine **Punta Allen** an der Südspitze einer langen, sehr schmalen Landzunge, das nur wenige, teure Unterkünfte und einige einfache Fischrestaurants bietet und von Tulum aus zugänglich ist (57 km). Entlang der Straße gibt es zahlreiche Unterkünfte.

Felipe Carrillo Puerto

Der einzige größere Ort an der MEX 307 von Tulum gen Süden ist **Felipe Carrillo Puerto** ⓱, ein Verkehrsknotenpunkt in Quintana Roo. Allenfalls die **Casa de la Cultura** mit einigen Handwerks-Ateliers und das **Santuario de la Cruz Parlante** aus der Zeit des Kastenkriegs lohnen einen kurzen Stopp.

Banco Chinchorro

32 km östlich vor der Küste liegt **Banco Chinchorro** ⓲ – eine Riffformation, die zu erforschen der Traum eines jeden Tauchers ist. Ausgangspunkt für Bootstouren ist **Majahual** auf der Halbinsel **Xcalak**. Hier legen auch Kreuzfahrtschiffe an.

★Laguna Bacalar

Die **★Laguna Bacalar** ⓳ („siebenfarbige Lagune") befindet sich 114 km südlich von Felipe Carrillo Puerto: Das türkisfarbene Wasser des knapp 60 km langen Sees reflektiert unzählige Farben. Auch hier sind die Schnorchelmöglichkeiten ausgezeichnet.

3 km südlich des Orts Bacalar liegt der **Cenote Azul**, ein fast 80 m tiefer See mit einem Fischrestaurant.

Chetumal

Im äußersten Süden der Costa Maya, ca. 380 km von Cancún entfernt, liegt **Chetumal** ⓴, die Hauptstadt des Bundesstaates Quintana Roo, an der Grenze zu Belize. In präkolumbischer Zeit und seit Ende des 19. Jh. war die heute

Oben: Kaiman im Reserva de la Biósfera Ría Celestún.

» Karte S. 194-195, Info S. 234-237

220 000 Einwohner zählende Stadt an der Mündung des Río Hondo ein bedeutender Hafen. 1954 zerstörte ein Hurrikan die damals aus Holz gebauten Häuser nahezu völlig.

Außer einigen verbliebenen Holzhäusern ist lediglich das ★**Museo de la Cultura Maya** an der Av. Héroes touristisch bedeutsam. Obwohl es nur wenige originale Artefakte präsentiert, vermittelt es einen hervorragenden Einblick in die Kultur der Maya. Neben Touchscreens und Schautafeln zu Kalender, Schrift und anderen Themen sind unter einem Glasfußboden Modelle von Maya-Städten sowie Repliken von Stelen aus Copán (Honduras) und der Malereien von Bonampak zu sehen.

NORDKÜSTE YUCATÁNS

Isla Holbox

Auf der **Isla Holbox** ㉑, vor der Nordküste von Quintana Roo im Golf von Mexiko gelegen, hat sich am Rande des Fischerdorfes **Holbox** eine kleine ruhige Ferienkolonie mit freundlichen Bungalowanlagen direkt am **Strand** entwickelt. Geboten werden Bootstouren in die Lagunen und Mangroven, die unzählige Vogelarten, darunter Reiher, Ibisse, Flamingos und Pelikane bevölkern. Die Restaurants servieren den Fischfang des Tages. Zu erreichen ist Holbox per Fähre von **Chiquilá**, nordwestlich von Cancún (etwa drei Stunden Autofahrt).

Reserva de la Biósfera Ría Lagartos

103 km nördlich von Valladolid (s. S. 210) liegt das Dorf **Río Lagartos** ㉒, dessen Fischer Bootsausflüge in die **Reserva de la Biósfera Ría Lagartos** anbieten. Neben Flamingo-Kolonien kann man mit Glück zwischen den Mangroven vom Aussterben bedrohte Salzwasserkrokodile sehen.

Auf dem Weg dorthin lohnt ein Abstecher zur archäologischen Stätte **Ek Balam**. Bei Ausgrabungen entdeckte man u. a. Wandmalereien sowie ein spektakuläres Stuckfries mit rundplastischen Figuren.

Puerto Progreso

Puerto Progreso ㉓, 33 km nördlich von Mérida an der MEX 261 gelegen, ist das Erholungsgebiet der *meridaños*. Die ca. 40 000 Einwohner zählende Stadt mit einer Uferpromenade (*malecón*) verfügt über einen schönen Palmenstrand und hat die unterschiedlichsten Unterkunftsmöglichkeiten zu bieten. Eine 5 km lange **Muelle** (Mole) führt hinaus zum betriebsamen Hafen, an dem auch Kreuzfahrtschiffe anlegen.

Nach Progreso kommt man hauptsächlich wegen des Strandes (viele Meridaños haben hier ihr Ferienhaus). Der Golf von Mexiko ist an diesem Küstenstreifen ruhig, der Sandboden fällt sanft ab, so dass nach 500 m das Wasser bis zur Schulter reicht. Die **Playa Progreso** hat viele gute Fischrestaurants zu bieten. Man kann hier angeln, ein Motorboot mieten, schnorcheln, segeln und schwimmen. In der Hochsaison (*temporada*) im Juli und August sind die Strände überfüllt.

Die Küste um Progreso ist Salzmarschland – ein Paradies für Vögel.

★Reserva de la Biósfera Ría Celestún

95 km westlich von Mérida (s. S. 217) liegt das 5000 Einwohner zählende Fischerstädtchen **Celestún** ㉔, ein idealer Ort zum Relaxen und Ausgangspunkt für Bootsfahrten in die 60 000 ha große ★**Reserva de la Biósfera Ría Celestún**. Die Mangroven- und Lagunenlandschaft mit trichterförmigen Flussmündungen (*ría*) bieten Wassertieren und Vogelarten,u. a. Kormoranen, Fregattvögeln, Pelikanen und Reihern geschützten Lebensraum. In großen Kolonien treten die Flamingos auf, die man am Besten im März/April und Juni/Juli beobachten kann.

VON CANCÚN NACH MÉRIDA

★Cobá

Versteckt in dichtem Dschungel eines naturgeschützten Parks liegen die Ruinen von **★Cobá** ㉕. Besonders schön präsentiert sich die Anlage während der Regenzeit, also im Sommerhalbjahr. Dann stehen die Bäume und Sträucher in vollem Grün, und die unzähligen Vogelarten überbieten sich gegenseitig im Gezwitscher. Die weit verstreut liegenden Bauwerke gruppieren sich um zwei große und drei kleine Dolinen-Seen, die durch Einbrüche der Kalkdecke des yucatekischen Flachlandes entstanden sind. Annähernd 40 000 Menschen sollen damals hier gelebt haben, angezogen vom seltenen Wasserreichtum dieser Gegend. Zahlreiche **Prachtstraßen** (*sacbé*, Plural *sacbeob*) verbanden Cobá mit weiteren Siedlungen. Die mit Steinschotter aufgeschütteten und mit gewalztem Kalksteinmörtel befestigten Wege, die teilweise eine Breite von 10 m aufweisen, verliefen schnurgerade und bildeten ein dichtes, in alle Himmelsrichtungen zeigendes Netz. Eine 100 km lange „Fernstraße" verband Cobá mit einer westlich gelegenen Zeremonialstätte.

Der Handel florierte. Kakaobohnen und Honig, bei den Maya hochgeschätzte Luxusgüter, wurden rege getauscht. Cobá, der „Ort des vom Winde bewegten Wassers", war jedoch nicht nur eine Handelsmetropole, sondern auch ein bedeutendes Kultzentrum, das seine Blütezeit während der späten Klassik (600-950) hatte. Bis ins 17. Jh. hinein, also lange bis in die Zeit der Besetzung durch die Spanier, welche die Stätte nicht entdeckt hatten, war Cobá noch bewohnt. Entdeckt wurde es erst 1891 von dem österreichischen Maya-Forscher Teobald Maler, der als erster die Anlage beschrieb.

Auf einer Fläche von 70 km² wurden bisher mehr als 10 000 Bauwerke identifiziert, die meisten noch immer unter dichter Vegetation verborgen. Einige, darunter zwei **Ballspielplätze**, wurden erst jüngst frei gelegt und restauriert. Bedeutendstes Gebäude der **Grupo de Cobá** ist eine 24 m hohe Pyramide, **Iglesia** („Kirche") genannt, mit einer gewaltigen Treppe.

Wenn man an der Gruppe Cobá vorbei geradeaus geht, ragt nach etwa 1,5 km plötzlich aus dem dichtem Grün eine der höchsten Pyramiden Yucatáns empor: der sog. **★Castillo** („Festung"). Sie ist das Wahrzeichen der **Grupo de Nohoch Mul** („großer Hügel") und das spektakulärste Bauwerk dieser Anlage. Hier darf man die 128 Stufen erklimmen. Aus 42 m Höhe bietet sich eine fantastische Aussicht auf die Stätte.

Am Eingang des Tempels trifft man auf die Skulptur des „Herabstürzenden Gottes", einer auch in Tulúm hochverehrten Gottheit. Von den hier gefundenen Monumenten ist insbesondere die vor der Pyramide stehende **Stele 20** bemerkenswert. Das Relief zeigt eine prächtig ausstaffierte Figur, die auf dem Rücken zweier Sklaven steht. Um das Machtgefälle zwischen Herrscher und Untergebenen zu demonstrieren, wählte der Steinmetz unterschiedliche Maßstäbe zu ihrer Darstellung.

Valladolid und ★Cenote Dzitnup

Das annähernd 75 000 Einwohner zählende **Valladolid** ㉖ ist ein wichtiges Verkehrs- und Handelszentrum im Nordosten Yucatáns. Interessant ist die 1552 fertiggestellte **Iglesia de San Bernardino de Siena**, die Kirche des Franziskaner-Klosters. Sie ist eines der wenigen Kolonialgebäude, das die Wirren des Kastenkriegs (1847-1902) unbeschadet überstand. Reizvoll ist zudem der **Cenote Zaci**, zweieinhalb Cuadras östlich vom **Zócalo** mit der **Catedral San Gervasio** entfernt.

Die Hauptattraktion ist jedoch der 7 km südwestlich des Zentrums (nahe der MEX 180 in Richtung Chichen Itzá)

Rechts: Relief am Ballspielplatz in Chichén Itzá.

 » Karte S. 194-195, Info S. 234-237

Foto: Bernhard Walter Kaempf

gelegene ★**Cenote Dzitnup** (**Cenote X'keken**), einer der schönsten unterirdischen Wasserbecken ganz Yucatáns. In herrlich türkisfarbenen, ca. 20 °C warmen Wasser kann man hier schwimmen, wobei lange Stalaktiten von der Decke hängen und mittags die Sonne durch eine runde Öffnung herein flutet. Trotz des Touristenrummels zweifellos ein unvergessliches Naturschauspiel!

★★Chichén Itzá

★★**Chichén Itzá** ㉗ bei dem Ort **Piste** ist die berühmteste Pyramidenanlage Yucatáns, rund 100 km östlich von Mérida und 160 km westlich von Cancún. Die 1988 von der UNESCO zum Weltkulturerbe ernannte Stätte ist hervorragend erhalten und restauriert, was ihren Besuch zum Vergnügen macht. Chichén Itzá war eine Maya-Stätte, deren Gründung in der frühen Klassik etwa um 400 n. Chr. erfolgte.

Annähernd 800 Jahre erfreute sich die Ansiedlung einer wirtschaftlichen und kulturellen Blüte; wahrscheinlich wurde die Stadt nicht im 9. Jh. aufgegeben wie die meisten Zentren im südlichen Tiefland. Dann drangen Fremde ein. Ihr Führer, der toltekische Herrscher Quetzalcóatl, in der Maya-Sprache *Kukulcán* genannt, nahm Chichén Itzá in Besitz. Ungeklärt ist die Herkunft dieser Menschen, die sich selbst *Itzá* nannten. Bischof Diego de Landa berichtet: „Die Indianer sind der Meinung, dass bei den Itzá, die sich in Chichén ansiedelten, ein großer Herr namens Kukulcán herrschte, ... und sie sagen, dass er vom Westen kam. Sie sind unterschiedlicher Meinung darüber, ob er vor oder nach den Itzá kam oder mit ihnen."

Noch heute rätseln die Forscher, ob der große, bärtige Tolteken-Herrscher Quetzalcóatl („Gefiederte Schlange") aus Tollán (Tula; (s. S. 72), ein weiser, gerechter Herrscher, und Kukulcán dieselbe Person waren. Dafür spräche, dass eben jener Quetzalcóatl um das Jahr 1000 Tula verließ und wohl nach Yucatán ging. Andererseits erscheint es unverständlich, dass Quetzalcóatl, der in seiner Heimat die blutigen Menschenopfer verbieten ließ, sie in Yucatán wieder eingeführt haben soll.

Um 1250, am Ende der frühen Postklassik, wurde Chichén Itzá von seinen Bewohnern weitgehend verlassen, danach ergriff tropische Vegetation Besitz von der Stätte. 1566 beschrieb Bischof Diego de Landa (s. S. 228) mehrere Gebäude. Nachdem das überwucherte Areal 1841/42 von John L. Stephens und Frederick Catherwood erforscht wurde, erwarb es 1885 der US-amerikanische Konsul von Mérida, Edward Thompson, als Hacienda und begann selbst mit Ausgrabungen; 1904-1907 entdeckte er für das Peabody Museum im Heiligen Cenote zahllose Opfergaben. In den 1920er Jahren führte der Maya-Forscher Sylvanus Morley umfangreiche Restaurierungen durch.

Rundgang durch Chichén Itzá

Die archäologische Stätte, von der bisher nur etwa ein Viertel freigelegt und öffentlich zugänglich ist, teilt sich deutlich in zwei Bereiche: Im Norden breitet sich **Chichén Nuevo** (Neu-Chichén) aus, dessen Gebäude meist in der Blütezeit der Stadt in der frühen Postklassik (10.-12. Jh.) errichtet wurden und deutlich toltekische Stilelemente in Architektur und Plastik aufweisen. Südlich davon liegt **Chichén Viejo** (Alt-Chichén), das Stadtzentrum der spätklassischen Zeit (6.-9. Jh.).

Nach dem Eingang (mit Restaurant und Souvenirshop) erhebt sich höchst eindrucksvoll inmitten eines großen Platzes das berühmteste Gebäude von Chichén Itzá: **★★El Castillo** **1**, auch **Templo de Kukulcán** genannt (s. Bild S. 8). Diese neunstufige Pyramide – mit einer Seitenlänge von 55 m und einer Höhe von 30 m – dokumentiert anschaulich die Kalenderkenntnis der Maya. Auf jeder Seite des Gebäudes führen 91 Treppenstufen zum Tempel hinauf. Addiert man zu den sich daraus ergebenden 364 Stufen diejenige vor dem Eingang des Tempels hinzu, so ergibt sie die Anzahl der Jahrestage. Die an den Seiten angebrachten 52 Platten entsprechen dem 52-Jahre-Zyklus des Maya-Kalenders. Lange Zeit rätselte man über die Bedeutung der Schlangenköpfe, die am unteren Ende der Treppe angebracht sind. Nur zweimal im Jahr, nämlich an den Nachmittagen des 21. März und des 21. September, offenbart sich das Geheimnis: Es entsteht ein Schattenwurf, der den Eindruck erweckt, als ob die Schlangen den Tempel verlassen und die Pyramide hinabkriechen würden.

Das Innere der Pyramide birgt eine Überraschung. Als Archäologen eine am Fuß der Pyramide beginnende Treppe entdeckten, machten sie sich zügig an die Ausgrabungsarbeiten. Sie stießen auf einen zweiten, überbauten Tempel. Groß war die Freude, als sie merkten, dass die Ausstattung dieses Maya-Gebäudes noch nicht geplündert war. Im Eingangsraum erwartet die Besucher ein **Chac Mool**, eine an zahlreichen historischen Stätten gefundene Steinfigur toltekischen Ursprungs. Sie besteht aus einem halb auf dem Rücken liegenden Mann in Lebensgröße, der die Knie angezogen hat und seinen schräg aufgerichteten Oberkörper auf die Ellbogen stützt. Der Kopf ist nach links gedreht und von einem Helm in Zylinderform bedeckt. Auf dem Bauch hält die Figur einen Steinteller. Forscher vermuten, dass diese Schale für das Blut und die Herzen der Menschenopfer bestimmt war. Ein steinerner **Jaguarthron**, rot bemalt und mit Jadestückchen bedeckt, die die Fellzeichnung imitieren, steht im hinteren Raum. Wahrscheinlich residierte Kukulcán in diesem älteren Tempel und nahm – auf dem Thron sitzend – die Opfergaben entgegen.

Der nordwestlich der Kukulcán-Pyramide gelegene **★Juego de Pelota** **2** („Ballspielplatz") ist der größte in ganz Mesoamerika. Das 146 x 35 m messen-

Rechts: Toltekische Chac Mool-Figur am Tempel der Krieger.

» Plan S. 214, Info S. 234-237

Foto: Klaus Kamphausen (Freelance Press)

de Spielfeld wird an zwei Seiten von 8,5 m hohen Mauern eingefasst. In ihrer Mitte befindet sich jeweils ein steinerner Ring, durch den die Spieler den Kautschukball schlugen – ein schwieriges Unterfangen, bei dem weder Hände noch Füße, sondern nur Ellbogen, Hüfte und Knie zum Einsatz kamen. Achten Sie auf die Reliefs an den Zuschauertribünen unterhalb der Mauer: auf ihnen wird das blutige Ende des Ballspiels dargestellt. Jeweils sieben Personen in festlicher Spielkleidung treffen sich in der Mitte des Frieses. Eine Person der linken Reihe, nämlich aus der Siegermannschaft, hält ein Messer und einen Menschenkopf in ihren Händen. Gegenüber kniet der Enthauptete aus der gegnerischen Mannschaft. Aus seinem Hals schießen Fontänen von Blut in Form von sieben Schlangen hervor.

An die östliche Begrenzungsmauer des Ballspielplatzes grenzt der **Templo de los Jaguares** 3 („Tempel der Jaguare"), der nach den Darstellungen an seinem oberen Fries so bezeichnet wird. Zwischen den beiden reliefverzierten Pfeilern steht ein Jaguaraltar, an den Wänden erkennt man u. a. maya-toltekische Krieger mit Adlerhelmen und federgeschmückten Lanzen zwischen Totenschädeln. Das nicht zugängliche und zum Ballspielplatz orientierte Obergeschoss ist mit Wandmalereien geschmückt, die vermutlich die Eroberung Chichén Itzás durch die Tolteken darstellen.

An die grausigen Riten der postklassischen Zeit erinnert eine ca. 60 x 12 m große Plattform, die man entsprechend ihrer Funktion und in Anlehnung an den gleichen Brauch bei den Azteken **Tzompantli** 4 (Náhuatl; „Mauer der Totenköpfe"), nennt. Auf die Pfahlspitzen spießten die Maya-Tolteken die Köpfe der den Göttern geopferten Menschen.

Faszinierende Reliefs zieren auch die **Plataforma de Jaguares y Águilas**, einst eine Bühne für kultische Festveranstaltungen: Jaguare und Adler tragen in ihren Klauen Menschenherzen.

Auf dem Weg zum Heiligen Cenote passiert man die sog. **Tumba de Chac Mool** 5, Hier fand der Forscher Augus-

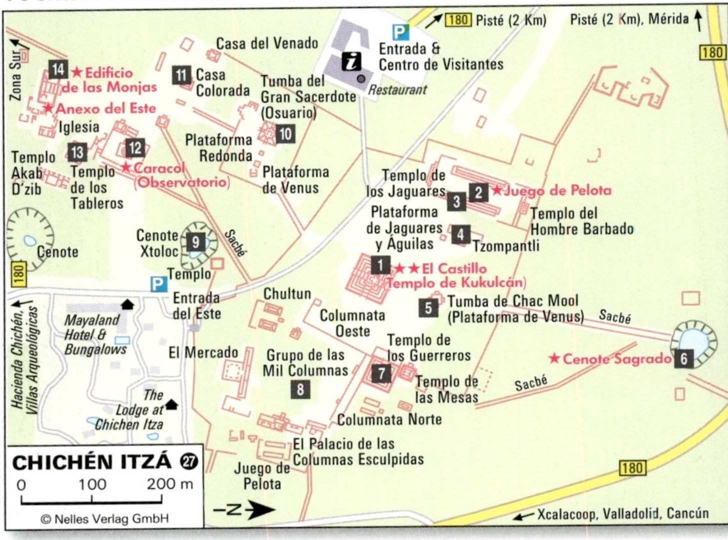

tus Le Plongeon 1875 erstmals einen Statuentypus, den er aus unbekannten Gründen *Chac Mool* („Roter Jaguar") nannte. Liegende Figuren dieser Art, die vielleicht eine Opferschale vor dem Bauch halten, finden sich vor allem bei Eingängen toltekischer Tempel (s. Bild S. 213). Der etwa 20 x 20 m große Bau wird auch als **Plataforma de Venus** bezeichnet, nach den Symbolen des wichtigen Morgensterns an den vier Ecken: vierstrahlige Sterne in Kombination mit dem Rutenbündel (Glyphe für Zeit bzw. Jahre).

Über eine der vielen Dammstraßen (*sacbé*) gelangt man nach 300 m zum **★Cenote Sagrado** 6, einem runden, 25 m unter der Erdoberfläche liegenden natürlichen Brunnen. Tauchgänge von 1904-1907 und in den 1960er Jahren förderten aus 80 m Tiefe mehr als 4000 Objekte aus Gold, Jade, Obsidian und Kupfer zutage. Die – heute größtenteils im Peabody Museum in den USA verwahrten – Funde belegen eine Nachricht Bischof Diego de Landas (s. S. 228), wonach der „Heilige Brunnen" Ziel von Wallfahrten selbst aus dem heutigen Costa Rica war. Dutzende geborgene Skelette bestätigen zudem die Praxis des Menschenopfers (wahrscheinlich in Dürrezeiten für den Regengott Chac). Die Untersuchung der Knochen konnte die bis heute von Fremdenführern gern verbreitete These widerlegen, dass man hier anmutige Jungfrauen opferte: Die Mehrzahl der Skelette stammt von Männern und von Kindern unter 12 Jahren.

Rechts: Das Observatorium mit der Kukulcán-Pyramide im Hintergrund.

Nur von unten zu bewundern ist der **Templo de los Guerreros** 7 („Tempel der Krieger"). Auf einer 40 m breiten und 12 m hohen Stufenpyramide steht das mit Chac-Masken dekorierte Heiligtum, dem eine Pfeilerhalle vorgelagert ist. Die viereckigen Pfeiler sind mit Reliefs maya-toltekischer Krieger geschmückt, die einen Wurfspieß (*atlatl*) tragen und ungebetenen Gästen den Eingang zum Tempel verwehren. Auf der obersten Plattform ragen hinter einer Chac Mool-Figur zwei Klapper-

» Plan S. 214, Info S. 234-237

Foto: Andreas M. Gross

schlangen empor, deren Ende einst den mächtigen Türsturz trugen.

Im Süden grenzt die **Grupo de las Mil Columnas** 8 („Halle der Tausend Säulen") an mehrere um einen Platz gruppierte Gebäude und Säulenhallen, zu denen auch ein kleiner Ballspielplatz gehört. Die Funktion der für die toltekische Architektur typischen Säulenhallen ist noch unklar, möglicherweise dienten sie als Versammlungsorte bei religiösen Zeremonien.

Der **Cenote Xtoloc** 9 mit einem kleinen Tempel war trotz seiner geringen Größe das wichtigste Wasserreservoir für die Bewohner.

Bereits zur Südgruppe in Chichén Viejo gehört die **Tumba del Gran Sacerdote** 10 („Grab des Hohenpriesters"). Im Boden des auf der kleinen Pyramide stehenden Tempels entdeckten Archäologen einen Schacht, der ins Innere führt. Hier fanden sie sieben Gräber – offenbar die Begräbnisstätten hoher Würdenträger (deshalb auch **Osuario**, „Beinhaus", genannt).

Ein hoher, mit drei Chac-Masken geschmückter Dammkamm (*crestería*) betont die Erhabenheit der um 870 errichteten **Casa Colorada** 11. Der Name „Rotes Haus" geht auf die Bemalung an den Innenwänden des Tempels zurück. Eine Glyphenschrift berichtet von rituellen Handlungen mehrerer Adeliger bei der Einweihung.

Das **Observatorium** ist nicht nur das berühmteste Gebäude der Südgruppe, sondern auch das eigenwilligste Bauwerk Chichén Itzás. Die Spanier tauften es ★**Caracol** 12 („Schnecke"). Über breite Freitreppen gelangt man zu zwei rechteckigen Plattformen. Hier steht ein runder Turm, und in seinem Inneren führt eine nicht zugängliche Wendeltreppe in das Obergeschoss. Schießschartenartige Öffnungen in einer kleinen Kammer zeigen in alle Himmelsrichtungen. Diese Sternwarte zeugt von der großen astronomischen Erfahrung der Maya, deren Gelehrte erwiesenermaßen Mond- und Sonnenfinsternisse berechnen und die Zeit der Aussaat mittels zweier komplizierter Kalender genau festlegen konnten.

Maya-toltekische Krieger und Jaguare stellt der **Templo de los Tableros** - dar, ein kleines Heiligtum mit einer vorgelagerten Säulenhalle.

Das größte Gebäude der spätklassischen Zeit ist das ★**Edificio de las Monjas** 14, 70 m lang und 18 m hoch, mit vielen Räumen, die die Spanier als Zellen von Priesterinnen bzw. Nonnen deuteten. Der Tempel mit dem mächtigen Unterbau wurde in sechs Phasen errichtet, wie die Sprengung der Ostseite durch Le Plongeon zeigte.

Der Unterschied zwischen Chenes- und Puuc-Stil kommt besonders gut bei den beiden angrenzenden Bauten zum Ausdruck: Bei dem östlich an das Nonnengebäude anschließenden ★**Anexo del Este** sind die Fassaden komplett mit Reliefs geschmückt – das wichtigste Kennzeichen des Chenes-Stils. Zwischen den vielen Chac-Masken erkennt man am Türsturz einen Totenkopf und die Reißzähne eines Monsterrachens, darüber in einer Art Mandorla einen Maya-Fürsten mit prächtigem Federkopfschmuck als Zeichen der Herrscherwürde.

Daneben steht die sog. **Iglesia** („Kirche“) im Puuc-Stil: die untere Portalzone ist unverziert, darüber laufen in einer Attika Friese mit Mäandern und langnasigen Chac-Masken um das gesamte Gebäude. Dazwischen finden sich noch die Reliefs einer Schildkröte, Krabbe, Schnecke und Gürteltier, der Maya-Mythologie zufolge die vier Träger des Himmels. Eine Besonderheit für Chichén Itzá ist der hohe Dachkamm, ebenfalls mit Gesichtern des Regengottes bedeckt.

★Grutas de Balankanché

6 km östlich von Piste bzw. Chichén Itzá liegen die ★**Grutas de Balankanché** 28, ein 1959 entdecktes Höhlensystem mit einem unterirdischem See, von dem drei große Räume mit Führer öffentlich zugänglich sind. Wie viele Höhlen auf Yucatán war auch die „Grotte des Jaguarthrones“ den Maya als Zugang in die Unterwelt (*xibalbá*) heilig. Alle gefundenen Objekte, vor allem Räuchergefäße (*incensarios*), Statuetten, Mahlsteine für Mais (*metates*) und Krüge befinden sich noch in Originallage (*in situ*) zwischen den Tropfsteinformationen – deponiert von der späten Präklassik bis in die frühe Postklassik (300 v. Chr.-1200 n. Chr.) als Opfergaben für den Regengott Chac (Maya) bzw. Tlaloc (Tolteken).

Rechts: Der Convento de San Antonio de Padua in Izamal.

Izamal

Das etwa 20 000 Einwohner zählende **Izamal** 29, 18 km nördlich der MEX 180, war ein Brennpunkt des religiösen Lebens der Halbinsel: In präkolumbischer Zeit erhoben sich hier u. a. die Pyramiden für den Hauptgott Itzamná und den Sonnengott Kinich-Kakmó, die zu den größten Mesoamerikas zählten. 1553, elf Jahre nach der Gründung Méridas, begannen die Franziskaner mit dem Bau ihres vierten und wichtigsten Klosters auf Yucatán. Der riesige, ca. 400 x 500 m messende und 1562 vollendete ★**Convento de San Antonio de Padua** – wie die übrigen Gebäude Izamals ockergelb gestrichen – wurde symbolträchtig auf der geschleiften Pyramide des Regengottes Chac errichtet: Mit ihm sollte den Maya die Größe und der Glanz des christlichen Glaubens verdeutlicht werden. Vor der schlichten Fassade breitet sich das 8000 m² große, von einer Säulengalerie mit 75 Bögen umgebene Atrium aus – weltweit einer der größten umgrenzten Plätze. An der Fassade der einschiffigen, als Wehrkirche ausgeführten Iglesia sowie im Innenraum erkennt man das Bildnis der *Virgen de la Inmaculada Concepción* (beide aus dem 19. Jh.), die Bischof Diego de Landa aus Guatemala mitbrachte und seither als Patronin Yucatáns verehrt wird.

Nördlich des Klosters, an der Kreuzung der Calles 27 / 28, steht die restau-

» Plan S. 214, Karte S. 194-195, Info S. 234-237

Foto: Jürgen Bergmann

rierte, über 30 m hohe **Pyramide des Kinich-Kakmó**, von deren Spitze man eine herrliche Aussicht genießt.

Aké

Eine kleine, archäologisch jedoch bemerkenswerte Stätte ist **Aké** ㉚, 35 km östlich von Mérida. Als eine der wenigen Städte des nördlichen Tieflands wurden ihre in der Frühklassik errichteten Gebäude durchgehend bis in die Postklassik bewohnt. Auffallend ist ein **Palast**, der über eine hohe Treppe zugänglich ist und dessen steinerne Säulen einst ein hölzernes Dach trugen.

MERIDA UND UMGEBUNG

★Mérida

Diese Stadt besitzt einen ganz besonderen Charme, durch den sie sich von allen anderen, typisch mexikanischen Städten unterscheidet. Obwohl von weitläufigem Trockenwald umgeben, strahlt **★Mérida** ㉛ südliche Anmut aus. Die sauberen Straßen und weiß getünchten Häuser brachten ihr schon bald den Namen *Ciudad Blanca* („Weiße Stadt") ein.

Mérida wurde 1542 von Francisco de Montejo, einem Kapitän in den Diensten von Hernán Cortés, gegründet. Es liegt auf einer Kalksteinebene, die für den Anbau der Agavenpflanze *henequén* (Sisalhanf) hervorragend geeignet ist. Darauf gründet sich auch der Wohlstand der Stadt. Zwar haben heute kräftigere Kunstfasern den Sisalhanf in der Seilherstellung abgelöst, doch baut man östlich von Mérida nach wie vor Henequén in kleineren Mengen an. Die Sisalfasern werden heute in erster Linie zu Hängematten, Schuhen, Körben, Tischsets, Teppichen und Schnüren verarbeitet.

Mérida – eine Metropole mit mehr als 1 Mio. Einwohnern – wurde auf den Ruinen der einstigen Maya-Stadt *Tihó* errichtet. Das Erbe der Maya findet sich auch im Alltag wieder – so z. B. in Sprache und Kleidung. Die Indígenas-Frauen tragen immer noch den *huipil*, eine weiße Bluse mit Stickereien an Hals und Saum, und die Männer die – ursprünglich aus Kuba stammende – *guayabera*, ein kurz- oder langärmeliges Jackenhemd mit Längsbiesen. Die Yucatecas, die auf der Halbinsel Yucatán lebenden Maya, haben ein freundliches, ehrliches Wesen.

Auch Mérida hatte seinen Anteil an der turbulenten Geschichte des Landes. Um sich 1542 das Land zu sichern, kämpften die Spanier gegen Zehntausende von Maya, die schließlich unterlagen und erst 1930 kraft Gesetzes einen Teil des Landes zurückerhielten, das ihre Vorfahren einst besaßen. Im sog. Kastenkrieg erhoben sich 1847 die während des mexikanisch-amerikanischen Krieges von ihren Herren bewaffneten Indígena-Sklaven gegen diese, und erst 1855 hatten die spanischstämmigen Mexikaner die Lage wieder im Griff. Sie vertrieben daraufhin viele Maya ins südliche Yucatán – in den heutigen Bundesstaat Quintana Roo und nach Belize.

Dank des Sisalbooms wurde Mérida eine der reichsten Städte ganz Mexikos. Die kleine französische Gemeinde baute die „Champs-Elysées", den **Paseo de Montejo**. Mérida verfügt mit seinen baumgesäumten Boulevards, Plazas und Parks, die mit schattenspendenden Bäumen landschaftsgärtnerisch gestaltet sind, über ein unverwechselbares ansprechendes Ambiente. Die wohlhabenden Henequén-Plantagenbesitzer haben einst prächtige Herrenhäuser im europäischen Stil errichtet, an denen man auf einer Fahrt in den *calesas* (Pferdekutschen) vorbeifahren kann.

Statt Straßennamen besitzt Yucatáns Hauptstadt ein einfaches System der Nummerierung: Alle von Norden nach Süden führenden Straßen haben gerade Nummern, alle von Ost nach West verlaufenden ungerade. Adressen lesen sich fast wie mathematische Formeln: „Calle 63 x 64" bedeutet, dass sich die entsprechende Adresse in der Straße 63 unweit der Kreuzung mit der Straße 64 befindet.

Oben: Längst hat die Sisalgewinnung ihre wirtschaftliche Führungsrolle an den Tourismus verloren.

Rundgang durch Mérida

Zentrum ist der **Zócalo** – die **Plaza de la Independencia** (auch Plaza Principal oder Plaza Grande) – ein angenehmer, schattiger Ort, an dem man auf S-förmigen Bänken (*confidenciales*) gegenübersitzen und ungestört plaudern oder das kostenfreie WLan nutzen kann. Unter dem Pflaster wurden 2011 Überreste der Maya-Stadt Tihó entdeckt,

Die Ostseite des Platzes dominiert die **Catedral San Ildefonso** ① – ein großer, zweitürmiger, festungsartiger Bau mit dem spanischen Wappen über dem Eingang, der 1561-1598 errichtet wurde. In der Nähe des Altars wird in einer Kapelle der **Cristo de las Ampollas** („Christus der Brandblasen") verehrt – eine indianische Holzfigur, die sich ursprünglich in der Kirche von Ichmul befand und zwei Brände überstanden hat. Die Plastik ist alljährlich am 27. September das Ziel einer aufwändigen Prozession.

Im ehemaligen Erzbischöflichen Palast neben der Kathedrale zeigt das **Museo de Arte Contemporáneo Ateneo de Yucatán** (**MACAY**) in 15 Sälen vorwiegend yucatekische Plastik und Gemälde des 20. Jh.

An der Südseite des Zócalo befindet sich die ★**Casa de Montejo** ② – das prachtvolle Wohnhaus der Stadtgründerfamilie. Die großen, um zwei Patios gruppierten Räume sind noch mit dem europäischen Originalmobiliar ausgestattet. Besonders beeindruckend ist das qualitätvolle Relief über dem Portal mit dem Montejo-Wappen und den Statuen der Conquistadoren, deren Füße auf den abgeschlagenen Köpfen unterworfener Maya ruhen – ein beredtes Zeugnis des spanischen Selbstverständnisses gegenüber der indianischen Urbevölkerung. Die Bank Banamex hat das

» Stadtplan S. 220, Info S. 234-237

Foto: Hans-Horst Skupy

Gebäude restauriert und im neuen **Museo Casa Montejo – Casa de Cultura Banamex** auch Räume für wechselnde Ausstellungen geschaffen.

Gegenüber der Kathedrale erhebt sich der **Palacio Municipal** ③ (Rathaus) im spanisch-maurischen Stil, ein Gebäude aus der Montejo-Zeit, das man 1928 mit einem Uhrturm neu errichtete. Von den Arkaden im ersten Stock, von denen sich ein schöner Blick auf den Platz bietet, wurde am 15. September 1821 die Unabhängigkeit Yucatáns proklamiert. Jeden Montagabend wird eine traditionelle Mestizo-Hochzeit imitiert, sonntagmittags geben Folkloretänzer vor dem Gebäude eine Vorstellung.

An der Nordostseite des Zócalo steht der im Jahr 1892 vollendete **Palacio de Gobierno** ④ (Regierungspalast) im neoklassizistischen Stil. Im großen Festsaal im ersten Stock beeindruckt ein 1971-1978 ausgeführter Zyklus mit großformatigen **★Wandgemälden** (*murales*) des aus Campeche stammenden Malers Fernando Castro Pacheco. Sie stellen die leidvolle Geschichte der Maya auf Yucatán dar, z. B. die menschenunwürdige Arbeit auf den Henequén-Plantagen und die Verbrennung von Maya-Codices durch Fray Diego de Landa.

Einen Häuserblock (*cuadra*) westlich der Plaza de la Independencia lockt im **Ex-Convento de las Monjas** (16./17. Jh.) ⑤ die **Casa de las Artesanías**, ein staatlicher Kunstgewerbeladen, mit Kleidung, Gold- und Silberschmuck, Holzschnitzereien, Muschelarbeiten etc. Angeschlossen sind ein Café und eine Buchhandlung.

Lebensmittel werden im **Mercado San Juán** ⑥ feilgeboten, yucatekisches Kunsthandwerk gibt es vor allem im **Mercado García Rejón** ⑦ zu kaufen. Besonders stimmungsvoll ist der **★Mercado Municipal** ⑧, Méridas lebhaftester und größter Markt, auf dem man von Souvenirs bis Obst nahezu alles findet. Gegenüber, in der schön restaurierten alten Post, erzählt das **Museo de la Ciudad** ⑨ die Geschichte Méridas von der Mayazeit über die Kolonialepoche bis ins 20. Jh.

» Stadtplan S. 220, Info S. 234-237

Eine Fundgrube für alle, die sich für Kunsthandwerk und Bräuche der Region interessieren, ist das **Museo Regional de Arte Popular** ⑩, neben dem Parque de Mejorada. Seine Themen sind Schmuck, Spielzeug, Keramik, Holzarbeiten, Maya-Kleidung und „Panamahut" (*jipijapas*) – letzterer wird in Becal hergestellt. Nebenan informiert das **Centro Cultural de los Pueblos Mayas** über Handwerkstechniken wie das Hängematte-(*hamaca-*)Knüpfen.

Im gleichen Block erläutert das **Museo de la Canción Yucateca** ⑪ traditionelle Musik und die Balladenlieder (*trova yucateca*) der Halbinsel; ausgestellt sind u. a. Fotos und Instrumente.

Vom Zócalo entlang der Calle 60 in nördlicher Richtung passiert man mehrere kleine Parks und historische Gebäude. Sonntags findet hier eine Straßenausstellung statt (der Verkehr wird zu diesem Zweck abgesperrt), und ab 11 Uhr spielen Volksmusikgruppen.

Zunächst trifft man auf den **Parque Hidalgo**, in dem sonntags Marimba-Konzerte stattfinden. Meist bieten in diesem netten kleinen Park Händler Hängematten und Strohhüte feil.

Am **Parque de la Madre** gegenüber liegt die **Iglesia de Jesús** ⑫, auch **Iglesia de la Tercera Orden** (Kirche des Dritten Ordens) genannt. Der 1818 fertiggestellte Bau ist die beliebteste Hochzeitskirche der Stadt.

Daneben zeigt die **Pinacoteca del Estado** Gemälde und Plastiken zeitgenössischer yucatekischer Künstler, vor allem von Gamboa Guzmán (auch **Museo Gamboa Guzmán** genannt).

Nach einem yucatekischen Dichter benannt ist das **Teatro Peón Contreras** ⑬, von italienischen Architekten um 1910 geplant. Heute ist darin die **Touristeninformation** und ein Café.

Auf der anderen Straßenseite erhebt sich das 1711 errichtete Patio-Gebäude der **Universidad Autónoma de Yucatán (UADY)** ⑭. Zur Bildungseinrichtung gehört auch ein Kulturzentrum, das mehrmals im Monat klassische Konzerte organisiert (aktuelles Programm bei der Touristeninformation erfragen).

Musikalische Veranstaltungen wer-

 » Stadtplan S. 220, Info S. 234-237

den auch im reizvollen **Parque de Santa Lucía** gegenüber der **Iglesia de Santa Lucía** ⑮ (16. Jh.) aufgeführt, meist Donnerstagabend gegen 21 Uhr. Jeden Samstag wird zwischen den Büsten berühmter Komponisten und Troubadoure auch ein Antiquitäten-Bazar mit Münzen, Kunsthandwerk, Büchern, Keramiken und Möbeln abgehalten.

Die Prachtstraße Méridas, nach Pariser Vorbild Anfang des 20. Jh. mit breiten Grünanlagen und historischen Denkmälern inmitten eines Nobelviertels angelegt, ist der **Paseo de Montejo** nördlich des Centro Histórico. Im **Palacio Cantón** aus dem 19. Jh. – dem am Boulevard gelegenen Wohnhaus eines ehemaligen Gouverneurs von Yucatán – ist heute das **★Museo de Antropología e Historia** ⑯ untergebracht. Das archäologische Museum widmet sich der Kulturgeschichte der Maya mit zahlreichen erstklassigen Originalen und Repliken, beispielsweise goldenen Opfergaben aus dem „Heiligen Cenote" in Chichén Itzá, meisterhaften Tonstatuetten von der Isla Jaina und Malereien vom Templo de los Frescos in Tulum.

Nahe dem Centro de Convenciones im Norden der Stadt thront das **Gran Museo del Mundo Maya de Mérida**. Architektonisch von Mayabauten inspiriert, wird darin in vier großen Sälen das historische und kulturelle Erbe der Maya anschaulich dargestellt.

Maya-Skulpturen findet man auch im Hof der **Ermita de Santa Isabel** ⑰, einer kleinen, 1742 außerhalb der Stadtmauern erbauten Kirche (Calle 68 x 77, acht Cuadras südlich des Zócalo).

Dzibilchaltún

Beim Besuch von **Dzibilchaltún** ㉜ („Platz mit Inschriften auf flachen Steinen"), 21 km nordöstlich von Mérida, sollte man die Badesachen nicht vergessen! Denn im Zentrum der archäologischen Stätte liegt der **Cenote Xlacah** mit 30 m Durchmesser und fast 50 m Tiefe. An seinem Grund fanden Taucher mehr als 30 000 Artefakte, darunter Schmuckstücke, Keramiken und Statuetten aus dem späten Klassikum (8.-9. Jh.). Während dieser Blütezeit war Dzibilchaltún mit 40 000 Einwohnern, 16 km^2 Fläche und mehr als 8400 Gebäuden eine der bedeutendsten Maya-Städte überhaupt – mit einem Heiligen Cenote ähnlich wie in Chichen Itzá.

Sehenswert ist neben gut erhaltenen **Dammstraßen** (*sacbeob*), die die Zeremonialzentren der Stadt verbanden, insbesondere der **★Templo de las Siete Muñecas**. Zusammen mit anderen Bauten steht er auf einer monumentalen rechteckigen Plattform, von der vier Freitreppen zum Tempel hinaufführen. Äußerst ungewöhnlich für die Maya-Architektur sind der Pyramidenstumpf als Dachkamm sowie die kleinen Fenster beiderseits des Portals. Den Namen erhielt der Sakralbau von sieben Tonfiguren, die man in seinem Inneren fand.

Hacienda Yaxcopoil

35 km südlich von Mérida liegt an der MEX 261 die **Hacienda Yaxcopoil** ㉝ („Ort der grünen Pappeln"). Sie ist eine der besten Beispiele für die im Norden Yucatáns weit verbreiteten Landgüter (*haciendas*), die die Spanier für die ertragreiche Henequén-Produktion (s. S. 193) anlegten. Die Hacienda, im 17. Jh. gegründet, wuchs zu einer Größe von 11 000 ha (!) Land an und erlebte ihre Blüte mit dem Sisal-Boom 1860-1910.

Außer dem einst komfortablen **Hauptgebäude** für den Großgrundbesitzer (*hacendero*) kann man die **Wirtschaftstrakte** (Küche, Büros, Werkstätten etc.) mit originalen Einrichtungsgegenständen besichtigen. Ein kleines **Museum** zeigt Maya-Objekte. Viele alte Haciendas sind heute luxuriöse Hotels.

Mayapán

Der wichtigste Ort der späten Postklassik (13./15. Jh.) war **Mayapán** ㉞ („Banner der Maya"), 40 km südlich von

Mérida. Ab 1185 regierte hier die Cocom-Dynastie, bis sie 1435 von der benachbarten Maya-Stadt Maní gestürzt wurde. Sehenswert sind die **Pirámide de Kukulkán** (Besteigen erlaubt), das **Observatorio** sowie die **Plataformas Venus** und **Tzompantli**. Alle vier sind kleinere Kopien der bekannten Vorbilder in Chichén Itzá, allerdings weniger überlaufen als jene – in Mayapán kann man die Mayawelt in Ruhe auf sich wirken lassen.

★★PUUC-REGION

Die **★★Puuc-Region** ist kunstgeschichtlich eine der interessantesten der gesamten Maya-Welt. Sie liegt rund 70 km südlich von Mérida und ist nach dem langgestreckten, sehr trockenen Höhenzug **Puuc** benannt. Dieser, obgleich nur bis zu 250 m (**Cerro de Xal**) hoch, zeichnet sich deutlich von der flachen yucatekischen Kalksteintafel ab.

Bezeichnend für dieses Gebiet ist eine außergewöhnliche Dichte an präkolumbischen Maya-Stätten, deren Blüte in die späte Klassik (6.-9. Jh.) fällt, zeitgleich oder etwas später als die großen Zentren (z. B. Palenque und Tikal) im Süden. Im Unterschied zu diesen sind reliefierte Stelen und Glypheninschriften in weit geringerem Umfang verbreitet.

Da der Wasserspiegel in dieser Region durchschnittlich 65 m unter der Erdoberfläche liegt und Bäche gänzlich fehlen, konnte die Wasserversorgung nur über eine Vielzahl künstlicher, während der Regenzeit gefüllter Zisternen (*chultunes*) sichergestellt werden. Die außerordentliche Bedeutung des Regens für die Existenzsicherung spielt sich auch in den zahllosen Darstellungen des Regengottes Chac wider.

Einmalig ist der **Puuc-Stil**, der sich von den übrigen Kunstrichtungen der Maya, wie dem Río Bec- und dem Chenes-Stil, deutlich unterscheidet. Charakteristisch ist der Kontrast einer glatten, unverzierten Portalzone unten und einem darüberliegenden, reich mit mosaikartigen Reliefs dekorierten Geschoss (Attika). **★★Ruta Puuc** heißt die reizvolle Strecke, die von Muna über Uxmal, Kabah, Sayil, Xlapak, Labná, Grutas de Loltún, Oxkutzcab, Mani und Ticul zurück nach Muna führt. Neben Märkten sowie spanischen Klöstern sieht man die schönsten Beispiele des Puuc-Stils.

Rechts: Uxmal – Blick auf die „Pyramide des Wahrsagers", das „Viereck der Nonnen" und das „Haus der Schildkröten".

Muna

Die außen schmucklose Kirche von **Muna** ㉟ ist ein typisches Beispiel für die Wehrkirchen des 16. Jh. Diese errichteten die Spanier auf Yucatán als erste Gotteshäuser, oftmals später nur noch um einen Glockenturm ergänzt.

★★Uxmal

Das schönste, bedeutendste Kultzentrum der Maya in der Puuc-Region ist **★★Uxmal** ㊱ (80 km südlich von Mérida), eine der ganz großen historischen Stätten Mexikos. „Die dreimal Erbaute" bedeutet Uxmal in der Maya-Sprache, ein Hinweis auf die bei den alten Völkern Mesoamerikas verbreitete Gewohnheit des Überbauens von Sakralbauten. So haben die Forscher sieben Perioden identifizieren können, in denen hier gebaut wurde. Indianischen Quellen (z. B. die Chilam Balam-Bücher) zufolge gründeten um 1000 n. Chr. die aus dem südlichen Hochland stammenden Xiú die Stadt. Tatsächlich war aber zu dieser Zeit die Blüte Uxmals bereits überschritten.

1841 untersuchten die Begründer der Maya-Forschung, der New Yorker Rechtsanwalt John Lloyd Stephens und der englische Zeichner Frederick Catherwood die Stätte. Seit 1943 werden Restaurierungen durchgeführt. Die UNESCO erklärte 1996 Uxmal zum Welterbe. Die Bezeichnungen der einzelnen Gebäude sind, wie häufig bei archäologischen Stätten, Fantasienamen der

» Karte S. 194-195, Info S. 234-237

Foto: Otto Stadler (Silvestris Online)

spanischen Conquistadoren und frühen Forscher.

Rundgang durch Uxmal

Die 38 m hohe ★**Pirámide del Adivino** 1 („Pyramide des Wahrsagers") besteht aus fünf in einem Zeitraum von 300 Jahren erbauten Tempeln. Am Fuß der Westseite der ovalen Pyramide liegt der teilweise freigelegte älteste Tempel. Er stammt aus dem Jahr 569; die an seinem Eingang gefundene Skulptur eines geöffneten Schlangenrachens mit einem Menschenkopf wird heute im Museo de Antropología in Mexiko-Stadt verwahrt. **Tempel II** liegt innerhalb der Pyramide; er hat eine Öffnung an der oberen Osttreppe. Hinter seiner Rückwand liegen Schrein und Vorraum des **Tempels III**, der, von außen nicht zu sehen, sich an der inneren Westseite befindet. Freigelegt ist auch der **Tempel IV**, der in Form eines Würfels an der Westseite unterhalb des auf der Spitze der Pyramide stehenden **Tempels V** emporragt. Seine Fassade im Chenes-Stil stellt eine gewaltige Chac-Maske dar, durch deren Maul man den Tempel betrat. Der oberste Tempel enthält drei Kammern und eine Gitterdekoration an seiner Fassade. Seine Form erinnert an den Gouverneurspalast.

Ästhetisch besonders eindrucksvoll ist die Gebäudegruppe ★★**Cuadrángulo de las Monjas** 2 („Viereck der Nonnen") westlich der Pyramide. Der Komplex besteht aus vier Bauten, die um einen trapezförmigen Patio angeordnet sind und eine große Anzahl kleiner, zellenähnlicher Räume aufweisen. Bis heute weiß man nichts über deren Funktion. Besonders sehenswert ist der **Nordbau**, vom Innenhof über eine 30 m breite repräsentative Treppe zu erreichen. Über den einzelnen Portalen zu seinen 13 Räumen erkennt man zwischen einem Mäander und einem Gittermuster u. a. doppelköpfige Schlangen, jeweils vier übereinander gestellte Chac-Masken und strohgedeckte Maya-Hütten; letztere finden sich heute noch über ganz Nord-Yucatán verstreut in ländlichen Gegenden.

» Plan S. 224, Info S. 234-237

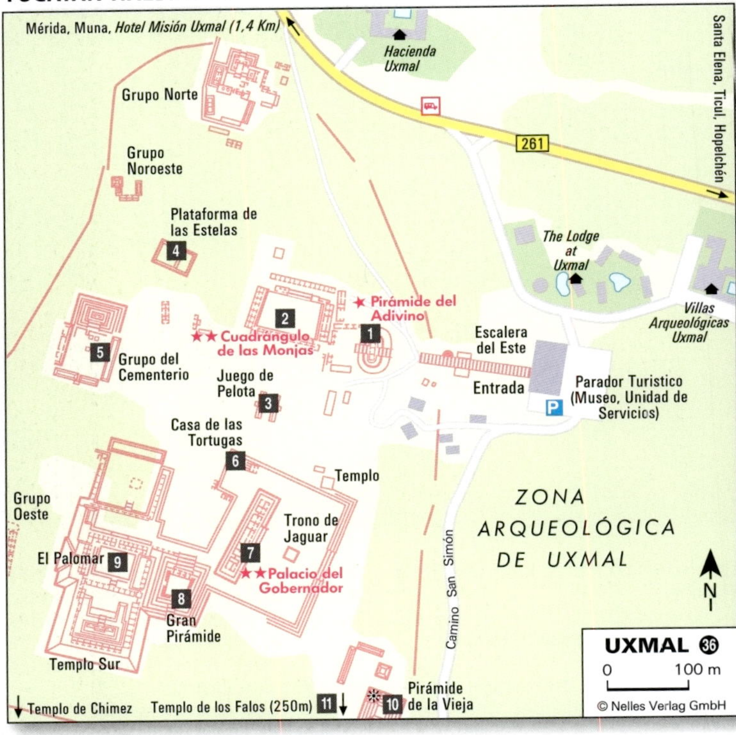

Südlich des Cuadrángulo de las Monjas liegt der **Juego de Pelota** 3, der 34 m lange und 10 m breite Ballspielplatz. Die beiden seitlichen Steinringe tragen Kalenderdaten, die dem Jahr 649 entsprechen.

Nur wenige Stelen haben sich auf der **Plataforma de las Estelas** 4 erhalten, interessanter ist die **Grupo del Cementerio** 5 („Friedhofsgruppe") südlich davon. Ihren Namen erhielt der Gebäudekomplex mit einem restaurierten Tempel von mehreren Altären, die mit gekreuzten Knochen und Totenschädeln dekoriert sind.

Rechts: Eine von ca. 300 Masken des Regengottes Chac, die die Besucher von der Fassade des Codz-Poop (Maskenpalast) in Kabáh anstarren.

Die **Casa de las Tortugas** 6 („Haus der Schildkröten") ist oft wegen ihrer harmonischen Proportionen und dem klaren Aufbau der Fassaden gerühmt worden. An den Längs- wie an den Schmalseiten führen jeweils drei unterschiedlich breite Türen in das Innere, darüber laufen in einer Attika gebündelte Halbsäulen um das gesamte Gebäude, oben abgeschlossen von einem Fries mit plastisch gestalteten Schildkröten. Einige Forscher sind davon überzeugt, dass die Schildkröte bei den Maya die Sonnenwende verkörpert und das Haus astronomischen Zwecken diente. Wahrscheinlich ist auch die Hypothese, dass die Schildkröte ganz einfach Wasser, das Lebenselixier, symbolisierte.

Auf der gleichen mächtigen Platt-

» Plan S. 224, Info S. 234-237

Foto: Volkmar E. Janicke

form wie die Casa de las Tortugas erhebt sich auch der fast 100 m lange und 8,60 m hohe ★★**Palacio del Gobernador** 7 („Palast des Gouverneurs") – eines der schönsten Bauwerke der gesamten präkolumbischen Architektur! Sehr ausgewogen verteilen sich die elf Portale der Frontseite auf den Mittel- und die beiden Seitentrakte, gegliedert durch zwei tiefliegende Nischen mit hohen Kraggewölben. Spektakulär ist der Dekor der über 3 m hohen, das Gebäude an allen vier Seiten umlaufenden Attika: Gitterornamente, Mäander und ehemals 260 große Chac-Masken mit rüsselartiger Nase (heute nur noch 103 erhalten) bilden einen monumentalen, ungefähr 700 m² großen und aus ca. 20 000, bis zu 80 kg schweren Einzelsteinen zusammengesetzten Fries.

Vor dem Palast breitet sich ein weitläufiger Platz mit einer doppelköpfigen Jaguarplastik auf einem Altar aus. Von hier führte einst eine mehr als 20 km lange Dammstraße (*sacbé*) zum Torbogen von Kabáh (siehe unten).

Südwestlich an den Gouverneurspalast schließt sich die **Gran Pirámide** 8 („Große Pyramide") an. Von diesem Hauptheiligtum Uxmals wurde bisher nur die auf einen Zeremonialplatz weisende Nordseite mit ihren neun großen Absätzen rekonstruiert. Ungewiss ist bis heute die in diesem Tempel verehrte Gottheit; möglicherweise geben skulptierte Motive mit Papageien (guacamayo) als Symbole für Feuer und Sonne (?) einen Hinweis darauf.

Ähnlich wie das Viereck der Nonnen ist auch die **Palomar** 9 („Taubenhaus") genannte Gebäudegruppe, eine der ältesten Uxmals, konzipiert. Auffallend sind neun gestufte und durchbrochene Dachkämme am nördlichen Bau, die John L. Stephens an Taubenschläge erinnerten. Die Besteigung lohnt wegen einer hervorragenden ★**Aussicht** über die gesamt Anlage.

Im Südosten des Zeremonialzentrums liegt die noch nicht freigelegte **Pirámide de la Vieja** 10 („Pyramide der alten Frau"), in deren Tempel einer Sage zufolge die Mutter eines zwergenhaften Königs von Uxmal gewohnt hat.

Über einen Pfad durch Trockenwald erreicht man den etwas isoliert gelegenen **Templo de los Falos** 11, den mehrere Plastiken in Phallusform schmücken.

★Kabáh

Etwa 20 km südöstlich von Uxmal liegt deren Tochterstadt ★**Kabáh** 37. Bisher sind überwiegend Bauwerke der „Ostgruppe" ausgegraben.

Berühmtestes Gebäude ist der auf der Ostseite liegende ★**Maskenpalast** oder **Codz-Poop**: Fast die gesamte Fassade des 6 m hohen und 45 m langen Palastes ist mit nahezu 300 Masken des Regengottes Chac überzogen. Der Eindruck ist überwältigend, auch wenn die rüsselartig vorspringenden Nasen zumeist abgebrochen sind. Auch der untere Teil der Fassade ist reich dekoriert, ein Merkmal des Chenes-Stils. Typisch für ihn ist die barock anmutende Ornamentik. Auf den Puuc-Stil wiederum verweist die Stilisierung der Chac-Masken. Der 3 m hohe Dachkamm des Gebäudes ist fast vollständig zerfallen. Auf der Rückseite sind zwei rundplastische Figuren sehenswert.

Nördlich davon schließt sich ein weiterer Palast an, gelegentlich auch **Teocalli** (Heiligtum) genannt, mit einer Dekoration aus gebündelten Säulenreihen in der Fassade.

Jenseits der Straße führt eine teilweise erhaltene Dammstraße (*sacbé*) zum **Torbogen** von Kabáh, einem auf einer Plattform freistehenden Gebäude, wo die ca. 15 km lange ehemalige Prozessionsstraße nach Uxmal beginnt.

In diesem Bereich wurden im Jahr 2011 Mauerreste und Spuren einer Maya-Großküche gefunden.

Sayil

Der Besuch des ehemaligen Maya-Zentrums **Sayil** 38 (etwa 10 km von Kabáh) lohnt v.a. wegen des ★**Palastes**. Das gewaltige Gebäude (ca. 85 x 40 m) besteht aus drei Stockwerken, die nach oben hin jeweils um ein Stück zurückgesetzt sind, so dass auf jeder Ebene eine Terrasse entsteht. Beeindruckend ist der gut erhaltene Westtrakt. In der Nachmittagssonne kommt die Dekoration aus gedrehten Pilastern durch den Licht- und Schatteneffekt am besten zur Geltung. Bemerkenswert ist die Fassade des zweiten Geschosses: Paarweise Säulenstellungen mit schmucklosen Kapitellen, ein seltenes Element in der Maya-Architektur, wechseln sich mit nach oben verjüngten, trapezförmigen Portalen ab; darüber erkennt man zwischen zwei Schlangenrachen die Figur des „Herabstürzenden Gottes", ein Motiv, das vor allem in Tulum (s. S. 205) an der Karibikküste anzutreffen ist. Am obersten Stockwerk verläuft ein Fries mit den Masken des Regengottes Chac, leider in keinem guten Zustand.

Rechts: Ein Meisterwerk der Maya-Architektur – der Bogen in Labná.

Xlapak

Nur 6 km östlich von Sayil liegt die Stadt **Xlapak** 39. Wie bei vielen Gebäuden des Puuc-Stils ist auch der so genannte **Palacio** („Palast") mit Halbsäulen, Chac-Masken mit rüsselartigen Nasen und Mäandern dekoriert.

★Labná

Die meisten Besucher kommen nach ★**Labná** 40, einer kleinen Tempelstätte der Maya, um den berühmten Torbogen zu besichtigen. Zunächst passiert man jedoch den **Palacio**, eine Gebäudegruppe im Puuc-Stil, die auf einer weitflächigen Terrasse ruht. Gut erhalten sind die am Osttrakt angebrachten Friese mit gebündelten Säulen, geometrischen Ornamenten und einem aufgerissenen Schlangenrachen mit Menschenkopf, *La Cabeza* genannt.

Eine 170 m lange aufgeschüttete Zeremonialstraße (*sacbé*) führt von hier aus zum südlich gelegenen ★**Torbo-**

» Karte S. 194-195, Info S. 234-237

Foto: Jürgen Bergmann

gen, dem gelungensten Beispiel eines „falschen Gewölbes". Das Prinzip klingt einfach: Durch das Verkragen der Steine von zwei gegenüberliegenden Mauern reicht schließlich an der Spitze ein einziger Stein aus, um das Gewölbe zusammenzuhalten. Die Architekten mussten jedoch wissen, wie stark sie das Gewölbe belasten konnten. Typisches Merkmal des Maya-Kraggewölbes ist ein Absatz, von dem die Wölbung ausgeht. Von hier aus läuft ein Bandfries in das rechts und links sich anschließende Mauerwerk.

Bemerkenswert ist auch die mit Schneckenmäandern geschmückte Ostfassade des Torgebäudes. Auf dem Dach prangt der Rest eines durchbrochenen Dachkammes. Die reiche Dekoration des Baus schließt ein Gitterwerk und – über den Eingängen zu zwei Innenräumen – zwei stilisierte Maya-Hütten im Hochrelief ein. Am Bogen begann die heilige Straße nach Kabáh. Daneben liegt der sog. **Aussichtsturm** (Mirador), eine nur mangelhaft restaurierte Pyramide mit aufgesetztem Tempelgebäude.

★Grutas de Loltún

Im Anschluss an die Besichtigung der Puuc-Stätten empfiehlt sich ein Ausflug zu den **★Grutas de Loltún** ㊶, 20 km nordöstlich von Labná. Die indianische Bezeichnung „Steinblume" beschreibt die fantastischen Tropfsteinformationen der Höhle. Diese nutzten schon um 2500 v. Chr. die Maya als Kultplatz. Früheste Keramiken datieren in die präklassische Zeit (um 1200 v. Chr.). Neben Felsmalereien fand man auch Kinderskelette. Eines der wenigen **Felsreliefs** der Maya findet sich links vom Eingang: es zeigt einen reich geschmückten Krieger, der in beiden Händen Waffen hält.

Oxkutzcab

Oxkutzcab ㊷ bedeutet im Yucatekischen „Butter, Tabak und Honig", vielleicht ein Hinweis auf den (heute noch bedeutenden) **Markt** im Ortszentrum. Dort steht auch die schlichte, 1699 vollendete **Iglesia de San Francisco** mit ihren beiden durchbrochenen Türmen.

» Karte S. 194-195, Info S. 234-237

Foto: Rainer Hackenberg

Maní

Der Name **Maní** 43 („Ort, wo alles passierte") ist untrennbar mit der größten Zerstörung von Maya-Kulturgütern in der Geschichte verbunden: Hier ließ Bischof Diego de Landa am 12. Juli 1562 das berühmte **Autodafé**, die Verbrennung von handbemalten indianischen Códices, Kultbildern und sogar Maya-Priestern, durchführen. Nur vier, für die Forschung wichtige Bilderhandschriften sind bis heute erhalten, darunter der nach seinem heutigen Aufbewahrungsort benannte **Codex Dresdensis** in der Sächsischen Landesbibliothek. Sehr schlicht ist das drittälteste, 1549 gegründete Kloster Yucatáns, der **Convento de San Francisco** mit angeschlossener Kirche **San Miguel Árcangel**, ausgeführt – ein typischer Bau der sog. Festungsarchitektur des 16. Jh. auf der Halbinsel.

Oben: Die Altstadt von Campeche beeindruckt mit prachtvollen Herrenhäusern.

Ticul

Ticul 44 ist eine beschauliche, knapp 20 000 Einwohner zählende Kleinstadt ohne herausragende Sehenswürdigkeiten. Neben einem **Mercado** lohnt ein kurzer Aufenthalt insbesondere wegen der **Terrakotta-Produktion**, originalgetreue Repliken alter Maya-Statuetten, die man in mehreren Werkstätten des Orts kaufen kann.

CAMPECHE UND UMGEBUNG

★★Campeche

Ein koloniales Kleinod ziert die Westküste Yucatáns: **★★Campeche** 45, eine der bedeutendsten spanischen Festungsstädte in der Karibik. Bereits 1517 landete hier, nahe der Maya-Siedlung *Ah Kin Pech*, der Conquistador Hernández de Córdoba. Formell gründete erst 1540 Francisco de Montejo d. J. die Stadt, die lange der wichtigste Hafen der Halbinsel war. Von Campeche verschiffte man Edelhölzer, Kakao, Silber,

» Karte S. 194-195, Info S. 234-237

Jade und andere wertvolle Güter nach Sevilla ins spanische Mutterland, so dass die Stadt im 16./17. Jh. Ziel englischer und holländischer Piraten wurde. Nach Plünderungen begannen die Spanier 1686 mit dem Bau der imposanten Verteidigungsanlagen, die bei der Fertigstellung 1704 2,5 km lang, 3 m dick und 8 m hoch waren und mit acht Bastionen (*baluartes*) verstärkt waren. 1893 schleifte man dann große Teile der Mauer. Prachtvolle Herrenhäuser und die Baluartes aus der Blütezeit machen noch heute den Charme Campeches aus. Die **Altstadt**, die fünf Blocks in der Breite und neun in der Länge einnimmt, wurde aufwändig restauriert und 1999 in die UNESCO-Liste aufgenommen.

Rundgang durch Campeche

Der nachfolgend beschriebene Spaziergang folgt – ausgehend von der Plaza de la Independencia – weitgehend der **Avenida Circuito Baluartes** mit den noch erhaltenen Bastionen; hierbei kann man das Ausmaß des kolonialen Stadtgebietes ermessen:

Der schön bepflanzte **Parque Principal** (auch Plaza de la Independencia) wird im Nordosten von einem ca. 200 m langen Stück der ehemaligen Stadtmauer mit dem **Baluarte de Nuestra Señora de la Soledad** ① begrenzt. Im darin eingerichteten ★**Museo de Arquitectura Maya** sind in vier Räumen hervorragende Stelen und andere Funde aus den Maya-Städten der Region wie Edzná, Calakmul, Bakná, Becán, Xculoc und Itzimté ausgestellt. Eine schöne **Aussicht** auf Stadt und Küste bietet die Terrasse oberhalb des Museums

Ein Musterbeispiel aristokratischer städtischer Wohnkultur des 18./19. Jh. ist die sog. **Casa Nr. 6** ② mit einem hübschen Patio. In den stimmungsvollen Räumen finden häufig Veranstaltungen des **Centro Cultural** statt.

Die weißgekalkte **Catedral de la Concepción** ③ auf der gegenüberliegenden Seite der Plaza dominiert das das öffentliche Zentrum. Als eine der ersten Kirchen Yucatáns wurde sie bereits 1540 begonnen, jedoch erst 1705 vollendet.

Eines der schönsten Häuser Campeches ist die **Mansión Carvajal** ④ in der Calle 10 (No. 584), die im 19. Jh. ein Großgrundbesitzer (*hacendado*) als luxuriöse Stadtvilla im Mudejar-Stil in Auftrag gab (heute Stadtverwaltung).

In dem 1953 wieder errichteten und dem Schutzheiligen der Conquistadoren geweihten **Baluarte de Santiago** ⑤ legte man einen kleinen **Botanischen Garten** (Jardín Botánico) an.

Etwas abseits des Circuito führt der Weg am **Teatro Punta Toro** ⑥ vorbei, dem 1834 eingeweihten und damit ältesten Theater der Halbinsel.

Die Räume des **Baluarte de San Pedro** ⑦ am Schnittpunkt mehrerer Hauptstraßen nützt man heute für Ausstellungen. Daneben werden auf dem großen **Mercado** (Exposición de Artesanías), dessen Besuch sich vor allem an Festtagen lohnt, u. a. auch die biegsamen, für Campeche typischen Strohhüte (*jipijapas*) sowie Kunstobjekte aus Harthölzern und Horn angeboten.

Der 1899 abgebrochene und rekonstruierte **Baluarte de San Francisco** ⑧ gegenüber dem Parque Alameda diente ab dem 17. Jh. zur Lagerung von Pulver und Waffen.

Die **Puerta de Tierra** ⑨ mit Kasematten aus dem Jahr 1732 stellt den einzigen, original erhaltenen Zugang zur Stadt dar. Die Mauer mit Schießöffnungen für Kanonen ist teilweise zugänglich und verbindet das Tor auf einer Länge von etwa 150 m mit der **Baluarte de San Juan** ⑩.

Am **Baluarte de Santa Rosa** ⑪ vorbei gelangt man zum **Baluarte de San Carlos** ⑫. Das darin untergebrachte **Museo de la Ciudad** veranschaulicht mit Dokumenten, Stichen und einem interessanten Stadtmodell die Entwicklung Campeches im Verlauf mehrerer Jahrhunderte.

Inmitten des kolonialen Stadtareals liegt die einstige **Iglesia de San José** ⑬ mit angeschlossenem Kloster, jetzt Sitz des **Instituto Campechano** mit einer Universitäts-Bibliothek.

Nach Art der für Yucatán charakteristischen Wehrkirchen ist die kleine **Iglesia de San Francisquito** ⑭ aus dem 16. Jh. ausgeführt. Ein Zeugnis der späten Kolonialzeit ist die **Casa del Teniente del Rey** ⑮ (18.Jh.), das Haus des königlichen Statthalters, in dem heute Büros des *Instituto Nacional de Antropología e Historia* (INAH) eingerichtet sind.

Weit außerhalb der Stadtmauern gründeten Eremiten die festungsartige **Iglesia de Guadalupe** ⑯, die 1575 begonnen, jedoch erst 1660 eingeweiht werden konnte.

Eine herrliche Aussicht auf den Hafen Campeches genießt man von der ★**Fuerte de San Miguel** auf einem Hügel im Süden der Stadt. Die Räume inmitten massiver Mauern sind ein Hort für einzigartige Kunstschätze. Neun unterschiedlich gestaltete ★★**Jademasken** mit dazugehörigen Schmuckstücken aus Calakmul (s. S. 232) sind der Höhepunkt der Schau, die mit großartigen archäologischen Funden Handel, Alltag, Architektur, Religion, Mythologie und Kunst der Maya nachzeichnet.

Becal

In **Becal** ㊻ werden seit dem 19. Jh. in unterirdischen Werkstätten die biegsamen *jipijapas*- (*„jipis"*)-Hüte gefertigt, deren Palmblätter feucht geknüpft werden müssen, um nicht zu brechen und die Form zu behalten.

Hecelchakan

56 km von Campeche entfernt liegt **Hecelchakán** ㊼ mit einer 1620 vollendeten **Franziskaner-Kirche**. Im **Museo Arqueológico del Camino Real** werden ★**Tonstatuetten** von der **Isla Jaina** ㊽ gezeigt. Die fein gearbeiteten und polychrom bemalten Meisterwerke stellen Krieger, hohe Würdenträger, Zwerge, vornehme Damen und viele weitere Maya der klassischen Zeit (4.-9. Jh.) dar.

Rechts: Mayas in traditioneller Tracht.

 » Stadtplan S. 229, Karte S. 194-195, Info S. 234-237

Foto: Mireille Vautier

★Grutas de Xtacumbilxunán

Auf Yucatán, wo das Wasser schnell versickert, sind die Bewohner bis heute auf unterirdische Brunnen angewiesen: auf natürliche, durch Kalksteineinbrüche entstandene *cenotes* oder *chultunes* genannte künstliche Zisternen. Gleich 7 Cenotes verbergen sich unweit des Dorfes **Bolonchén** im Inneren der **★Grutas de Xtacumbilxunán** ㊾, berühmt durch eine meisterhafte Zeichnung des englischen Zeichners Frederick Catherwood (Mitte des 19. Jh.), auf der Männer über eine hohe Leiter Wasser holen. Ein befestigter beleuchteter Pfad führt bis zum Grund des Cenote, weiter gelangen nur Höhlenforscher.

★Edzná

Campeches archäologischer Vorzeigeort ist **★Edzná** ㊿, etwa 50 km von der Hafenstadt entfernt. Die Großstadt war in klassischer Zeit (3.-9. Jh.) ein Zeremonialzentrum am Rande der „Chenes-Region", die nach der Vielzahl der Brunnen *(chenes)* benannt wurde und einem architektonischen Stil – reich mit Masken verzierte Fassaden – den Namen gab. Für Archäologen ist Edzná von besonderer Bedeutung wegen seines ausgeklügelten Systems von Kanälen zur Be- und Entwässerung.

Herausragend ist das **★Edificio de los Cinco Pisos** („Gebäude der fünf Stockwerke"). Eine Freitreppe unterteilt die nüchterne Fassade des gut erhaltenen Terrassenbaus. Vier Stockwerke dienten vermutlich den Priestern als Wohnung, das fünfte bildet ein Tempel mit einem 6 m hohen Dachkamm, der mit Stuckfiguren geschmückt war. Riesige Masken, die fein modellierte Gesichter von faszinierender Ausdruckskraft zeigen, wurden am Fuß eines kleinen Tempels im Süden freigelegt.

Champotón

66 km südlich von Campeche liegt **Champotón** (51), ein freundliches Fischerstädtchen, geschätzt von Hochseefischern und Jägern.

DER SÜDEN YUCATÁNS UND DIE ★RÍO-BEC-REGION

Ciudad del Carmen

Ciudad del Carmen ㊷ an der Südwestseite der schmalen, 40 km langen **Isla del Carmen** hat sich zu einer „boomenden Stadt" entwickelt, seit 1977 vor der Küste Erdöl entdeckt wurde. Sehenswert sind die **Kathedrale** am Hauptplatz mit bunten Glasfenstern und einige hübsche Kolonialbauten.

Die Río-Bec-Region

Etwa in der Mitte zwischen den Städten **Francisco Escárcega** ㊸ im Westen und **Chetumal** (⑳) im Osten liegt im Süden Yucatáns die **★Río Bec-Region**. Benannt nach der Anfang des 20. Jh. entdeckten und schwer zugänglichen archäologischen Stätte **Río Bec** V ist die Gegend für eine eigene Kunstrichtung in der Architektur bekannt. Kennzeichen des **Río Bec-Stils** sind hohe Tempeltürme, die niedere Palastbauten paarweise flankieren, sowie ein steinerner und mit Stuck überzogener Reliefdekor an den Portalen, häufig in Gestalt eines geöffnetes Mauls einer Schlange. Die Formen sind wesentlich stärker abstrahiert als weiter südlich im Petén.

Die archäologischen Stätten auf dem Weg von Francisco Escárcega nach Chetumal sind (außer Calakmul) leicht zugänglich, da sie unmittelbar neben der MEX 186 oder nur wenige Kilometer von ihr entfernt liegen.

★Balamkú

Fast 100 km östlich von Francisco Escárcega, nahe des Dorfes **Conhuás**, liegt **★Balamkú** ㊺ („Tempel des Jaguars"). Die nur etwa 1 km² große, erst 1990 entdeckte Stätte mit drei Gebäudegruppen glänzt mit einer der schönsten Stuckarbeiten (etwa 6. Jh.) des gesamten Maya-Tieflands: ein 17 m langer und bis zu 2 m hoher bemalter Fries mit Reliefdekor an der **Casa de los Cuatro Reyes** („Haus der vier Könige"). Er zeigt u. a. Kröten und Krokodile, aus deren weit aufgerissenen Rachen menschliche Figuren hervorkommen.

★Calakmul

Die große und einstmals äußerst mächtige Maya-Stadt **★Calakmul** ㊻, 57 km von dem Dorf Conhuás entfernt mitten in der **Reserva de la Biósfera de Calakmul** mit einer reichen Tier- und Pflanzenwelt, wurde erst Ende des 20. Jh. dem Dschungel entrissen. Von den 6000 Gebäuden wurde bisher nur ein kleiner Teil des Zentrums freigelegt und restauriert. Die beiden größten Pyramiden erheben sich 50 m hoch über das dichte Blätterdach, in dem sich Brüllaffen ebenso aufhalten wie Papageien und andere Vögel. Inschriften auf rund 120 Stelen gaben Aufschluss über Herrscher und Kriege der Stadt, die sich mit Tikal (Guatemala) 435-810 einen Kampf um die Vormachtstellung im südlichen Tiefland (Petén) lieferte.

★Chicanná

Der Maya-Name **★Chicanná** ㊼ („Haus des Schlangenrachens") verweist auf den restaurierten Reliefdekor der **Estructura II** aus dem 8. Jh.: Eine riesige Monstermaske bedeckt die Fassade, wobei das Maul den Eingang bildet. Als typisches Kennzeichen des Chenes-Stils ist sie ein Symbol des Schöpfergottes Itzamná. **Estructura I** verkörpert mit den steilen Scheintürmen den Río Bec-Stil, die mit Chac-Masken geschmückte **Estructura XX** wird von einem mächtigen Dachkamm (*crestería*) bekrönt.

★Becán

Die Geschichte von **★Becán** ㊽ reicht bis in die mittlere Präklassik (7./6. Jh. v.

Rechts: Die Bauten von Becán sind zum Teil noch von Vegetation überwuchert.

» Karte S. 194-195, Info S. 234-237

Foto: Jürgen Bergmann

Chr.) zurück; die Blütezeit diese Mayazentrums war von 600-1000. In der frühen Klassik umgab man den – im Jahr 1934 entdeckten – Ort mit einem 15 m breiten, 4 m tiefen **Graben** und einer Palisadenmauer – ein Hinweis auf die kriegerischen Konflikte zwischen den Maya-Stadtstaaten. Die heute sichtbaren Gebäude des Río Bec-Stils datieren größtenteils in die späte Klassik (7./8. Jh. n. Chr.), z. B. der **Ballspielplatz**, ein ca. 60 m langer **Gang** mit Kraggewölbe und die teilweise von der Vegetation noch überwucherte **Estructura IX**, mit 32 m Höhe der bedeutendste Tempel Becáns. Die wohl interessantesten Gebäude sind **Estructura VIII** mit einem Labyrinth unterirdischer Gänge und Räume sowie **Estructura IV** mit einer Freitreppe.

★Xpujil

Ein Sonderfall des Río Bec-Stils ist die Architektur von **★Xpujil** 59 („Katzenschwanz"). Denn hier umgeben drei (statt zwei) sich nach oben hin verjüngende Türme bzw. Pyramiden einen Palast an den beiden Schmal- und einer Längsseite. Die Fronten der Türme sind als Scheintreppe ausgeführt, ebenso handelt es sich bei dem Turmaufbau um eine Scheintür und nicht um einen kleinen Tempel. Ungewöhnlich sind die Rückseiten mit riesigen Masken.

★Kohunlich

Etwa 50 km östlich von Xpujil und 9 km südlich des Dorfes **Francisco Villa** liegt im Bundesstaat Quintana Roo **★Kohunlich** 60, dessen Architektur noch dem Río Bec-Stil der Spätklassik zuzuordnen ist. Hauptattraktion sind jedoch über 2 m hohe, aufgrund späterer Überbauung exzellent erhaltene Stuckmasken am **Templo de los Mascarones**. Sie werden meist in die frühe Klassik (etwa 5. Jh.) datiert und stellen den Sonnengott Kinich Ahau dar: die Nasen zieren Pflöcke, die Zungen sind herausgestreckt, die Augäpfel tragen das Zeichen Chuen, Symbol für das 260-tägige heilige Jahr der Maya.

» Karte S. 194-195, Info S. 234-237

CANCÚN (☎ 998)

Flughafen, Ankunfthalle. **Oficina de Visitantes y Convenciones** (im Centro de Convenciones).Tel 881 2745, www cancun.travel; www.caribemexicano.gob.mx

Flüge von Cancún nach Cozumel 4x tgl. mit Mayair (www.mayair. com.mx).

Sämtliche Hotels auf der „Hotel-Row" verfügen über ihre eigenen, erstklassigen Restaurants.
Los Almendros, Av. Tulum 66, Tel. 887 1332, yucatekische Küche.
Restaurante Mocambo, Blvd. Kukulcán Km 8.5, Tel. 883 0398, köstliche Fischgerichte mit Blick auf Strand und Meer. Abends Live-Musik.
Pescado con Limon y otras delicias, Av. Xel-Ha Mz. 11, D3 Lote. 1-3 SM28. Bei Einheimischen beliebtes Fischlokal auf dem Artesanía-Markt Mercado 28 im Zentrum.
Yucatekische Küche serviert **Labná**, Av. Margaritas 29, im Zentrum, Tel. 892 3056.

Nächtliches Vergnügen wird in Cancún groß geschrieben. Discos gibt es in vielen Hotels. Empfehlenswert ist **Bull Dog**, im Hotel Krystal. Spektakuläre Shows, internationale DJs und mitunter Live-Konzerte bieten **Coco Bongo** und **The City** im Forum by the Sea. Im Partycenter gegenüber ist **Daddy'O** der Renner. Im **Azúcar** an der Punta Cancún kann man zu karibischen Rhythmen tanzen.

Ein reichhaltiges Einkaufsangebot findet man in den Einkaufszentren **El Parían**, **Mayfair Plaza**, **Plaza Caracol**, **Plaza Flamingo**, **Plaza Lagunas**, **Plaza Nautilus**, **Plaza Terramar**, **La Isla**, **Kukulcán Plaza**, **Luxury Avenue**.

GOLF: **Club de Golf Cancún** „Pok Ta Pok" (Tel. 883 1230) auf einer Insel in der Lagune war der erste 18-Loch-Golfplatz in Cancún; der zweite gehört heute zum Hotel Iberostar Cancún. Weitere hervorragende Golfplätze befinden sich nördlich an der Riviera Cancún sowie südlich an der Riviera Maya und auf Cozumel.

BOOTSTOUREN / WASSERSPORT: Größter Anbieter und Ausrüster für Wassersport aller Art sowie für Bootstouren ist **Aqua World**, Blvd. Kukulcán Km 15,2, Tel. 848 8327, www.aquaworld.com.mx. Dschungeltouren mit kleinen Schnellbooten, Segeltrips oder eine Lobster-Cruise bei Nacht hat **Aquatours** im Angebot, Tel. 849 4748. **Scubacancun** bietet alles für den Tauchsport (Tel. 849 7508, www.scubacancun.com.mx). Alle drei führen auch Schnorcheltouren zum Unterwasser-Museum. Schwimmen mit Delfinen an verschiedenen Orten: www.dolphindiscovery.com

ISLA MUJERES (☎ 998)

Av. Rueda Medina 130, Tel. 877 0767, kleines, verstecktes Büro am Zócalo, www.isla-mujeres.com.mx.

Fährverbindungen von Puerto Juárez und Punta Sam, nach Isla Mujeres, stündlich. www.granpuerto.com.mx.

Mango Cafe, Payo Obispo 725, gegenüber der Guadalupe-Kirche, Tel. 274 0118, karibisch-mexikanisches Essen, freundliche Atmosphäre. **Café Cito**, Calle Matamoros 42, der „kleine Kaffee" – ein beliebter Treffpunkt.

ISLA COZUMEL (☎ 987)

Calle 2 Norte 299-B, Tel. 872 7585, Mo-Fr 9-17 Uhr. www.islacozumel.com.mx

Fährverbindungen nach Cozumel von Playa del Carmen (Quintana Roo) mehrmals täglich. **Transport**: Wegen der relativ geringen Entfernungen lohnt sich die Fahrt mit einem Taxi oder Moped, einige Inselteile sind nur per Jeep zu erreichen.

Pancho's Backyard, Av. Rafael Melgar Norte 27 (Ecke Calle 8), Tel. 872 9004; im Hofgarten des Artesanía-Ladens Los Cinco Soles, internationale Küche. **Pepe's Grill**, Meeresfrüchte, Av. Rafael Melgar/Sur (Ecke Calle Salas), Tel. 872 0213.
Casa Denis, am Zocalo (Südseite), familiär ge-

führtes Restaurant mit traditionell mexikanischer Küche.

Empfehlenswerte Ausflüge führen zu den archäologischen Zonen Aguada Grande, Buena Vista, El Cedral, Santa Rita und **San Gervasio** – letztere ist die bedeutendste und zudem bequem zu erreichen.

TAUCHEN: Die besten Riffe mit großartigen **Tauchrevieren** sind **San Francisco**, **Palancar**, **Santa Rosa**, **Yacab**, **Colombia**, **La Ceiba** und **Maracaibo**.

PLAYA DEL CARMEN (☎ 984)

Tel. 206 3150, www.rivieramaya.com

Yaxche Maya Cuisine, Av. 5 /Calle 22, Tel. 873 3011, neue yucatekische Küche.
Oh Lala, Av. 10 / Calle 14BIS und 16, Tel. 127 4844, stylisches Restaurant mit Fusion-Küche, außergewöhnlich gut.
Maíz de Mar, Av. 5 / Calles 30 und 32, in der Plaza Cacao, Tel. 803 1808, Küchenchef Enrique Olvera aus Mexiko-Stadt kreierte den modernen Küchenstil.

XCARET (☎ 984)

Parque Eco-Arqueológico, Tel. (984) 147 6560, tägl. 8.30-21.30 Uhr. www.xcaret.com. Busse von Cancún ab Plaza Caracol um 9, 10 und 11 Uhr.

XEL-HÁ (☎ 984)

Parque Xel-Há, 45 km südlich von Playa del Carmen, Carretera Chetumal – Cancún Km 240, Tel. (984) 147 6560, tägl. 8.30-18 Uhr, www.xelha.com.

TULUM (☎ 998)

Zona Arqueológica, 55 km südl. von Playa del Carmen, tgl. 8-17 Uhr. Am besten besucht man die Ruinen bevor die Touristenmassen kommen. Abendliche Spaziergänge auf illuminierten Wegen je nach Saison und Wetterlage.

Mehrere Restaurants im Ort **Tulum.**
Altamar, Av. Tulum / Beta Sur, ein Block entfernt vom Parque de la Cultura Maya, Tel. 282 8299. Gute Restaurants auch entlang der Straße nach Boca Paila.

RESERVA DE LA BIÓSFERA SIAN KA'AN

CESiaK (**Centro Ecológico de Sian Ka'an**), www.cesiak.org; mit einfachen Unterkünften beim Büro am Parkeingang.

CHETUMAL (☎ 983)

Sergios Pizza, Alvaro Obregón 182/ 5 de Mayo, Tel. 832 2991, nicht nur Pizza, auch gute und frische Mariscos.

Museo de la Cultura Maya, Ecke Av. Héroes / Calle Gandhi, Di-So 9-19 Uhr; Erklärungen in Spanisch und Englisch.

PUERTO PROGRESO

Von Mérida fahren zwischen 5 und 21 Uhr viertelstündlich Busse nach Progreso (Fahrzeit 30 bis 45 Minuten).

Mehrere Fischrestaurants am Malecón, z. B. **Flamingo's Seafood**.

COBÁ (☎ 985)

Zona Arqueológica: 45 km nordwestlich von Tulum; tägl. 8-18 Uhr.

El Boquadito, Tel. 856 3738, etwa 300 m nördlich vom Lago Cobá, preiswertes Hotel und Restaurant.

VALLADOLID (☎ 985)

Hosteria del Marques, Restaurant und Bar, direkt am Zócalo; ausgezeichnete yucatekische Küche, besonders zu empfehlen: Sopa de Lima.
Bazaar Antojitos, Ecke Calles 40 / 39, am Zócalo, mehrere authentische Lokale, in denen die Einheimischen speisen.

Cenote Dzitnup, 7 km südwestlich des Zócalo an einer Nebenstraße der MEX 180 nach Chichen Itzá, tägl. 7-18 Uhr. Badesachen nicht vergessen!

CHICHÉN ITZÁ / PISTE (☎ 985)

Die archäologische Stätte **Chichén Itzá** liegt etwa 2 Kilometer südöstlich der Ortschaft **Piste** (an der MEX 180), wo es zahlreiche Hotels, Restaurants und Souvenirshops entlang der Hauptstraße und am Zócalo gibt.

Chichén Itzá, tägl. 8-17 Uhr. Das Ticket (2013: 182 Pesos) schließt die abendliche **Luz y Sonido-Show** ein. **Besucherzentrum** mit Restaurant, Buchladen und **Museum** (u. a. Modell der archäologischen Stätte).

IZAMAL (☎ 988)

Touristenbüro im Palacio Municipal, Ecke Calle 32A / 31A, Tel. 954 0009.

Kinich-Kakmó, neben der Pyramide in der Calle 27 No. 299, preiswerte traditionelle Spezialitäten.

Museo de la Comunidad, Parque 5 de Mayo, bei Calle 31 neben dem Kloster, tgl. 9-14, 18-21 Uhr, Infos zum Konvent.

FIESTAS mit Prozessionen: 3. April (San Ildefonso), 15. Aug. (Nuestra Señora de Izamal), 16. Sept. (Feria de San Ramón), 18.-28. Okt. (El Cristo de Sitilpech), 8. Dez. (Virgen de la Inmaculada Concepción).

MÉRIDA (☎ 999)

Touristenbüros im **Teatro Péon Contreras**, Tel. 924 9290 und im **Palacio de Gobierno**, Tel. 930 3101, Mo-Sa 8-21, So 8-20 Uhr www.yucatan.travel; www.merida.gob.mx.

Pórtico del Peregrino, Calle 57 / 60, Tel. 928 6163, yucatekische Küche.
Restaurante Amaro, Calle 59 No. 507 zw. 62 / 60, gute, relativ preiswerte (auch vegetarische) Gerichte, schöner Patio, ab 11.30 Uhr.
Alberto's Continental Patio, Calle 64 Nr. 482, Tel. 928 5367, libanesische, italienische und mexikanische Küche, in einem Stadtpalast aus dem 18. Jh. **La Chaya Maya**, Calle 62 Nr. 481 /57, gute typische Maya-Gerichte.
El Gran Almendro, Calle 50 Nr. 493, Tel. 923 8135, yucatekische Küche, häufig 14-17 Uhr Livemusik.
Café La Habana, Calle 59 zw. Calle 59/62, preiswert, gut, ideal zum Frühstücken.

Museo de Arte Contemporáneo Ateneo de Yucatán (MACAY), rechts neben der Kathedrale am Zócalo, Mi-Mo 10-17.30 Uhr.
Museo de la Canción Yucateca, Calle 57 x 48 y 50, Di-Fr 9-17, Sa, So 9-15 Uhr.
Museo de Arte Popular, Calle 57 x 50, Di-Sa 10-17, So 10-15 Uhr.
Museo de la Ciudad, im ehemaligen Postamt, Calle 56 x 65, Di-Fr 9-18, Sa, So 10-14 Uhr.
Museo Regional de Antropología, im **Palacio Cantón**, Paseo Montejo 485 / Calle 43, Di-So 8-17 Uhr.
Gran Museo del Mundo Maya de Mérida, Calle 60 Norte, Unidad Revolución, Ex-Cordemex, Mi-Mo 8-17 Uhr.

Casa de las Artesanias, Kunsthandwerk, im Convento de las Honjas, Calle 63 x 64, Di-Sa 9-20 Uhr.
Mercado García Rejón, Kunsthandwerk, Calle 60 x 65.
Mercado Municipal, größter Markt Méridas mit Kunsthandwerk, Gebrauchsgegenständen und Lebensmitteln, Calle 67 x 56/58, Mo-Sa ab 9. Uhr.

FOLKLORE: Mérida bietet täglich ein umfangreiches Folkloreprogramm, u. a. im **Centro Cultural „El Olimpo"** neben dem Palacio Municipal und Konzerte im **Parque de Santa Lucía**, Calle 60 x 55, Do 21 Uhr. Aktuellen Veranstaltungskalender bei der Touristeninformation erfragen!

Fiesta de Cristo de las Ampollas, Prozession am 27. Sept. zur Kathedrale mit einem anschließenden zweiwöchigen Fest. **Carnaval**, im Februar mit Höhepunkt am Faschingsdienstag, größtes Fest Yucatáns mit Prozessionen, Feuerwerk, Folklore.

DZIBILCHALTÚN

Zona arqueológica, 21 km von Mérida, tägl. 8-17 Uhr, **Museo** Mo geschl. Baden ist im **Cenote Xlacah** erlaubt.

PUUC-REGION

Die **Ruta Puuc** läuft von Muna (etwa 60 km südl. von Mérida) zunächst entlang der MEX 26, nach Kabáh links auf der YUC 18 bis Maní, von dort nach Ticul und wieder zurück nach Muna auf der MEX 184. Fr, Sa, So um 8 Uhr fährt ein Sonderbus vom Terminal 2. Klasse in Mérida (Calle 69 x 68) Uxmal, Kabáh, Sayil, Xlapak und Labná sowie das **Eco-Museo del Cacao** auf einer **Rundfahrt** an. Die Aufenthaltsdauer an den einzelnen Stätten reicht für einen Kurzbesuch.

Archäologische Stätten **Uxmal, Kabáh, Sayil, Xlapak, Labná** und **Grutas de Loltún** tgl. 8-17 Uhr. Im Eintrittspreis für Uxmal (ca. 200 Pesos) ist die **Luz y Sonido-Show** enthalten, im Winter tgl. um 19, im Sommer um 20 Uhr (Audioguide auch auf D). 1-stündige Führung in der Loltún-Höhle sechsmal täglich, die letzte um 16 Uhr.

TICUL

Mercado, vor allem Lebensmittel, Calle 28A zw. 21 und 30, 3 Cuadras westlich der Plaza. Qualitätvolle Kopien von **Maya-Statuetten** z. B. bei **Arte Maya**, Calle 23, am Stadtausgang in Richtung Muna.

CAMPECHE (☎ 981)

Secretaría de Turismo, Plaza Moch Couoh, Tel. 127 3300, sowie **Casa 6** am Parque Principal, Mo-Sa 9-18 Uhr, www.campeche.gob.mx, www.campeche.travel.

Für leckerer Meeresfrüchte, insbesondere Krabben, ist Campeche bekannt.
La Parroquia, Calle 55 No. 8; preiswerte Meeresfrüchte, 24 Stunden geöffnet.
Marganzo, Calle 8 No. 261, zw. 57 und 59, Centro, Tel. 811 3899, 7-22 Uhr; Mittelklasse, regionale Fischgerichte, Schalentiere, Weine.
Casa Vieja, Parque de la Independencia, im ersten Stock schräg gegenüber der Kathedrale, die Plätze auf dem Balkon sind heiß begehrt, kubanisch-karibische Küche.
La Pigua, Calle Miguel Alemán, 179-A, Tel. 811 3365, tgl. 13-17.30, 19.30-23 Uhr, exquisite Kreationen aus Fisch und Meeresfrüchten, Reservierung zu empfehlen.

Museo de la Cultura Maya, im **Fuerte de San Miguel**, südl. des Zentrums, Ausstellung zur Maya-Kultur mit den Jademasken aus Calakmul, Di-So 9-18 Uhr.
Museo de Arquitectura Maya, Baluarte de la Soledad, Ecke Calle 8 / Calle 57, Di-So 9-18 Uhr.
Museo de Artesanía, Baluarte de San Pedro, Mo-Sa 9-20 Uhr.
Jardín Botánico, Baluarte de Santiago, Mo-Sa 9-21, So 9-16 Uhr.

EDZNÁ UND GRUTAS DE XTACUMBILXUNÁN

Zu den Ruinen von **Edzná**, ca. 50 km in Richtung Mérida an der Ruta 180, nach 20 km rechts, nach weiteren 13 km wieder rechts abbiegen, 8-17 Uhr.
Bei Weiterfahrt in Richtung Mérida über Uxmal liegen an der Ruta 261 die **Grutas Xtacumbilxunán**, tägl. 9-17 Uhr.

RÍO BEC-REGION

Archäologische Zonen zu beiden Seiten der Ruta 186 (von Francisco Escarcega im Westen kommend):
Balamkú (beim Dorf Conguas 4 km nördlich), **Calakmul**, 57 km lange Piste (2 Std. Fahrzeit) durch das Biosphärenreservat; **Chicanná**, **Becán** und **Xpuhil** liegen dicht an dem Straßendorf Xpuhil; hier auch einfache Unterkunft, Tankstelle und Restaurants. Von **Kohunlich** (9 km südlich des Dorfs Francisco Villa) gelangt man nach weiteren 61 km nach Chetumal, der Hauptstadt von Quintana Roo.

REISEVORBEREITUNGEN

Klima und Reisezeit

Mexiko ist ein ganzjähriges Reiseziel. Für Yucatán und die Küstenregion des Pazifiks und des Golfs von Mexiko und ist jedoch der trockene Winter vorzuziehen. **Reisehochsaison** ist Dezember und Januar; vor allem zwischen Weihnachten und Neujahr sowie in der Osterwoche sollten Hotelzimmer frühzeitig reserviert werden.

Die **Regenzeit** fällt je nach Höhenlage und geografischer Breite in die Monate Mai / Juni bis September / Oktober. Die heftigen, aber kurzen Niederschläge fallen meist am Nachmittag und nehmen von Süden nach Norden ab. Allerdings macht sich der Klimawandel auch in Mexiko bemerkbar, in einigen Regionen durch ausgedehnte Dürreperioden, in anderen durch sintflutartige Regenfälle, die oft Erdrutsche und Überschwemmungen zur Folge haben.

Bekleidung

Bedenken Sie, in welche Höhenlage Ihre Reise führt. Schon in mittleren Höhen kann es im Winter nachts empfindlich kalt werden. Im Allgemeinen ist atmungsaktive Baumwollkleidung angebracht, für den Abend eventuell ein leichter Pulli. In den Ferienorten (besonders in den Küstenregionen) ist es durchaus üblich, auch in besseren Restaurants und Hotels ein kurzärmeliges Hemd ohne Jackett zu tragen; in Mexiko-Stadt und anderen Großstädten ist dies nicht immer angebracht.

In den touristischen Hotelregionen an den Küsten (v. a. Acapulco und Cancún) herrschen in Hinsicht Bekleidung sehr lockere Sitten – leider nicht immer der Moralvorstellung der Mexikaner entsprechend. An den hoteleigenen Stränden und an Hotelpools wird „oben ohne" zwar toleriert, gilt sonst aber als anstößig. FKK ist im ganzen Lande verboten, obwohl die Ordnungshüter an einigen ganz abgelegenen Stränden ein Auge zudrücken. Bei Reisen im Inland, insbesondere in Regionen mit einem hohen Bevölkerungsanteil von Indígenas, gelten Shorts selbst bei Männern als unschicklich. Ein Mexikaner trägt niemals kurze Hosen! Beim Besuch sakraler Gebäude sollte man auf dezente, nicht anstößige Kleidung achten.

Einreisebestimmungen

Bei Reisenden aus Deutschland, Österreich und der Schweiz muss der Reisepass noch mindestens sechs Monate gültig sein. Die bei max. 90 Tagen Aufenthalt notwendige Touristenkarte (FMT) erhält man im Flugzeug. Die Touristenkarte (Original und Kopie) wird bei der Einreise abgestempelt. Das Original gilt zur Einreise, die Kopie zur Ausreise – sorgfältig aufbewahren; bei Verlust der Touristenkarte wird bei der Ausreise eine Gebühr von rund 40 US$ erhoben.

Für die Einreise nach Mexiko wird eine Gebühr von etwa 20 US$ erhoben, die bereits im Flugpreis inbegriffen ist. Bei der Einreise zu Land (von Guatemala, Belize oder USA) muss die entsprechende Gebühr bei einer mexikanischen Bank bis zur Ausreise überwiesen werden.

Botschaften

Botschaften von Mexiko:
Deutschland: Klingelhöfer Str. 3, 10785 Berlin, Tel. 030/ 26 93 23-0, mail@embamexale.de, www.sre.gob.mx/alemania.
Österreich: Operngasse 21 A, A-1040 Wien, Tel. 01-431 310 73 83, embamex@embamex.or.at, http://embamex. sre.gob.mx/austria.
Schweiz: Bernastr. 57, 3005 Bern; Tel. 031-357 47 47, embamex1@swissonline.ch, www.sre.gob.mx/suiza.

Botschaften in Mexiko-Stadt:
Deutsche Botschaft: Calle Horacio 1506, Col. Los Morales, Sección Alame-

da, 11530 México, D. F., Tel. 55/5283 22 00, Fax 55/5281 25 88, www. mexiko. diplo.de.
Österreichische Botschaft: Sierra Tarahumara Pte. 420, Col. Lomas de Chapultepec, 11000 México, D. F.; Tel. 55/5251 0806, Fax 5245 0198, www. aussenministerium.at/mexiko.
Schweizer Botschaft: Torre Optima, 11° piso, Paseo de las Palmas 405, Col. Lomas de Chapultepec, 11000 México, D. F.; Tel. 55/9178 4370, Fax 55/5520 8685, www.eda.admin.ch/mexico.

Währung und Geldumtausch

Die mexikanische Währungseinheit ist der **Peso**. Auf den Preisschildern findet man meist das Zeichen *mex$*, das nicht mit dem US$ verwechselt werden sollte. Manchmal steht *$ M.N.* als Preisangabe, was *moneda nacional* (nationale Währung) heißt. Die Inflationsrate liegt momentan bei etwa 3 %.

Der mexikanische Peso hat ungefähr einen Gegenwert von 1 US-$ = 13 Pesos, 1 € ≈ 20 Pesos (April 2016). Es existieren Münzen zu: 10, 20 und 50 Centavos und 1, 2, 5, 10, 20 Pesos sowie Banknoten zu 10, 20, 50, 100, 200 Pesos.

Allgemein werden alle führenden **Kreditkarten** akzeptiert. *Visa* und *MasterCard* sind überall willkommen; *Diners Club* und *American Express* werden nicht überall akzeptiert.

Bankautomaten (*Cajero Automático*), an denen man mit der Kreditkarte oder EC /Giro-Karte mit Maestro-Logo und PIN-Nummer Bargeld erhalten kann, sind weit verbreitet. EC-Karten mit V-Pay-Symbol können außerhalb Europas nicht eingesetzt werden. Vorab mit der heimischen Bank das Auslandslimit der Karte für Mexiko klären. Die Höchstabhebung beträgt 3000 Pesos.

US$ kann man in fast jedem Hotel gegen Pesos tauschen, allerdings teurer als bei den Banken und Wechselstuben (*casa de cambio*). Der Euro wird bei allen Banken (mit Devisengeschäften) und Wechselstuben angenommen. Der Kurs richtet sich nach dem Tageskurs der jeweiligen Bank, kann also erheblich schwanken. Wechselstuben geben für Bargeld in der Regel einen besseren Kurs als Banken, man muss jedoch aufpassen, ob nicht Gebühren oder Provision fällig werden.

Travellerschecks sind aus der Mode gekommen und kaum mehr einzulösen.

Touristen-Information

Das **Mexikanische Fremdenverkehrsbüro**, Klingelhöfer Straße 3, 10785 Berlin, Tel. 030/269323-0, www. visitmexico.com, ist für Deutschland, Österreich, die Schweiz sowie die Niederlande zuständig. Gebührenfreie Tel.-Nr. für Prospektbestellung: 00800-1111-2266.

In Mexiko-Stadt: SECTUR (*Secretaría de Turismo*), Av. Presidente Mazaryk 172, Colonia Chapultepec Morales, 11587 México, D. F., Tel. 55/3002 6300, www. sectur.gob.mx.

Tourism Hotline 078.

In Cancún: Cancun Convention & Visitors Bureau, Blvd. Kukulcan km 9, „Cancun Center" 1° piso, Hotel Zone, 77500 Cancun, Tel. 998/8812 745, Fax 998/8812 774, www.cancun.travel.

Weitere Telefonnummern finden Sie im Info-Teil zu Mexiko-Stadt; diese müssen sich nicht unbedingt mit den oben angegebenen decken. Die Anschriften der Touristeninformation anderer Regionen sind auf den jeweiligen Info-Seiten aufgeführt.

Informationen im Internet

www.amerika-auf-einen-blick.de/mexiko
www.mesoweb.com
www.visitmexico.com
www.mexicocity.gob.mx
www.sectur.gob.mx
www.museosdemexico.org
www.inah.gob.mx
www.aicm.com (Flughafen Mexiko-Stadt)

Gesundheitsvorsorge

Impfungen sind nicht vorgeschrieben. Für tropische Gebiete wird eine Malariaprophylaxe empfohlen. Weiter verbreitet als Malaria scheint derzeit Dengue-Fieber. Davor kann man sich nur schützen, indem man Mückenstiche verhindert. Gegen „Moctezumas Rache" (Durchfall) hilft am besten *Kaomicyn* (mit Antibiotika) oder *Kaopectate* (ohne Antibiotika) sowie *Imodium*. Mit *Lomotil* (in Mexiko rezeptfrei) kann man die ersten Anzeichen einer Diarrhöe auskurieren. Wegen des dann erhöhten Flüssigkeitsverlustes und des damit auftretenden Salzmangels reichlich mit Elektrolytpulver vermischtes Mineralwasser und ungesüßten Tee trinken! Die ersten Anzeichen für Mangelerscheinungen dieser Art sind Kopfschmerzen.

Ausreise

Bei internationalen Flügen wird eine Flughafensteuer von ungefähr US$ 20 erhoben. Sie ist jedoch wie die mexikanische Einreisesteuer (s. „Einreise") üblicherweise bereits im Flugpreis enthalten.

REISEWEGE NACH MEXIKO

Mit dem Flugzeug

Linienflüge von Europa – vielfach nonstop – nach Mexiko-Stadt gibt es von *Aeroméxico, Air France, American Airlines, Continental Airlines, Delta Airlines, Iberia, KLM, Lufthansa* und *United Airlines*. Ab Deutschland haben *Air Berlin, Condor* und *Tui Fly* Cancún zum Ziel.

Mit dem Schiff

Im Zeitalter der Containerschiffe ist das Angebot an Seepassagen per Frachter stark zurückgegangen. Von Antwerpen, Rotterdam, Kiel, Hamburg und Bremen verkehren noch Frachtschiffe nach Veracruz, die auf ihrer Fahrt nach Mexiko oft zahlreiche Häfen in der Karibik anlaufen und max. 12 Passagiere mitnehmen. Die Reisen dauern lange und sind relativ teuer, aber reizvoll.

Die Mexiko-Kreuzfahrt-Programme sind oft in größere Programme eingebunden. Je nach Reiseveranstalter werden angesteuert: die Yucatán-Küste in der Karibik mit Aufenthalt in Cancún oder auf der Insel Cozumel sowie die Pazifikküste. Auf einigen Kreuzfahrten werden beide Küsten Mexikos berührt (mit Durchquerung des Panama-Kanals). Auch bei einigen Weltreisen werden mexikanische Häfen angelaufen.

REISEN INNERHALB MEXIKOS

Bus

Zahlreiche Unternehmen bedienen ein dichtes Streckennetz. Wegen der starken Konkurrenz lohnt es sich, Preisvergleiche anzustellen. Längere Strecken sollte man auf jeden Fall mit Erste-Klasse-Bussen zurücklegen. Für Reisen während der Osterwoche und der Weihnachtsferien lange vorher ein Ticket sichern. Die Busse sind relativ günstig (500 km ca. 35-50 €), komfortabel, sauber, haben meist ein WC und starten in der Regel pünktlich. Das Personal, auch in den *terminales* (Busbahnhöfen), ist freundlich und hilfsbereit. Koffer und große Taschen müssen an einem separaten Schalter gegen einen Gepäckschein aufgegeben werden.

Achtung! Insbesondere bei Nachtfahrten auf das Gepäck achten; Pass und Wertgegenstände sicher, möglichst am Körper, aufbewahren – und speziell die Kameratasche nicht lediglich zwischen den Beinen abstellen!

In den meisten Großstädten verkehren vom Busbahnhof ins Zentrum lizenzierte Taxis. Die Tarife richten sich einheitlich nach Zonen (kein nervenaufreibendes Feilschen!). Man gibt am Taxi-Schalter das Fahrziel an, zahlt für die entsprechende Zone und erhält einen Voucher für den Fahrer.

Tarife, **Fahrpläne** und **Reservierungsmöglichkeiten** findet man im Internet unter www.ado.com.mx oder das neue Portal http://boletotal.mx. Auskunft erhält man unter Tel. 55-5133-5133 oder (gebührenfrei) 01800-009-9090. Einige Buslinien unterhalten eigene Websites; die Abfrage gestaltet sich oft mühsam.

Busbahnhöfe in Mexiko-Stadt:

Bei der Abreise von Mexiko-Stadt sollte man sich unbedingt nach dem richtigen Busbahnhof erkundigen (in anderen Städten sind diese häufig zentral). In Mexiko-Stadt sind die vier wichtigsten und größten Busbahnhöfe an der Peripherie. Ihre Lage entspricht der jeweiligen Fahrtrichtung.

Richtung Norden, Nordwesten und Nordosten: Terminal Central del Norte, Av. Cien Metros 4907 (Metro: Autobuses del Norte).

Richtung Osten und Südosten: Terminal Central del Oriente, Calzada Ignacio Zaragoza 200 (Metro: San Lázaro).

Richtung Süden: Terminal Central del Sur, Av. Taxqueña 1320 (Metro: Taxqueña).

Richtung Westen: Terminal Central del Poniente: Río Tacubaya / Av. Sur 122 (Metro: Observatorio). Die Destinationen decken sich weitgehend mit denen vom Busterminal Nord.

Eine Übersicht aller Busbahnhöfe in Mexiko-Stadt mit Telefonnummern, Busunternehmen und jeweiligen Zielen findet man unter www.activefx.net/mexicoexplorer/autobuses.htm.

Turismo y Autobuses México-Toluca, Tel. 5271 1433 / 5277-2746 bedient ausschließlich die Strecke nach Toluca.

Eisenbahn

Die *Ferrocariles Nacionales* existieren nicht mehr. 1999 wurde die Privatisierung des Eisenbahnnetzes abgeschlossen und damit der verlustreiche Personenverkehr eingestellt. Die privaten Betreiber konzentrieren sich auf den Frachtverkehr, der nun über die mehr als 26 000 km Bahnstrecken rollt – mit wenigen Ausnahmen.

Im Norden hat der komfortable *Chepe* den alten *Vista Tren* abgelöst. Bequem zurückgelehnt oder bei einem Drink in der Bar kann man nun durch große Fenster die spektakuläre Landschaft bewundern. *Ferrocarril de Chihuahua al Pacifico* (*Chepe*), Calle Mendez/ Calle 24a, Chihuahua, Tel. 614/436 7212; www.ferromex.com.mx, www. chepe. com.mx

In Los Mochis: Estación de Ferrocarriles, Tel. 668/812 0853.

Fahrkarten für den Kupfer-Canyon-Zug (*El Chepe*) kann man bei *Native Trails* (www.nativetrails.de) buchen.

Der „Tequila-Express" fährt samstags und sonntags von Guadalajara nach Tequila und abends zurück. Der Ausflug schließt den Besuch einer Tequila-Destilleria ein und natürlich Kostproben des Agaven-Schnapses (www.tequila-express. com.mx).

Flug

Fliegen innerhalb Mexikos wird – wie international üblich – billiger, je früher man bucht. Auch lohnt sich in jedem Fall der Preisvergleich verschiedener Fluggesellschaften. Auch Flugzeiten oder Abflugorte (z. B. Mexiko-Stadt oder Toluca) können beim Sparen helfen.

Aeroméxico, die größte mexikanische Fluggesellschaft, bedient kürzere Strecken mit ihren Tochtergesellschaften Aeroméxico Connect und Aeromar. Interjet und Volaris sind die größten Billigfluglinien („bajo costo"); Vivaaerobus ist mit Ryanair assoziiert. Magnicharters ist eine Charterfluglinie. Daneben fliegen kleinere regionale Fluglinien wie Aerotucan und Aerovega zwischen Oaxaca und Huatulco oder Aeropacífico von Los Cabos etwa nach Los Mochis.

Am einfachsten bucht man im Internet oder im Reisebüro.

Informationen zum internationalen Flughafen Benito Juárez in Mexiko-

Stadt (mit zwei getrennten Terminals, verbunden durch eine Monorailbahn) sowie zu Ankunfts- und Abflugzeiten: www.aicm.com.mx. Über diverse Fluggesellschaften informiert: www.aeropuertosmexico.com

Mietwagen / Straßenverkehr

Mexiko besitzt ein gut ausgebautes Straßennetz (über 375 000 km). Davon ist mehr als die Hälfte asphaltiert. Die Fernstraßen sind teilweise hervorragend. Auf den „Touristenstrecken" patrouillieren die „Grünen Engel" (*Ángeles Verdes*, Tel. 078) des mexikanischen Automobilclubs (AMA) als Service des Tourismus-Ministeriums. Die mit Funk ausgerüsteten grünweißen Wagen stehen täglich von 8-20 Uhr für Pannenhilfen zur Verfügung. Die englischsprechenden Mechaniker sind in Erster Hilfe ausgebildet, geben Informationen für Touristen über den Straßenzustand und helfen mit gängigen Ersatzteilen sowie Not-Benzin und -Öl.

Vor und innerhalb von Ortschaften sind oft Bodenwellen (*topes*) oder andere „schlafende Polizisten" wie *túmulos, vibradores* oder *boyas*; hier 30 km/ h-Limit unbedingt einhalten! Die normalen Geschwindigkeitsbeschränkungen betragen 30 km/h oder 40 km/h in Ortschaften sowie 80 km/h oder 100 km/h auf Landstraßen; auf einigen gebührenpflichtigen Autobahnen (*autopista*) darf man 110 km/h fahren.

An den staatlichen PEMEX-Tankstellen (*gasolinera*) immer volltanken – bis zur nächsten kann es lange dauern. Bleifrei heißt *magna*, Diesel *diesel*, *premium* steht für Super.

In **Mexiko-Stadt** gibt es außer am Sonntag (Feiertag) **Fahrverbote**, die sich nach der Endziffer des Autokennzeichens richten. In den letzten Jahren waren neuere Autos – und dazu gehören Mietwagen seriöser Anbieter – von dieser Regelung ausgenommen. Allerdings wurde 2013 über die Wiedereinführung eines Fahrverbots für alle Autos an bestimmten Tagen und zu besonderen Stoßzeiten debattiert. Bei Zustimmung im Stadtparlament ist mit der Wiedereinführung 2014 zu rechnen.

Warnung: Vermeiden Sie Nachtfahrten – wegen Raubüberfallgefahr, unbeleuchtetem Gegenverkehr, Passanten, Tieren und überraschend wechselnden Straßenzuständen.

Für einen Mietwagen ist kein internationaler Führerschein notwendig. Mindestalter 21 Jahre (bis 25 wird eine Zusatzgebühr verlangt). Es sind alle internationalen Mietwagenfirmen vertreten, deren Fahrzeuge man am besten vor der Reise im Internet bucht. Gibt man das Auto nicht am Anmietort zurück, werden sehr hohe Rückführungsgebühren fällig.

Bekannte Mietwagenanbieter:
Avis, www.avis.com.
Budget, www.budget.com.
Dollar Rent A Car, www.dollar. com.
Europcar México, www.europcar. com. mx.
Hertz, www.hertz.com.
National Car Rental, www.national car.com.mx.

Günstig buchen kann man auch über Reiseveranstalter oder Internetanbieter wie www.cardelmar.de oder www.autoeurope.de. Meist sind bei diesen Anbietern sämtliche Versicherungen und Steuern im Preis enthalten, und man bucht nach deutschem Verbraucherrecht. Vor Ort wird für einen weiteren Fahrer oft eine Gebühr erhoben. Wer nur für Tagesausflüge ein Auto mieten möchte, findet in den Touristenzentren günstige lokale Anbieter.

Fährverbindungen

Zwischen Baja California und mexikanischer Westküste: La Paz – Mazatlán (16 Std.); Santa Rosalia – Guayamas (7 Std.); La Paz – Los Mochis / Topolobampo (10 Std.).

Kabinenreservierungen für Fähren zwischen Baja California und der Westküste rechtzeitig vornehmen. Tickets

kann man in allen Fällen direkt an den Anlegestellen kaufen. Infos und Reservierung:
www.bajaferries.com
www.ferrysantarosalia.com
www.nativetrails.de

Zwischen Quintana Roo (Halbinsel Yucatán) und Karibikinseln verkehren häufig Fähren: Playa del Carmen – Cozumel; Puerto Juárez – Isla Mujeres; Cancún – Isla Mujeres.

PRAKTISCHE TIPPS

Alkohol

Der Genuss alkoholischer Getränke in der Öffentlichkeit (also z. B. auf der Straße) ist verboten und wird mit Geldstrafe oder Gefängnis geahndet.

Apotheken

Farmacias gibt es überall, auch in kleinen Orten und sogar als Abteilung in Supermärkten. Medikamente sind in Mexiko billiger und werden in einem erstaunlichen Umfang rezeptfrei verkauft, obwohl dies ohne Rezept (*sin receta*) illegal sein kann. Viele Ärzte betreiben eine *farmacia* und stellen dort ihre Diagnose. Auch Spritzen (*inyecciones*) kann man sich dort an Ort und Stelle gegen eine geringe „Behandlungsgebühr" geben lassen. In vielen Apotheken wird sogar Blut analysiert.

Antibiotika (*antibióticos*) sind ebenfalls rezeptfrei erhältlich und werden in Mexiko selbst dann gerne verwendet, wenn man auch mit einem schwächeren Mittel auskommen könnte.

Arzt

Das Gesundheitswesen ist in Mexiko gut ausgebaut, es mangelt nicht an Krankenhäusern und an in den USA und Europa ausgebildeten Ärzten. Größere Hotels in den Touristenzentren haben einen Hausarzt.

Ausländische Krankenversicherungskarten werden hier nicht akzeptiert. Man zahlt bar und reicht später Diagnose sowie Rechnung bzw. Quittung bei seiner Auslandskrankenversicherung – so vorhanden – ein. Die Arzthonorare sind relativ niedrig. Bei Zahlungsschwierigkeiten wegen eines stationären Aufenthaltes sollte man sich möglichst bald mit der Botschaft oder dem Konsulat in Verbindung setzen und die Krankenversicherung benachrichtigen. Bei dem Abschluss einer Auslandskrankenversicherung darauf achten, unter welchen Bedingungen diese den Krankenrücktransport in die Heimat gewährleistet.

Banken

Die Öffnungszeiten der **Banken** sind im allgemeinen von 9-17 Uhr sowie samstags von 10-13.30 / 15 Uhr. Für den Umtausch von Devisen (US$, Euro und Traveller-Schecks) können die Zeiten auch beschränkt sein.

Private **Wechselstuben** (*casa de cambio*, casa *de moneda*) sind Mo-Sa von 9-17 Uhr geöffnet; in Mexiko-Stadt (Zona Rosa, Reforma) manchmal auch eine Stunde länger. In Touristenorten wie Cancún zum Teil bis 21 Uhr. Für Traveller-Schecks liegt bei ihnen der Wechselkurs in der Regel unter denen der Banken, bei Dollar-Noten meist gleich, bei anderen Währungen teilweise unter dem Kurs der Banken. Auf dem internationalen Benito-Juárez-Flughafen in Mexiko-Stadt gibt es mehrere Banken und Wechselstuben; eine von ihnen ist immer rund um die Uhr geöffnet.

Buchhandlungen

Mexiko-Stadt ist die größte Verlags- und Buchhandelsmetropole in Lateinamerika. Wer Reiseliteratur oder andere Sachbücher in englischer Sprache oder Karten und Stadtpläne kaufen möchte, findet diese in begrenztem Umfang in den Souvenir-Läden der meisten großen Hotels.

Ein großes Angebot an Reiseführern der verschiedensten mexikanischen Regionen, Fachliteratur über archäologische Stätten, Kunstbände, Kochbücher, Karten, Stadtpläne etc. führt die Buchabteilung in der Eingangshalle zum Anthropologischen Museum. Auch die Filialen der Kaufhauskette *Sanborns* verfügen über ein entsprechendes Sortiment (allerdings bescheidener); am größten ist die Auswahl in der Casa de los Azulejos an der Kreuzung Madero / Condesa (s. S. 50).

Groß und gut sortiert ist auch die Buchhandlung Dante (gegenüber Bellas Artes und weitere Filialen).

Drogen

Der Kampf gegen die Drogenmafia ist Mexikos größtes und gefährlichstes Problem. 70 000 Tote in sechs Jahren machen das mehr als deutlich. Deshalb: Finger weg von allem, was auch nur entfernt mit Drogen zu tun hat! Schon der Besitz kleiner Mengen von Marihuana oder Haschisch kann zu Gefängnisstrafen führen

Polizei und Sondereinheiten der Drogenfahndung führen häufig Kontrollen auf den Landstraßen durch; auch bei der Ein- und Ausreise wird gelegentlich gezielt das Gepäck danach durchsucht.

Einkaufen

Mexiko ist ein Einkaufsparadies mit sehr großer regionaler Vielfalt an Kunsthandwerk. Besonders attraktiv sind die Märkte der Indígenas, auf denen man grundsätzlich handeln kann. Auch die städtischen *mercados* (Märkte) bieten neben Lebensmitteln, Obst, Gemüse, Gewürzen und Kleidung oftmals eine reiche Auswahl an lokalen kunsthandwerklichen Produkten wie Töpfer-, Leder-, Korb- und Silberwaren, Schmuck, Skulpturen, Gläsern, Indigenas-Malereien, traditionellen Kleidungsstücken und Hängematten (siehe Kapitel „Volkskunst").

Elektriziät

110 Volt; vor der Reise einen Adapter für amerikanische Flachstecker besorgen.

Feiertage und Feste

Gesetzliche und religiöse Feiertage sind:
1. Januar: Neujahr (*Año Nuevo*);
5. Februar: Tag der Verfassung (*Día de la Constitución*);
21. März: Geburtstag von Benito Juárez (*Natalicio de Benito Juárez*);
März / April: Karwoche (*Semana Santa*);
1. Mai: Tag der Arbeit (*Día del Trabajo*);
5. Mai: Jahrestag der Schlacht von Puebla (*Aniversario de la Batalla de Puebla*);
1. September: Bericht zur Lage der Nation (*Informe Presidencial*);
16. September: Unabhängigkeitstag (*Día de la Independencia*);
1. und 2. November: Allerheiligen und Allerseelen (*Todos los Santos / Día de los Muertos*);
20. November: Tag der Revolution (*Día de la Revolución*);
12. Dezember: Fest der Jungfrau von Guadalupe (*Día de la Virgen de Guadalupe*);
25. Dezember: Weihnachten (*Navidad*).

Fotografieren

Für die Benutzung einer Videokamera wird in allen Ruinenanlagen eine Extragebühr von 45 Pesos erhoben – und es wird kontrolliert.

Halten Sie sich beim Ablichten von Personen diskret zurück. Indígenas lassen sich nicht gern fotografieren; Sie müssen sogar mit aggressiven Reaktionen rechnen (vor allem im Hochland von Chiapas).

Überall im Lande stoßen Sie auf lokale Restriktionen (z. B. in Kirchen, Museen und archäologischen Zonen); entweder totales Verbot oder Verbot von Stativ und Blitzlicht.

Denken Sie bei der Ausrüstung an

reichlich Speichermedien und Batterien bzw. Ladegeräte (mit Steckeradapter).

Geschäftszeiten

Es gibt keine offiziellen Geschäftszeiten, aber gewöhnlich ist von 9 oder 10 Uhr bis 19 oder 20 Uhr geöffnet (regional unterschiedlich); Mittagszeit ist von 14-16 Uhr (auch bei den meisten Kaufhäusern). Behörden sind für den Publikumsverkehr oft nur vormittags von 10-14 Uhr geöffnet. Geschäftstermine sollte man nie vor 10 Uhr und nicht zwischen 14 und 16 Uhr ansetzen.

Gewichte und Maße

Alle Maße und Gewichte entsprechen unserem metrischen System.

Mücken

Malaria kommt in Mexiko kaum vor, doch Denguefieber, das sich weltweit ausbreitet, nimmt auch in Mexiko zu. Da es bisher keine Impfung oder vorbeugende Medikamente gibt, muss man sich vor Mückenstichen schützen, durch hautbedeckende helle Kleidung und *repelente*, das man in jeder *farmacia* (Apotheke) erhält. Als Spray oder Lotion gibt es in Europa u. a. *Autan*. Im Internethandel kann man das wirkungsvolle *Deep Woods-Off* erwerben.

Museen und archäologische Stätten

Bis auf wenige Ausnahmen sind Museen montags geschlossen; Archäologische Stätten haben in der Regel tägl. von 10-17 Uhr geöffnet.

Post, Internet, Telefon

Briefmarken (*sellos*, *estampillas*) erhält man im Postamt (*correo*).

Die Laufzeit für Briefe und Postkarten nach Europa beträgt 1-3 Wochen. Schneller beim Empfänger sind Grüße per E-Mail: Internet-Cafés sind weit verbreitet, die Nutzungsgebühren gering. Viele Hotels bieten kostenlosen Internet-Service an; einige lassen sich diesen Dienst, ob WLan oder High Speed, aber auch teuer bezahlen. In vielen Städten ist WLan an manchen Orten (meist am Zócalo) kostenfrei verfügbar.

Telefon-Vorwahl für Mexiko ist 0052. Auslandsgespräche sind wegen hoher Steuern teuer; Hotels schlagen meist noch eine nicht unerhebliche Vermittlungsgebühr drauf. Unbedingt vorher erkundigen oder ein öffentliches Telefon nutzen. An jeder Ecke findet man ein Kartentelefon; mit Telefonkarten (zu 30, 50 und 100 Pesos), die in den meisten Geschäften vorrätig sind, kann man mit ihnen ins Ausland telefonieren. Bei Gesprächen nach Europa nimmt man mindestens eine 100 Peso-Karte (für 4-5 Minuten).

Auskunft für Selbstwählgespräche: Inland 02, Ausland 09 (Englisch). Telefonauskunft in Mexiko-Stadt 5250 0404 und 5533 0404, sonst 04. Vorwahl für Inlandferngespräche 01 plus Ortsvorwahl, ins Ausland 00.

Triband-Handys funktionieren in Mexiko, doch sollte man sich vorab beim Provider nach den zu erwartenden Gebühren erkundigen – es könnte günstiger sein, in Mexiko ein Handy (*celular*) zu mieten.

Presse

Unter den rund 25 Tageszeitungen Mexikos sind *Excelsior*, *Reforma* (ausgewogen und seriös), *Uno más Uno* und *La Jornada* (beide „links") sowie *El Financiero* die wichtigsten. *La Prensa* ist das auflagenstärkste Sensationsblatt, Die englischsprachige *The News* wird überwiegend von Ausländern gelesen. *Time* und *Newsweek* bekommt man an Kiosken der Touristenzentren und in den größeren Hotels.

Donnerstags erscheint in Mexiko-Stadt das Veranstaltungsmagazin *Tiempo Libre* (www.tiempolibre.com.mx), mit wichtigen – aber längst nicht allen

– Kulturveranstaltungen sowie Tipps zu Restaurants und Bars.

Sicherheit

Lesen Sie vor Ihrer Reise die aktuellen Sicherheitshinweise auf der Website des deutschen Auswärtigen Amtes (**www.auswaertiges-amt.de**) sowie die – wesentlich detaillierteren – Informationen des britischen Foreign Office unter **www.fco.gov.uk**.

Möglichst nur **Geldautomaten** nutzen, die sich innerhalb gesicherter Gebäude wie Banken, Hotels oder Einkaufszentren befinden: Überfallgefahr!

Der **Drogenkrieg**, der bereits zehntausende das Leben gekostet hat, wird zwischen rivalisierenden Banden sowie zwischen *narcos* und dem Militär bzw. der Polizei äußerst brutal ausgetragen, vor allem im nördlichen Grenzgebiet, aber auch in den mittleren Bundesstaaten wie Zacatecas, San Luís Potosí und Michoacán (sowie dessen Grenzgebiete zu Jalisco, Guerrero und Colima) und den dort gelegenen Großstädten, so in Tijuana, Ciudad Juarez, Reynosa, Monterrey, Torreon und Chihuahua. Eine Aufgliederung nach Regionen findet sich auf Englisch unter www.fco.gov.uk (travel advice, Mexico).

Allgemein ist die Kriminalitätsrate hoch. Achten Sie stets auf Ihre Wertsachen und führen Sie nur das mit, was Sie unbedingt brauchen. Die U-Bahn, Menschenansammlungen, Märkte etc. sind sehr beliebt bei geschickten **Taschendieben**, die sogar spezielle Gürteltaschen im Handumdrehen entwenden können.

Taxis sollten telefonisch vorbestellt bzw. nur an offiziellen Taxiständen bestiegen und nicht herangewunken werden, um die Gefahr eines Raubüberfalls auszuschließen.

Vermeiden Sie Fahrten in der Dunkelheit. Leisten Sie bei einem Überfall keinen Widerstand, die Räuber machen von ihren Waffen sofort Gebrauch!

Trinkgelder

In Restaurants und Bars sind 10-15 % üblich. Kofferträger in Hotels oder am Flughafen erwarten 10-20 Pesos pro Gepäckstück. Taxifahrer erwarten normalerweise kein Trinkgeld, außer bei Extraleistungen.

Trinkwasser

In touristischen Zentren ist Leitungswasser unbedenklich. Gute Hotels haben eigene Wasseraufbereitungssysteme. In einfacheren Hotels und auf dem Land sollte man nach *agua purificada* fragen oder *agua mineral* in Flaschen kaufen, das überall erhältlich ist.

Verhaltensregeln

Herzlichkeit sowie Gastfreundschaft sind typisch mexikanische Eigenschaften. Aber es gibt auch Erwartungen gegenüber dem ausländischen Gast; das A und O sind Höflichkeit und ein Lächeln.

Gracias („danke"), *por favor* („bitte"), *con permiso* („mit Erlaubnis") sowie ein freundliches *buenos días* („guten Tag") oder *buenas tardes* („guten Nachmittag") sollten zum Wortschatz gehören. Mexikaner sind sehr empfänglich für Komplimente. Erwarten Sie keine Pünktlichkeit; *mañana* –„morgen" – ist auch noch ein Tag.

Mexikaner sind Weltmeister im organisierten Chaos. Verlieren Sie nie die Geduld und schimpfen Sie nicht laut – Sie erreichen nichts oder genau das Gegenteil. Eindeutige Gesten Ihrerseits können Sie in Bedrängnis bringen: Verletzter Stolz und gekränkte Ehre führen schnell zu aggressiven Handlungen. Knausern Sie nicht mit Trinkgeld; bei den geringen Löhnen ist es für viele die eigentliche Einnahmequelle.

Mexikaner sind oft Machos. Frauen sollten deshalb auf „Anmache" höflich, aber bestimmt reagieren. Aufreizende Kleidung wird oft als „Aufforderung" aufgefasst.

Vulkanbesteigungen

Mexiko ist mit seinen Vulkanen ein Paradies für Bergsteiger. Zu den leichten und mittelschweren Bergen zählen der 2775 m hohe **Volcán de Paricutín** (bei Uruapan, Michoacán), der 4558 m hohe **Nevado de Toluca** (südwestlich von Mexiko-Stadt) und der 4461 m hohe **La Malinche** (Malintzìn; bei Puebla). Sehr anspruchsvoll ist die Besteigung des **Pico de Orizaba** (bei Jalapa), mit 5700 m der höchste Vulkan Mexikos.

Neben dem besteigbaren, 5286 m hohen **Iztaccíhuatl** (östlich von Mexiko-Stadt) erhebt sich der aktive **Popocatépetl** (5465 m), der bekannteste Berg des Landes, der 2013 wiederholt Feuer und Asche auswarf und derzeit nicht bestiegen werden darf. Aktuellste Infos zur Eruptionstätigkeit finden sich unter *Monitoreo Volcánico* bei www.cenapred.gob.mx/es/Instrumentacion/InstVolcanica/MVolcan/

Einen Überblick aller wichtigen Vulkane auf der Welt bietet www.volcano.si.edu/gvp/volcano. Besteigungen sollten nur nach ausreichender Anpassung an die Höhe (akute Höhenkrankheit ist lebensgefährlich) von Bergerfahrenen zusammen mit einem lizenzierten Guide unternommen werden.

Zeit

Mexiko ist in drei Zeitzonen unterteilt: Im größten Teil des Landes, so auch in Mexiko-Stadt, gilt die *Hora Central* und der Unterschied beträgt MEZ -7 Stunden.

Im nordwestlichen Teil, vom südlichen Baja California bis nördlich von Puerto Vallarta gilt die *Hora de Montaña*, MEZ -8 Stunden.

Im nördlichen Baja California zählt die *Hora del Pacífico* (MEZ -9 Stunden).

Vom ersten Sonntag im April bis zum letzten Sonntag im Oktober werden die Uhren eine Stunde vorgestellt (Sommerzeit).

Zoll

Erwachsene können 50 Zigarren, 400 Zigaretten oder bis zu 250 g Tabak sowie 3 l Wein oder Schnaps einführen. Erlaubt sind außerdem zwei Fotoapparate und eine Videokamera.

Zollfrei sind auch Gegenstände des persönlichen Bedarfs, ein Laptop, ein Sportgerät (z. B. Angel oder Surfbrett) und ein Musikinstrument. Bei der Einreise auf dem internationalen Benito-Juárez-Flughafen in Mexiko-Stadt entscheidet eine rot-grüne Ampel über die Gepäckkontrolle.

Die Ausfuhr von geschützten Pflanzen (auch Kakteen), Korallen, Gold und Antiquitäten, vor allem von archäologischen Objekten ist verboten. Vorsicht! An den archäologischen Stätten werden nachgemachte „echte" Funde als Souvenir angeboten. Lassen Sie die Finger davon, denn Zöllner können zwischen Original und Fälschung nicht immer unterscheiden.

SPRACHFÜHRER

Besonderheiten der Aussprache im amerikanischen Spanisch: ll wie lj oder j; qu vor e und i wie k; v wie b; z vor Vokal und c vor e und i wie s (*seseo*); ch wie tsch: ñ wie nj; h im Anlaut ist stumm.

Zahlen

0 . . . . *cero*
1 . . . . *uno*
2 . . . . *dos*
3 . . . . *tres*
4 . . . . *cuatro*
5 . . . . *cinco*
6 . . . . *seis*
7 . . . . *siete*
8 . . . . *ocho*
9 . . . . *nueve*
10 . . . . *diez*
11 . . . . *once*
12 . . . . *doce*
13 . . . . *trece*
14 . . . . *catorce*
15 . . . . *quince*

16 . . . . *dieciséis*
17 . . . . *diecisiete*
18 . . . . *dieciocho*
19 . . . . *diecinueve*
20 . . . . *veinte*
100 . . . . *cien*
200 . . . . *doscientos*
500 . . . . *quinientos*
1000 . . . . *mil*

Floskeln und einfache Wörter

Guten Morgen, Guten Tag . *buenos días*
Guten Tag, Guten Nachmittag
(ab mittag). . . . . *buenas tardes*
Guten Abend, Gute Nacht . . . .
buenas noches
hallo . . . . *hola*
bitte . . . . *por favor*
danke . . . . *gracias*
ja / nein . . . . *si / no*
gestatten . . . . *con permiso*
Auf Wiedersehen. . . . *adiós / hasta luego*
Entschuldigung . . . . *perdón*
Wie geht es? . . . . *Qué tal?*
Gut . . . . *bién*
macht nichts, bitte . . . . *de nada*
(als Antwort auf danke)
ich brauche . . . . *necesito*
ich muss . . . . *tengo que*
gibt es, es gibt . . . . *hay*
wieviel kostet? . . . . *¿cuánto vale? / ¿cuánto cuesta ésto*
ich verstehe nicht . . . . *no entiendo*
Toilette . . . . *baño*
Männer . . *hombres / señores / caballeros*
Frauen. . . . . *mujeres / señoras*
um wieviel Uhr?. . . . . *¿a qué hora?*
Wie spät ist es?. . . . . *¿qué hora es / ¿qué hora tiene?*
Wo gibt es? . . . . *¿dónde hay?*
geschlossen . . . . *cerrado*
offen . . . . *abierto*
Geht es hier nach...? . . . .
¿por aquí se va a...?
geradeaus . . . . *(todo) derecho*
rechts . . . . *derecha*
links . . . . *izquierda*
Straße . . . . *carretera*
Autobahn (4-spurige Straße) .*autopista*
Autobus . . . . *camión, autobús*
erste / zweite Klasse. . . . .
primera / segunda clase
Fahrkarte . . . . *boleto*
Wie lange dauert...? . . . *¿cuánto durará / tarda...?*
Wohin fährt...? . . . . *¿adónde va...?*
Woher kommt...? . . . . *¿de dónde viene...?*
Postamt . . . . *correo*
Brief . . . . *carta*
Briefmarke. . . . . *estampillo / timbre*
Luftpost . . . . *correo aereo*
Geld . . . . *dinero / plata*
Bank. . . . . *banco*
Unterschrift. . . . . *firma*
Arzt . . . . *médico / doctor*
Krankenhaus. . . . . *hospital*
krank . . . . *enfermo*
Tankstelle. . . . . *gasolinera*
Benzin . . . . *gasolina*

Zeitangaben

heute. . . . . *hoy*
morgen. . . . . *mañana*
gestern . . . . *ayer*
morgens. . . . . *por la mañana*
mittags . . . . *al mediodía*
nachmittags . . . . *por la tarde / en las tardes*
abends . . . . . *por la noche / en las noches*
Minute . . . . *minuto*
Stunde . . . . *hora*
Tag . . . . *día*
Woche . . . . *semana*
Monat. . . . . *mes*
Jahr . . . . *año*

Wochentage

Montag . . . . *Lunes*
Dienstag . . . . *Martes*
Mittwoch . . . . *Miércoles*
Donnerstag. . . . . *Jueves*
Freitag . . . . *Viernes*
Samstag . . . . *Sábado*
Sonntag . . . . *Domingo*
Feiertag . . . . *Festivo*

Zimmerbestellung

Gibt es ein Zimmer?. . . . .
Hay habitación libre?
Doppelzimmer. . . . . *habitación doble*
Einzelzimmer . . . . *habitación sencilla*
mit Frühstück . . . . *con desayuno*

mit Bad / Toilette .... *con baño*
Toilette .... *baño*
Vollpension .... *pensión completa*
ruhig .... *tranquilo*

Essen und Trinken

Tagesmenü .... *menú del día*
Brot .... *pan*
Getränk .... *bebida*
Flasche .... *botella*
Wein .... *vino*
süß .... *dulce*
trocken .... *seco*
Bier .... *cerveza*
Mineralwasser .... *agua mineral*
mit / ohne Kohlensäure ... *con / sin gas*
Kaffee schwarz .... *café américano*
Kaffee mit wenig Milch .... *cortado*
Milchkaffee .... *cafe con leche*
Maisfladen .... *tortillas*
Fisch .... *pescado*
Suppe .... *sopa*
Fleisch .... *carne*
Schwein .... *cerdo*
Kalb .... *ternera*
Huhn .... *pollo*
Lamm .... *cordero*
frittiert .... *frito*
auf dem Grill .... *a la plancha*
im Backofen .... *asado*
Salat .... *ensalada*
Gemüse .... *verdura*
Nachtisch .... *postre*
Die Rechnung bitte! .... *La cuenta, por favor!*

(Weitere Begriffe: siehe Feature „Küche" ab S. 14)

AUTOREN

Marilen Andrist: „Viva la Muerte!"

Bob Brooke: „Toluca", „León", „Baja California", „Pazifikküste", „Cancún", „Cozumel".

Jürgen Bergmann: „Geschichte im Überblick", „Geschichte und Kultur", „Mexiko-Stadt", „Teotihuacán", „Zentrales Hochland", „Puebla", „Querétaro", „Sierra Gorda", „Chihuahua", „Oaxaca", „Monte Albán", „Valle de Oaxaca", „Chiapas", „Im Land der Huasteken", „Im Land der Totonaken", „Von Jalapa nach Veracruz", „Im Land der Olmeken", „Riviera Maya", „Costa Maya", „Valladolid", „Chichén Itzá", „Izamal", „Mérida und Umgebung", „Puuc-Region", „Campeche", „Río Bec-Region".

Ortrun Egelkraut: „Einstimmung", „Veracruz-Stadt", „Literatur", „Küche".

Wayne Greenhaw: „Tula", „Mexikos Musik", „Muralismo".

Arthur S. Harris, Jr.: „Küste von Oaxaca".

Eleanor S. Morris: „Grenzstaaten".

Birgit Müller: „Zentrales Hochland", „Chichén Itzá".

Volker W. Radke: „Haciendas", „Bajío", „Tequila", „Barranca del Cobre", „Fiestas", „Voladores".

Jutta Schütz-Gormsen: „Volkskunst".

Manfred Wöbcke: „Zentrales Hochland", „Chichén Itzá".

ÜBERSETZUNG

W. Buchalla, B. Müller, E. Vestner

N

O

P

Q

LIEFERBARE TITEL

Ägypten
Australien - Tasmanien
Baltische Staaten: *Estland, Lettland, Litauen, Kaliningrad*
Burma → Myanmar
Brasilien
China
China: *Peking, Shanghai, Xi'an, Hongkong*
Costa Rica
Indien: *Der Norden*
Indien: *Der Süden*
Indonesien: *Java, Bali, Lombok, Sulawesi, Sumatra*
Israel - Jordanien
Kambodscha - Laos
Kanada: *Der Osten - Ontario, Québec, Atlantikprovinzen*
Kanada: *Der Westen - Pazifikküste, Rockies, Prärieprovinzen*
Kanarische Inseln
Karibik: *Große Antillen, Bermudas, Bahamas*
Karibik: *Kleine Antillen*
Kenia
Korea
Kroatische Adriaküste
Kuba
Malaysia - Singapur - Brunei
Malediven
Marokko
Mexiko
Moskau - St. Petersburg
Myanmar *(Burma)*
Namibia
Nepal
Neuseeland
Norwegen
Peru
Philippinen
Schweden
Sri Lanka
Südafrika
Südsee
Syrien - Libanon
Tansania
Thailand
USA: *Der Osten, Mittlerer Westen, Südstaaten*
USA: *Der Westen, Rocky Mountains, Kalifornien, Der Südwesten*
Vereinigte Arabische Emirate
Vietnam

Nelles Guides – anspruchsvoll, aktuell und informativ.
Immer auf dem neuesten Stand, reich bebildert und mit erstklassigen Reliefkarten ausgestattet.
256 Seiten, ca. 150 Farbbilder, ca. 25 Karten

Foto: Martin Thomas

Mexiko

Hotelverzeichnis

HOTELVERZEICHNIS

Mexiko hat eine breite Palette an Übernachtungsmöglichkeiten, von einfachen Posadas (Gasthäusern) bis zu individuell geführten Be & Breakfast-Häusern, von ordentlichen Standard-Hotels bis zu exklusiven Resorts. Gute bis sehr gute Qualität bieten die nationalen und internationalen Hotelketten. Fast alle Luxushotels befinden sich in größeren Städten oder den bekannten Ferienzentren. Viele Haciendas wurden zu Hotels umgebaut; sie liegen zumeist abseits der Hauptstraßen und gehören zur Luxusklasse. Ein spürbarer Trend ist derzeit die wachsende Zahl kleiner, intimer Nobelherbergen wie z. B. die der Small Luxury Hotels (www.slh.com; in Deutschland gebührenfrei Tel. 0800 723 4738), der Great Small Hotels (www.greatsmallhotels.com) und die der Mexico Boutique Hotels (www.hotelesboutique.com). Außergewöhnliche Design-Hotels betreibt Grupo Habita (http://www.grupohabita.mx).

Die Preiskategorie-Symbole bedeuten (für ein Doppelzimmer):

$$$	über 100 US$
$$	50-100 US$
$	bis 50 US$

In den Bade- und grenznahen Orten (USA) sowie zu Festen und während der Ferien können die Preise vor allem in Luxus- und Boutique-Hotels deutlich höher liegen.

Einfache Hotels und Hostel mit wenig Komfort bekommt man Zimmer bereits ab 20 US$.

In der Regel wird bei Hoteltarifen die Mehrwertsteuer (IVA) nicht angegeben. Hinzu kommen deshalb meist 16 Prozent IVA und 3 Prozent (in einigen Regionen 2%) lokale Tourismusabgabe. Wireless Internet wird in den meisten Hotels in öffentlichen Bereichen wie der Lobby kostenlos angeboten. Businesshotels nehmen Gebühren.

3 MEXIKO-STADT

Mexiko-Stadt (☎ 55)

$$$ **Camino Real Polanco**, Mariano Escobedo 700, Tel. 5263 8888, Fax 5263 8889, www.caminoreal.com, günstig und ruhig am Chapultepec-Park gelegen, architektonisch herausragend, 700 Zimmer mit allem Komfort.

Downtown Isabel la Católica 30, Tel. 5130 6830, www.downtownmexico.com, 17 elegante Zimmer in einem ehemaligen Palast (plus 78 preiswerte Betten im Hinterhaus-Hostel). Pool und Bar auf dem Dach.

Galería Plaza, Hamburgo 195 (Zona Rosa), Tel. 5230 1717, Fax 5207 5867, www.brisas. com.mx, außergewöhnliche Lobby, gutes Business-Hotel, umgeben von Restaurants, Boutiquen und Diskotheken.

Gran Hotel Ciudad de Mexico, 16 de Septiembre 82, Tel. 1083 7700, www.granhotelciudaddemexico.com, prächtige Jugendstil-Lobby mit Kuppeldach aus bemaltem Glas und antiken Aufzügen, einige Zimmer und das Restaurant im 4. Stock mit Zócalo-Blick.

Hampton Inn and Suites, 5 de Febrero 24, Tel. 8000 5000, http://hamptoninn3.hilton.com, sehr angenehmes Hotel in einem Kolonialbau nahe am Zócalo, Frühstück inklusive.

Hilton Mexico City Reforma, Av. Juárez 70, Tel. 5130 5300, www3.hilton.com, modernes Luxushotel am Alamedapark.

Hotel de Cortés, Av. Hidalgo 85, Tel. 5518-2181, www.boutiquehoteldecortes.com, modern gestyltes Boutique-Hotel hinter historischen Mauern, mit Patio und Dachterrasse, direkt am Alameda-Park.

Marquís Reforma, Paseo de la Reforma 465, Tel. 5229 1200, Fax 5229 1212, www.marquisreforma.com, das Spa des Hotels ist Treffpunkt der feinen Hauptstädter.

Hyatt Regency Mexico City, Campos Elíseos 204, Tel. 5083-1234, www.mexicocity.regency.hyatt.com, alle Zimmer mit Blick über die Stadt, sehr gute Gastronomie.

Presidente Intercontinental Mexico City, Campos Eliseos 218, Tel. 5327 7700, Fax 5327 7730, www.ichotelsgroup.com, riesiges Hotel mit jedem denkbaren Service am Chapultepec-Park mit Blick auf das Auditorio.

Emporio, Paseo de la Reforma 124, Tel. 5566 7766, Fax 5703 1424, www.hotelesemporio.com. Sehr schickes und geschmackvolles Boutiquehotel in historischem Gebäude.

$$ **Hotel Majestic**, Madero 73, Tel. 5521 8600, Fax 5512 6262, www.majestichotel.com.mx, direkt am Zócalo, mit Jugendstil-Ausstattung (tolle Lobby!) und Dachterrasse.

María Cristina, Río Lerma 31, Tel. 5566 9688, Fax

5566 9194, www.hotelmariacristina.com. mx, in der Nähe des Paseo de la Reforma, Patiohaus mit gepflegtem Garten.
Catedral, Donceles 95, Tel. 5518 5232, www.hotelcatedral.com. Sehr zentral nahe dem Zócalo, große Zimmer.
\$ **Cánada**, 5 de Mayo 47, Tel. 5518 2106, www.hotelcanada.com.mx, zentrale Lage (nahe Zócalo), freundlicher Service, einfache, saubere Zimmer.
Downtown Beds, Isabel la Católica 30, Tel. 5130 6830, www.downtownmexico.com, 78 preiswerte Betten im Hinterhaus-Hostel eines Oberklasse-Hotels.
El Salvador, Rep. de El Salvador 16, Tel. 5521 2160, www.hotelelsalvador.com, günstige Lage im historischen Zentrum, guter Service.
Fleming, Revillagigedo 35, Tel. 5510 4530, www.hotelfleming.com. mx, gepflegtes Hotel in zentraler Lage, sehr gutes Preis-Leistungs-Verhältnis!
Isabel, Isabel la Católica 63, Tel. 5518 1213, Fax 5521 1233, www.hotel-isabel.com.mx, ehemals prächtiges Kolonialhaus, 75 Zimmer, etwas heruntergekommen, jedoch Lage und Preis sehr günstig.
Metropol, Luís Moya 39, Tel. 1085 0830, www.hotelmetropol.com.mx, gut und günstig, netter Service, aber keine Klimaanlage.

4 UMGEBUNG VON MEXIKO

Teotihuacán (☎ 594)

\$ **Hotel Villa Arqueológica**, 10 Minuten vom Eingang zu den Ruinen, Tel. (987) 872 6236, www.villasarqueologicas.com.mx. In optimaler Lage zu den Ruinen, Hacienda-Stil, einfache Zimmer, Pool, Spielplatz.

Tula (☎ 773)

\$\$ **Hotel Real Catedral**, Zaragoza 106, Tel. 732 0813, modernes Business-Hotel im Zentrum sowie drei weitere Hotels der Grupo Real Hoteles, www.realhoteles.com.

Tepotzotlán (☎ 55)

\$ **Posada Familiar Castro**, Insurgentes 11, Tel. 5876 0964. Einfach, aber nett.

Toluca (☎ 722)

\$\$ **Gran Hotel Plaza Imperial**, Km 57,5 Carreterra Mexico-Toluca, Tel. 275 4444, www.hinntoluca.com.mx. Großzügige Zimmer, Fitnessraum; Pool.

Cuernavaca (☎ 777)

\$\$\$ **Posada las Mañanitas**, Ricardo Linares 107, Tel. 362 0000, www.lasmananitas. com.mx, koloniales Anwesen der Relais&Chateaux-Kette mit wunderschönen Zimmern und grünem Patio.
Misión del Sol Resort & Spa, Av. Gral. Diego Díaz González 31, Col. Parres, Tel. 3210 999, Fax 3207 981, www.misiondelsol.com. Körper und Geist in Einklang bringen kann man in diesem luxuriös-esoterischen Wohlfühl-Resort.
HACIENDA-LUXUSHOTELS im Bundesstaat Morelos, außerhalb von Cuernavaca gelegen: **Hotel Hacienda Vista Hermosa**, Km 7 Carreterra Alypuyeca-Tequesquitengo, Tel. 345 5362, www.haciendavistahermosa.com.mx. Koloniale Anlage in 8 ha großem Garten, in den Reste eines alten Aquädukts integriert sind, viele Sportangebote (u. a. Reiten).
Hacienda Cocoyoc, Cuautla, Tel. (735) 356 2211, www.cocoyoc.com.mx. Paradiesische Anlage mit herrlicher Poollandschaft, traumhaftem Spa, 9- und 18-Loch-Golfplatz.
Hacienda San Gabriel de las Palmas, Km 41,8 Carretera Federal Cuernavaca – Chilpancingo, Tel. (751) 348 0636, www.haciendasangabriel.com.mx. Die großen Zimmer hinter historischen Mauern haben modernen Komfort, gepflegter Garten mit Pool; Spa, Reiten; gutes Restaurant.
\$\$ **Casa Alegria**, Colonia Las Palmas, Tel. 314 0786, www.casaalegria.com. Freundliches Bed&Breakfast mit kleinem Pool.
\$ **Idel Hostel**, Calzada de los Actores 112, Tel. 313 0157, www.idelhostel.com. Einfache Ein- und Zweibettzimmer, Pool.

Taxco (☎ 762)

\$\$\$ **Posada de la Misión**, Cerro de la Misión 32, Tel. 622 0063, Fax 622 2198, www.posadamision.com, mit Monumentalmosaik von Juan O'Gorman, große Zimmer, toller Pool, herrliche Aussicht auf die Stadt.
\$\$ **Agua Escondida**, Plaza Borda 4, am Zócalo, Tel. 622 1166, Fax 622 1306, www.aguaescondida.com, hübsche Herberge in stilvollem Kolonialhaus.

Puebla (☎ 222)

$$$ **Quinta Real**, 7 Poniente 105, Tel. 229 09 09, www.quintareal.com, moderner Komfort hinter dicken Klostermauern.
Holiday Inn Express Puebla, Avenida Hermanos Serdán 45, Tel. 303 0303, Fax 303 0300, www.ichotelsgroup.com. Modernes Großhotel mit Schwimmbad und Fitnessraum.
La Purificadora, Callejón de la 10 Norte 802, Col. Paseo de San Francisco, Tel. 309 1920, www.lapurificadora.com, supertolles Designhotel in einer ehemaligen Mineralwasserfabrik, gläserner Pool auf dem Dach, ausgezeichnetes Restaurant.
$$ **Hotel Mesón de San Sebastián**, 9 Oriente 6. Tel. 246 6523, www.mesonsansebastian.com, mitten im historischen Zentrum, ein „Schatz" aus der Kolonialzeit (Tesoro Virreinal de Puebla) voller Antiquitäten.
$ **Hotel Royalty**, Portal Hidalgo 8, Tel. 242 4743, www.hotelr.com, am Zentralplatz gelegenes Kolonialhaus mit 45 Zimmern, ruhig, Parkmöglichkeit, sehr günstig.
Hotel Gilfer, 2 Oriente 11, Tel. 309 9800, Fax 242 3485, www.gilferhotel.com.mx, 90 Standardzimmer.

5 ZENTRALES HOCHLAND

Morelia (☎ 443)

$$$ **Villa Montaña**, Santa Maria, 3 km südlich der Stadt, Patzimba 201, Tel. 314 0231, Fax 315 1423, www.villamontana.com.mx, auf einem Hügel mit prachtvollem Blick auf die Stadt, exklusive Zimmer, schickes Spa.
Holiday Inn, Avenida de las Camelias 3466, Tel. 314 3111, www.ichotelsgroup.com. Schöne große Zimmer, Pool, Fitness.
$$ **Hotel Catedral**, Zaragoza 37, Tel. 313 0406, Fax 313 0467, www.hotelcatedralmorelia.com. Kolonialhaus mit Patio und Galerie, direkt an der Plaza de Armas.
De la Soledad, Zaragoza 90, Tel. 312 1888, Fax 312 2111, www.hsoledad.com, stilvolle Zimmer in ehemaligem Kloster aus dem 17. Jahrhundert.
$ **Hotel El Carmen**, Eduardo Ruiz 63 (Ecke B. Juárez), Tel. 312 1725, www.hotelelcarmenmorelia.com.mx, einfache Zimmer mit Bad und TV in einem Kolonialhaus von 1774 am Jardín El Carmen.

Querétaro (☎ 442)

$$$ *HACIENDA-LUXUSHOTELS* außerhalb der Stadt: **Fiesta Americana Hacienda Galindo**, San Juan del Río, Tel. (427) 271 8200, www.fiestaamericana.com. Traumhafte, architektonisch sehr gelungene Anlage mit vielen Sportmöglichkeiten.
Hacienda Jurica, Carretera México-San Luis Potosí Km 229, Tel. 218 0022, www.brisas.com.mx; weitläufige Anlage, viele Sportangebote, Golf, Reiten.
Casa de la Marquesa, Francisco I. Madero 41, Tel. 212 0092, www.lacasadelamarquesa.com, stilvolles Hotel mit opulenter Ausstattung im Stil des 19. Jh.
Hotel Boutique Aspeytia Querétaro, Pasteur Nte. 25 / Ecke Morelos, Tel. (442) 212 4249, www.hotelaspeytiaqueretaro.com.mx, Geschichte, Kunst und Design in perfekter Harmonie.
$$ **Doña Urraca**, 5 de Mayo 17, Tel. 238 5400, www.donaurraca.com.mx, elegantes Hotel im Hacienda-Stil; schöner Innenhof, Spa, ausgezeichnetes Restaurant und Weinkeller.
$ **Hidalgo**, Madero 11, Tel. 212 8102, www.hotelhidalgo.com.mx. Einfache Zimmer in einem schmucken Kolonialgebäude im historischen Stadtzentrum.

San Miguel de Allende (☎ 415)

$$$ **Casa de Sierra Nevada**, Hospicio 35, Tel. 152 7040, www.casadesierranevada. com. Traumhaft schöne Luxusanlage mit 37 Suiten in mehreren historischen Gebäuden, mit Pool, Spa und Gourmetrestaurant.
Hacienda de las Flores, Hospicio 16, Tel. 152 1859, www.haciendadelasflores.com. Koloniale Anlage mit herrlichem Garten und vielen Sportangeboten.
Posada Carmina, Cuna de Allende 7, Tel. 152 0458, www.posadacarmina.com, liebevoll gestaltete Räume in einem Kolonialgebäude mit Neubau im Hof; zauberhafter Patio (Restaurant).
$$ **San Borja**, Ladrillera 8, Tel. 152-5308, reizendes kleines Bed and Breakfast (4 Zimmer) im Zentrum.

Dolores Hidalgo (☎ 418)

$ **Posada Cocomacán**, Plaza Principal (Zócalo), Tel. 182 6087, www.posadacocomacan.com.mx. Freundl Hotel in bester Lage direkt am Hauptplatz.

Guanajuato (☎ 473)

$$$ **Camino Real Guanajuato**, Alhóndiga 100, Col. San Javier, Tel. 102 1500, www.caminoreal.com. Die 100 Zimmer der ehemaligen Hacienda wurden geschmackvoll renoviert. Schöne Gartenanlage.
Edelmira, Allende 7, Tel. 732 1567, www.edelmirahotel.com. Von außen ein schlichtes Kolonialhaus, überrascht das Boutique-Hotel (27 Zimmer) im Inneren mit Steinmauern, edlem Holz und viel Glas; Spa, Innenpool, Dachterrasse mit Aussicht, mitten im Zentrum.
Hotel Boutique 1850, Jardín de la Unión 7, Tel. 732-2795, www.hotel1850.com. Kühnes Design hinter alten Mauern: Jedes der 20 Zimmer und Suiten ist anders. Dachterrasse mit Aussicht.
Quinta Las Acacias, Paseo de la Presa 168, Tel. 731 1517, www.quintalasacacias.com, ehemaliges Wohnhaus aus dem 19. Jh., unterschiedliche Zimmer (im klassizistisch-französischen oder mexikanischen Stil), kleiner Pool, nahe dem Stausee La Presa.
$ **Mesón del Rosario**, Av. Juárez No. 31 Zona Centro Guanajuato, Gto., Tel. 732 3284, www.hotelmesondelrosario.com.mx.
La Casa del Tio, Cantarranas 47, Tel. 733 9728, www.hostellacasadeltio.com. Farbenfrohes Hostel mit Mehrbettzimmern, aber auch zwei Doppel- und ein Familienzimmer.

Guadalajara (☎ 33)

$$$ **Quinta Real Guadalajara**, Av. México 2727, Col. Vallarta Norte, Tel. 3669 0600, www.quintareal.com, historische Mauern, moderne Ausstattung, 76 Suiten; nahe dem Messegelände Expo Guadalajara.
Villa Ganz, Lopez Cotilla 1739, Col. Lafayette, Tel. 3120 1416, www.villaganz.com, www.hotelesboutique.com, großzügige, unterschiedliche Suiten in einem ehemaligen Wohnhaus aus den 1930er Jahren, familiäre Atmosphäre.
$$ **Francés**, Maestranza 35, Tel. 3613 1190, www.hotelfrances.com. Altehrwürdiges Altstadthotel mit viel Atmosphäre.
Hotel Morales, Av. Ramón Corona 243, Centro Histórico, 3658 5232, www.hotelmorales.com.mx, aufwändige Restaurierung hat dem Hotel sein koloniales Aussehen zurückgegeben.
$ **Fénix**, Corona 160, Tel. 3614 5714, www.fenixguadalajara.com.mx. 1912 eingeweihtes Hotel mit berühmter Gästeliste, renovierte Zimmer, mitten in der Altstadt.
Hostel Guadalajara Centro, Calle Maestranza 147, Tel. 3562 7520, www.hostelguadalajara.com. Nettes Hostel in historischem Gebäude mit Zwei-, Drei- und Vierbettzimmern, teils mit Balkon.

León (☎ 477)

$$$ **Crowne Plaza Hotel Leon**, Blvd Manuel J. Clouthier 245, Tel (gebührenfrei in Mexiko): 0800 181 7341, www.ihg.com, architektonisch auffallendes, gut ausgestattetes Business-Hotel.
$$ **La Estancia**, Blvd. López Mateos 1311 Ote., Tel. 716 3939, www.estancia.com.mx. Angenehmes Hotel im Kolonialstil nahe dem Zentrum, mit kleinem Pool.
$ **Hotel Terranova Zona Piel**, Salina Cruz No. 112, Tel. 763 2050, im Zentrum der Lederwarenherstellung und Ledergeschäfte.
Howard Johnson Hotel Condesa, Portal Bravo, Tel. 788 3929, www.hjleon. com. Modernes Business-Hotel im Stadtzentrum.

Aguascalientes (☎ 449)

$$ **Fiesta Inn**, Mahatma Gandhi 302 Sur (Ecke Siglo XXI), Tel. 978 0808, 149 0200, www.fiestainn.com, sehr komfortabel, mit Pool.
Hotel Boutique Mexico Plaza Aguascalientes, Blvd. Luis Donaldo Colosio 617, Tel. 200 9095, http://m.mexicoplaza.com.mx. Modernes Hotel im Finanzzentrum, mit Dachterrasse.

San Luis Potosí (☎ 444)

$$$ **Hotel Museo Palacio de San Agustin**, Galeana 240 / 5 de Mayo, Tel. 144 1900, www.palaciodesanagustin.com. Schlafen im „lebenden Museum“: Das Stadtpalais wiurde im 18. Jahrhundert erbaut, die Möbel – alle französisch – stammen aus dem 19. Jahrhundert. Museumsbesuch für Nichtgäste ist möglich (9-20 Uhr) und kostet Eintritt.
$$ **Panorama**, Av. Venustiano Carranza 315, Tel. 812 1777, www.hotelpanorama.com. mx. Zentral gelegenes Hotel mit großen Zimmern (teils mit gutem Ausblick) und schönem Pool.
María Cristina, Juan Sarabia 110, Tel. 812 9408, www.mariacristina.com.mx. Einfaches Innenstadthotel mit Fitness- und Kinderspielraum.

Zacatecas (☎ 492)

$$$ **Hotel Quinta Real Zacatecas**, Av. Ignacio Rayón 434, Tel. 922-9104, www.quintareal.com. Das außergewöhnliche Hotel nutzt die Anlagen einer ehemaligen Stierkampfarena.
Emporio Zacatecas, Av. Hidalgo 703, Tel. 925 6500, Fax 922 6245, www.hotelesemporio.com, kolonialer Stadtpalast im historischen Zentrum, gleich an der Kathedrale.
Mesón de Jobito, Jardín Juárez 143, Tel. 924 1722, Fax 924 3500 www.mesondejobito.com, 30 Suiten mit Balkon, elegant im mexikanischen Stil eingerichtet, zentral, sehr schöne Anlage aus dem 19. Jh.
$$ **Hotel Condesa**, Av. Juarez 102, Tel. 922 1160, www.hotelcondesa.com.mx. Gut und günstig, im Stadtzentrum.

6 NÖRDLICHES MEXIKO

BAJA CALIFORNIA

Tijuana (☎ 664)

$$ - $$$ **Palacio Azteca**, Bd. Cuauthémoc Sur 213, Tel. 681 8100, www.palacioazteca.com, 10 min. vom Zentrum, Pool, 200 Zimmer.
$$ **Real del Río**, José María Velasco 1409, Zona del Río, Tel. 634 3100, Fax 634 3053, www.realdelrio.com; ca. 100 geschmackvoll eingerichtete Zimmer in einem modernen Gebäude nahe dem San-Isidro-Grenzübergang, ruhiger Patio.

Ensenada (☎ 646)

$$$ **San Nicolas Resort**, Av. López Mateos / Guadalupe, Tel. 176 1901, Fax 176 4930, www.sannicolashotel.com; große Zimmer, freundlich, toller Pool, jedoch abseits des Strandes.
$$ **Best Western El Cid**, López Mateos 993, Tel. 178 2401, www.hotelelcid.com.mx. Zentral, modern und strandnah.
$ **Bahía**, López Mateos / Riveroll, Tel. 178 2101, www.hotelbahia.com.mx. Zimmer mit Pool- oder Meerblick.

LOS CABOS

San Jose del Cabo / Cabo San Lucas (☎ 624)

$$$ **The Westin Resort & Spa**, Los Cabos, Carr. Transpeninsular Km 22,5, Tel. 142 9000, 142 9040, www.starwoodhotels.com. Grandiose Architektur, ruhiger Strand, luxuriöse Zimmer, Golfplatz und Spa.
Riu Palace Cabo San Lucas, Camino Viejo A San Jose, Tel. 146 7160, http://palacecabosanlucas.riu.com. All-inclusive-Suiten-Hotel in weitläufiger Parkanlage mit mehreren Stränden, Pools, Spa, Tennis, Sauna u. v. m.
$$ - $$$ **El Encanto Inn**, Morelos 133, Cabo San Lucas, Tel. 142 0388, www.elencantoinn.com. Schöne Anlage im Hacienda-Stil mit Pool, Garten und Spa.

La Paz (☎ 612)

$$$ **Costa Baja Resort & Spa**, Km 7.5 Carretera a Pichilingue, Tel. 123 6000, www.costabajaresort.com. Große Anlage am Strand mit Golfplatz und vielen Aktivitäten; modern gestylte Zimmer mit Aussicht.
$$ **Los Arcos**, Av. Alvaro Obregón 498, Tel. 122 2744, www.losarcos.com. Großzügige Zimmer, zwei Pools, Wassersport.
Hotel Perla, Av. Alvaro Obregón 1570, Tel. 122 0777, www.hotelperlabaja.com. Schöne Anlage mit 110 Zimmern mit Garten- oder Meerblick, Pool, Bar mit Meerblick.

EISENBAHNFAHRT DURCH DIE BARRANCA DEL COBRE

Los Mochis (☎ 668)

$$$ **Santa Anita**, Av. Leyva / Av. Hidalgo, Tel. 816 7046, http://santaanitahotel.com, www.hotelesbalderrama.com. Modernes Hotel mit 120 Zimmern, Reisebüro für Bahnfahrt und Hotelbuchungen im Haus.
$$ **Plaza Inn**, Leyva / Cárdenas, Tel. 816 0809, www.plazainnhotel.com.mx. Standardhotel im Stadtzentrum mit Pool und Fitnessraum.

El Fuerte (☎ 668)

$$ **Hotel Posada del Hidalgo**, Hidalgo 101, Tel. 812 1613, www. hotelposadadelhidalgo.com, www.hotelesbalderrama.com. Zauberhaftes Hotel im Hacienda-Stil, zwei Zugstunden von Los Mochis entfernt.

Chihuahua (☎ 614)

$$$ **San Felipe el Real**, Ignacio Allende 1005, Centro Histórico, Tel. 437 2037, www.sanfelipeel-real.com, stilvolles Boutique-Hotel mit sechs Themensuiten um einen Patio.
$$ **Hotel Sicomoro**, Bd. Ortíz Mena 411, Tel. 214 2500, www.sicomoro.com. Ordentliche Zimmer und Pool, im Stadtzentrum.
Quality Inn San Francisco, Victoria 409, Tel. 439 9000, www.qualityinnchihuahua.com, 140 Zimmer gegenüber dem Zócalo und der Kathedrale.
Parador Chihuahua, 3a Calle 304, Tel. 415 0829, Fax 415 0829, www.paradorchihuahua.com, zentral, komfortabel, hilfsbereites Personal.

GRENZSTAATEN

Hermosillo (☎ 662)

$$$ **Holiday Inn Hermosillo**, Blvd Kino / Corral, Tel. 289 1700, www.ichotelsgroup. com. Hotel mit der gewohnt komfortablen Ausstattung der Holiday-Inn-Kette.
$$ **Plaza las Quintas**, Blvd. Manuel J. Clouthier 19, Tel. 108 0540, www.hotelplazalasquintas.com. Komfortables Hotel im Süden der Stadt, mit Steakhouse.

Nogales (☎ 631)

$$ **Fiesta Inn Nogales**, Av. Calz. Industrial Nuevo Nogales 3, Tel. 311 6000, www.fiestainn.com. Gut ausgestattetes Businesshotel am Eingang zum Gewerbegebiet.

Mexicali (☎ 686)

$$$ **Hotel Lucerna**, Bd. Benito Juárez 2151, Tel. 564 7000, www.hoteleslucerna.com. Großes, sehr angenehmes Hotel mit schönen Zimmern, Pool, Fitness, Garten.
$$ **Calafia**, Justa Sierra 1495, Tel. 568 3311, www.araizahoteles.com. Zentrumsnahes Hotel, große Zimmer, Pool, Fitness.
Hotel Colonial, Calle López Mateos, im Centro Comercial, Tel. 556 1312, www.hotelescolonial.com. Nette Anlage um einen Innenhof mit zwei Pools.

Ciudad Juárez (☎ 656)

$$$ **Hotel Lucerna**, Paseo Triunfo de la República 3976, Tel. 629 9900, www.hoteleslucerna.com. Weiteres komfortables Großhotel der mexikanischen Lucerna-Kette.
$$ **Maria Bonita**, Av. Perez Serna 1721, Tel. 627 0303, www.hotelesmariabonita.com. Komfortables Haus mit origineller Architektur und freundlichem Service.

Monterrey (☎ 81)

$$$ **Sheraton Ambassador**, Hidalgo 310, Tel. 8380 7000, www.starwoodhotels.com. Luxushotel mit bester Ausstattung im Herzen der Stadt, Zimmer mit Aussicht auf die Skyline.
Gran Hotel Ancira, Ocampo 443 (Hidalgo y Escobedo), Tel. 8150 7000, www.hotel-ancira.com. Elegantes Luxushotel mit allem Komfort in prächtigem Gebäude von 1912.
Crowne Plaza Hotel Monterrey, Constitución 300 Ote., Tel. 8319 6000, www.ichotelsgroup.com. Hotelklotz in zentraler Lage mit großen Zimmern, Schwimm- und Tennishalle.
$$ **Colonial**, Hidalgo 475 Ote., Tel. 8380 6800, wwww.hotelcolonialmty.com. Mittelklassehotel in einem Gewerbegebiet, aber nur 5 Gehminuten von der Altstadt entfernt.

7 PAZIFIKKÜSTE

Acapulco (☎ 744)

$$$ **The Fairmont Pierre Marqués Resort**, Tel. 435 2600, www.fairmont.com/pierremarques, wundervolles Resort am Revolcadero-Strand mit Golfplatz, Spa, Tennisplätzen und vielem mehr, Unterkunft in kleinen Villen, Pavillons und Bungalows.
Hotel Boca Chica, Tel. 482 7879, www.hotel-bocachica.com. Designhotel im 50er Jahre Retro-Stil, an der populären Playa Caletilla.
$$ **Emporio Acapulco**, Costera Miguel Alemán 121, Tel. 469 0505, www.hotelesemporio.com.

Zimmer mit Balkon und Meerblick, Poollandschaft, Kinderprogramm.
Crowne Plaza Hotel, Costera Miguel Alemán 123, Tel. 400 5555, www. crowneplaza.com, architektonisch herausragendes Haus in Form einer Pyramide.
Hotel Mirador Acapulco, Tel. 483 1260, www. miradoracapulco.com, bester Blick auf die Felsenspringer.

Ixtapa-Zihuatanejo (☎ 755)

Auf der „Hotelmeile" in Ixtapa sind die führenden Hotelketten vertreten. Kleine Hotels in der Altstadt von Zihuatanejo.
$$$ **Viceroy Zihuatanejo**, Playa la Ropa / Zihuatanejo, Tel. 555 5500, www.viceroyhotelsandresorts.com. Paradiesisches Resorthotel am La-Ropa-Strand, Unterkunft in individuell gestalteten Villen, Spa, Yoga-Kurse, exquisite Küche.
Hotel Aura del Mar, Playa la Madera, Tel. 554 2142, www.hotelauradelmar.com. An einem Hang oberhalb der Playa Madero, Suiten in mexikanisch-heiterem Stil.
$$ **Hotel Villa Mexicana**, Playa La Rop, Zihuatanejo, Tel. 554 3636, www.hotelvillamexicana. com.mx, Angenehmes Strandhotel.

Manzanillo (☎ 314)

$$$ **Brisas Hotel Las Hadas**, Av. de los Riscos, Vista Hermosa, Tel. 331 0101, www. brisas.com. mx, mediterrane Märchenanlage auf der Halbinsel Santiago, mit Marina, Golfplatz und vielen Wassersportmöglichkeiten.
Barceló Karmina Palace, Av. Vista Hermosa 13, Tel. 331 1300, www.barcelo.com. Luxushotelanlage, all-inclusive.
$$ **La Posada**, Lázaro Cárdenas 201, Tel. 333 1899, www.hotel-la-posada.info, 23 hübsche Zimmer in netter Anlage am Meer.
$ **Colonial**, Fco. Gonzalez Bocanegra 28, Tel. 332 1080. Hotel im Kolonialstil im Herzen der Stadt.

Puerto Vallarta (☎ 322)

$$$ **Dreams Puerto Vallarta Resort & Spa**, Playa las Estacas, www.vallarta-dreaming.com. Luxusresort am eigenen Strand, zwei große Gebäude, alle Zimmer mit Meerblick, Pools mit Wasserfall, abwechslungsreiche Gastronomie.
Sheraton Buganvilias Resort, Boulevard Medina Ascencio 999, Tel. 226 0404, www. starwoodhotels. com. Luxushotelburg am Strand mit herrlicher Aussicht aufs Meer.
Fiesta Americana, Playa los Tules, Av. Francisco Medina Ascencio Km 2,5, Tel. 226 2100, www.fiestaamericana.com. Großanlage am Meer mit Wassersportangebot.
$$ **Los Cuatro Vientos**, Matamoros 520. Tel. 222 0161, www.cuatrovientos.com, traditionelles kleines Haus (14 Zimmer) auf einem Hügel oberhalb der Kirche, populär sind das Restaurant „Chez Elena" und die Dachgartenbar mit Aussicht.

Mazatlán (☎ 669)

$$$ **El Cid Castilla Beach**, Calz. Camarón Sábalo, Tel. 913 3333, www.elcid.com, 1300 Zimmer in vier Häusern mit 2 km Strand, Golfplatz, Tennis, acht Pools.
$$ **Playa Mazatlán**, Tel. 989 0555, Ave. Playa Gaviotas 202, www.hotelplayamazatlan.com; schickes, großes Strandhotel (425 Zimmer), Sportangebote.

8 OAXACA

Oaxaca (☎ 951)

$$$ **Quinta Real Oaxaca**, 5 de Mayo 300 Tel. 501 6100, www.quintareal.com, 90 luxuriöse Zimmer im wunderschönen Ambiente des ehemaligen Santa-Catalina-Kloster von 1576.
Hacienda los Laureles, Hidalgo 21, San Felipe del Agua. Tel. 501 0300, www.hotelhaciendaloslaureles.com. Romantischer Rückzugsort oberhalb des Stadtzentrums, Spa, kleiner Pool, ausgezeichnetes Restaurant.
Casa Azul Oaxaca, Abasolo 313, Tel. 501 0016, www.hotelazuloaxaca.com. Jedes Zimmer ist eine Hommage an einen Künstler oder wurde von einem gestaltet: Kunst, Design und edle Materialien in perfekter Harmonie.
$$ **Victoria**, Carret. Internacional Km. 545, Tel. 502 0850, www.hotelvictoriaoax.com.mx. Hoch über der Stadt mit toller Aussicht. Große Räume, Garten, Pool.
Misión de los Ángeles, Calzada Porfirio Díaz 102, Tel. 502 0100, www.misiondelosangeles.com. Ruhige Anlage am Stadtrand, 150 Zimmer in Gartenlandschaft, Tennisplätze, Pool.
Los Olivos Spa, Calzada Madero 1254, Tel. 514

1946, www.losolivosspa.com.mx, am Westrand der Stadt, 70 Zimmer, mit Pool, Gärten, großem Wellnessangebot und Jogakursen.

Huatulco (☎ 958)

$$$ **Dreams Huatulco Resort & Spa**, Bahía de Tangolunda, www.dreamsresorts.com. Luxuriöse All inclusive-Anlage mit großen Balkonzimmern (Meerblick). Mehrere Restaurants, Bars, Spa sowie ein „Explorer-Club" für Kinder.
$$ **Agua Azul La Villa**, Bahía Conejos östlich von Tangolunda, Tel./Fax 581 0265, www. bbaguaazul.com. Bed & Breakfast mit sechs Zimmern in elegant mexikanischer Villa am Hang, kanadische Besitzer.
Mision de los Arcos, Gardenia 902, Tel. 587 0165, www.misiondelosarcos.com, zauberhaftes kleines Stadthotel in La Crucecita.

Puerto Ángel (☎ 958)

$ **La Buena Vista**, Calle de la Buena Compañía, Tel. 584 3104, www.labuenavista.com. Sehr charmante, individuelle Anlage mit Pool, besonders kinderfreundlich.
Puesta del Sol Hotel y Bungalow, Barrio del Sol, Tel./Fax 584 3096, www.puertoangel.de, Pension mit Aussicht unter deutscher Leitung; vermittelt Touren in die Umgebung.
Am Strand von Zipolite kann man *cabañas* mit Hängematten mieten.

Puerto Escondido (☎ 954)

$$$ / $$ **Hotel Santa Fe**, Del Morro 10, dort, wo Playa Marinaro und Playa Zicatela zusammentreffen, Tel. 582 0170, www.hotelsantafe.com.mx. Traditionell das beste Haus und mit dem besten Restaurant direkt am Strand.
$$ **Casa Mar**, Calle Puebla 407, Colonia Brisas de Zicatela, Tel. 582 2593, www.casamarsuites.com. Zwölf Apartments am Strand.

9 CHIAPAS

Tuxtla Gutiérrez (☎ 961)

$$$ **Camino Real**, Blvd. Dr. Belisario Domínguez 1195, Tel. 617 7777, www.caminoreal.com. Modernes Großhotel in zentraler Lage mit Fitness, Spa, Tennis.
$$ **Best Western Palmareca Hotel & Suites**, Blvd. Belisario Dominguez 4120-2, Tel. 617 0000, www.bestwestern.com. Angenehme Anlage mit Pool, etwa 5 km vom Stadtzentrum.

Chiapa de Corzo (☎ 961)

$ **La Ceiba**, Av. Domingo Ruiz 300, Tel. 616 0389, www.laceibahotel.com. Nettes Stadthotel im Kolonialstil mit Garten und kleinem Pool.

San Cristóbal de las Casas (☎ 967)

$$$ **Hotel Bo**, 5 de Mayo 38, Tel. 678 1515, www.hotelbo.mx. Außergewöhnliches Designhotel, das mit viel Holz, Wasser und Farbe Akzente setzt, die in die Umgebung passen. Regionale Küche im Restaurant Lum auf hohem Niveau.
$$ **Hotel Jardines del Centro**, Av. de Marzo 29, Tel. 678 8139, www.hotelesjardines.com, traditionelles, renoviertes Haus im Zentrum mit lauschigem Innenhof.
Na Bolom, Vicente Guerrero 33, Tel. 678 1418, www.nabolom.org, 16 mexikanisch dekorierte Zimmer auf dem Gelände des gleichnamigen Museums.
$ **Hacienda Don Juan**, Prolongación Insurgentes No. 162, Tel. 674 7127, www.hotelhaciendadonjuan.mx. Rustikal und charmant, Kamin in jedem Zimmer, abseits des Zentrums, aber günstiger Taxiservice.
Hotel Jovel, Flavio A. Paniagua 27, Tel. 678 1734, www.hoteljovel.com, einfache, bunt bemalte Zimmer, schöner Patiogarten.

Palenque (☎ 916)

$$ **Misión Palenque**, Rancho San Martín de Porres, Tel. 345 0241, www.hotelesmision.com. Große Hotelanlage in einem schönen Garten mit Pool. Modernisierte Zimmer, Spa, Fahrradverleih.
Chan-Kah, bei Km 3 Carretera a Las Ruinas, Tel. 345 1134, www. chan-kah.com.mx, weitläufige und romantische Anlage am Fluss.
Nututun, Carreterra Palenque-Ocosingo Km 3,5, Tel. 3450 100, www.nututun.com. Hübsches kleines Hotel mit Dschungelatmosphäre.
$ **El Panchan**, Carreterra a las Ruinas Km 4,5, Tel.

341 4846, www.elpanchan.com. Reizende Bungalows mitten im Regenwald, sehr einfach, aber ein Erlebnis.

10 GOLFKÜSTE

Tampico (☎ 833)

$$$ **Posada de Tampico**, Prolongacion Av. Hidalgo 5300, Tel. 230 1010, www.posadadetampico.com. Stilvolle Anlage mit allem Komfort.
$$ **Inglaterra**, Salvador Díaz Mirón 116 Ote., Tel. 230 4444, www.hotelinglaterra.com. mx. Siebenstöckiges Haus mit modern eingerichteten Zimmern im Stadtzentrum.

Papantla (☎ 784)

$$ **El Tajín**, Calle Jesús Núñez / Domíngues Nr. 104, Tel. 842 0121, www.hoteltajin. com.mx. Kleine, saubere Zimmer, Garten mit Pool.

Jalapa (Xalapa) (☎ 228)

$$$ **Hotel Xalapa**, Victoria 163 / Bustamante, Tel. 818 2222,www.hotelxalapa.com.mx. Modernes Hotel mit Pool, Nähe Zentrum.
Posada Del Cafeto, Canovas 8, Tel. 817 0023, www.pradodelrio.com, cafeto@pradodelrio.com. Kleines Haus mit Garten in einer ruhigen Seitenstraßé nahe dem Zentrum. Individuell gestaltete Zimmer.
$ **Hostel de la Niebla**, Calle Gutiérrez Zamora 24, Tel. 817 2174, www.delaniebla.com. Günstige Option (auch DZ) im Stadtzentrum.

Veracruz (☎ 229)

$$$ **Emporio Veracruz**, Paseo del Malecón 240, Tel. 932 2222, www.hotelesemporio.com, imposantes Gebäude am Malecón mit über 200 Zimmern, das frisch renoviert in zeitgemäßem Design glänzt. Spektakulärer Blick aus der Sky Lounge; drei Pools (eines überdacht und klimatisiert).
$$ **Mocambo**, Calz. Ruiz Cortines 4000, 8 km südlich am Malecón, Tel. 922 0200, www.hotelmocambo.com.mx. 66 Zimmer, Anlage im maurischen Stil mit tropischen Gärten mit Blick auf das Meer.
Imperial, Miguel Lerdo 153, Tel. 932 1204, www.hotelimperialveracruz.com. Kolonialhaus mit großzügigen Zimmern, teilweise mit Blick auf den Zócalo.
$ **Baluarte**, Francisco Canal 265 / Ecke 16 de Septiembre, Tel. 932 5222, www.hotelbaluarte.com.mx, 100 Zimmer in günstiger Lage, auch Mittelklasse-Suiten.

Catemaco (☎ 294)

$$$ / $$ **La Finca**, Carr. 180, Km 147, Tel. 947 9700, www.lafinca.mx, direkt am Seeufer mit Strand und großer Gartenanlage, Pool.
Hotel Playa Azul, Km 2 Carr. a Sontecomapan, Tel. 943 2619, www.hotelplayaazul.com.mx, veranstaltet Rafting- und Trekkingtouren in der Umgebung.

Villahermosa (☎ 993)

$$$ **Holiday Inn Tabasco 2000**, Periferico Carlos Pellicer C. 4000, Tel. 310 4650, www.ichotelsgroup.com. In der Hotelzone, schick und modern, großer Pool, Fitness.
$$ **Viva Villahermosa**, Blv. Ruiz Cortines / Paseo Tabasco, Tel. 313 6000, www.hotelviva.com.mx. Angenehmes Großhotel in der Hotelzone, ähnlicher Standard wie Holiday Inn.

11 YUCATÁN

Cancún (☎ 998)

Die rund 200 Hotels in Cancún bringen es zusammen auf über 30 000 Zimmer. Die meisten Häuser in der Hotelzone zählen zur Luxusklasse. In Downtown-Cancún finden sich auch Hotels der Mittelklasse und der einfachen Kategorie. Folgende Adressen sind nur eine kleine Auswahl.
$$$ **Iberostar Cancun**, Km 17 Paseo Kukulcán, Tel. 881 8000, www.iberostar.com, gegenüber der archäologischen Stätte El Rey, eigener Golfplatz, sieben Pools, 400 Zimmer, Spa.
Gran Caribe Real Resort & Spa Cancun, Km 11 Paseo Kukulcán, Tel. 881 7340, www.realresorts.com.mx. Ausgedehntes Luxusresort direkt am Strand, großes Sportangebot und „gourmet all inclusive".
$$ **Ambiance Suites Cancun**, Av. Tulum No. 227 S.M. 20, Tel. 892 0392, www.ambiancecancun.com, ordentliche Zimmer und Suiten im Stadtzentrum.

Isla Mujeres (☎ 998)

Die gesamte „Hauptstadt“ der Insel besteht hauptsächlich aus Hotels und Restaurants.

＄＄＄ **Hotel Secreto**, Seccion Rocas, Lote 11, Tel. 877 1039, www.hotelsecreto.com. Verstecktes Hoteljuwel an der Playa del Norte, das sich das Motto „Home away from home“ zum Programm macht.

＄＄ **Bucaneros**, Av. Hidalgo, Tel. 877 1222, www.bucaneros.com. Nettes, gemütliches Hotel mit bekanntem Restaurant im Zentrum des Geschehens, zehn Gehminuten zur Playa del Norte.

Isla Cozumel (☎ 987)

＄＄＄ **El Cid La Ceiba Beach**, Carret. Chankanaab Km 4,5, Tel. 872 0844, www.elcid.com. Direkt am Strand, im Süden der Hotelzone, Wassersport, Golf, Tennis.

Park Royal Cozumel, Playa Paraíso Km 3.5, Carret. Chankanaab, Tel. 872 0700, www.parkroyal.mx. Großes All-inclusive-Hotel direkt am Strand mit Blick auf die Kreuzfahrtschiffe. Ideal für Familien.

＄ **Pepita**, Ave 15A sur 120, Tel. 872 0098, Fax 872 0098, www.hotelpepitacozumel.com; freundliches Budget-Hotel, Klimaanlage, Ventilator, Kühlschrank; sehr empfehlenswert.

Riviera Maya (☎ 984)

Entlang der Riviera Maya, die sich von Puerto Morelos bis Tulum erstreckt, haben sich zahlreiche All-Inclusive-Resorts die schönsten Plätze direkt am weißen, weichen Strand gesichert. Hotels wie Riú, Iberostar, Barceló u.a. Ketten bucht man am besten vorab über Reisebüros oder im Internet. Es lohnt sich, Pauschlangebote (inkl. Flug) genauer anzusehen.

＄＄＄ **Ana y José Charming Hotel & Spa**, Carr. Tulum – Boca Paila Km 7, Tel. 998/880 6022, www.anayjose.com, komfortable und charmante Anlage am Strand, veranstaltet Touren, u. a. nach Sian Ka'an.

Playa Del Carmen (☎ 984)

＄＄＄ **Lunata**, 5a Av., Tel. 873 0884, www.lunata.com, liebevoll gestaltete Zimmer, kleiner Garten.

＄＄ **Lab Nah**, Calle 6 / Av. 5, Tel. 873 2099, www.labnah.com. Freundliches kleines Hotel, ein Block vom Strand, Frühstück inklusive.

Hotel Jungla Caribe, Calle 8 / Av. 5, Tel. 873 0650, www.jungla-caribe.com. Eines der ältestes Hotels in Playa und noch immer "in"; große Zimmer um den dschungelähnlichen Patio-Garten; eigenwillige künstlerische Ausstattung; gutes Restaurant.

Tukán and Beach Club, Av. 5 / 14 y 16. Tel. 873 4360, www.tukanhotels.com, Zimmer, Apartments oder Cabanas; Kinder unter 12 frei; im dichten tropischen Garten.

Chichén Itzá (☎ 985)

Alle Unterkünfte liegen in der Nähe der Ruinen.

＄＄＄ **Hacienda Chichén**, Tel. 851 0045 (Reservierung), (999) 920 8407, www.haciendachichen.com, 28 Zimmer in dichtem Park, Blick auf die Pyramiden, vorzügliches Restaurant.

Hotel Mayaland, Carret. Mérida – Cancún Km 120, Tel. 851 0070, Reservierung: (998) 887 2495, www.mayaland.com. Große Anlage am Rand der archäologischen Stätte mit Hotel, Luxus-Bungalows, Restaurants, Pools.

＄＄ **Hotel Dolores Alba**, alte MEX 180 bei Km 122, Tel. 851 0117, www.doloresalba.com, 40 moteLähnliche Doppelzimmer mit Klimaanlage, kostenlose Fahrt zu den Ruinen.

Mérida (☎ 999)

＄＄＄ **Fiesta Americana**, Paseo Montejo 451 / Ecke Calle Colón, Tel. 942 1111, Fax 942 1112, www.fiestamericana.com, architektonisches Glanzstück der Stadt, perfekte Lage.

＄＄ **Caribe**, Calle 59 Nr. 500 (Parque Hidalgo, Nähe Zócalo), Tel. 924 9022, Fax 924 8733, www.hotelcaribe.com.mx, ehemaliges Kolleg, Kolonialstil, einfache Zimmer, Pool auf dem Dach mit Blick auf die Kathedrale.

＄ **Hotel Dolores Alba**, Calle 63 Nr. 464, Tel. 928 5650, www.doloresalba.com, Kolonialhaus mit ruhigem Patio und Pool, Schwesterhotel in Chichén Itzá.

Uxmal (☎ 997)

＄＄＄ **Hacienda Uxmal**, Carret. Mérida Campeche bei Km 78, Tel. 976 2012, Reservierung: (998) 887 2495, www. mayaland.com. Luxuriöse Anlage im Kolonialstil, Oase der Ruhe, Strandnähe, Fährverbindung nach Cozumel.

Campeche (☎ 981)

$$$ **Hacienda Puerta Campeche**, Calle 59 No. 71, 16 y 18, Tel. 816 7508, www.thehaciendas.com. Charmantes kleines Hotel in einem Gebäudeensemble aus dem 17. Jahrhundert.
$$ **Debliz**, Av. Gustavo Dìaz Ordaz 55, Tel. 815 2222, www.hoteldebliz.com.mx, modernes Haus nordöstlich des Zentrums, mit Pool und Garten.
Baluartes, 16 de Septiembre 128, Tel. 816 3911, www.baluartes.com.mx; exzellente Lage vor der Altstadt am Wasser, Klimaanlage, Komfort.
Plaza Campeche, Calle 10 No 126 / Ecke Circuito Baluartes, Col. Centro, Tel. 811 9900, www.hotelplazacampeche.com. Elegantes Kolonialhaus mitten in der Altstadt, schöne Zimmer, Pool.
$ **Misiòn Campeche**, Calle 10 Nr. 252, Tel. 816 4588, 01 800 900 3800, www.hotelesmision.com.mx, stilvolles Kolonialhaus mit Atrium und geräumigen Doppelzimmern, guter Service; günstige Lage im historischen Zentrum.

Río-Bec-Region

$$$ **Chicanná Ecovillage Resort**, Km 130, gegenüber der Ruinenstätte Chicanná, Tel. (981) 811 9192, www.chicannaecovillageresort.com.
The Explorean Kohunlich, Km 5,6 Carret. Chetumal – Escárcega, Tel. (55) 5201 8350, 01 800 366 6666, www.explorean.com, dicht an der archäologischen Zone von Kohunlich. Luxuriöse Bungalows mitten im Dschungel, tägliches Aktivitäten-/Ausflugsprogramm.